미식 인문학

프랑스 가스트로노미의 역사

미식 인문학

HUMANITÉS GOURMANDES

김복래

헬스레터

맛있는
프롤로그

"나는 갑자기 요리가 풍요롭고 층층으로 쌓여 끊이지 않는 매력을 발산하는 주제라는 것을 깨달았어요. 그것을 기술하는 최상의 방법은 내가 프랑스 음식, 즉 미각과 요리의 과정, 역사와 무한한 다양성, 엄격한 규칙, 창조성, 멋진 사람들, 설비, 그러한 의식(儀式)들과 사랑에 빠졌다는 것이에요!"

_ 줄리아 차일드(Julia Child, 1912~2004), 미국 셰프,

《프랑스에서의 나의 삶》 중에서

프랑스의 인상주의 화가 피에르 오귀스트 르누아르(Pierre-Auguste Renoir, 1841~1919)의 〈보트 파티에서의 오찬 Le déjeuner des canotiers〉(1881년)

르누아르 그림은 아름다운 센(Seine) 강변[1]에 자리한 도시 샤투(Chatou)의 목가적인 여인숙 '푸르네즈(Fournaise)'와 인연이 깊은 작품이다. 원래 배를 짓는 목수 일을 하던 알퐁스 푸르네즈(Alphonse Fournaise)라는 사람이 1860년에 이 여인숙을 열었다. 그는 배들을 세놓고 자기 여인숙에 화가들을 유숙하게 했는데, 그중에는 르누아르도 있었다. 1880년에 르누아르는 한 친구에게 편지를 썼다.

"나는 그림을 그리기 위해 지금 샤투에 와 있다오. 점심이나 먹으러 한번 이곳에 오지 않겠소? 결코 그대의 여행을 후회하지 않을 것이오. 여기는 파리 주변에서 가장 예쁜 장소라오."

실제의 갱게트 '푸르네즈'

---

1 센 강은 프랑스 부르고뉴·샹파뉴·일드프랑스(파리분지)·노르망디 등을 거쳐 영국해협으로 흘러드는 길이 776km의 강으로, 프랑스에서 세 번째로 긴 강이다. 1991년 유네스코 세계문화유산으로 등재되었다.

움직이는 빛과 파르르 떨리는 그림자를 쫓아다니는 인상주의 화가들에게 이 샤투섬은 일종의 평화의 안식처요, 예술적인 영감의 입김 그 자체였다. 당시에 많은 저명한 문인이나 화가들이 사교와 소박한 식도락의 즐거움을 만끽하기 위해 이곳을 찾았다. 르누아르가 그린 이 평화롭고 따스한 햇살이 퍼지는 느낌의 오찬 장소는 정확히 말하자면 '갱게트(guinguette)'이다. 즉, 파리의 교외에 산재한 선술집(cabaret)에 해당한다.[2]

이 갱게트 푸르네즈 앞이 바로 선착장이어서 주말이면 물놀이를 즐기려는 파리지앵들로 붐볐다. 인상주의 화가 르누아르의 그림은 이곳에서 강을 바라보며 식사를 즐기는 한 무리의 행복한 남녀들의 유쾌한 '콩비비알리테(convivialité, 공생)'를 잘 표현한 그림이다. 여기서 '콩비비알리테'란 우리가 다 함께 더불어 사는 따뜻한 '공생' 내지는 잔치나 연회의 흥겨운 축제 분위기를 의미하는 프랑스어다. 콩비비알리테는 우정, 친목, 온정, 사교성, 선량한 마음씨, 또는 군거성(群居性)을 내포하는 매우 포괄적인 용어다.

이 용어는 《미각의 생리학 *Physiologie du goût ou méditations de gastronomie transcendante, ouvrage théorique historique, et*

---

2 18세기에 탄생한 이 갱게트는 선술집, 레스토랑, 때때로 무도회장 역할까지 겸비한 대중적인 위락 장소였다. 앙시앵레짐 말기에 파리를 삥 둘러싸고 있던 '징세 청부업자의 벽'을 벗어난 외곽 지대에서는 사람들이 골치 아픈 '입시세(入市稅, octroi)'를 내지 않아도 되었다. 덕분에 서민들은 생활용품 가운데서도 특히 술을 매우 저렴한 가격에 살 수 있었다. 이는 징세 영역을 벗어난 지역에서의 위락산업의 성장과 발달을 촉진하였다.

프랑스 놀이공원 '아스테릭스 공원(Parc Astérix)에서의 흥겨운 골인(Gaulois, 프랑스인의 조상)의 연회(2019년) 관련 포스터. 실제로 아스테릭스 공원에서는 방문객들에게 '39유로의 세트 메뉴'를 제공했다.

à l'ordre du jour》(1825년)의 저자인 장 앙텔름 브리야사바랭(Jean-Anthelme Brillat-Savarin, 1755~1826)이 정찬 테이블에 다 함께 있는 즐거움, 또 진정으로 우호적이고 훌륭한 토론과 소통에 필수적인 하모니를 발견하기 위해 주조해 낸 신조어다. 즉, 콩비비알리테는 우리 인간성에 대한 모든 것이라고 할 수 있다.

자타가 공인하는 미식의 나라 프랑스에서 식사(repas)는 단순히 먹는 행위가 아니다. 그것은 일종의 '집단적인 통과의례(rite de passage)'의 의미가 있다. 프랑스에서는 식사가 프랑스 음식의 정수와 아이디어를 서로 공유하는 일상의 '성찬식(communion)'과도 같이 종교 제식의 형태를 띤다. 다른 나라 사람들이 보기에 그것은 지나치게 엄격하고 완고해 보일지도 모른다. 그러나 프랑스인들은 우리의 상상을 초월할 정도로 그들의 음식 문화와 전통에 대하여 엄청난 긍지와 자부심을 지니고 있다.

앞서 언급한 '콩비비알리테'가 프랑스인의 사교 생활에서 더할 나위없이 중요하고 진지한 행사이기 때문이다. '인간과 음식'의 관계를 전문적으로 연구하는 프랑스 사회과학연구센터(CNRS)의 사회학자 클로드 피슐러(Claude Fischler, 1947~)는 우리 인간이 음식을 그냥 먹기만 하는 것이 아니라, 음식을 '이론화'한다는 점에서 다른 동물들과 확연히 구분되는 존재라고 주장한다. 왜냐하면, 인간에게 음식은 '문화의 일부'이기 때문이다.

음식은 생리학에서 문화로, 개인에서 단체로, 영양학적인 역할에서 상징적인 역할로, 또 심리학에서 사회학적 차원으로 진화하기 때문에 먹는다는 것은 매우 복합적인 행위다. 일찍이 고대 그리스 철학자 아리스토텔레스는 인간을 정치적 동물이라 정의한 바 있다. 그러나 인간은 정치적인 동물인 동시에, 기아나 배고픔 못지않게 중요한 사교적 필요성을 충족시키고 다른 사람들과의 커넥션을 형성하기 위해 '식사'를 충분히 활용하는 유일한 동물이기도 하다.

프랑스에서는 날마다 작은 기적이 일어난다. 마치 축제의 서막을 알리기 위해 오케스트라의 지휘자가 보이지 않는 마술의 지휘봉을 휘두르는 기적의 순간처럼, 수천만 명의 프랑스인이 가족, 친지, 소중한 친구나 동료들과 함께 단란한 식사의 즐거움을 나누기 위해 매일 같은 시간에 식탁에 모여든다. 이처럼 요란스럽고 낯익은 일상의 제식이 프랑스인의 문화에 깊숙이 뿌리박혀 있다. 그러나 어떤 외국인들에게

직장 동료들과 회식하는 모습. 프랑스 사람들은 식사의 즐거움을 나누기 위해 매일 같은 시간에 식탁에 모여든다.

는 그것이 외계 행성의 관습인 것처럼 낯설어 보이기도 한다.

1956년에 미국의 사회학자 데이비드 러너(David Lerner)가 프랑스를 방문했을 때의 일이다. 음식에 대한 프랑스인들의 불요불굴한 집념에 그만 문화충격을 받았던 그는 당시 동료인 클로드 피슐러에게 "왜 프랑스인들은 마치 동물원처럼 밥을 꼭 정해진 시각에 먹느냐?"라고 놀라서 반문한 적이 있다. 그렇지만 음식에 관한 한 야생보다는 적어도 동물원 음식이 문명적으로 몇 배 낫다고 생각하는 것이 프랑스인 특유의 해학이자 일반적인 철학이다.

프랑스인의 식습관은 매우 독특하고 특별하다. 프랑스 인문학 엘리트의 산실인 고등사범학교(Ecole Normale Supérieure)의 사회학자 티보드 생 폴(Thibaut de Saint Pol) 교수는, 프랑스에서는 모든 일상생활이 전통적인 '삼시 세끼'로 이루어진다고 했다. 가령, 런치 타임인 오후 1시경에는 거의 인구의 과반수가,[3] 또 디너 타임인 저녁 8시 15분경에는 인구의 1/3이 식탁에 빙 둘러앉는다. 즉, 식사가 사교 생활에서 지대한 역할을 담당하며, 이런 집단적인 예식이야말로 프랑스의 독특한 식문화 현상이라고 할 수 있다.

  유럽 통계청 유로스타트(Eurostat)에 따르면, 스웨덴, 핀란드, 슬로베니아, 영국 같은 다른 유럽 국가들의 경우에는 식사 주기 그래프의 곡선이 식사 시간과는 관계없이 매우 단조로운 양상을 보인다. 유럽인들은 대부분 식사 시간이 일정하게 정해진 바 없이 수시로 다양한 스낵 위주의 가벼운 식사를 하기 때문이다. 하지만 프랑스의 경우에는 아침, 점심, 저녁 시간마다 그래프가 매우 가파른 상승세를 보인다. 또한, 프랑스인들은 식사 시간이 매우 긴 것으로도 정평이 나 있다. 2010년 통계에 따르면, 프랑스인들의 하루 평균 식사 시간은 2시간 22분으로 나타났다. 이는 1983년도에 비해 오히려 식사 시간이 13분이나 더 연장된 것이다. 생 폴 교수는 2006년도의 경제통계저널에서 조리나 설거지와 관련된 가사 노동 시간을 여기에 보태면, 프랑스인의 식사 시간은 더 늘어날 수밖에 없다고 평가했다.

---

3 보통 프랑스의 점심시간은 12시에서 2~3시까지 정도다.

"인생은 불확실하니까 디저트를 가장 먼저 드세요!"

_ 어네스틴 울머(Ernestine Ulmer, 1925~), 미국 작가

프랑스에서는 80퍼센트의 식사가 다른 사람들과 함께 공유하는 것이다. 이처럼 프랑스인의 식사는 '좋은 벗'과 나누는 공유 문화와 결부된 반면에, 미국인의 식사는 달라도 너무 다르다. 미국인은 대체로 항상 시간에 쫓기기 때문에 각자 자신의 입맛에 따라 자신의 속도대로 음식을 급하게 먹어 치운다. 1937년에 프랑스 작가인 폴 모랑(Paul Morand, 1888~1976)이 미국을 방문했을 때 그는 마구간에서 말들이 서서 식사하듯이 뉴요커들이 혼자 거리에서 런치를 해결하는 모습에 자못 충격을 받았다고 한다. 생 폴 교수 역시 식사를 수시로 혼자서 가볍게 때우는 버릇을 들이게 되면 이는 심각한 '콩비비알리테의 상실'로 이어지게 된다고 엄중히 경고한다.

영국인들 역시 가벼운 식사를 즐기는 편이다. 많은 영국인이 차 안에서, 또는 눈으로는 컴퓨터를 보면서 입으로 식사한다. 그러나 식사를 하나의 완벽한 '전업' 활동으로 여기는 프랑스인들에게 이는 음식에 대한 일종의 불경죄(?)로 비친다. 프랑스인에게 식사는 하루 중에서 가장 최고 시간 중 하나이다. 한 통계조사에 따르면, 프랑스인들은 '음식'에서 '독서'나 '음악 감상'에 맞먹을 정도의 충만한 기쁨과 만족을 얻는 것으로 나타났다. 프랑스인들은 집이나 직장에서 본의 아니게 홀로 식사하는 경우 그것을 마치 인생의 거대한 시련쯤으로 여긴다

고 한다. 식사는 단순히 주린 배를 채우는 기계적인 활동이 아니라, 그 자체에 여러 가지 문화적 가치들, 상징물과 정체성을 내재적으로 탑재하고 있다. 프랑스 사회학자이자 인류학자인 마르셀 모스(Marcel Mauss, 1872~1950)는 이를 가리켜 '총체적인 사회적 사실(le fait social total)'이라 칭한 바 있다.

가토 오 쇼콜라(초콜릿 케이크)

미국에서 음식에 대한 지배적인 개념은 뭐니 뭐니 해도 실용주의적이며 영양학적이다. 즉, 먹는다는 것은 우리가 신체적인 욕구를 충족시키기 위해 내려야 하는 합리적인 결정의 문제다. 반대로 프랑스에서는 음식이 주는 '맛'과 '기쁨'을 강조하며, 무엇보다 음식에 대한 미식적인 개념을 가장 중요시한다. 한 설문조사에서 '가토 오 쇼콜라(gâteau au chocolat, 초콜릿 케이크)'라는 단어를 머릿속에 떠올릴 때 가장 먼저 무슨 생각이 드냐고 물어보았다. 그랬더니 미국인 대부분이 '죄악'이라고 응답한 반면에, 프랑스인들은 '생일'이라고 응답했다고 한다. 미국에서 음식은 어디까지나 개인적인 문제다. 누구나 '다르다'는 것을 인정하기 때문에 누구나 자유롭게 자신의 의사결정을 내리고 그 결과를 기꺼이 수용한다. 이는 이른바 '개인주의'와 '계약론'에 근거한 모델이라고 할 수 있다. 그래서 저녁 초대를 받은 한 회식자가 자신이 '채식주의자'라고 고백하는 것에 대하여 그 누구도 기분 상해하거나 토를 달지 않는다. 누구나 '다르게 먹을 권리'가 있다고 생각하기 때문이다.

그러나 프랑스에서는 음식이 '집단'적인 문제에 속한다. 앞서 언급한 대로 프랑스에서는 '공유'의 사상이 식사의 본질이다. 그래서 식사 도중에 메인 요리를 함께하지 않거나 글루텐이 포함되지 않은 요리만을 취사선택해서 먹는 유별난 손님이 있다면, 다른 회식자들은 그를 매우 비관적이거나 불편한 시선으로 바라본다. 왜냐하면, 다 함께 하는 식사에서는 무엇보다 콩비비알리테의 가치가 소중하기 때문이다. 이처럼 공유 사상에 근거한 프랑스적 모델은 암묵적으로 사회적인 압력을 동반하기 마련이다. 그래서 미국인이나 영국인과는 달리, 프랑스인들은 그들의 식사 의례의 정석에서 벗어난 자들에 대하여 그다지 참을성이나 인내심이 없는 편이다. 그들은 고기를 먹지 않거나, 식사를 과일로 시작하려는 사람들에 대해서도 내심 못마땅해한다. 스위스 태생의 음식사가인 마르탱 브뤼겔(Martin Bruegel) 역시 이른바 프렌치 스타일의 식사가 지나칠 정도로 과도하게 성문화되어 있다고 지적한다.

프랑스 식사는 상대적으로 구속을 수반할 뿐 아니라, 엄격한 계율의 형태마저 띠기 때문에 개인의 희망 사항이나 선택이 끼어들 여지가 별로 없다. 만일 정해진 시간에 직장 동료들과 식사하지 않거나, 가족 식사에서 메인 요리를 건너뛰는 경우에는 본인이 그 이유를 먼저 해명하는 것이 좋다. 그래서 어떤 이에게는 이처럼 엄격한 식사 의례의 규칙이나 준수가 상당한 부담감으로 다가올 수도 있다. 프랑스의 미식적인 요리는 이처럼 여러 가지 다양한 규범과 에티켓을 지니고 있으며, 회식자는 이러한 규칙에 자신을 맞춰야 한다. 즉, 정해진 식사 시간과 제1코스인 전채 요리(앙트레), 제2코스인 메인 요리, 또 마지막 코스인 디저트 등 변치 않는 포맷과 채식주의 같은 특별식(?)에 대한 제한적인 선택 범위 등을 실례로 들 수 있다.

그래서 프랑스 요리는 날로 개인주의화하는 세계적인 흐름에 역행하는 것처럼 보이기도 한다. 물론 20세기에 프랑스인들도 다른 유럽인들과 마찬가지로 개인 해방의 기쁨을 만끽했다. 그들은 자신의 인생 경로를 결정하고, 배우자, 일자리, 성(性)도덕관, 라이프 스타일 등을 스스로 선택한다. 그래서 외견상 프랑스의 완고한 식습관의 전통이 프랑스인들의 의식 속에 내재화되어 있는 개인적인 성취 욕구와 서

파리 맥도날드 매장의 젊은이들

로 불협화음의 마찰을 일으키는 것처럼 보인다. 물론 글로벌화의 영향으로 요즘 젊은 층 사이에서도 프랑스 영양학 전문가들이 '이단 음식'으로 규정한 채식주의가 점차 인기를 얻는 추세이기는 하다.

2010년 통계에 따르면, 25세 이하 젊은 층의 40퍼센트가 낮에 스낵이나 포테이토칩, 초콜릿 바 등을 간단히 섭취한다고 한다. 그래서 지난 20년 동안 '삼시 세끼'라는 신성불가침의 영역이 점차 간소화하는 경향을 보이고 있으며, 또한 한 가지나 두 가지 코스 요리로 저녁 식사를 해결하는 사람들의 숫자도 증가하는 실정이다. 1998년에는 38퍼센트 미만이던 것이 2008년에는 49퍼센트로 증가했는데, 과거에 비해 식습관이 어느 정도 유연해진 셈이다. 1960년대만 해도 프랑스 직장의 카페테리아(간이식당)에서는 전통적인 세 가지 코스 요리(세트 메뉴)를 제공했으나, 셀프제가 도입된 이후부터 직장인들은 몇 가지 요리를 자신의 입맛대로 선택해서 먹게 되었다. 일반 가정에서도 메인 요리는 먹어도 전채 요리나 디저트는 생략하는 경우가 늘어났다. 이러한 개인주의적 선택권의 증가는 최근 수십 년 동안에 프랑스에서 일어난 놀라운 사회적 변화 중의 하나이다.

그러나 이런 변화에도 불구하고 미식의 본고장인 프랑스가 패스트푸드에 완패하는 일은 결코 발생하지 않았다. 평소에 푼돈을 쓰는 것조차도 벌벌 떠는 남성이 얇게 저민 햄 조각 두 장에 20유로를 척척 쓰는 것이 지극히 정상인 나라가 프랑스이며, 프랑스의 미식 요리와 전

중세 수도승들의 식사

통은 프랑스인들의 일상적인 삶과 상상력 속에서 중심적인 지주 역할을 담당하고 있다. 이러한 프랑스식 모델의 중요한 양대 축은 어느 시대를 막론하고 ① '식사'와 ② 식사 중에 심도 있는 대화를 통한 '사회화'를 동시에 수행하는 것이다. 바꿔 말하면, 패스트푸드점의 대중적인 보급화, 노동 세계의 변동, 또 미국 문화의 영향을 받은 젊은 층 문화의 약진에도 불구하고 대다수 프랑스인은 여전히 정해진 시간에 하루 세 끼를 먹으며, 음식을 먹는 기쁨과 그 공유 사상인 '콩비비알리테'에 엄청난 중요성을 부여한다. 그동안 비평가들은 '프랑스 미식'의 음울한 종말을 예언하며 이를 탄식해 마지않았으나, 프랑스에서 식사는 여전히 프랑스인의 일상과 다른 사람들과의 관계망을 구축해주는 일등 공신이다.

맥도날드 햄버거 같은 패스트푸드의 맹공에도 불구하고, 프랑스의 전통적인 식습관은 앞으로도 계속 생존하기에 충분히 강한 내성과 저력이 있다는 얘기다. 프랑스 투르대학의 교수 장 피에르 코르보(Jean-Pierre Corbeau)에 따르면, 패스트푸드점이 프랑스에 처음 개점했을 당시에 업계 종사자들은 미국에서처럼 손님들의 지속적인 흐름을 예측하면서 하루 종일 문을 열었다고 한다. 그러나 아침 9시에 패스트푸드점은 거의 텅 비었고, 12시에서 2시 사이에 손님들이 가장 많이 몰렸다. 왜냐하면, 프랑스인들은 전통적인 식사 시간을 준수하기 때문이다. 당시에 호기심이 많은 젊은이들은 패스트푸드점에 가는 것을 일종의 사회적인 실험으로 간주했다. 그러나 그들은 매장에서 자신의 햄버거를 혼자서 따로 먹거나 자신의 차 안으로 가져가는 대신에, 한 테이블에 다 같이 앉아서 먹거나 친구들과 서로 음식을 나누어 먹는 행동 양식을 보였다.

파리 소르본대학의 파스칼 오리(Pascal Ory) 교수는 그러한 주원인이 음식에 대하여 관능적이고 '쾌락주의'적인 태도를 견지하는 프랑스의 로마가톨릭교회의 전통에 있다고 보았다. 중세의 프랑스에서는 수도승들이 너무 연회를 자주 여는 바람에 교황이나 주교들이 이를 자제하는 칙령을 수차례나 내렸을 정도였다. 오늘날에도 프랑스의 쥐라(Jura) 지방에 있는 샤토 샬롱(Château-Chalon)의 수녀들은 성찬식에 쓰이는 쥐라 지방의 특산주인 '노란 포도주(vin jaune)'를 홍보하는 소임을 맡

쥐라 지방의 노란 포도주와 콩테 치즈

영화 속 바베트의 만찬에 초대받은 사람들

고 있다. 오리 교수는 이러한 풍토가 집단적으로 먹고 마시며 공유하는 문화를 발전시키는 데 크게 기여했다고 본다. 그런데 프랑스의 이러한 식도락 문화는 앵글로색슨의 뿌리를 지닌 국가에서는 좀처럼 보기 어려운 풍경이라고 한다. 즉, 프로테스탄트(신교) 국가에서는 음식에 대하여 좀 더 청교도적이고 금욕주의적인 태도를 유지하고 있다. 가령, 제7일안식일예수재림교의 신도이자 채식주의자인 미국의 켈로 그(Kellogg) 형제들은 그들이 개발한 대중적인 아침 시리얼 콘플레이크(cornflakes)를 앞세워, 고기와 맥주를 중심으로 짜인 '팔스타프 스타일(Falstaff-style)'[4]의 묵직한 아침 식사의 영구적인 퇴장을 위해 열렬히 투쟁해 마지않았다.

영화 〈바베트의 만찬〉(1987년)의 여성주의 작가인 카렌 블릭센(Karen Blixen, 1885~1963) 역시 이러한 문화적 차이점을 미묘하게 강조한 바 있다. 최상의 요리를 통해 '금욕'과 '반목'을 사르르 녹인 이 감동적인 영화의 줄거리는 다음과 같다. 이 영화의 중심인물 중 하나인 프랑스 요리사 바베트는 파리 코뮌[5] 당시에 남편과 아들을 모두 잃고 덴마크의 어느 작은 마을로 피신했다. 그녀는 무보수를 자청해서 개신교 목사의 두 딸의 가정부로 일하는데, 어느 날 복권에 당첨돼서 1만 프랑이란 거금을 받게 되었다. 그런데 그녀는 목사의 두 딸과 그 마을의 친구들을 자신의 저녁 만찬에 초대하는 데 그 돈을 아낌없이 다 써버린다. 만찬의 하이라이트인 '카이유 엉 사르코파주(caille en sarcophage, 메추라기 요리)'를[6] 위시해서 연이은 호화 진미의 향연에 놀란 손님들은 악마의 유혹처럼 달콤하고 사악한 음식의 '쾌락'에 빠지기를 몹시 주저해 마지않는다. 앞서 인용했던 프랑스의 사회학자 클로드 피슐러에

4 영국의 대문호 셰익스피어의 극에 등장하는 인물로, 술을 좋아하고 기지가 있고 몸집이 큰 쾌남이다.
5 파리 코뮌은 프랑스 파리에서 프랑스 민중들이 처음으로 세운 사회주의 자치 정부를 말한다.
6 카이유 엉 사르코파주는 메추리 고기 안에 송로버섯(truffe)과 푸아그라(foie gras)를 넣어 구운 후 용기 모양의 파이 껍질(croûte de tarte) 위에 올리고 최고급 포도주로 만든 소스를 끼얹은 요리이다.

카이유 엉 사르코파주(메추라기 요리)

따르면, 프로테스탄트 국가에서는 식탁에서 음식에 관해 얘기하는 것
이 마치 상스러운 외설로 여겨진다고 한다. 그러나 프랑스에서 식탁
위의 음식에 관한 대화는 정당할 뿐만 아니라 식사에 필요 불가결한
요소다. 처음에 손님들은 바베트가 정성을 다해 차린 요리에 대해 일
체 평을 하지 말자고 다짐했을 정도였다. 그러나 만찬을 마치고 그렇
게 서로를 시기하고 미워하던 마을 사람들도 이제는 서로를 용서하는
화해의 시간을 갖게 된다. 결국, 바베트의 만찬은 냉담한 프로테스탄
트 신도들의 마음을 감동시키고 그들이 잊고 살았던 신의 축복(미식)
을 스스로 되새기게 해주었다. 즉, 진정성 있는 요리가 일상에서 일으
킨 위대한 사랑의 기적이라 하겠다.

　과거 프랑스의 농촌에서도 음식은 매우 중요한 존재였다. 농촌에서
식사는 하루 중 노동을 멈추는 유일한 순간이었다. 즉, 농부의 식사는

프랑스 화가 장 밥티스트 베나르(Jean–Baptiste Bénard, 1751~1789)의 〈농민들의 식사
Un repas à la campagne〉(1754년)

일손을 멈추고 가족끼리 식탁에 둘러앉아 '콩비비알리테'를 서로 공유
하고 삶의 해학과 기지가 넘치는 대화를 나누는 휴식 시간을 의미했
다. 산업혁명과 도시의 발전이 먼저 시작된 섬나라 영국에 비해서, 프
랑스에서는 이러한 농촌의 전통이 더 오랫동안 지속되었다. 19세기
초 프랑스의 소농들이 공장에서 일하기 위해 농촌을 떠났을 때, 공장
주와의 협상에서 그들이 가장 중요하게 여겼던 이슈가 바로 적당한 휴
식 시간이었다. 프랑스 노동자 대부분이 작업장의 기계 옆에 서서 음
식을 급하게 먹어 치우는 일을 단호히 거부했다.

 왜 이러한 전통이 프랑스에서는 그토록 집요한 것일까? 미식 비평의 창시자 중 하나인 그리모 드 라 레이니에르(Grimod de La Reynière, 1758~1837)와 마찬가지로 프랑스인들은 '식도락' 또는 '미식'을 의미하는 단어인 가스트로노미(gastronomie)를 '예술'의 경지로 승화하려는 경향이 있다. 여기서 프렌치 가스트로노미란 단순히 음식을 지칭하는 것이 아니라, 미각(goût), 시각(vue), 후각(odorat), 촉각(toucher)이라는 인간의 중요한 네 가지 감각이 조화롭게 동원되어 창조된 하나의 숭고한 예술이다.

파스칼 오리 교수에 따르면, 프랑스에서는 균형 잡힌 저칼로리의 다이어트 식단을 옹호하는 사람들조차도 음식을 다 함께 공유하는 문화에 대해서만큼은 거의 불만을 표시하지 않는다고 한다. 이처럼 음식에 대한 프랑스 특유의 접근 방식은 '비만' 방지 효과도 있다. 실제로 사람들은 혼자 식사할 때보다 모여서 식사할 때 영양학의 정석에 더욱 세심한 주의를 기울이기 마련이다. 특히, 여성들은 잘 먹는 날씬한 동료의 이기적인 몸매에 심리적인 자극을 받는다. 직장 동료나 친구들끼리 공유하는 사교적인 음주 문화가 발달한 한국의 경우에도, 주로 혼술(혼자서 술을 마심)하는 서양의 경우보다 알코올 중독 환자의 비율이 오히려 상대적으로 낮다는 통계도 있다. 콩비비알리테를 중시하는 회식 문화에서 우아한 매너는 혼자 냉장고 옆에 서서 음식을 조금씩 우물거리는 것과는 질적으로 차원이 다른 문제다. 그리고 좋은 벗들과 함께 제대로 된 식사를 즐길 수 있는 기쁨보다 우리 인간을 더 행복하게 해주는 것도 없다. 95.2퍼센트의 프랑스인들이 미식 요리가 그들의 정체성의 일부이며, 문화적 배경이라고 생각하고 있다. 그 결과

2010년에 프랑스의 미식 문화는 유네스코 세계무형문화유산에 당당히 등재되었다.

유네스코는 프랑스 요리가 능동적인 사회적 역할을 담당하며, 그것이 세대에서 세대로 이어지는 소중한 문화유산이라는 점을 높이 평가한 것이다. 프랑스 극작가 장 아누이(Jean-Marie-Lucien-Pierre Anouilh, 1910~1987)의 말마따나, 프랑스에서는 결혼, 세례, 결투, 장례식, 사기극에서 막중한 국사(國事)에 이르기까지 그 모든 것이 바로 다 같이 모여 좋은 만찬을 하기 위한 핑곗거리에 지나지 않는다고 한다. 물론 먹기 위해 산다고 할 정도까지는 아니지만, 프랑스인은 식사와 식사 도중에 나누는 행복한 담소를 무엇보다 소중히 여긴다. '식탁의 예술가'로 알려진 브리야사바랭 역시 "국가의 운명은 과연 어떻게 먹느냐 하는 방식에 전적으로 달렸다."라고 설파하지 않았던가!

"음식에 대한 사랑보다 더 진실한 사랑은 없다."

_ 조지 버나드 쇼(George Bernard Shaw, 1856~1950), 아일랜드 극작가

자, 이제부터 프랑스인들이 자신들의 정체성이나 운명이라고 생각하는 미식에 대한 인문학적 기행, 그 아름다운 역사적 기행을 떠나보기로 하자. 우리가 이러한 미식의 역사를 기술하면서 늘 유념해야 할 사실은 프랑스 아날학파가 누누이 지적한 대로 '귀족과 평민' 또는 '자본가와 노동자' 간의 빈부격차, 즉 사회적·경제적·문화적인 불평등 현상이다. 이탈리아의 경제사가인 카를로 치폴라(Carlo Cipolla,

1922~2000)에 따르면, 인류를 이른바 '맬서스의 함정(Malthusian trap)'에서 구해준 양대 혁명은 신석기 시대의 '농업혁명'과 영국 최초의 근대적이고 지속적인 경제 성장의 원동력이 된 '산업혁명'이었다. 그렇지만 인류를 방황하는 사냥꾼에서 정주형의 농부로 바꾸어 놓은 신석기 시대의 농업혁명 이후에도 인류는 계속 기아라는 망령에 시달려야 했다. 프랑스의 가장 위대한 고전 시대였던 17세기, 즉 절대왕정의 사치가 극에 달했던 태양왕 루이 14세 시대에도 기아는 있었다.

　너무 굶주린 나머지 그만 실성하여 자기 어린애까지 잡아먹은 어떤 아낙네의 비참한 실상을 당시 파리의 유능한 경찰 총감이었던 마크 르네 다르장송(Marc-René d'Argenson, 1652~1721)은 생생하게 전하고 있다. 농업혁명, 인구혁명, 식생활 혁명 등 18세기의 3대 혁명을 선행 조건으로 한 다음에, 경제적인 합리주의의 실현으로 자본주의를 성립하게 한 산업혁명 덕분에 인류는 비로소 굶주림의 문제를 과학적이고 체계적으로 해결할 수 있었다. 그렇다면 과연 언제부터 식생활의 개인주의와 합리주의, 그리고 민주화 현상이 이루어졌는가? 이러한 주제 의식으로 중세에서 현대에 이르기까지 프랑스인들의 미식 문화를 정리해 보기로 하자. 사치스러운 고급 요리가 사회적 위신이나 권위를 나타내는 유럽 사회의 오랜 전통은 바로 중세 시기에 확립되었고, 16~17세기 초까지도 중세의 취향이 요리에 직접 반영되었다. 16세기의 근대적인 식생활로 변화하는 움직임 역시 '중세의 용광로'에서 서서히 이루어졌다.

맛있는 프롤로그 • 4

2부 · 프랑스 혁명과 가스트로노미

3부 · 20세기 요리

: 프랑스 요리의 국제화 시대 :

4부 · 프랑스 미식과 미식가들

: 가스트로놈과 구르메 :

에필로그 | 한국의 미식학 제언

·1부·

미식(가스트로노미)의
이전

: 중세에서 프랑스혁명 이전 :

1장

중세식탁 :
프랑스 요리의 기원

"요리사는 모름지기 가벼운 머리에 관대한 영혼,

그리고 넓은 가슴통을 필요조건으로 한다."

_ 프랑스 후기 인상주의화가 폴 고갱Paul Gauguin(1848~1903)

프랑스 요리는 프랑스 문화의 꽃이다. 자타가 공인하는 프랑스 '미식의 우월성'은 창조적 재능을 지닌 수석 요리사들의 열정적인 노고와 그들의 요리법 계승 및 부단한 전수(傳授)를 통해 수 세기에 걸쳐 완성되었다. 프랑스 요리가 본격적으로 태동하기 시작한 것은 중세 시대부터였다.

중세 기독교 시대에는 종교적인 금식 기간도 많았지만, 세속적인 연회나 파티도 자주 열렸다. 그것은 프랑스인들의 옛 조상인 골(Gaule)족의 '콩비비알리테(convivialité, 공생)'라는 흥겨운 회식 문화의 연장선상에서 이어지는 전통이라고 할 수 있다. 중세의 연회는 매우 화려하고 '컬러풀'했다.

프랑스 국왕 샤를 5세(1338~1380)가 1378년에 주최한 궁중 연회. 각 회식자의 앞에는 두 개의 나이프와 사각 소금 통, 냅킨, 접시 대용의 빵 조각과 접시가 놓여 있다. 프랑스 화가 장 푸케(Jean Fouquet, 1420?~1481?)의 작품(1455~1460)이다.

위대(胃大)한 영웅 가르강튀아. 프랑스 르네상스 시대 작가 프랑수아 라블레(François Rabelais(1483?~1553)의 소설 《가르강튀아와 팡타그뤼엘 이야기 *La Vie Inestimable du Grand Gargantua, Père de Pantagruel*》는 삶은 먹고 마시며 놀이하고 사랑하는 과정이라는 걸 잘 보여주었다.

중세인들은 대림절[7]이나 사순절(Carême)[8]에 단식이나 절식을 행했고, 매주 금요일마다 금육을 실천했다.

그러나 교회가 지정한 절제와 금육의 기간이 끝나기가 무섭게 사람들은 곧 가르강튀아식의 '대식' 내지 '폭식'으로 그동안 주린 배를 가득 채웠다.[9]

물론 그 당시 풍요로운 식사는 부유한 귀족과 고위 성직자들의 전유

---

7 크리스마스 전 4주간을 포함하는 시기

8 일요일을 제외한 부활절 전의 40일간.

9 가르강튀아는 프랑스 작가 프랑수아 라블레(François Rabelais)의 풍자소설 《가르강튀아와 팡타그뤼엘 이야기 *La Vie Inestimable du Grand Gargantua, Père de Pantagruel*》에 나오는 주인공이다. 체력과 식욕, 지식욕이 뛰어난 거인 가르강튀아가 중세 말기의 봉건주의와 가톨릭교회를 흥미진진하게 풍자·비판한 작품이다.

물이었다. 중세 요리는 세련된 질보다는 뭐니 뭐니 해도 '푸짐한 양'을 최고로 쳤다. 연회의 요리들은 '프랑스식 상차림(service à la française)'[10]으로 풍성하게 한꺼번에 차려졌다. 사람들은 식전에 어떠한 특별한 의전도 없이 하느님이 주신 '손으로' 음식을 마구 집어 먹었다.

---

10 '프랑스식 상차림'은 다양한 요리를 한꺼번에 동시에 차리는 것을 뜻한다. 프랑스식 상차림과 반대되는 개념이 '러시아식 상차림(service à la russe)'이다. 러시아식 상차림은 음식들이 연속적으로 나오며, 하인들이 요리를 상에 내놓기 전에 미리 분할해서 손님들에게 개인적으로 제공한다.

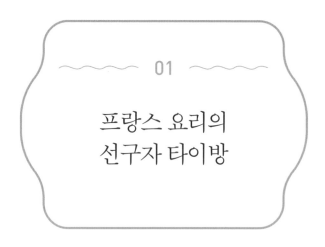

프랑스 요리의
선구자 타이방

프랑스 요리의 선구자는 일명 '타이방(Taillevent)'이라 불리는, 샤를 5세(Charles V, 1338~1380)의 수석 요리사 기욤 티렐(Guillaume Tirel, 1310~1395)이다. 그는 신대륙에서 건너온 이국적인 향신료와 각종 요리 재료를 통합하여 이른바 중세의 '요리 혁명'을 일으켰다. 그가 저술한 것으로 알려진 요리책 《르 비앙디에 *Le Viandier*》(1300년)에서 티렐은 사프란 향이나 생강, 후추, 계피 등을 섞어 만든 소스로 야생 새나 가금류, 생선 등을 요리하는 새로운 레시피를 제안했다. 1300년에 출간된 이 최초의 요리책 《르 비앙디에》는 티렐이 태어나기 10년 전에 쓰인 것이라서 원래 작가는 미상인 셈이다. 그러나 중세의 요리 선집들은 대부분 표절이거나, 내용이 조금씩 보완되어 후대 작가의 이름으로 나오는 경우가 다반사였기 때문에, 이를 티렐의 작품으로 보아

15세기 판 요리책 《르 비앙디에》 표지

도 무방할 것이다.

여기서 '비앙디에(Viandier)'라는 책 제목은 고기를 의미하는 프랑스어 '비앙드(viande)'에서 유래했으리라 추측된다.[11] 그런데 비앙드는 17세기까지는 '일반적 음식'을 가리키는 용어로 사용되었다. 어쨌든 이 《르 비앙디에》는 프랑스의 '오트 퀴진(haute cuisine)'이라는 고급 요리의 전통을 수립한 프랑스 최초의 전문 요리 서적으로 평가받고 있으며, 이후 출간한 요리 서적들에도 지대한 영향을 미쳤다.

이 요리책의 인기와 권위는 1486년에서 1615년에 이르기까지 적어

---

11 비앙드viande는 '식량'이나 '음식'을 의미하는 고전 라틴어 'vivenda'에서 유래했다. 라틴 동사의 현재분사인 'vivere'도 역시 삶에 유용한 것, 즉 영양을 섭취하는 것을 의미한다.

도 24회 이상 재간행되었다는 사실에서 입증된다. 특히, 음식사가들에게 이 서적은 북프랑스의 중세 요리를 파악할 수 있는 매우 귀중한 사료다. 기욤 티렐에 따르면, 오트 퀴진에는 다음 세 가지 중요한 테마가 있다.

첫째, 향신료의 (엄청난) 사용, 둘째, 조리법에서 고기와 생선 소스의 분리, 셋째, 요리를 어떻게 내놓는지 근사한 상차림에 대한 창의적 구상과 방식이다. 티렐은 무엇보다 요리를 어떻게 전시하느냐에 오트 퀴진의 방점을 두었다. 이 위대한 요리 '전시(présentation)'의 핵심 포인트는 소스의 색깔을 되도록 컬러풀하게 하고, 단연 '요리의 왕'인 고기 요리를 돋보이게 하기 위해 금빛·은빛으로 도금된 금속 잎사귀 장식물을 배치해서 고기를 좀 더 장려하고 풍미 있게 보이도록 하는 것이다. 초록색·노란색·빨간색·보라색에 이르기까지 다양한 자연 염료가 사용되었는데, 초록색을 내기 위해서는 시금치나 리크(서양 부추)를 사용하고, 노란색은 사프란 향과 달걀노른자, 붉은색은 해바라기, 자주색이나 보라색을 내기 위해서는 식용 꽃들을 이용했다. 현대인의 관점에서 본다면 영락없이 '불량 식품'이겠지만, 음식이나 소스의 색을 제대로 내기 위해 진짜 옷을 염색하는 염료를 사용하는 경우도 있었다고 한다. 특히, 고기가 잘 상하는 여름철에는 고기의 부패를 감추는 일종의 위장 전술로 값진 향신료들을 아낌없이 사용했다.

필리프 6세(Philip VI, 1293~1350) 치세기의 요리사인 티렐은 프랑스 남부나 부르고뉴 지방에서 생산되는 강한 적포도주를 궁정에서 유행시켰다. 비록 초보 단계이기는 하지만, 음식과 포도주의 궁합을 의미하는 '페어링(pairing)'의 개념도 선을 보였다. 오늘날 많은 레스토랑이 중세의 수석 요리사 기욤 티렐의 명성에 편승해서, 그의 별칭인 '타이방'이란 이름을 상호로 내걸고 있다. 또한, 그의 공식적 이름인 기욤 티렐 역시 브뤼셀에 있는 음식 공급업체의 회사명이기도 하다.

"네가 뭘 먹는지 나한테 얘기해주면 네가 누구인지 알려 주마!"

이 풍자적인 경구의 주인공은 바로 프랑스 식도락의 문학가 장 앙텔름 브리야사바랭(Jean Anthelme Brillat-Savarin, 1755~1826)이다. 이처럼 사치스러운 고급 요리가 사회적 '권위'를 상징했던 유럽의 오랜 전통은 이미 중세 때에 확립되어 16~17세기 초까지도 중세의 취향이 요리에 직접 반영되었고, 17세기 요리의 근대적 혁명도 중세의 용광로에서 서서히 이루어졌다. 중세에 유럽은 '하나'였다. 기독교가 사회 전반을 지배하던 중세 시대의 요리는 종교적 영향에 의해서 ① 육류를 먹을 수 있는 날을 위한 요리와 ② 금식, 사순절 등 고기를 먹지 않는 날의 요리 등 두 종류로 나뉜다. 우선 중세 유럽인들의 식사를 살펴보면, 소득과 음식물이 상관관계가 있다는 것이 일반적 경향이다. 소득이 늘면 자연히 곡류보다 육류와 유제품, 달걀 등을 많이 먹게 된다. 이 당시에도 상류계급일수록 대체로 육식을 즐겼다. 그러나 신분의 고하를 막론하고 중세의 기본적인 음식은 빵(영주는 흰 빵, 서민은 거친 흑빵)과 숯불에 오랫동안 뭉근히 데운 수프, 포도주 등이었다.

중세 시대에 야채는 가난한 이들만 먹었다. 풀이나 구근류 등은 귀족의 식단이나 장부, 요리책에서는 거의 찾아볼 수 없는 식품이었다. 왜냐하면, 신분의 고하를 막론하고 누구나 먹는 공통의 수프를 끓이는 용도로 쓰이는 채소를 품위 있는 귀족 요리를 만드는 데 넣는다는 사실이 너무나 '서민적'이라고 여겨졌기 때문이다.

중세 요리를 좀 더 정확하게 파악하려면 우선 귀족들의 식단을 살펴보아야 한다. 귀족의 식탁에는 신분이 높은 사람 앞에만 칼이 놓였다. 상류계급일수록 육식이 주식이었고, 고기의 냄새를 없애주는 후추를 비롯한 육두구 등 동양산 향료를 이용하여 차린 식단은 유럽인에게 최고의 성찬이었다.

귀족의 연회

_접시도, 포크도, 냅킨도 없는 식사

귀족들은 생일, 약혼식, 결혼 피로연, 종교 행사, 또는 군사적 승리를 기념하는 연회 등을 자주 베풀었다. 특히, 궁중에서 개최되는 연회는 왕실의 부와 권위를 대내외적으로 과시하는 수단이 되었다. 즉, '프랑스식의 식탁의 예술(art de la table à la française)'이란 중세 상류층의 권력 도구인 동시에, 재산이나 신분을 나타내기 위한 일종의 '과시적 소비(conspicuous consumption)'의 성과물이라고 정의할 수 있겠다. 연회에서 남은 음식은 테이블 사이를 배회하는 애완용 개들한테 던져주거나 가난한 사람들에게 대부분 적선했다. 연회는 보통 귀족의 성에서도 가장 크고 화려한 홀에서 개최된다. 당시에는 전문적인 식당이 따로 없었기 때문에 하인들은 연회가 있을 때마다 홀의 중앙에 식탁이나 의자들을 배치했고, 시종은 영주 부부가 초대한 회식자들을 입구

14세기만 해도 사람들은 접시를 사용할 줄 몰랐다. 액체로 된 음식을 담을 때는 주발(écuelle)을 이용했고, 접시 대신에 둥글고 납작한 빵 도마(pain-tranchoir) 위에 고깃덩어리를 올려놓았다. 한 여성이 수프가 든 주발을 오른손으로 들고 마시고 있다. 이 채색 삽화는 《샤를 당굴렘의 시간 Heures de Charles d'Angoulême》 이란 수사본에 나오는 것으로, 중세의 식습관을 잘 보여주고 있다. 샤를 당굴렘(1459~1496) 백작은 프랑스 국왕 프랑수아 1세(François Ier, 1494~1547)의 아버지로, 15세기 말에 이 책의 저술을 명했다. (프랑스국립도서관 소장)

에서 정중히 맞이했다.

　중세의 귀족들은 '프랑스식 상차림(service à la française)'을 선호했다. 여러 개의 코스 요리를 한꺼번에 테이블 위에 잔뜩 진열해 놓는 방식인데, 이를 '혼란의 상차림(service en confusion)'이라 명명하기도 한다. 이 프랑스식 상차림과 반대되는 개념이 바로 간소화한 '러시아식 상차림(service à la russe)'이라고 할 수 있다. 요리를 순서대로 하나씩 개인별로 시중을 드는 방식으로, 고기 요리를 통째로 내오는 대신

중세의 결혼 피로연. 영주 부부가 앉아 있는 '명예의 식탁(table d'honneur)'은 천개(天蓋)로 구분되어 있다. 신부로 보이는 여성이 파란색 의상을 입고 영주 부부 옆에 다소곳이 앉아 있다. 오른쪽 테이블에 회식자들이 일렬로 앉아 있다. 왼쪽에서 입장한 수석 웨이터(maître d'hôtel)가 인솔하는 하인들이 줄지어 음식을 나르는 사이 식사 관리인(officiers de bouche)들은 언제든 주인의 지시를 수행할 수 있도록 옆에 늘 대기하고 있다. 그리고 위의 발코니에서는 뮤지션들이 연주로 연회의 흥을 돋우고 있다. (1440년대 채색 수사본)

에 하인이 미리 접시에 1인분씩 따로 담아 내온다. 이 러시아식 상차림은 19세기에 서구에서 보편적인 상차림 방식이 되었다. 회식자들은 너 나 할 것 없이 손으로 음식을 집어 먹었고 뜨거운 음식의 경우에는 스푼을 사용하거나, 아예 그릇째 들고 마시기도 하고 너무 덩치가 큰 요리는 칼로 요령껏 잘라먹었다. 고기를 예술적으로 우아하게 자르는 일은 '칼의 귀족'들이 가장 애호하는 활동 중 하나였다. 소스에는 강한

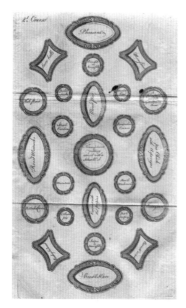

프랑스식 상차림

양념이나 겨자가 듬뿍 사용되었고, 연회의 단골 아이템인 파이는 그릇 대신에 파이 껍질 속에 담겨 나왔다. 식사의 마지막에 나오는 '이슈 드 타블(issue de table, 식사의 결말)'은 주로 달콤한 당과(dragée)[12]나 숙성된 치즈, 또 향료를 넣은 포도주(hypocras) 따위로 마무리되었는데, 이것이 오늘날 디저트의 전신이라고 할 수 있다.

중세에 음식은 다음 네 가지 창조 요소(신의 작품)에 따라 구분되었다. 첫째, '불'의 요소가 가장 가치 있는 것으로 인정받았고, 둘째는 '공기', 셋째는 '물' 그리고 마지막으로 신과 가장 멀리 존재하는 지상

---

12 아몬드나 호두에 당의를 입힌 것. 세례나 결혼 축하식에서 주로 사용되었다.

의 '흙'이 하위 요소로 간주되었다. 그리고 피조물의 위계질서 역시 만물의 영장인 인간 → 동물 → 식물 순으로, 이를 '존재의 위대한 사슬(grande chaîne des êtres)'이라 칭했다.

바로 그러한 이유로 더러운 흙 속에서 자라는 채소는 중세 내내 귀족들로부터 멸시를 받았고 농민들이나 빈자들의 촌스러운 위장에나 어울리는 식품이란 낮은 평가를 받았다. 그 당시 귀족의 두 가지 활동은 '전쟁'과 '사냥'이었는데, 사냥은 귀족 전용이었다. 만일 농민이나 농노가 숲속의 야생동물을 잡다가 들키는 날에는 그야말로 사형을 면치 못했다. 귀족들이 그들의 사냥 전리품에 대해 이처럼 긍지와 애착을 가졌던 이유는 야생 고기가 그들의 고귀한 태생에 잘 어울리는 음식이라고 자처했기 때문이다. 그들은 야생 짐승은 귀족처럼 자유롭게 태어났기 때문에 당연히 귀족이 소비해야 한다고 생각했다.

한편, 혈액(血液), 점액(粘液), 담즙(膽汁), 우울(憂鬱) 등 중세의 4체액[13] 원리에 따라서 음식이나 조리법이 분류되었다. 가령, 생선은 차갑고 습기가 많은 성질 때문에 가장 최상의 생선 조리법은 그것을 맵고 건조한 소스로 양념한 다음에 직접 화덕에 놓고 튀기는 것이었다. 소고기는 건조하고 따뜻한 성질 때문에 물에 넣고 삶아야 하며, 돼지고기는 따뜻하고 습기 있는 성질 때문에 불 위나 화덕에 넣고 반드시 바싹 구워야 한다는 것이다.

---

13 옛날에는 그 배합으로 체질·기질 등이 정해지는 것으로 생각했다.

프랑스 국왕 샤를 5세(1338~1380)가 신성로마제국의 황제인 카를 4세(1316~1378)와 그의 아들을 영접하고 있다. 식탁에는 세 개의 네프가 놓여 있고, 손님들은 플로어 쇼를 관람하고 있다.

일반적으로 음식은 '요리의 꽃'이며 식사의 중심인 '구운 고기'의 서빙을 클라이맥스로 마치 연극의 기승전결의 순서대로 차려진다. 당시에는 맛도 상당히 달랐으며, 깃털로 화려하게 장식한 백조나 공작 같은 덩치 큰 새들을 먹었고, 양념도 소금이나 후추보다는 사프란 향이나 생강 등 동방에서 온 이국적인 향신료를 선호했다. 감자, 커피, 차, 초콜릿, 바나나, 키위, 칠면조 같은 이국적인 식품은 아직 알려지지 않은 상태였다.

　중세 식사는 다음과 같은 순서로 이루어진다. 메뉴는 여러 가지 산해진미의 요리들로 구성되어 있는데, 이를 나중에 '서비스(service)'라고 부르게 된다.

- 첫 번째 서비스(L'ouvre bouche): 회식자들의 식욕을 돋우는 식전의 아페리티프(apéritif)로,[14] 포도주와 훈제한 라드, 사과, 구운 토스트 등 먹기 좋은 한입 크기의 음식물이 함께 제공된다. 기름지고 풍요로운 음식들을 받아들이기 위해 준비시키는 단계로, 샐러드나 계절 과일 등이 나온다. 과일은 동방에서 온 대추야자나 무화과, 자두와 과수원에서 자란 호두 따위를 먹었다.
- 두 번째 서비스: 각종 수프와 단지에서 조리한 고기와 야채를 넣은 포타주(스튜의 일종)가 등장한다.
- 세 번째 서비스: 민물 또는 바다 생선 요리들이 줄지어 나온다.
- 네 번째 서비스: 각종 컬러풀한 소스와 함께 백조, 공작, 사슴, 돼지고기와 소고기 등 화려하고 장대한 구운 고기들의 행렬이 요란한 팡파르(fanfare, 군악)와 함께 이어진다.
- 다섯 번째 서비스: 식사를 서서히 마무리하기 위한 단계로 케이크와 타르트, 플랑(flan, 향료를 친 크림 과자) 같은 단맛의 요리들이 선보인다.

---

14 서양식으로 식사할 때, 식욕을 돋우기 위하여 식사 전에 마시는 술.

- 여섯 번째 서비스(이슈 드 타블): 치즈와 가벼운 케이크를 먹는데, 이는 소화 작용을 활성화하고 위장을 닫는 데 목적이 있다. 이 모든 음식에는 계피와 생강, 꿀, 장미수 따위의 향신료를 넣은 단맛의 포도주 이포크라(hypocras)가 곁들여진다.
- 일곱 번째 서비스(boute-hors): 연회의 마지막 코스에는 각종 단 것들, 특히 아몬드나 호두에 당의를 입힌 당과의 일종인 드라제(dragée)를 먹는다. 이 또한 소화 작용을 돕고 숨을 정화해주는 이로운 작용을 하는 것으로 알려져 있다. 식탁을 떠나는 경우 회식자들은 각자 자기 방으로 술잔을 가져가기도 한다.

일곱 차례의 서비스가 행해지는 동안에도 구운 고기와 디저트 사이에 먹는 가벼운 음식 '앙트르메(entremets)'가 제공되며, 그 사이 화려한 공연이나 쇼가 행해진다. 연회는 세속적이고 정치적인 행사였다. 모름지기 연회는 연회를 주최하는 주인(hôte)이 자신의 부와 권력을 과시하는 장이었기 때문에 미식은 부수적 존재에 지나지 않았다.

14세기까지 프랑스인들은 접시(assiette)라는 것을 전혀 사용할 줄 몰랐다. 액체로 된 음식을 먹는 경우에는 둥근 주발을 사용했고 지위의 고하나 재산 정도에 따라, 나무, 금속 또는 귀금속으로 된 주발을 이용했다. 고체로 된 음식을 먹을 때는 둥글게 썬 빵 조각을 이용했다. 이 '팽 트랑슈아르(pain-tranchoir, 빵 도마)' 위에 고기 따위를 올려놓고 먹었다. 바로 그 밑에는 나무, 구리, 주석, 은이나 금으로 된 편편한 판자를 깔긴 했지만, 그 당시의 사람들은 만일 원한다면 자기 접시를 그냥 통째로 삼킬 수도 있었다. 고기즙이 촉촉이 밴 팽 트랑슈아르는 이

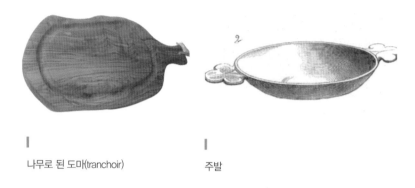

나무로 된 도마(tranchoir)　　　　주발

처럼 음식과 함께 먹을 수도 있지만, 대체로 연회가 끝나고 빈자들에게 적선하는 경우가 많았다.

　수프 같은 액체 요리는 주발에 담겨 나오는데, 중세의 유용한 가이드북인《파리의 가계부 *Le Ménagier de Paris*》(1393년)의 저자에 따르면, 두 사람이 하나의 주발을 공동으로 사용했다.

　중세의 식탁 위에 나이프와 스푼은 놓여 있었지만, 식탁용 포크는 14세기가 되어서야 등장했다. 식탁용 장식물로는 벽에 걸린 타피스리(장식 융단)와 배 모양의 네프(nef), 그리고 냅킨이 있다. 네프는 식탁 용기, 냅킨, 소금 통, 포도주병을 올려놓는 귀금속 장식물이다. 아직 개인용 냅킨이 발명되지 않았기 때문에 회식자들은 손에 묻은 음식을 닦을 때 길게 늘어진 전체 식탁보의 천에 그냥 문지르는 경우가 많았다.

　당시 냅킨은 실용적 용도보다는 '장식용'으로 잔가지나 앙증맞은 작은 꽃 따위로 치장해서 식탁 위에 그냥 장식용으로 올려놓는 경우가

배 모양의 네프

식탁 중앙의 장식물 '쉬르투 드 타블(surtouts de table)'

많았다. 중세 말기에 이탈리아에서 일종의 '피에스 몽테(pièce montée, 데커레이션케이크)' 형태의 '설탕 조각품(sculptures en sucre)'과 '쉬르투 드 타블(surtouts de table, 식탁 중앙에 놓는 장식물)'이 등장했다. 이러한 고가의 식탁 장식물들은 특히 르네상스기에 부유한 귀족 가문에서 부를 과시하는 용도로 인기가 높았다. 식탁 중앙의 장식물을 지칭하는 쉬르투 드 타블은 심미학적인 용도로 사용되었지만, 다양한 음식을 한꺼번에 전시하기 위한 용도도 있었다. 원래 소금 통, 향료 상자, 기름병, 식초병, 설탕 단지 등을 놓기 위한 실용적 용도로 출발했지만, 시간이 지나면서 양초나 꽃들을 진열하기 위한 장식용 성격이 훨씬 더 강해졌다.

그렇다면 중세인들은 과연 균형 잡힌 식단을 섭취했을까? 서민들은 혹시 몰라도, 귀족들의 경우는 결코 아니었다. 부유한 귀족들은 신선한 과일이나 야채를 거의 날로 먹지 않았다. 생과일 대신에 구운 파이나 꿀에 재운 단것들을 좋아했고, 야채는 주로 수프나 포타주, 걸쭉한 스튜의 형태로만 섭취했다. 오직 유채, 양파, 마늘, 리크만이 귀족의 식탁을 우아하게 장식했으며, 단백질이 풍부한 유제품조차도 귀족의 식탁에 오를 수 없는 열등한(?) 식품으로 취급받아서 그때까지는 빈자들의 음식에 속했다.

근대적 영양학의 개념이 거의 전무했던 시대이니만큼, 중세 귀족들의 육류 위주의 식단은 비타민 C와 섬유질이 절대적으로 부족할 수밖에 없었고, 이는 결국 충치와 피부병, 괴혈병, 구루병 등 각종 건강 문제를 일으키게 된다. 아이러니하게도 '풍요 속의 빈곤' 현상이라 하지 않을 수 없다.

"사랑이 없는 이야기는 마치 겨자 없는 소고기처럼 맛없는 요리와 같다."

_ 아나톨 프랑스(Anatole France, 1844~1924), 프랑스 시인·소설가

"소고기는 요리의 영혼이다."

_ 마리-앙투안 카렘(Marie-Antoine Carême, 1784~1833), 프랑스 요리사

"나는 엄청난 소고기 애호가이지만, 그것이 나의 위트를 해치지 않는다고 믿는다."

_ 윌리엄 셰익스피어(William Shakespeare, 1564~1616), 영국 극작가

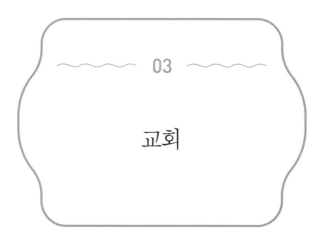

03

교회

로마가톨릭교회와 종교력(宗教曆)은 중세인의 식습관에 중대한 영향을 미쳤다. 지나치게 푸짐한 연회나 술을 동반한 늦은 수페르(souper, 야찬)는 매우 '부도덕'한 것으로 여겼다. 특히, 늦은 밤의 야식은 도박이나 술주정, 여러 가지 음탕한 행위와 깊은 연관이 있었기 때문에 도덕적으로 비난 대상이었다. 가령, 기독교인에게 육식이 금지된 날은 한 해의 1/3이나 되었다. 생선을 제외하고, 달걀과 유제품이 포함된 모든 동물성 식품이 사순절[15]과 단식 기간에 금지되었다. 게다가 성찬식(eucharistie) 전에는 음식에 손을 대지 않는 것이 통상적인 관례였다.

대부분의 유럽에서 금요일은 금식일이었다. 고기나 우유, 버터, 달

---

15 재의 수요일(Ash Wednesday)부터 부활절 전야까지의 40일 동안 단식과 참회를 행함.

수녀들의 식사. 침묵 속에서 식사하면서 성경 낭송을 경청하고 있다. 소통이 필요할 때는 침묵을 깨지 않기 위해 '수화'로 대화하고 있다. (1341년)

걀 같은 동물성 식품은 금지되었고, 오직 생선만이 허용되었다. 금식의 목적은 육체를 정화하고 영혼의 원기를 북돋우며 인류의 구원을 위한 그리스도의 고행과 희생을 몸소 기리기 위함이었다. 그래서 금식의 의도는 어떤 일정한 음식을 불결한 것으로 묘사하려는 것이 아니라, 절제에 의한 극기 훈련을 통해 정신적 교훈을 가르치려는 것이었다. 엄격한 금식 기간에는 식사의 가짓수가 달랑 하나로 줄어드는 경우도 있었다.

대다수의 중세인이 이러한 규칙을 준수했지만, 만일 어기면 반드시 고해성사를 해야만 했다. 그러나 금식이나 규율을 피해 가는 방법도 여러 가지가 있었다. 중세 요리 연구가인 브리짓 앤 헤니쉬(Bridget

Ann Henisch, 1932~)는 이러한 종교적 이상과 실천 사이의 갈등을 다음과 같이 요약하고 있다. "가장 복잡한 규칙들의 새 장을 만드는 것이 인간의 본능이지만, 동일한 열정과 창의력으로 그것을 빠져나갈 구멍인 예외를 만드는 것 역시 우리 인간이다. 사순절은 중세인에게 하나의 커다란 시련이자 도전이었지만, 그 게임의 핵심은 그 법망을 기묘하게 탈출하는 데 있다."

참회 기간 중에 비록 육류 식품이 금지되어 있다고 해도 실용적인 타협의 여지는 얼마든지 있었다. 예를 든다면, 생선의 정의가 고래, 흑기러기, 섬새, 비버 따위의 수생 동물이나 반수생동물에 이르기까지 두루두루 확장되었다. 게다가 음식 재료의 선택 범위가 제한되었다고 해도, 그것이 반드시 '식사량의 제한'을 의미하지는 않았다. 단지 육식만 금지되었을 뿐이지, 음주의 제한도 없었고 단것을 못 먹게 하는 규칙도 없었기 때문에 금육일에 개최되는 연회도 얼마든지 호화판(?)일 수 있었다.

그런 날의 연회에서는 고기를 모방한 '환상의 요리'나 유사 치즈, 유사 달걀 요리 따위가 인기가 있었다. 예를 들어, 생선 요리를 사슴 고기처럼 보이도록 위장하기도 하고, 빈 달걀 껍데기 속에 생선알과 아몬드 밀크를 가득 채워 넣고 그 위에 석탄을 발라 구운 가짜 달걀 요리를 선보이기도 했다.

상대적으로 강경 노선의 동방의 비잔틴교회가 성직자들을 위한 어떠한 요리적인 개선도 인정하려 들지 않았던 것과는 달리, 서방 교회는 이보다 훨씬 유연하고 관대한 편이었다. 물론 교회의 엄격한 금식

중세인들은 설치류인 비버의 꼬리가 마치 생선을 닮았다고 해서 금식 기간에도 먹을 수 있도록 허용했다. (단순 의학 서적, 1480년)

에 대하여 전혀 불평이 없었던 것은 아니었다. 사순절 기간에 국왕, 귀족, 학생, 평민들은 이구동성으로 참회의 기간이 너무도 길고 고기를 먹지 못하는 것에 대한 욕구 불만을 토로하기도 했다. 특히, 가축 소유주들은 사순절 기간에 생선뼈에 포위되어 낙담한 굶주린 개들의 공격을 조심하라는 경고를 받았다. 중세 스콜라 철학의 대성자 토마스 아퀴나스(Thomas Aquinas, 1225?~1274)는 금식 기간에도 어린아이나 노약자, 순례자, 육체노동자, 거지들에게는 특별히 허가해 줄 필요가 있다고 생각했지만, 적어도 '거주지가 있는' 빈자들의 경우에는 안 된다고 생각했다.

교회 하면 떼려야 뗄 수 없는 식품이 바로 '신들의 음료'인 포도주다. 일명 '인류와 인류 문명의 영원한 동반자'인 포도주는 교회의 성찬식에서 사용되는 신성한 두 가지 음식(빵과 포도주) 가운데 하나다. 교회는 예배와 수도원 규칙을 준수하기 위해, 이른바 '기독교화'한 포도주의 생산과 개발에 크게 기여했다. 우리가 초대한 회식자들에게 맹물(?)을 대접하는 영주를 도저히 상상하기가 어렵듯이, 세속적인 귀족들도 역시 그들 연회의 성공을 위해 질 좋은 최상급 포도주를 생산하기 위해 노력했다.

어느 출처 미상의 기록에 따르면, 1320년에 프랑스의 하루 1인당 포도주 소비는 3리터였다. 당시 프랑스 인구가 2천만 명이라고 가정한다면 과연 중세 암흑기에 그 많은 포도주 생산을 어떻게 감당할 여력이 있었는지는 의문이지만, 당시에는 포도밭이 거의 사방에 널려 있었던 것으로 추정된다. 만일 옛 프랑스인들이 그토록 많은 양의 포도주를 매일 상용했다면, 그 이유는 당시에 유행했던 '과음'의 취미뿐 아니라, 심각한 '물의 오염' 역시 한몫했으리라 본다. 당시에 물을 마신다는 것은 가벼운 복통이나 설사를 일으키거나 심각한 경우에는 사망에 이를 수도 있었기 때문이다. 이 곤란한 문제의 해답은 물보다 훨씬 안전하고 건강한 주류를 소비하는 것이었다. 프랑스어로 포도주를 '뱅(vin)'이라고 하는데, 뱅도 영어의 와인(wine)과 마찬가지로 단지 포도주뿐만 아니라 일반적인 술을 지칭하는 용어다. 그리하여 가난한 사람들은 서민적인 맥주나 시드르(cidre)라는 사과주를 마신 반면, 유복한 사람들은 포도주를 마셨다.

당시에는 남녀노소를 가리지 않고 식사 때마다 이처럼 술을 마셨다. 오늘날과 비교하자면, 프랑스인은 1인당 하루 평균 포도주 반 잔 정도를 마시며, 프랑스의 연간 포도주 생산량은 4,800만 헥토리터(2015년

몰래 포도주를 마시는
수도승

기준)에 육박한다. 이는 중세에 비해 4.5배가 넘는 총생산량이다. 참고로 중세 수도원에서는 매일 1/4리터의 포도주가 각 수도승에게 주어졌으며, 수도원에서 생산된 포도주는 수도원을 찾는 방문객들의 접대에도 사용되었다.

14세기에 수도원은 전문적인 포도주의 생산을 위해 풍부한 노동력과 노하우, 또 훌륭한 지하 저장고를 소유하고 있었다. 수도원들은 포도주의 상업적인 거래나 무역을 점점 확대해 나갔다. 특히, 베네딕트회 수도승들은 새로운 포도의 품종 개량과 포도주 제작 방법의 개발에 지대한 공헌을 했다. 백포도주의 일종인 샤블리(Chablis)[16], 몽바지악(Monbazillac)산 백포도주, 남부 론(Rhône) 지방의 지공다스(Gigondas),

클로 드 부조(Clos de Vougeot), 부르고뉴산의 고급 적포도주 포마르(Pommard), 샤토뇌프 뒤 파프(Châteauneuf du pape), 부르고뉴산의 고급 적포도주 로마네(Romanée) 등 중세 수도원들이 공들여 개발한 포도주들은 오늘날까지도 그 위대한 명성을 이어가고 있다.

가히 전설적인 중세 수도사들의 왕성한 식욕을 언급한다면, 그들의 보통 한 끼 식사는 무려 3,500~4,000칼로리에 달했다. 종교 축제 기간에는 더 많은 양의 버터와 라드(돼지비계), 치즈 등을 추가했기 때문에 평상시보다 열량이 두 배나 넘었다. 특히 베네딕트 수도회의 식사는 귀족 식탁의 화려함을 능가하는 경우가 있었다. 축제 기간 중에 베네딕트 수도원에서는 무려 16차례의 코스 요리를 제공했다고 한다. 많은 수도원이 성경에 대한 영리한(?) 유추해석을 통해 금식 조항들을 위반하는 경우가 다반사였다. 특히, 새로 선정된 가톨릭 수도회의 임원들은 단순히 도덕적인 비난을 피하기 위해서가 아니라, 금식 기간에도 비(非)육류 요리들을 잘 먹을 수 있도록 금식 회피의 문제점을 수정·보완하거나 바로잡으려고 노력했다.

"단식이란 모름지기 음식을 절약하고 먹는 것을 삼가하기 위함이다."

_ 이시도루스(Isidore of Seville, 560?~636), 신학자·저술가

---

16 프랑스 부르고뉴 지방 샤블리가 원산지다.

04

평민들의 식사

중세 사회는 고도로 계층화된 사회였다. 기근이 일상다반사이고 사회적 위계질서가 가차 없이 시행되는 사회에서 생명 유지의 기본인 '음식'은 사회적 신분의 일종의 메이커 기능을 담당했다. 음식의 질과 다양성은 당연히 귀족이나 권세 있는 자들의 전유물이었다. 귀족은 값비싸고 이국적인 향신료를 듬뿍 넣고 요리한 사냥 새고기를 음미하는 동안에 농부나 가난한 사람들은 야채나 허브를 넣은 수프나 흑빵, 그리고 라드(돼지비계) 같은 것을 먹었다.

그리고 흉년이 들고, 용병들이나 약탈자들이 마을을 지나갈 때는 어김없이 기근이나 기아가 찾아왔다. 중세에는 도로망이나 운하 같은 교통수단이 미비했기 때문에 사람들은 인근의 시골에서 온 음식 재료를 소비했다. 중세 천 년 동안 특히, 북부 프랑스의 경우에는 10명 중

중세의 수프(brouet) 만들기 모습

9명이 농부였다.

　중세에는 제1신분인 기도하는 사람들(성직자), 제2신분인 싸우는 사람들(귀족), 그리고 제3신분인 일하는 사람들(평민) 등의 계층이 있었다. 귀족과 성직자가 세속과 정신의 지배권을 행사하는 사이 대다수의 평민은 봉건적 의무(노동)만을 지고 있었다. 중세 아동의 거의 절반가량이 10세가 되기 전에 뇌막염이나 결핵 같은 질병 또는 영양실조로 사망했으며, 전체 인구에서 40세 이상의 노인층(?) 비율은 과소한 편이었다.

(가) 수프

농민들의 가장 대표적인 식사는 걸쭉한 수프(brouet)였다. 종교 단식일은 물론 축제일에도 적합한 음식이었던 수프는 부자나 가난한 자 모두에게 공통된 매우 평범한 식사였다. 또한, 수프는 그야말로 구걸 일보 직전에 있는 자들을 구제하기 위한 허울 좋은 '자선'의 상징이 되었다. 수프에 들어가는 재료는 빵과 물, 채소가 기본적인 재료였다. 중세에는 소금이 귀했기 때문에 서민들의 음식은 자연 싱거울 수밖에 없었다. 산간 지방의 농부들은 수프에 우유나 야생 버섯을 넣기도 했고, 형편이 좀 나은 농민들은 양이나 돼지고기의 비계 또는 닭고기를 넣기도 했다. 거의 모든 것을 한꺼번에 넣고 만든 수프에 귀리와 호밀로 만든 거친 갈색 빵을 찍어 먹었다. 그러나 구운 지 몇 주간 된 딱딱한 빵을 먹으려면 치아가 모름지기 튼튼해야만 했다. 갓 구운 빵이라도 흑빵은 껍질이 매우 단단해서 노인들은 빵을 먹을 때 수프나 다른 음료에 빵을 적셔 먹는 습관이 있었다.

그 당시에 빵을 먹는다는 것은 곧 수프를 마시는 행위와 같았다. '빵을 수프에 적시다(tremper la soupe)'란 말이 나온 것도 이 때문이었다. 거의 모든 마을에서 농민들은 그들의 빵을 직접 구워 먹었다. 오직 영주만이 화덕(four)을 소유할 권리가 있었고, 농노들은 그것을 사용해야 할 의무가 있었다. 영주는 농민들에게서 소정의 사용료(돈이나 곡식)를 받고 화덕을 유상으로 빌려주었다. 농민들은 최상의 밀을 영주에게 바치는 대신에 잡곡 빵을 먹는 것에 만족해야만 했다.

오랫동안 야채 소비는 수프와 밀접한 연관이 있었다. 원래 채소를 의미하는 프랑스어 '레귐(légume)' 대신에 고기·야채 따위를 넣어서 진하게 끓인 포타주(potage, 수프)에서 유래한 형용사와 합성된 용어 '플랑트 포타제(plantes potagères)'를 민간에서 실제로 더 많이 사용했던 것도 바로 이런 이유 때문이었다. 수프에 들어가는 야채는 계절에 따라 매우 다양했다. 겨울이 끝나갈 무렵과 사순절에는 수프에 들어가는 채소의 내용물이 형편없었다. 그러나 수프에 들어있는 완두콩과 어린 홍당무는 벌써 5월 중순이 되었음을 알리는 것이었다. 새로 나온 양배추, 꼬투리째 먹는 부드러운 콩깍지, 잘 여문 잠두나 강낭콩의 열매 등은 여름이나 가을 같은 풍요로운 계절의 도래를 의미하는 것이었다. 집안에서 나이 든 할머니가 주로 도맡는 채소 껍질 벗기기 등 수프용 채소 준비 작업은 부엌의 '아궁이 시대'에는 별다른 시름없이 할 수 있는 한가한 소일거리였다. 농가의 젊은 아낙네들이 들이나 포도밭에

중세의 화덕

나가서 밭일을 할 때도 농가의 저녁 식사가 되는 수프는 불 지핀 아궁이에서 혼자 저절로 데워지고 있었다.

(나) 우유와 유제품

수프 대신에 버터나 치즈, 돼지기름(saindoux) 따위를 빵에 발라서 먹기도 했다. 우유는 농민, 하인, 어린아이나 노인, 환자들이 먹는 식품으로 여겨져 부정적인 평가를 받았기 때문에 당시 상류층은 우유를 거의 마시지 않았다. 의사들 역시 우유가 성인들의 건강에 이롭지 않고 치아를 부식시키며 심지어 나병의 원인이 될 수 있다고까지 경고했다. 다른 유제품에 비해 우유 소비가 이처럼 확산하지 못했던 이유는 우유의 맛이 쉽사리 시어지거나 보존 기술이 부족했기 때문이다.

상류층은 우유를 주로 치즈 형태로 소비했다. 이미 중세 유럽의 각 지방에서는 자기들이 가장 좋은 치즈를 생산한다고 저마다 뽐내기 시작했다. 당시 수도원들이 치즈 생산과 발달에 지대한 공헌을 했으며,

중세의 치즈 만들기

국왕들은 이를 칭송해 마지않았다. 당시에는 브리(brie)산 치즈, 마루아유(maroille), 로크포르(roquefort, 푸른곰팡이) 치즈 등이 특히 유명했다. 마루아유는 젖소 치즈로, 북부 프랑스의 피카르디(Picardie)나 노르파드칼레(Nord-Pas-de-Calais)에서 주로 생산되었다. 마루아유란 치즈명은 오늘날에도 여전히 마루아유 치즈를 생산해 내는 전통의 주산지인 마루아유라는 마을에서 유래했다.[17] 이 마루아유 치즈를 애호했던 국왕으로는 필리프 오귀스트(Philippe Auguste, 1165~1223),[18] 루이 9세(Louis IX, 1214~1270), 샤를 7세(Charles VII, 1403~1461), 르네상스 군주로 유명한 프랑수아 1세(François I, 1494~1547)가 있었다.

프랑스어로 치즈를 '프로마주(fromage)'라고 하는데, 이 용어가 중세 때부터 사용되었다고 전해진다. 중세의 식도락가이자 음유시인이었던 생타망(Saint-Amant, 1594~1661)은 브리 지방의 치즈를 극구 찬양했다. 필리프 오귀스트 국왕도 그가 총애하는 귀부인들에게 새해 선물로 종종 브리산 치즈를 선물했다. 콩데 대공(Louis, Grand Condé, 1621~1686) 역시 브리산 치즈와 적포도주로 로크루아(Rocroi) 전투(1643년)의 승리를 축하했다. 브리 지방은 대혁명의 격동기에도 별 탈 없이 무사했는데, 그 이유는 브리산 치즈가 대대로 프랑스 역대 왕가의 환심을 샀으면서도 다행스럽게 어떤 서민적인 악취, 즉 치즈 특유의 곰팡내도 풍기고 있었기 때문이다. 이에 대해 프랑스의 급진적 정

---

17 962년에 마루아유 수도원의 한 수사가 이를 처음 개발했다고 알려져 있다.
18 필리프 2세

치가이자 사법관인 프랑수아 조아킴 에뉘 라발레(François Joachim Esnue-Lavallée, 1751~1816)는 1793년에 "부자나 가난한 이들에게서 한결같이 사랑받았던 브리 치즈는 평등을 의심하는 것이 도저히 불가능한 시대(혁명)가 미처 도래하기 전에 이미 평등을 설파했다."라고 칭송해 마지않았다. 이처럼 일부 급진적인 혁명가들의 주장대로 치즈가 실제로 '평등'을 설파한 민주적인 식품이었는지는 알 수 없지만, 어쨌든 중세 이래 치즈는 사회적 신분이나 지위의 고하를 막론하고 만인에게 사랑받았던 대중적인 음식이었고, 탄수화물 위주의 식사를 하는 서민들에게는 양질의 단백질을 제공해주는 고마운 식품이었다.

(다) 고기와 생선

중세에는 식사의 내용물이 바로 사회적 신분을 표시하며, 고기는 어디까지나 '사치재'를 의미했다. 유럽 인구의 1/3을 앗아간 흑사병 이후

중세의 사냥감 고기에 대한 열정과 취미를 나타내주는 삽화

겨울이 다가오기 전에 돼지를 잡는 농민 부부. 남편이 돼지의 목을 베고 부인이 옆에서 피를 받고 있다.

에는 ① 인구 감소에 의한 임금 상승(구매력 상승)과 ② 버려진 광대한 목초지의 개발(생산 증가) 덕분에 비록 초기 단계이지만, 고기 소비가 점차 '대중화'하기 시작했다. 가장 부유한 자들은 사냥해서 잡은 커다란 야생 동물이나 비싼 가금류를 먹었고, 가난한 사람들은 어쩌다가 운수 좋게 잡힌 작은 새나 산토끼에 만족해야만 했다. 농가에서는 겨울 동안 가축들을 먹여 살릴 방법(사료)이 없었기 때문에 겨울 초에 번식용 가축을 제외한 나머지 모든 가축들을 잡았다. 이처럼 겨울은 힘든 고난의 시기였고, 항상 비축해둔 식량이 썩지 않도록 주의해야만 했다. 그러나 추운 겨울을 제외하고, 농민들이 집에서 기르는 식용 가

강가에서 물고기를 잡는 농노들

축을 잡아먹는 경우는 매우 드물었다. 닭은 달걀을 얻기 위해, 젖소는 우유를 짜고, 양은 양모를 얻는 수단으로, 소는 농사일을 위해 기르는 경우가 대부분이었다.

중세에 육류를 보관하는 방법은 건조·염장·훈제 등 세 가지 방법이 있었다. 아직 파스퇴르 살균법이 없었기 때문에 일 년 이상 저장하기 위해 소금에 절이는 경우가 가장 많았다. 중세 유럽에서 고기의 피를 제거하고 소금에 절인 육류 식품은 결코 불경한 음식이 아니었다. 사실상 중세에는 소금에 절인 고기가 전체 고기 소비량의 4/5를 차지했다.

물론 예외인 경우도 있지만, 중세에 소비가 금지된 육류는 염소 고기와 말고기였다. 원래 농가에서 염소를 키우는 목적은 주로 염소 우유와 치즈를 얻기 위해서였다. 그래도 시골에서는 염소 고기를 먹었지만, 주택이나 인구가 밀집하고 위생이나 오염 문제가 심각했던 도시에서는 염소 고기가 발열이나 콜레라 같은 질병의 매개물이라 하여 소비의 기피 대상이었다. 한편, 교회는 말고기의 소비를 야만적이고 이교적인 행위로 간주했다. 그러나 일반 평민(속인)들에게 말은 힘든 농사일을 해주는 충실한 동반자인 동시에 친구였기 때문에 그들은 아무리 동물일지라도 자신의 친구를 잡아먹지는 않았다. 도시의 푸줏간에서는 양고기, 소고기, 돼지고기 따위를 판매했으며, 판매대에서 파는 고기는 상태가 좋고 유용하며, 결코 병든 고기가 아니어야 했다.

그러나 전염병이 창궐하는 시기에는 고기 소비를 전면 금지하기도 했다. 아직 의학이 발달하지 않고 미신이 팽배했던 시대이니만큼 사람들이 가장 두려워했던 것은 바로 동물이 사람에게 옮기는 질병(인수 공통감염병 Zoonosis)이었다. 중세인들은 특히 돼지고기를 날로 먹다가 감염되는 '돼지에 의한 문둥병(lèpre porcine)'을 가장 무서워했다고 한다.

중세에 돼지고기는 가장 많이 소비되는 육류 식품이었다. 특히, 겨울이 오기 전에 잡은 돼지고기는 훈제해서 햄이나 베이컨을 만들거나 염장해서 쥐가 들지 않는 곳간의 들보 위에 높이 매달아 놓았다. 녹색 채소들도 층층이 소금을 뿌려서 단지에 보관했고, 허브나 버섯, 과수원의 과일들은 말려서 보존했다. 평민들은 동물성 단백질과 지방분을 보충하기 위해서 물고기를 많이 먹었다. 생선은 고기보다 가격이 훨씬 저렴했기 때문에 서민 대중들의 애호 식품이었다. 훈제된 청어를 좋아했고 생선에 양념한 소스를 발라 구운 것은 신경통에 효험이 있다고 믿었다. 대구와 청어는 연안 지역에서 많이 소비되었고, 강가의 주민들도 다양한 민물고기를 섭취했다. 특히, 교회가 지정한 금식일에는 신분의 고하를 막론하고 생선 소비가 급증했다.

(라) 음료

오늘날 우리는 식사 때마다 물을 마시지만, 중세에는 물의 순도나 위생 문제로,[19] 의사들도 물보다는 오히려 술을 마실 것을 더욱 권장했다. 포도주나 맥주 같은 주류가 훨씬 영양가도 많고 소화에도 이롭고 알코올 성분 때문에 식중독에 걸리거나 오염될 위험성도 낮다고 생각했기 때문이다.

물의 오염 때문에 중세에 포도주는 일종의 '생존 원칙(principe vital)'이었다. 가난한 사람들은 맥주나 사과주인 시드르(cidre)에 만족했지만, 유복한 사람들은 거의 매일 포도주를 마셨다. 포도주는 '요리용'으로도 사용되어 부용(bouillon, 고깃국물)을 만들 때도 물 대신에 넣었고, 또 음식물을 씻고 보존하거나 심지어 소금기를 뺄 때도 사용했다. 또한, 사람들은 포도주를 의약 용도로 자주 사용했다. 특히, 전시에 부상자들을 치료하거나 외과수술을 할 때도 포도주로 상처를 세척하는 등 소독제 대용으로 많이 쓰였다. 포도주가 담긴 욕조에 아픈 사지를

---

19 귀족들은 독극물에 의한 사망을 두려워했으나, 진정한 사망 요인은 독이 아니라 부패한 고기나 묘지 근처에 있는 우물물에 의한 중독이 많았다.

시녀가 어떻게 포도주를 다루고
보존해야 하는지에 대하여 설명
하고 있다.

푹 담그거나, 각종 포도주 요법으로 원기를 회복하기도 했다.

고대에 이른바 '신들의 음료'라고 극찬을 받은 포도주는 이처럼 위
생적이고 특권적인 음료로 여겨졌다. 로마 제국 당시에 고대 그리
스의 의학자·철학자인 클라우디오스 갈레노스(Claudius Galenus,
131?~201?)는 포도주가 따뜻하고 건조한 성질을 지니고 있기 때문에,
포도주에 반드시 물을 타야만 이런 성질이 완화된다고 주장했다.[20] 차
갑고 습한 성질을 지닌 물이나 맥주와는 달리 포도주의 소비, 특히 적
포도주는 소화를 촉진하고 원활한 혈액 순환과 체액(humeur)을 개선
하는 것으로 여겨졌다. 포도주의 질은 포도 수확이나 포도의 종류에

---

20 고대 그리스인과 로마인들은 포도주를 물에 희석하지 않고 원액 그대로 마시는 것을 '야만인'의
　관습으로 여겼다.

따라서 달라진다.

첫 번째 압착해서 얻은 포도즙으로 제조한 포도주가 가장 고급이며, 두 번째 압착한 것은 당연히 질이 떨어진다. 가난한 사람들은 로제 포도주나 백포도주, 또는 두 번째나 세 번째 압착해서 나온 포도주나 '피케트(piquette, 포도 찌꺼기에 물을 타서 만든 음료)' 따위를 마셔야 했다. 수차례 쥐어짜낸 포도주의 경우에는 그나마 술에 취할 염려가 없이 상당량을 마실 수 있다는 장점이 있었다.

가장 가난한 자들은 물 탄 식초를 마시는 것에 만족해야만 했다. 잘 숙성된 고급 적포도주는 특별한 포도주의 감정과 비싼 장비가 필요했다. 중세인들은 아직 포도주의 보존 문제나 포도주의 숙성 과정에서 생기는 화학작용에 대해 무지했지만, 중세의 요리책《르 비앙디에》에서는 상한 포도주를 구제하는 여러 가지 방법이 제시되어 있다. 부유층 사이에서는 따뜻하게 데운 포도주나 향신료(생강, 계피)나 꿀을 넣은 달콤한 포도주 '이포크라(hypocra)'가 상당히 인기가 있었으며, 의사들도 그것을 적극적으로 권장했다.

전설에 따르면, 이포크라는 5세기경 고대 그리스의 의학자 히포크라테스(Hippocrates, BC 460~BC 370)의 발명품이라고 알려져 있으나, 실제로 이포크라의 명칭이 나온 것은 14세기 중반이다. 11세기까지만 해도 사람들은 백포도주(vin blanc)를 주로 마셨으나, 12세기부터 적어도 남유럽의 국가들은 적포도주(vin rouge)를 더욱 선호하기 시작했다. 중세의 백포도주는 신맛이 매우 강하다는 특성이 있었고, 보존 기간이 거의 1년을 넘지 못했다. 백포도주도 물을 타서 마시거나 이

포도주의 취기

포크라처럼 향료나 꿀을 넣는 것이 관례였다. 프랑스에서 적포도주에 대한 취미를 높인 인물은 '클로 드 부조(Clos-de-Vougeot, 부르고뉴산 적포도주)'의 애호가였던 프랑스 출신의 교황 클레멘스 6세(Clément VI, 1342~1352)라고 알려져 있다.

홉(Hop)이 도입되기 전에 맥주는 보존하기 어려워 대체로 생맥주로 마셨다. 822년부터 맥주에 홉을 넣는 기록이 나타나기 시작했다. 당시에는 맥주를 거르지 않아서 가라앉은 부유물로 인해 색이 매우 혼탁했다. 당시 중세에 소비된 맥주는 오늘날보다 양이 훨씬 많았다. 가령, 영국이나 덴마크의 선원들이 마신 일일 맥주 소비량은 무려 4.5리터였고, 폴란드의 농부들도 하루에 3리터 정도의 맥주를 마셨다고 전해진다.[21]

맥주의 본고장인 영국, 네덜란드, 북독일, 폴란드, 스칸디나비아 지

이포크라의 제조과정

방에서 맥주는 거의 모든 사회 연령층에서 일상적으로 소비되었다.[22] 그러나 일반적으로 맥주는 포도주, 레몬, 올리브의 산지인 유럽의 남부지방에서는 '비천한 혼합음료(mixture humble)'에 지나지 않았다. 13세기 이탈리아 의사이며《신체의 식이요법 Le Régime du corps》의 저자인 시에나의 알데브란딘(Aldebrandin of Siena, ?~1296/1299?)은 1256년에 맥주에 관해서 다음과 같이 기술했다. "귀리나 보리, 또는 소맥으로 만든 맥주는 인간의 머리와 위장을 상하게 한다. 또한 맥주는 나쁜 호흡의 원인이 되고 치아를 망치며 좋지 않은 체액으로 위장

21 영국과 네덜란드에서 연간 1인당 맥주 소비량은 대략 300리터였다.
22 15세기 중반까지 보리는 빵보다는 맥주를 만드는 데 쓰였고, 영국에서 보리는 생산되는 작물의 27%를 차지했다.

노르망디의 포스터(1850년). 노르망디의 특산물인 시드르가 사람들의 흥을 돋우는 '콩비비알리테(공생)의 음료'로 소개되고 있다.

을 채워준다. 단, 맥주를 포도주와 함께 섞어 마시면 빨리 취하기는 하지만, 배뇨를 돕고 피부를 희고 매끄럽게 해준다." 중세인들은 맥주에 의한 취기가 포도주에 의한 취기보다 훨씬 오래 간다고 믿었지만, 포도주가 주는 '가짜 목마름(fausse soif)'의 현상이 맥주에서는 나타나지 않는다는 사실은 인정했다.

중세 초기에 맥주는 주로 수도원에서 양조되었고, 각 가정에서도 소규모로 만들어졌다. 맥주는 거의 식사 때마다 마셨다. 알코올 도수가 낮은 맥주는 아침에, 도수가 강한 맥주는 낮에 홀짝 마셨다. 홉이 맥주를 6개월간 보존할 수 있게 해주자, 맥주의 '상업화'가 일어나 무역량이 증대했다. 특히, 중세 말의 영국에서 맥주는 강한 맥주와 부드러운 맥주 두 종류가 있었는데, 부드러운 맥주는 아이들이나 절제된 사람들에게 적합한 것으로 평가되었다.

1693년에 영국 철학자 존 로크(John Locke, 1632~1704)는 동시대인들이 강한 알코올 주류나 포도주를 아이들에게 주는 것을 비판하면서, 전 연령의 아이들에게 적합한 유일한 음료가 바로 소프트 맥주라고 주장했다. 석류나 오디로 만든 과일주스나 시드르, 배즙으로 담근 술 푸아레(poiré)도 북부 유럽에서 인기가 많았다. 중세의 음료로 야생 자두주(prunellé)나 벌꿀 술도 있지만, 꿀 음료는 점차 줄어들고 중세 말기에는 단지 의약 용도로만 남게 되었다.

영국이나 웨일스 지방에서도 물론 사과주를 애용했지만 특히, 노르망디 지방에서 시드르 술의 전통은 매우 확고부동하게 전해져 내려온다. 시드르(사과주)는 프랑스의 멘(Maine) 지방에서 '서민들의 술'이었다. 바멘(Bas-Maine) 지방에서도 포도주가 '무슈(Monsieur, 나리)'라는 존칭으로 불린 반면, 시드르는 '어리석고 순박한 남성들'이 마시는 서민적 음료로 통했다. 1450년부터 노르망디는 '시드르의 본고장'으로 본격적으로 명성을 날리기 시작했다. 1573년에 노르망디의 한 작가는 "불과 50년 전만 해도 루앙(Rouen)과 코 지방(pays de Caux)에서 맥주는 오늘날의 시드르와 마찬가지로 서민들의 음료였다."라고 말한 바 있다. 19세기에 시드르는 프랑스에서 두 번째로 많이 소비되는 대중적인 음료였다. 1910년에 렌(Renne)에서 시드르의 소비는 주민 1인당 연간 소비량이 400리터였다. 그러나 현재 프랑스인의 포도주 소비는 44리터, 맥주는 20리터, 시드르는 심지어 노르망디에서조차도 고작 2리터 미만이다. 오늘날에는 이 시드르 술을 하나의 별미로 우유, 밀가루, 달걀과 버터 등을 넣고 뜨거운 프라이팬에 마치 전처럼 지진 크레프(crêpe)라는 요리와 함께 먹는다.

(마) 중세의 식사, 아궁이 그리고 식습관

중세 유럽에서는 하루에 '두 끼' 식사를 했다. 정오에 '디너(dîner, 저녁 식사)', 그리고 저녁에 '수페르(super, 야찬)'를 먹었다. 식사 시간은 후대에 내려갈수록 점점 늦춰지는 경향이 있었다. 점심에 먹던 디너가 저녁 식사가 되고, 저녁 식사였던 수페르가 야찬이 되는 식이다.

중세의 아궁이. 새고기를 꼬치에 꽂아서 한창 익히는 중인데, 밑의 사각 받침대는 흘러내리는 육즙을 받는 역할을 하고 있다. 육즙은 소스를 만들어 고기 위에 붓는 데 사용된다.

많은 에너지를 소모하는 육체노동자들은 실용적인 이유에서 아침(le petit déjeuner, 르 프티 데쥬네)을 먹었고, 한창 성장기의 아이들이나 여성, 노인들에게도 아침 식사가 허용되었다.

그러나 '요람에서 무덤까지' 인간의 영육을 책임지던 교회가 '식탐'이나 '결점으로서의 식도락'을 의미하는 '구르망디즈(gourmandise)'를 몹시 비난했던 만큼 사람들은 아침을 먹는 것을 대체로 '수치스러운 행위'로 간주했다. 중세인의 일상적인 식사에 관해 살펴보면, 소득과 음식물이 상관관계가 있다는 것이 일반적인 경향이다. 소득이 늘면 자연히 곡류보다 육류와 유제품, 달걀 등을 많이 먹게 된다. 이 당시에도 상류계급일수록 대체로 육식을 즐겼다.

중세의 정확한 1인당 칼로리 섭취량은 아직도 논쟁 중이다. 성인 농부가 일일 평균 2,900칼로리, 성인 여성의 경우에는 2,150칼로리였다는 것이 그간의 정설인데, 특별히 육체적 중노동에 종사하는 노동자나 선원, 군인들의 경우에는 3,500칼로리가 필요했다. 귀족들의 경우는 4,000~5,000칼로리에 육박하며, 수도승들의 경우는 보통 때는 6,000칼로리, 그리고 단식 같은 금욕 기간에는 4,500칼로리를 소비했다고 한다. 그 결과 상류층일수록 '비만'이 많았고 특히, 수도승들의 경우에는 관절염 같은 비만과 연관된 성인병에 시달리곤 했다.

대부분의 가정에서 요리는 아궁이나 화덕에서 직접 이루어졌다. 특히, 겨울철에는 난방을 위해서 아궁이가 대개 거실의 한복판에 자리하는 경우가 많았다. 유복한 가정에서조차도 손님 응대와 요리를 응접실에서 겸하는 경우가 많았으나, 중세 말경부터 요리 장소를 분리하는 현상이 나타나기 시작했다. 그 첫 번째 단계가 난로를 중앙에서 주변의 벽 쪽으로 옮기거나(벽난로), 요리할 수 있는 작은 방이나 부엌을 따로 설치하는 것이었다. 그때부터 부엌은 화재의 위험을 피하고 손님들의 심기를 불편하게 하지 않으며, 또 조리 시에 나는 연기나 냄새, 소음 등을 피해 중심 건물에서 떨어진 한적한 곳에 마련하게 된다. 아궁이에 관해 한 가지 덧붙인다면, 수 세기 동안 아궁이에 의한 치명적인 화상은 출산 다음으로 여성의 가장 높은 사망 요인이 되었다.

불이 안에 갇힌, 폐쇄적인 근대적 요리용 곤로가 발명되기 전까지 여자들은 결코 안전한 상태에서 요리했다고 보기 어렵다.

중세의 식사는 '공동의 사무'였다. 영주의 집에 고용된 하인들도 다 함께 모여 공동의 식사를 했다. 극도로 상호 의존적인 공동체 사회에서 '사적인 식사'는 '거만한 이기주의'로 여겨졌다.

13세기에 영국의 주교 로버트 그로스테스트(Robert Grosseteste, 1175?~1253)는 링컨 백작 부인에게 커다란 홀의 밖에서 디너나 수페르(야찬)를 들거나, 비밀리에 사적인 방에서 혼자 식사하지 말도록 간곡히 충고한 바 있다. 그것은 영주 부부의 불명예를 초래할 수도 있는 일종의 비사교적 행동이었기 때문이다. 그로스테스트 주교는 역시 하인들이 나머지 음식을 모조리 다 챙기지 않도록 주의를 당부했는데, 왜냐하면, 영주 부부가 먹고 남긴 음식들은 보시의 형태로 가난한 사람들에게 적선하는 것이 신의 뜻에 합당하다고 생각했기 때문이다.

부르주아 가정의 식사장면을 보여주고 있다. 같은 공간에서 남성이 식사를 하는
동안에 두 명의 여성이 부지런히 빨래를 하고 있다.

    중세 말기에 부유한 자들은 서서히 이 엄격한 '집단주의(collectivism)'
에서 벗어나 사적인 방에서 식사하기 시작했다. 이처럼 '개인주의'는
소수의 상류층을 중심으로 시작되어 다른 계층에 확대 및 대중화되었
다. 중세 말기에 도시의 부르주아 상인 계층이 상업적인 부를 축적하
면서 귀족의 사치스러운 식습관의 모방을 통해 귀족과 하층계급 간의
'상징적 장애물'을 깨려고 시도했다. 그러자 이에 대해 지배층(귀족)은
다음 두 가지 방법으로 대응했다. 첫째, 도시의 부르주아 상인계급에

게 자신의 낮은 신분이나 분수에 어울리지 않는 식습관 채택의 위험성
을 엄중히 경고하고, 둘째, '사치 단속령(lois somptuaires)'을 통해 평민
들의 연회 규모나 횟수를 줄이거나 제한하는 것이었다.

05

중세의 소스

"요리법에서 소스는 모든 언어의 기초인 문법의 초보와 같다."

_ 알렉시스 브누아 소이어(Alexis Benoît Soyer, 1810~1858),

빅토리아 시대 영국에서 가장 유명한 셰프가 된 프랑스 요리사

다음에는 중세 요리의 특징인 '신맛'의 주범인 소스에 관하여 알아보기로 하자. 19세기 프랑스 외교가 탈레랑(Charles-Maurice de Talleyrand-Périgord, 1754~1838)은 "섬나라 영국이 겨우 세 가지 소스와 360가지의 종교를 가진 반면에, 프랑스는 세 가지 종교와 360가지의 소스를 가지고 있다."라고 자랑한 바 있다.

'프랑스의 첫 번째 포크'라고 불릴 정도로 소문난 미식가였던 탈레랑은 프랑스 요리에서 소스가 차지하는 중요성을 누구보다 잘 알고 있었

기 때문이다. 그러나 자타가 공인하는 미식의 나라 프랑스에서도 소스의 체계가 제대로 잡히기 시작한 것은 17~18세기부터이다. 고대에서 중세에 이르기까지 소스가 등장하게 된 주된 요인은 특히, 여름철에 상하기 쉬운 고기와 생선의 장기 보존 문제와 음식의 풍미를 돋우기 위한 목적이 컸다.

이른바 '미식의 군주'이자 '퀴르농스키(Curnonsky)'라는 필명으로 더욱 잘 알려진 대중적인 식도락 작가 모리스 에드몽 사이앙(Maurice Edmond Sailland, 1872~1956)은 자신의 편저 《프랑스 요리와 포도주》(1953년)에서 소스를 다음과 같이 평가했다. "소스는 프랑스 요리법의 명예와 영광이며, 프랑스 미식의 우월성에 기여한 공로가 실로 크다. 소스는 훌륭한 요리를 만드는 일종의 관현악적 기법인 동시에 반주이며, 좋은 셰프들이 자신의 재능을 증명해 보일 수 있는 기본 재료이다."

이 당시 소스는 매우 가볍고 지방분이 적었다. 중세에는 소스를 제조하는 일이 하나의 직업으로까지 등장했으며, 1292년경 파리에는 7명의 소스 제조인이 있었다. 중세의 소스는 오늘날의 소스와는 달리, 사순절의 경우에는 달걀을 넣지 않고 소량의 밀가루와 소량의 기름을 넣어 바싹 졸인 빈약한 수프의 형태로, 맵고 신맛이 강했다.

중세·르네상스기의 삼대 소스는 ① 그린 소스(sauce verte), ② 마늘소스(aillée), ③ 카멜린 소스(cameline) 등이다. 그린 소스는 빵가루와 신 포도즙(verjus), 파슬리, 생강, 식초 따위를 섞어서 만든 초록색 소스였다. 노란색 마늘소스는 특히 프랑스 남부에서 유행했는데, 프로방스에서는 잘게 부순 빵과 아몬드 따위를 넣어 만들었고, 랑그도크 (Languedoc)나 남서쪽 지방에서는 마늘에 호두를 섞어 사용했다.

카멜린 소스는 생강 간 것과, 상당량의 계피, 정향(丁香), 서아프리카산 생강과(科) 식물의 매운 씨, 육두구 껍질을 말린 향, 필발(long pepper)[23], 식초에 적신 빵을 말린 것 등을 넣고 만든 소스다. 카멜린 소스는 짙은 색이 마치 검은 '낙타의 털(poil de chameau)'과 유사하다고 해서 지어진 이름이다. 중세에 가장 흔한 소스 중 하나였기 때문에, 14세기 말에는 거리의 행상인들로부터 미리 만든 형태의 카멜린 소스를 살 수 있었다.

《파리의 가계부》(1393년)에서 남편이 어린 아내에게 조언하는 장면

---

23 후춧과의 덩굴식물.

1393년에 출간된《파리의 가계부 *Le Ménagier de Paris*》는 가상의 중년 남편이 어린 신부에게 주는 성(性), 요리법, 원예에 대한 조언으로, 정숙한 아내의 올바른 행동 가짐과 현명한 가계 운영에 관한 안내서다.[24] 여기서 남편은 쇼핑에 관해서 어린 아내에게 다음과 같이 조언하고 있다. "소스 가게에서 오찬과 만찬을 위한 세 개의 반 파인트(pint, 영국에서는 0.57리터, 미국에서는 0.47리터에 해당)의 카멜린 소스와 1쿼트(영국에서는 약 1.11리터, 미국에서는 약 0.95리터에 해당)의 신 포도즙을 구입하라"고 충고하고 있다. 중세의 소스는 음식의 풍미와 향, 소화와 미각의 각성을 위해 두루 사용되었고, 소스에는 파랑, 초록, 노랑, 하양, 빨강 등 형형색색의 색깔을 입히는 경우가 많았다. 심지어 일부로 인공 염료를 섞어 색을 내는 경우도 있을 정도였다.

당시에는 쓴맛, 새콤달콤한 맛, 신맛이 주종을 이루었으며, 아직 짠맛과 단맛의 경계도 명확하지 않았다. 특히 신맛은 중세 식도락의 기본적인 맛이라고 할 수 있다. 신 포도즙을 의미하는 베르쥐(verjus)는 중세 요리와 식이요법의 필수적인 요소였다. 원래 중동에서 온 것으로, 신맛의 석류즙, 사과즙, 배즙, 자두즙을 모두 포괄하는데, 그중에서 신 포도즙이 가장 유명하다. 포도 식초의 일종인 베르쥐가 잔뜩 들어간 요리는 현대인의 입맛에는 너무 시큼했다. 차가운 속성 때문에

---

24 여성의 '복종'을 주요 테마로 하는 이 서적은 중세의 젠더 개념에 대한 드문 통찰력을 제공하고 있다.

베르쥐는 위장의 속 쓰림을 진정시키는 효과가 있다고 알려져 있었다. 만일 베르쥐가 여름이란 계절과 섬세한 가금류의 요리에 어울린다면, 식초(vinaigre)는 강인한 겨울과 소고기 같은 남성적인 육류에 잘 어울리는 것으로 여겨졌다. 프랑스의 음식사가 장 루이 플랑드랭(Jean Louis Flandrin, 1931~2001)에 따르면, 식초와 마찬가지로 베르쥐의 신맛은 우리 신체를 소화가 잘되는 음식으로 인도하는 '통로' 역할을 한다.

14세기까지도 프랑스인들은 신맛에 열광했으나, 그 이후로는 신맛에 대한 기호가 계속 감소하는 추세였다. 중세의 최초의 요리책 《르비앙디에》에 나오는 레시피의 거의 절반이 신맛이며, 《파리의 가계부》에 나오는 7개 수프의 레시피 역시 신맛을 기본으로 하고 있다.

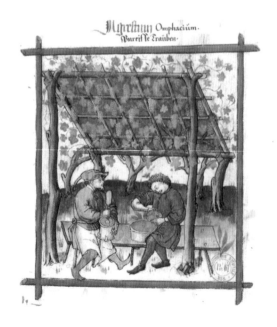

베르쥐를 만들기 위해 청포도를 따는 사람들. 중세의 의학서적 Tacuinum Sanitatis(1474년) 중에서.

식초보다 부드럽고 향이 강한 베르쥐는 사과식초와 레몬즙의 중간 맛이다. 이처럼 신맛이 주종을 이루는 이 중세의 요리는 르네상스기에도 식문화의 모델이 되었다. 근대적 요리의 확립 시기인 18세기에 이르면 양적으로나 질적으로 소스의 내용물이 매우 다양하고 풍부해지기 시작한다. 《19세기 라루스 사전》에 따르면, 당시 프랑스에는 실제로 60종류의 소스가 실재하고 있었다.

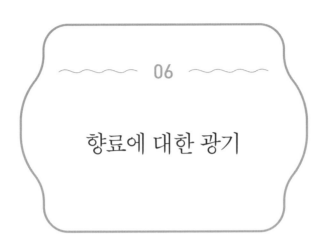

06

향료에 대한 광기

"향료를 지배하는 자가 세계를 지배하리라."

_ 프랭크 허버트(Frank Herbert, 1920~1986), 미국 과학 소설가

중세 귀족 요리의 특징을 살펴보면 다음과 같다. 첫째, 음식을 익히는 독특한 방식을 들 수 있다. 현대 요리사의 눈을 놀라게 하는 것은 고기를 굽기 전에 물에 넣고 오랫동안 푹 끓이거나 삶는 방식이다. 아직 냉동법이 발달하지 않았던 시대에 고기 표면에 생길 수 있는 미생물 전염을 미리 방지하고 고기의 맛을 부드럽게 하기 위해, 또 고기와 국물을 한꺼번에 얻기 위한 일거양득의 효과 때문에 이런 이중적인 조리 방식을 사용했다고 볼 수 있다. 둘째, 오늘날 독일식 요리에도 많이 남아 있는 그 '새콤달콤한 맛'을 추구하기 위해 설탕과 소금을 함께 넣

사프란의 수확(1445~1451년)

어 조미하는 '혼합식' 요리 방식을 들 수가 있다. 이는 소금과 식초, 설탕을 사용했던 중세의 음식물 보관 방법과 매우 연관이 깊다. 이는 오늘날 동아시아 요리와도 매우 흡사하다. 셋째, 중세의 가장 특기할 만한 사항으로 향료를 대량으로 사용한 요리 방식을 들 수 있다.

　　프랑스 아날학파의 주자인 페르낭 브로델(Fernand Braudel, 1902~1985)은 《물질문명·경제·자본주의》에서 향료 무역이 유럽 자본주의의 성립에 결정적이었다고 말한 바 있다. 중세에 향신료는 사치와 극도의 세련의 상징이며, 건강의 매개물인 동시에 중세인들이 금(金) 못지않게 탐내고 갈망하던 귀한 '사치품'이었다. 향신료는 이국적이고 신비한 동방의 기원을 지니고 있었는데, 유럽인들에게 동방의

중세의 설탕상인

존재는 마치 지상의 낙원과도 같은 동경의 대상이었다. 향신료에 대한 폭발적인 수요는 중세 말기에 유럽의 대항해 시대의 개막과 식민지 건설에 매우 강력한 모티브를 제공했다.

14세기 몬테카시노(Mont-Cassino) 수도원의 라틴 문헌 법규를 보면, 이 수도원에서는 매주 6온스가량의 후추가 수도사들에게 배당된다고 규정되어 있다. 그 당시에는 지나치게 규율이 엄격한 수도원을 제외하고 많은 수도원이 향료를 예비로 비축해야 한다고 생각했다. 16세기 후반경에 (현 벨기에) 리에주(Liège) 공국에서 추기경 세 명의 수석 요리사를 지낸 랑슬로 드 카스토(Lancelot de Casteau, ?~1613)

는 《요리의 개시 Ouverture de cuisine》라는 저서에서 장마다 향료를 언급하고 있다. 계피 향이 자그마치 88회나 인용되었고, 뮈스카드(muscade)라는 육두구 향이 무려 73회, 후추가 53회, 민트향과 생강가루 향이 각 20회, 그리고 사프란 향이 12회나 인용되었다.

　이 책에 따르면, 랑슬로는 끓여서 그릇째 식혀 먹는 고기나 생선 파이의 일종인 파테(pâté)를 철갑상어로 요리하면서, 정향으로 조미하고 꽃 박하를 세워서 이를 장식했다. 게다가 "포도주와 충분한 양의 설탕을 듬뿍 치시오."라고 제시하고 있다. 그렇다면 이 당시에 중세인들이 설탕을 요리에 많이 친 것은 짜게 먹기 위해서였을까? 아니면 현대인처럼 그냥 달게 먹기 위해서였을까? 십자군 원정 시대에 십자군이 유럽에 설탕을 가져왔을 때 그것은 하나의 센세이션을 일으켰다. 새로운 미식 세계의 개막, 즉 19세기 프랑스 '파티스리(pâtisserie, 과자)의 전성시대'의 서곡을 알리는 중대한 사건이었다. 프랑스에서는 루이 14세 치세기까지만 해도 오직 약제사들만이 공식적으로 설탕을 판매할 수 있었다. 왜냐하면, 그 당시에는 설탕이 마치 의약처럼 취급되었고, 주인이 설탕이 들어 있는 상자를 자물쇠로 꼭 채워 보관할 만큼 그 가격이 엄청나게 비쌌기 때문이었다.

　그래서 '설탕 없는 약제사(apothicaire sans sucre)'란 프랑스 용어는 가장 중요한 것이 결핍된, 즉 별로 살 만한 물건이 없는 상점이나 직업을 가리키는 의미로 오랫동안 통용되었다. 설탕은 동방에서 직수입한 산물이었기 때문에 '인도의 소금' 또 기존의 꿀을 대체했기 때문에 '인도의 꿀'로 불렸다. 그러나 초기의 설탕은 단맛보다는 고기를 짜게 하

당시 중세 상류층의 향신료 소비는 엄청났다. 가령, 프랑스 남부의 도피네(Dauphiné) 궁에서는 연간 1인당 1kg의 향신료를 사용했다고 한다.

기 위해 넣는 조미료의 일종으로 더 많이 알려져 있었다.

그 당시 꿀은 그다지 비싸지도 않았고 양도 풍부해서 서민들도 비교적 손쉽게 구할 수 있었으며, 오늘날의 설탕과 비슷한 감미료 역할을 했다. 17세기 말경에 커피와 초콜릿이 등장하면서 설탕은 비로소 오늘날과 같은 감미료의 역할을 하기 시작했다.

중세의 가장 대표적인 4대 향료는 정향, 육두구 향, 갈색 후추, 계피 등이었다. 그러나 이 중에서도 후추의 사용 비율이 가장 압도적이었다. 《식탁 위의 역사 L' Histoire à table》의 저자인 앙드레 카스텔로

(André Castelot)는 후추의 역사를 다음과 같이 재미있게 들려준다. "우리 조상들은 후추를 넣은 스테이크 요리를 진미의 절정으로 생각했다. 그 당시에 후추는 매우 진귀하고 비쌌을뿐더러, 이를 구하기 위해 해상 사고의 위험조차도 불사해야만 했다. 부자들에게도 후추는 너무나 값비싼 재료였기 때문에, 흔히 이 시대 사람들은 '후추처럼 비싼(cher comme poivre)'이란 말을 종종 사용하곤 했다. 소송비용이나 세금, 모든 종류의 납부금을 내기 위해 후추가 화폐처럼 사용되는 지역도 있었다." 아르망 르보(Armand Lebault)는 그의 저서 《수백 세기를 통한 식탁과 식사 La table et le repas à travers les siècles》(1910년)에서 1107년에 드 베지에(de Béziers) 자작이 암살되었는데 그 사유는 그의 아들이 그 마을의 부르주아들에게 수리비 명목 조로 가족당 후추 3 리브르의 보상금을 매년 헌납할 것을 강요했기 때문이라고 명시했다.

그 후로 계속 인정받지 못하고 무시당해야 했던 향료 장수, 즉 식료 잡화상들에게 그 시절은 얼마나 행복한 시절이었던가? 식료 잡화상 중에서도 가장 특출하고 비쌌던 한 가지 향료(후추)만을 취급했던 상인들은 자신을 '후추, 그리고 그 외 식료 잡화상'이라 꼭 집어 구분하기도 했다. 그러나 17~18세기의 요리책에서 후추가 차지하는 비중은 고작해야 20퍼센트 정도밖에 되지 않는다. 사프란 향처럼 아예 요리책에서 사라진 향료도 있었다. 여전히 남아 있는 향료로는 과자나 럼주에 설탕, 레몬, 뜨거운 물을 탄 그로그(grog)란 음료에 넣는 계피와 생강을 들 수 있다. 1688년에 간행된 한 이탈리아의 요리책은 그때까지 전통적으로 사용되어 왔던 향료 대부분이 '레몬즙'으로 대체되었다

고 기술했다. 과거에 그토록 유행했던 향료의 자리를 대신 차지하게
된 것은 이른바 '빈자들의 향료'라고 불렸던 요리용 풀들이었다.

　그렇다면 중세인들은 왜 그렇게 유별나게 요리에 많은 향료를 사용
했을까? 브로델은 향료에 대한 중세인들의 심취를 중세 요리의 단조
로움에 대한 일종의 반발 작용으로 보았다. 그러나 그 당시 가난한 이
들은 향료를 사용할 만한 경제적 능력이 없었고, 부자들의 요리는 단
조롭기는커녕 '호식(好食)적인 중세 유럽'이란 말이 나올 정도로 매우
사치스럽고 다양했으며, 폭음과 폭식을 즐겼다. 14세기에 프랑스의
한 시인은 모직물 생산으로 부유해진 플랑드르 지방의 한 도시에 대한
인상을 다음과 같이 생생하게 표현했다. "구운 고기, 삶은 고기, 파이,
포도주, 맥주, 생강, 향료 등 시민들은 오직 먹을 것밖에 생각하지 않
고 또 그만큼 엄청나게 먹는 것으로 만족하지도 않는다. 그래서 이 지
방에서는 굶어 죽는 자보다 너무 많이 먹고 탈이 나서 죽는 자가 더 많
다. 일요일이면 그들은 술집에 가서 정신을 잃을 때까지 마시고 또 놀
면서 시간을 보낸다. 여자들은 모여서 춤추고, 술을 마시고, 나중에는
싸움질을 한다. 이 여자들은 1주일 동안 번 것을 하루에 다 써버린다."
그러나 이렇게 잘 먹고 잘 놀 수 있었던 사람들은 주로 모직물 상인들
과 그 가족들뿐이었다.

　혹자는 잘못 저장되어 신선하지도 않고 무른 고기의 냄새를 없애기
위해, 또는 상하기 쉬운 음식물을 잘 보관하기 위해 결과적으로 향료

에 대한 중세인의 발광(?)이 시작되었다고 주장했다. 그러나 중세의 요리사들은 그들의 손에 신선한 고기가 들려 있을 때도 향료를 많이 사용했다. 더욱이 향료에 대한 이러한 열광은 좀 더 효율적인 근대적 음식 보관법이 발명되기 이전에 이미 쇠퇴하기 시작했다. 마리 앙투안 카렘(Marie Antoine Carême, 1784~1833)은 외교가 탈레랑의 전속 요리사였고, 또 유럽과 미국을 차례로 석권했던 '프랑스 고급 요리의 주창자'였다. 그는 지나친 더위 때문에 향료 사용의 전통을 부활시킨 이탈리아 지역에서의 향료에 대한 열정을 다음과 같이 언급한 바 있다. "적절한 기후와 청명하게 갠 하늘의 감미로움 속에서 자라난 우리 프랑스의 농산물은 요리에 향료 사용을 전혀 불필요하게 해준다."

카렘의 이야기에서도 알 수 있듯이 향료는 기후나 토양 문제와 연결되어 자주 거론되는데, 대체로 더운 지방의 사람들이 향료 사용을 좋아한다고 한다. 그렇다면 추운 스칸디나비아 지방의 사람들이 향료를 무척 좋아하는 예외적 현상은 과연 어떻게 설명할 수 있을까? 스칸디나비아 지방에서는 요리할 때 적어도 15여 가지의 향신료를 사용하고 있다. 그러므로 중세에 향료가 극성스럽게 많이 사용된 배경은 적어도 다음 네 가지 동기로 분석해 볼 수 있다.

첫째, 건강 문제에 관한 것이다. 중세는 간호와 섭생법, 만병통치약, 화학약품에 대한 관심이 유별났던 시대였다. 중세인들은 멀리 동방에서 온 신비한 향료 속에서 흙에서 생긴 모든 악을 치유하는 처방을 구하려고 시도했다. 일례로 이탈리아의 정치학자 마키아벨리(Niccolò di Bernardo dei Machiavelli, 1469~1527)는 위장병을 앓고 있는 자신의 친구이자 비평가인 구이치아르디니(Francesco Guicciardini, 1483~1540)에게 알로에와 생강, 사프란 향과 몰약(myrrh) 등을 취하라고 권고했다. 그리고 정향은 페스트 예방에 좋다고 했다.

둘째, 특히 향료 중에서도 후추와 사프란 향, 또 육두구 향에는 거의 모든 시대를 총망라해서 강력한 강장제 효과가 있다고 믿어 왔다.《식탁과 연애 La table et l'amour》의 저자인 퀴르농스키는 육두구 향에

네덜란드 화가 히로니뮈스 보스(Hieronymus Bosch, 1450~1516)의 취기와 폭음·폭식을 비난한 작품〈폭음에 대한 알레고리〉(1490~1500).

는 강장제와 흥분제 요소가 들어 있어서 일단 이 향신료의 맛을 들인 사람이면 누구나 이것만을 다시 찾게 된다면서, 일단 중국 여자와 잠자리를 해본 남성이 더 이상 다른 여자들과 잠을 자고 싶어 하지 않는 이치와 마찬가지라고 천연덕스럽게 덧붙이고 있다. 만일 그렇다면 왜 몬테카시노 수도원에서는 매주에 세 번씩, 그것도 상당량에 달하는 후추를 수도승들에게 정기적으로 보급했는지 알 수 없는 노릇이다. 옛날 그리스에서는 사프란 향이 일종의 사랑의 미약(媚藥)처럼 알려져 있었다.

그 때문에 그리스인들은 1주일 동안 계속 사프란 향을 복용한 처녀는 누구나 자기 애인에게 저항할 능력을 상실한다고 믿었다. '중세 요리의 어버이'나 다를 바 없는 고대 로마인들 사이에서 사프란 향은 숙취를 방지하는 놀라운 효과가 있다는 평판이 있었다. 이와 같은 이유로 포도주에 일부러 사프란 향을 섞는 경우도 있었다.

16세기에 이와 동일한 맥락에서 보르도 출신의 몽테뉴(Michel Eyquem de Montaigne, 1533~1592)는 "마을 사람들이 사프란 향과 향료를 많이 탄 가장 독한 포도주만을 마신다."라고 우려한 적이 있었다. 중세가 매우 극성스러운 끼가 있었던 시대였음은 의심할 여지가 없다. 왜냐하면, 오늘날까지 남아 있는 중세 요리책에 나타난 모든 중세 요리법이 이 사프란 향을 근간으로 하고 있기 때문이다. 중세 사람들은 단지 요리의 맛을 내기 위해서가 아니라, 요리의 색을 내기 위해서도 이 사프란 향을 많이 사용했다.

이탈리아 화가 파올로 바르비에리(Paolo Barbieri, 1603~1649)의 〈향료 가게〉(1637년)

셋째, 그것은 평소 습관의 문제였다. 중세의 일반 고기 요리는 우리가 상상할 수 없을 정도로 매우 짜고 매웠다고 한다. 평소에 음식을 맵고 짜게 먹는 습관이 있는 사람은 싱거운 모든 음식에 대해 김빠지고 무미건조하다고 느끼게 마련이다. 중세인들은 어렸을 때부터 양념이나 향료를 잔뜩 친 요리를 먹는 데 익숙해져 있어서 평생 향료의 필요성을 절실히 느끼지 않을 수가 없다. 한국인들이 어렸을 때부터 먹고 자란 김치에 대하여 느끼는 끈끈한 맛과 정서와 별다른 차이가 없을 것이다.

넷째는 가장 단순한 이유, 즉 수백 세기 동안이나 유럽이 동방산 향료에 대하여 그토록 열정적이었던 이유는, 그때까지 유럽 대륙에 잘 알려지지 않았던 향료 그 자체의 이국적인 풍미에 유럽인들이 흠뻑 매료되었기 때문이다.

여기서 한 가지 주목해야 할 사실은 그 당시에 중세인들이 과연 얼마만큼 향료를 사용했을까 하는 점이다. 요리사가 향료를 그저 한 움큼씩 손으로 마구 집어넣었을까? 아니면 이와 정반대로 요리사가 진귀한 재료를 신중히 아껴 썼기 때문에 결국 중세인이나 현대인이나 입맛이 대동소이했다고 간주해야 할 것인가? 이러한 의문에 대해 우리는 그 당시에 향료가 매우 값비싼 재료였다는 사실을 잊어서는 안 될 것이다. 그래서 후세인의 눈을 경탄시키기 위해 중세 시대의 설화나 요리책이 말해주는 대로 중세인들이 값비싼 향료들을 그처럼 '절도 없이' 사용했다고 다 믿기는 어려울 것 같다.

프랑스의 풍자 시인이자 비평가인 니콜라 부알로(Nicolau Boileau-Despréaux, 1636~1711)는 《우스꽝스러운 식사 Le repas ridicule》란 책자에서 음식 맛을 전혀 모르는 어떤 무지한 부자에게 이렇게 슬며시 물어본다. "육두구 향을 좋아하시오? 요즘 사람들은 어느 요리에나 그것을 집어넣는답니다." 부알로는 이런 질문을 통해 암암리에 그 시대의 지나친 향료 사용을 비판하고 있다. 만일 그 당시 육두구 향이 값비싼 재료였다면 소스를 만들 때마다 그것을 사용하는 것은 일종의 부나 사치를 과시하는 행동이었다. 현명하게도 브로델은 "각 사회는 그것이 마치 그 사회의 필수 현상인 것처럼 항상 저마다 강력하고 다양한 음식에 대한 열정을 지니고 있다."라고 언급한 적이 있다.

풍부하게 양념한 요리를 구성하는 일등 공신은 이처럼 사회문화적인 '권위'의 요소가 아니었을까? 그 증거로 값비싼 후추와 계피, 육두구 향, 정향에 대한 사람들의 열광적인 추구는 15세기 말 향료의 판로가 개척되어 그 가격이 하락했을 때 곧바로 시들기 시작했다. 브로델이 우리에게 시사한 바를 다시 상기한다면 마치 시대의 유행을 좇는 민감한 속물근성처럼 요리 전선에서 향료가 이처럼 한풀 꺾인 것은 이미 흔해 빠진 향료 대신에 진귀하고 새로운 사치 품목인 커피와 차, 초콜릿, 담배와 술 등이 등장하기 때문이었다. 가격 하락과 매력적인 대용품의 등장으로 향료에 대한 열정이 식어버린 현상은 19세기에도 여전했다. 이른바 맨체스터학파의 강건한 청교도 정신 덕분에 향료는 여전히 경시당하는 경향이 있었다.

15~16세기:
식탁의 르네상스

"손님이 식탁에 앉았을 때 거기에는 반드시 아름답고,
바라보기에 고무적인 무언가 특별한 것이 있어야 한다."

_ 애니 포크(Annie Falk), 미국 저술가

이탈리아 작가이자 미식가인 플라
틴 드 크레몬(Platine de Crémone,
1421~1481)

　17세기까지 유럽 귀족의 식관습은 기독교처럼 '요리의 유럽화'가 이
루어져 거의 대동소이했다. 근대 프랑스 요리의 정신은 아직 태동하
지 않았고 장차 요리책의 보급에 지대한 공헌을 하게 될 구텐베르크의
활자 인쇄술(1450년)이 발명된 르네상스기에는 요리 자체보다는 '식탁
예절'에 대한 변화의 움직임이 있었다.

　당시 활발하게 보급된 요리책으로는 플라틴 드 크레몬(Platine de
Crémone, 1421~1481)(필명)의 《정중한 쾌락과 건강에 대한 서적 *De
honesta voluptate et valetudine*》(1474년)을 들 수 있다. 고대 그리스
작가들처럼 '요리와 건강'의 공생관계를 강조한 이 책은 곧 프랑스어
와 독일어로 신속하게 번역되었다. 르네상스기에 이탈리아 롬바르디
아 지방의 크레모나에서 출생한 그는 요리사도 아닌 바티칸 도서관의
사서였으며, 그 당시 프랑스 요리에 결정적인 영향력을 행사했던 메
디치가와 매우 절친한 사이였다.

16세기에 설탕에 대한 열광이 프랑스를 강타하기 전까지, 프랑스 요리는 일반적으로 신맛이 주종을 이루었다. 당시에 설탕이 얼마나 인기가 높았던지 사람들은 물이나 포도주에 설탕을 타서 설탕물이나 단 포도주의 형태로 마셨으며, 생선과 고기 요리에도 설탕을 잔뜩 뿌렸다. 이러한 트렌드는 프랑스의 식습관에 본질적인 변화를 가져왔다. 첫째, 짠맛과 단맛의 구분이 명확해졌고, 둘째, 디저트가 식사의 마지막 순서에 나오게 되었다.

그리고 버터가 '빈자들의 지방'이라는 오명을 벗는 데는 오랜 시간이 걸렸지만, 프랑스 요리의 주성분으로 천천히 자리를 잡게 되었다. 프랑스 요리의 발달과 세련화는 카트린 드 메디치(Catherine de Médicis, 1519~1589)와 그녀가 시집올 때 대동한 피렌체의 천재 요리사들이 프랑스 궁정에 도착하면서 이루어졌다. 이때부터 프랑스에서는 이른바 '식탁의 르네상스'가 전개되었다.

07

르네상스기
프랑스 요리

"나는 다이아몬드 목걸이를 내 목에 휘감느니 차라리 내 식탁 위에 어여쁜 장
미 꽃송이를 올려놓겠다."

_ 에마 골드만(Emma Goldman, 1869~1940),

러시아 출생의 미국 무정부주의자, 정치 운동가

르네상스기의 프랑스 미식에 대한 문헌상 정보는 빈약한 편이다.
그나마 이 시대 요리를 알 수 있는 서적은 1539년에 출판된 작자 미
상의 《매우 쓸모 있고 유익한 요리책 *Livre de Cuysine tresutille et
prouffitable*》이다.[25] 중세와 완전히 결별한, 매우 새롭고 독창적인 르
네상스 요리란 존재하지 않는다. 서양의 요리 종주국인 프랑스나 이
탈리아 양국 모두 중세 요리의 특징이 현저하게 남아 있었다. 첫째, 향

후기 비잔틴 시대의 그리스(크레타) 화가 미하일 다마스키노스(Michail Damaskenos, 1530/35~1592/93)의 〈가나의 혼인 잔치〉(1561~1570). 머나먼 성서 속의 혼인 잔치를 테마로 하고 있지만, 실제로는 동시대 르네상스기의 식탁을 보여주고 있다.

신료의 사용을 들 수 있다. 비록 사용량이 줄기는 했지만, 거의 모든 종류의 요리에 향신료가 등장한다. 《매우 쓸모 있고 유익한 요리책》에서도 생강이 가장 많이 언급되어 있고, 계피, 정향 등이 그 뒤를 따르고 있다. 또한, 르네상스 시대의 저명한 이탈리아 요리사 바르톨로메오 스카피(Bartolomeo Scappi, 1500~1577)도 생강이나 육두구 향, 계피 따위를 인색하게 아끼지 말고 과감하게 쓰라고 충고하고 있다. 향신료가 건강에 좋다는 의학적인 덕목 외에도 여전히 가격이 비쌌던 향

---

25 요리 시종이 집필했는데, 작자 미상이다. 16세기에 인쇄와 판매까지 함께 하는 출판업자·서적상인 피에르 세르장(Pierre Sergent)이 출판하였다.

신료의 남용은 남들과 차별화되는 '사회적 구분'의 표시였다. 둘째, 르네상스의 소스는 베르쥐(verjus, 신 포도즙), 식초, 진한 고기, 야채 국물 부용(bouillon), 우유, 아몬드유 등을 기본 베이스로 하여 향신료를 많이 넣은 강렬하고 자극적인 신맛의 소스가 주종을 이루었다.

당시에는 소스를 만들 때 밀가루의 사용보다는 말리거나 구운 빵 조각을 선호했으며, 달걀노른자나 가금류의 간, 거세된 수탉의 닭 가슴살, 아몬드 가루 따위를 이용했다. 마지막으로 르네상스기 요리의 특징으로 '중세 미각의 연장선'을 들 수가 있다. 비록 향신료에 덜 의존적이기는 해도 르네상스인들은 여전히 '새콤달콤한(aigre-doux)' 맛을 선호했으며, 신맛에 대한 프랑스의 성향도 그대로 남아 있었다.

르네상스기의 새로운 특징은 다음과 같다.

(가) 버터의 신분 상승

고소하고 부드러운 풍미를 자랑하는 버터는 오늘날 프랑스 요리의 기본적인 파트너라고 할 수 있다. 프랑스어의 '타르틴(tartine)'은 '오픈 샌드위치'나, 버터나 잼을 바른 '바게트(baguette, 프랑스의 막대기 빵)'를 의미한다. 그런데 버터를 생각하면 늘 연상되는 것이 아침에 갓 구운 바게트의 속살 위에 버터를 잔뜩 바른 이 타르틴이다.

이처럼 빵에 바른 버터는 프랑스 조식(petit déjeuner)의 영원한 상징이지만, 원래 프랑스 요리에서 버터의 묵직한 존재감은 그것이 약방

슬라이스로 썬 프랑스의 시골 빵 '팽 드 캉파뉴(pain de campagne) 위에 버터를 바르고, 프랑스의 상징 동물인 수탉을 잼으로 완성한 타르틴의 아침 식사

의 감초처럼 오늘날 거의 모든 소스에 빠지지 않고 들어가는 기본 베이스라는 데 있다. 즉, 프랑스 요리의 토대가 소스 속에 녹아든 버터의 향기라고 해도 과언이 아닐 것이다. 고대에[26] '사치품'이었던 버터가 중세에는 '빈자들의 지방'으로 전락하고 말았는데, 버터가 상류층의 주목을 받게 되고 과거의 신분을 회복하게 된 전환점이 바로 15세기부터다. 이처럼 버터는 장기 지속적인 발전을 통해 동서 유럽에서 점차 '엘리트 식품'이 되었고, 17세기부터 본격적으로 프랑스 미식의 든든한 버팀목이 되었다.

스스로 '문명인'임을 자처했던 고대 그리스인들은 트라키아인들을[27] 교양 없고 미개한 야만인으로 간주했는데, 특히 '버터 사용'을 이 트라

---

26 버터의 역사는 인도 신화에 나올 정도로 연원이 길지만, 기원전 3000년경 바빌로니아에서 시작됐다는 설이 가장 유력하다.

27 트라키아는 역사적, 지리적으로 발칸반도의 남동쪽을 일컫는 지명이다. 전통적으로 흑해, 에게해, 마르마라해의 3면이 바다로 둘러싸인 지역을 말한다. 오늘날 트라키아는 불가리아 남부(북트라키아), 그리스 북동부(서트라키아), 터키의 유럽 영토(동트라키아)를 일컫는다.

버터를 만드는 여인(1499년)

키아인들의 천하고 상스러운 특징으로 간주했다. 기원전 4세기경 아테
네의 희극 시인 아낙산드리데스(Anaxandrides)도 트라키아인들을 가리
켜, '버터를 먹는 사람들(mangeurs de beurre)'이라고 비아냥거렸다.

   고대 그리스인들의 바통을 이어받은 로마인들 역시 버터를 야만인
들에게나 적합한 음식이라고 여겨 별로 좋아하지 않았다. 그런데 로
마 시대에 버터는 놀랍게도 남녀 모두에게 인기 있는 '화장품(produit
de beauté)'으로 애용되었다! 고대 그리스인들과 마찬가지로 로마인들
도 버터를 풍성한 머릿결이나 피부의 윤기를 내기 위해 바르는 미용
크림으로 사용했다.

   프랑스인들의 옛 조상인 골인(Gaulois)들도 버터를 향유처럼 머리
나 몸에 덕지덕지 발랐지만, 요리용으로도 버터를 많이 사용했다. 골
지역에서 기름은 매우 귀하고 비싸서 기름은 주로 부유한 엘리트 계
층에게만 사용되었다. 그러나 로마의 영웅 율리우스 카이사르(Julius

Caesar, BC 100~BC 44)의 정복 사업으로 인해 로마의 식민지가 되면서부터 '로마화'된 골 지역에서는 제국주의의 영향 때문인지 그 후로 오랫동안 버터를 요리에 사용하지 않았다.

중세에 버터는 '빈자들의 지방'으로 좌천되어 사람들은 라드나 돼지기름, 올리브유를 더욱 선호했다. 하지만 일 년에 단 한 번만 수확되고 장거리 수송 도중에 산패하기 쉬운 기름과는 달리, 버터는 일 년 내내 누구나 쉽게 얻을 수 있는 훌륭한 지방 공급원이었다. 특히, 북유럽의 스칸디나비아 주민들은 버터가 신장이나 요로 결석, 눈병 방지 등에 좋다고 믿었는데, 아무래도 버터가 다량으로 함유한 비타민 A의 성분 때문에 그런 민간요법이 세간에 알려진 것 같다.

중세 이래로 프랑스의 노르망디(Normandie)나 브르타뉴(Bretagne) 지방은 버터의 산지로 명성을 날리기 시작했다. 한편, 루앙(Rouen)에서는 동물성 지방 섭취를 금하는 사순절 기간에도 노르망디산 '버터를 먹을 수 있는 권리'를 얻기 위해 이 도시의 돈 많은 부르주아 계급이 일명 '버터의 탑(tour du beurre)'이라고 불리는 성당 탑을 짓는 경비를 기꺼이 부담했다.

사순절 단식 기간에 가톨릭 신도들도 동물성 지방인 버터를 사용하기 위해 교회에 의연금을 6드니에(denier)씩[28] 내야만 했다. 이러한 금주·금욕·금식 기간의 복잡한 규칙들은 16세기 트리엔트 공의회를 기

---

28 12분의 1수(sou)에 해당.

점으로 17세기부터 크게 완화되기 시작했다. 그래서 사순절이나 단식 기간에도 버터를 먹을 수 있게 되었다. 버터는 점차로 상류층으로부터 진가를 인정받았고, 1590년에 브르타뉴산 가염버터를 사려면 1리브르(500그램)당 금화 한 닢을 지불해야만 했다.

중세 암흑기에는 거의 레시피가 전무했던 버터가 이제 '부의 상징'인 사치재가 된 것이다. 물론 15세기의 요리법에서는 아직도 버터가 많이 사용되지는 않았지만,[29] 그래도 지속적으로 그 사용량이 늘기 시작했다. 르네상스기의 상인들은 버터를 오래 보존하기 위해 신선한 버터 조각을 나뭇잎에 싸서 판매했고, 사람들은 사암 단지 속에 소금물을 넣고 버터를 장기간 보관했다.

18세기 버터그릇

17세기부터 본격적으로 유행하기 시작한 버터는 프랑스 요리의 지주(支柱)로 등극했으며, 18세기에는 버터를 담는 우아한 용기가 새로운 테이블의 장식품으로 주목받았다. 당시에는 이즈니 버터(beurre d'Isigny), 구르네 버터(beurre de Gournay, 샤르트르(Chartres)나 방브(Vanves)의 버터가 유명했다. 사람들은 버터에 소금을 넣어 보존 기간을 연장하였으며, 가령 우묵한 질그릇 용기에 보관된

---

29 육류 요리에서는 여전히 라드가 많이 사용되었다.

버터는 2년 이상이나 보존할 수 있었다.

1866년에 나폴레옹 3세(Napoléon III, 1808~1873)가 비싼 버터 대신에 서민들을 위한 합리적인 버터의 대용품 개발을 지시한 결과, 프랑스 화학자 이폴리트 메주 무리에(Hippolyte Mège-Mouriès, 1817~1880)가 드디어 새로운 식품인 식물성 마가린(인조 버터)을 탄생시켰다.

(나) 설탕

설탕을 많이 사용하는 것은 르네상스 요리의 위대한 독창성 중 하나이다. 당시 설탕은 향신료에 속했으며, 설탕의 이용 역시 사회적 신분을 과시하는 도구였다. 그래서 르네상스기의 요리사는 완성된 요리를 식탁에 내놓기 전에 다시 한번 그 위에 설탕을 가득 뿌렸다. 그러한 행위는 물론 음식의 단맛을 배가하기 위한 것도 있지만, 설탕이 들어갔다는 것을 남들에게 시각적으로 보여주기 위한 전시용 퍼포먼스이기도 했다.

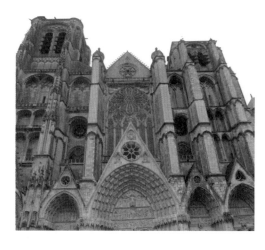

루앙의 '버터의 탑(tour de beurre)'. 노르망디산 버터 없는 6주간을 혹독한 시련으로 생각한 루앙 시민들은 사순절마다 루앙 대주교의 교회 기금 조성사업에 열성적으로 참여하는 지지자들이 되었다.

우리가 마시는 음료나 음식을 감미롭게 하려고 그동안 여러 가지 식재료가 사용되어 왔지만, 수 세기 동안 인류의 대표적인 천연 감미료는 바로 꿀이었다. 원래 뉴기니섬이 원산지인 사탕수수(canne à sucre)[30]는 유사 이래 인류의 동선을 따라 자리 이동을 했던 이국적인 산물이었다.

초기에 남아시아와 서아시아로 전파된 설탕은 말 그대로 장안의 화제 식품이 되었고, 기원전 6세기경에 인도를 침범한 페르시아인들 역시 "꿀벌들의 부지런함에 의지하지 않고도 달콤한 꿀을 제공하는 갈대"에 그만 경탄을 금치 못했다. 기원전 4세기경, 알렉산드로스 대왕(BC 356~BC 323)의 치세기에 사탕수수는 중동 지방을 석권했다. 고대와 중세 유럽에 설탕은 육두구나 사프란 같은 향신료처럼 매우 희소성의 가치가 있는 귀한 식품이었다.

15세기 말 이탈리아의 탐험가이자 식민지 개척자인 크리스토퍼 콜럼버스(Christopher Columbus, 1451~1506)가 아메리카 신대륙으로 첫 항해를 감행한 지 얼마 되지 않아 앤틸리스제도(서인도제도), 남아메리카에서도 ─ 특히 브라질 등지에서 ─ 대규모의 사탕수수 농장 경영이 이루어졌다. 설탕은 '첫 번째 식민지 산물'이었다. 설탕은 다음과 같은 삼중 무역의 기원이 되었다. 즉, ① 유럽의 선주들이 잡화류를 주고 아

---

30 원료가 되는 사탕수수나 사탕무가 재배된 것은 기원전부터이나 결정화하는 기술은 4세기경 인도 굽타 왕조 때 확립되었으며, 이후 인도와 아라비아 상인들의 중요한 상품의 하나가 되었다. 물론 지금의 가루 형태가 아니라 엿가락처럼 단단하게 굳힌 덩어리였으며 필요에 따라 잘라 썼다고 한다.

프리카인들을 바꾸는 물물교역을 한 결과 ② 많은 아프리카인이 아메리카 대륙에 노예로 팔려 나갔고, ③ 선박들은 유럽에 비싼 설탕 등 식민지의 각종 산물을 가득 싣고 귀국했다. 15세기에 베네치아는 설탕을 포함한 동방 산물의 지중해 무역을 장악했고, 유럽 최초의 정제 공장까지 세웠다.

앞서 언급한 르네상스기 이탈리아의 최고 요리사인 바르톨로메오 스카피의 연회에서는 정교하기 이를 데 없는 설탕 조각이 선을 보여 초대된 회식자들의 눈과 마음을 즐겁게 했다. 신대륙에서 설탕이 대거 유입되면서, 아름답지만 먹을 수는 없는 이 사치스러운 조각상은 르네상스기의 상류사회(귀족층)에서 그야말로 광적인 열풍을 일으켰다. 설탕은 비싼 사치재였고, 그 설탕으로 만든 거대한 스케일의 조각상은 그 시대의 부와 권력을 과시하는 궁극적 기념비와 다를 바 없었다.

옆의 황소를 덮친 사자의 설탕 조각상은 2015년에 피렌체의 피티 궁(Palazzo Pitti)에 전시되었던 작품이다. 1600년에 마리 드 메디치(Marie de Médicis, 1573~1642)와 프랑스 국왕 앙리 4세(Henri IV, 1553~1610)의 대리혼

베니스의 연회에 오른 수려한 설탕 조각

의 화려한 축연을 완벽하게 재현해 내었다. 회식자들의 한없는 시기심과 환호성을 자아내기 위한 설탕 조각품에 대한 뜨거운 열정은 유럽 전역으로 널리 퍼져 나갔다. 스카피는 자신의 요리책에서 '성을 배경으로 한 코끼리의 상', '사자의 아가리를 공격하는 영웅 헤라클레스의 상', '검은 왕이 앉아 있는 낙타의 상', '뱀의 아가리에 자신의 뿔을 갖다대는 유니콘(일각수)[31]의 상' 등 설탕과 버터를 주재료로 해서 만든 조각상들을 수차례 언급한 바 있다.

17세기까지는 눈처럼 흰 백설탕은 좀처럼 구하기가 어려워 르네상스기의 조각상들은 대부분 갈색 설탕이나 각종 채소로 물들인 컬러풀한 설탕으로 제작되었다. 조각상은 '슈가 페이스트(sugar paste, 설탕 반죽)'와 물, 그리고 점성이 있는 아라비아고무 등으로 만들어졌다. 르네상스기에 이용된 슈가 페이스트는 오늘날 웨딩 케이크의 퐁당(fondant)[32]에 비교될 만하다. 18세기에 설탕은 부르주아 사이에서도 인기가 높았다. 당시에 설탕은 '카나멜(canamelle)'이라 불렸는데, 이는 사탕수수를 의미했다.

사람들이 이처럼 단맛에 푹 빠짐에 따라 설탕 시장은 크게 성장했으며, 생산도 점점 기계화되었다. 19세기 초에 나폴레옹은 앤틸리스제

---

31 말과 비슷하며, 이마에 뿔이 하나 있는 전설적인 동물.
32 설탕과 물을 섞어 걸쭉하게 만든 것으로, 특히 케이크 위에 씌울 때 사용한다.

마리 드 메디치와 앙리 4세의 대리
혼. 교황의 특사인 추기경 알도브란
디니Aldobrandini, 앞에서 앙리 4세
의 이름으로 마리 드 메디치의 삼촌
(오른쪽)이 풍만한 몸매의 신부(왼쪽)
에게 반지를 수여하고 있다.

사탕무의 뿌리

도에서 오는 설탕을 막는 '대륙봉쇄령'[33]에 따라 프랑스 영토에서 사탕

무(betterave sucrière)의 재배를 명했다. 19세기부터 사탕무의 개발과

---

33 대륙봉쇄령은 나폴레옹 1세가 당시 산업혁명이 진행 중인 영국을 봉쇄한 뒤, 프랑스의 위성국과
   동맹국들로 하여금 프랑스와 통상을 맺게 하여 유럽대륙의 경제를 지배하기 위한 경제봉쇄명령
   이다.

정제 산업의 발달로 설탕 소비는 점차 '민주화'하기 시작했다.

> "만일 세상의 모든 것이 달콤한 설탕으로만 이루어져 있다면 아마도 우리의
> 인생은 시시해질 것이다. 소금은 일단 그것만 취하면 쓰지만, 요리의 일부로
> 서 맛본다면 소금은 고기의 맛을 풍미가 있게 해준다. 즉, 인생의 역경이란 인
> 생의 소금과도 같은 것이다."
> _ 로버트 베이든 파월(Robert Baden-Powell, 1857~1941), 남작, 영국 군인

(다) 아메리카에서 온 새로운 산물들

당시 신대륙에서 도착한 새로운 식품은 옥수수, 토마토, 감자, 아보
카도, 호박, 호리병 박, 고추, 카카오, 바닐라, 파인애플, 각종 콩류 등
헤아릴 수 없이 많았다. 그러나 신대륙의 발견이 16세기 유럽의 요리
를 구조적으로 변화시키지는 못했다. 왜냐하면, 이러한 식품들이 요
리책에 등장하려면 적어도 수십 년의 세월이 걸렸기 때문이다. 가령,
기후가 온화하고 따뜻한 프랑스 남부 지역의 채소밭에서 토마토가 흔
하게 재배되려면 적어도 18세기까지는 기다려야만 했다.

'빈자들의 식품'인 감자도 19세기가 되어서야 보편화되었다. 이처럼
대부분의 아메리카산 식품들이 유럽에서 적응하는 데는 오랜 시일이
걸렸지만, 예외적인 경우가 바로 칠면조였다. 프랑스어로 칠면조를
'댕드(dinde)'라고 하는데, 이 말의 어원은 '인도의 닭'을 의미하는 '코크
댕드(Coq d'Inde)'에서 유래했다. 1534년에 라블레 역시 '인도의 닭'을

이탈리아의 초기 바로크 시대 화가 안니발레 카라치(Annibale Carracci, 1560~1609)의 〈콩 먹는 사람 *Mangiafagioli*〉(1585년 작품). 근대 초기에 콩은 토스카나인들의 가장 중요한 주식이었다.

언급한 적이 있다. 처음 소개되었을 때부터 칠면조는 프랑스에서 별 다른 거부감이나 편견 없이 많은 사랑을 받았지만, 칠면조 고기는 오 랫동안 가장 부유한 자들의 전유물이었다.

▶르네상스기에 프랑스에서 소비된 채소, 향신료 및 과일들

새로운 관심대상의 채소들	가장 많이 사용된 향신료들	16세기 프랑스 식탁에서 찾아볼 수 없는 식품들
아티초크, 아스파라거스, 버섯, 치커리, 오이, 시금치, 상추, 멜론, 무	* 4대 향신료: 생강, 계피, 정향, 사프란	파인애플, 아보카도, 카카오, 커피, 호박류, 강낭콩, 옥수수, 고추, 감자, 차, 토마토, 바닐라

"단순성은 궁극적인 세련미다."

"과거와 지구의 신비스러운 장소들에 대한 지식은 인간 정신의 장식이자 마음의 양식이다."

_ 레오나르도 다빈치(Leonardo da Vinci, 1452~1519),

이탈리아의 화가·건축가·조각가

08

카트린 드 메디치와 프랑스 요리의 이탈리아화

날렵한 포크와 나이프, 그리고 정갈하게 접힌 새하얀 냅킨, 이러한 식탁 도구들은 오늘날 서양 식사 그 자체의 일부다. 그러나 중세유럽인들은 점잖은 상류층조차도 1500년대에 근대적인 '테이블 매너'가 탄생하기 전까지 이러한 식기류를 거의 사용할 줄 몰랐다. 16세기는 '대항해의 시대'였고, 예술과 과학, 지리상의 거대한 발전이 유럽인들의 세계에 대한 인식을 새로이 개조해 나간 시대였다. 1500년대 초에 용감한 탐험가들이 신대륙을 탐사했고, 1512년에는 인류 역사상 '가장 위대한 회화 작품'이라는 미켈란젤로 부오나로티(Michelangelo Buonarroti, 1475~1564)의 시스티나 대성당 천장화가 완성되었다. 16세기 말에는 영국의 대문호 윌리엄 셰익스피어(William Shakespeare, 1564~1616)의 주옥같은 희곡들이 '인간 조건'을 심층적으로 탐구하는

접시 왼편에 놓인 포크는 화려한 과거를 지니고 있다. 원래 포크의 용도는 스파게티를 우아하게 말아서 돌리기 위함이 아니라, 중세 요리사가 오픈 파이어 위에서 요리할 때 쓰는 스틱이나 꼬챙이처럼 뜨거운 고체 음식을 집거나 들어 올리기 위한 '조리용' 기구였다.

사이에 이탈리아의 파도바시에서는 천재 과학자 갈릴레오 갈릴레이(Galileo Galilei, 1564~1642)가 태양계의 미스터리한 비밀들의 뚜껑을 마침내 열기 시작했다.

얼핏 보기에 셰익스피어의 비극의 주인공 햄릿이나 태양계 행성들의 운행이 지금부터 우리가 다루게 될 '테이블 매너'와는 아무런 상관이 없는 것 같지만, 사회사가들은 르네상스적인 세계관과 식탁 위에서의 예절 바른 매너와 행동 코드의 급성장은 서로 밀접한 연관이 있다고 본다. 미국 저술가 피셔(M. F. K. Fisher, 1908~1992)는 그녀의 저서 《식사의 예술 *The Art of Eating*》(1954년)에서 툭하면 식사 도중에도 칼부림을 하던 중세 유럽 귀족들의 푸짐한 정찬이 좀 더 세련되고 우아한 사교적 모임이 된 시기를 미래의 프랑스 국왕 앙리 2세(Henri II, 1519~1559)와 교황 클레멘스 7세(Pope Clement VII, 1478~1534)의 질녀인 14세의 어린 동갑내기 신부인 카트린 드 메디치의 세기의 결혼식이 거행된 1533년으로 보고 있다.

메디치 가문의 외동딸 카트린은 세련된 식습관 유행의 진원지인 피렌체에서 나고 자랐다. 당시에 많은 멋쟁이 파리지앵들이 '포크'라고 불리는 이탈리아의 요상한 물건에 대하여 비웃었고, 프랑스 귀족들은 향신료로 범벅이 된 큼직한 고깃덩어리를 칼로 잘라서 그들의 기름 묻은 손으로 그냥 집어 먹었다. 카트린은 이러한 야만적인 식습관을 바꾸기로 결심했고, 피셔는 카트린의 정략혼이 유럽의 테이블 매너를 바꾸는 데 결정적인 이정표가 되었다고 주장했다. 그러나 시기적으로 볼 때, 17세기에 탄생한 프랑스의 위대한 '오트 퀴진'의 전통이 백 년 전 르네상스기 이탈리아와는 별다른 상관이 없다고 보는 것이 프랑스 사가들의 대체적인 중론이다. 물론 이탈리아가 프랑스 요리에 아무런 영향력도 미치지 않았다는 것은 아니지만, 이런 우발적인 사건에 대한 영향력은 자로 잰 듯 정확하게 측정하기가 어렵기 때문이다. 그러나 고기 일변도의 프랑스 엘리트층의 식생활에서 아티초크 같은 채소들의 비중이 커진 것은 이탈리아 미식 취향에 대한 '모방'으로 볼 수 있다.

아티초크

▶ 아티초크

극적인 '명암법(chiaroscuro)'으로 유명한 이탈리아 르네상스기의 천재 화가 미켈란젤로 메리시 다 카라바조(Michelangelo Merisi da Caravaggio, 1573~1610)는 감정적이고 성격이 불같아 사람들과 시비에 자주 휘말렸다. 그는 대형 캔버스의 사이즈를 고려해서, 그가 세 들어 사는 아파트의 천장에 구멍을 뚫은 적이 있다. 여자 집주인이 여기에 대해서 당연히 항의하자 그는 그녀의 창문에 돌을 던졌다. 그는 또한 경찰에게도 돌을 던졌으며, 로마의 거리에서 무기를 휘두르거나 허가 없이 함부로 피스톨을 쏘기도 했다. 그는 폭행으로 수차례 감옥을 드나들었고, 나중엔 살인까지 저질러 나폴리로 도주했다. 그런데 카라바조는 아티초크 요리 때문에 웨이터를 공격한 사건으로도 유명하다. 문제의 웨이터는 '1604년 4월 26일의 사건'을 다음과 같이 경찰에 진술했다.

"나는 그들(카라바조와 친구들)에게 8개의 아티초크 요리를 가져다주었다. 네 개는 버터로, 다른 네 개는 올리브오일로 요리한 것이었는데, 피고인(카라바조)은 어떤 것이 과연 버터로 요리한 것이고 어떤 것이 오일로 한 것이냐고 내게 따져 물었다. 그래서 나는 그에게 냄새를 맡아보면 그 차이를 쉽게 식별할 수 있다고 일러주었다. 그러자 그는 불같이 화를 내면서 더 이상 아무 말도 하지 않고 접시를 잡아 그것으로 내 수염이 있는 뺨을 세게 후려쳤다. 그러고 나서 그는 자리에서 벌떡 일어서더니 테이블 위에 놓여있던 그의 친구의 무기를 잡았다. 그러나 나는 정식으로 고소하기 위해 이곳 경찰서로 달려왔다."

인류가 '먹는 꽃봉오리'라는 별명을 가진 엉겅퀴과의 아티초크를 먹기 시작한 것은 고대 그리스와 로마 시대로 거슬러 올라간다. 그리스 신화에 따르면, 아티초크의 탄생은 제우스신의 유명한 난봉기 덕분이었다. 그는 어느 날 자기 동생 포세이돈을 방문하러 갔다가 키나라(Cynara)라고 하는 아름다운 소녀가 해변에서 목욕하는 모습을 발견하고는 그만 한눈에 반해버렸다. 그는 키나라를 유혹해서 그녀를 여신으로 만든 다음 자신의 저택인 올림포스산으로 데리고 갔다. 그러나 홀로 외로웠던 키나라는 가족이 그리운 나머지 몰래 집에 다녀왔다. 그러자 카라바조처럼 다혈질의 제우스는 그만 분을 참지 못하고, 키나라를 올림포스 정상에서 집어 던져 그녀를 아티초크로 만들어버렸다.

아티초크의 근대 학명인 '키나라 스콜리무스(Cynara scolymus)'도 이 불행한 소녀의 이름에서 유래했다. 로마의 정치가·박물학자인 대(大) 플리니우스(Pliny the Elder, 23~79)에 따르면, 아티초크는 대머리를 치유하고, 위장을 튼튼하게 하며, 호흡을 원활하게 해주고, 사내아이를 임신하게 하는 등 의약으로서의 효험이 매우 탁월하다고 한다. 비록 플리니우스가 언급하지는 않았지만, 아티초크는 최음 효과도 있다고 여겨져 로마인들은 아티초크를 애용했으며, 보통 꿀이나 식초에 절이거나 커민(미나리과 식품)으로 양념을 해서 먹었다. 로마제국의 멸망 이후에 아티초크는 인기를 잃었으나, 아랍인들이 이를 다시 개발해서 식용으로 먹었고 스페인에 전해주었다. 그래서 아랍어 '알카르수파(al-karsufa)'가 스페인어 '알카르초파(alcarchofa)'가 되었고, 이탈리아어로는 '아르티초코(articiocco)', 영어로는 '아티초크(artichoke)'가 되었다. 참고로 프랑스어로는 '아르티쇼(artichaut)'라고 한다.

16세기에 카트린 드 메디치가 시집을 때 이 아티초크를 프랑스 궁정에 가져왔다. 그녀는 이 아티초크를 엄청 많이 먹었는데 이 성욕 과잉의 식물로 알려진 아티초크는 엄격한 프랑스 궁정에서 연일 호사가들의 입방아에 오르내리게 되었다. 프랑스를 통해 이 아티초크는 네덜란드와 영국으로도 전파되었고, 특히 여섯 왕비와 혼인한 화려한 이력의 주인공 헨리 8세는 이 아티초크의 열렬한 애호가였다고 알려져 있다.

프랑스 앙리 왕자(앙리 2세)와 카트
린 드 메디치의 세기의 결혼식(1533
년 10월 28일)

(가) 카트린 드 메디치 이전의 식습관

카트린을 섬뜩하게 만들었다는 프랑스의 그 기괴한(?) 식관습은 사실상 수 세기 동안 대부분의 유럽에서 시행되어 온 하나의 규범이었다. 중세에 식탁이란 네 개의 가대(架臺) 위에 그냥 걸쳐놓은 기다란 사각 판자에 불과했다. 여기서 '식탁을 차리다(set the table)'라는 말이 유래했다고 한다. 중세 편에서 설명한 대로 대형의 사각 천으로 판자 위를 덮었고, 회식자들은 식사 도중에 음식 묻은 손을 드리워진 천 자락에 쓱쓱 문질러 닦았다. 이러한 식관습은 모든 사회계층에 공통적이었다. 스푼과 나이프, 컵들은 공유되었고, 수프는 그냥 그릇째 들고 후루룩 마셨다.

그러나 중세가 아무리 위생 관념에 무지하고 무관심했다고 해도, 테이블 매너라고 하는 신식 매너가 완전히 공백 상태에서 탄생한 것은 아니었다. 중세 식관습의 혼돈과 무질서에도 불구하고 이미 기본적인 에티켓 가이드가 시중에 보급되어 있었다. 이러한 에티켓은 14세기 카탈루냐의 신학자 프란세스크 에시메니스(Francesc Eiximenis)가 쓴 《행동지침 가이드》(1384년)에 잘 나타나 있다. 그는 교양 있는 회식자들에게 "만일 당신이 침을 뱉거나 코를 풀었다면 절대로 식탁보에 손을 씻지 마시오."라고 훈계하고 있다. 그러나 만일 회식자가 식사 도중에 부득이 침을 내뱉어야 한다면, 테이블 위에나 다른 사람의 면전에서 하면 안 되고 반드시 뒤를 돌아보고 할 것을 신신당부했다. 카트린은 1290년대에 쓰인 프라 본비치노 다 리바(Fra Bonvicino da Riva)의 《테이블 매너에 관한 50가지 예의범절》이라는 이탈리아 책자를 가지고 왔는데, 카트린의 프랑스 도착은 대륙에 울려 퍼진 르네상스 운동과 일치한다.

중세에 영주는 하인들과 함께 연회를 베풀었다. 물론 이 두 계급이 같은 음식을 먹고 같은 음료를 마시지는 않았지만, '서로 같은 공간을 공유한다'는 것은 영주가 농노의 절대적 충성에 대한 보답으로 그들을 보호한다는 중세의 봉건주의 개념을 잘 반영하는 것이다. 그러나 르네상스기에 유산계급과 무산계급의 사회적 격차가 더욱 벌어짐에 따라서, 이처럼 인간미를 풍기는 중세적 관행이나 '공동체주의'는 점차 쇠퇴하기 시작했다. 17세기에 이르면, 영국의 귀족들도 축제 기간에 가난한 이웃들을 그들의 성에 초대하는 관습을 더 이상 시행하지 않게 되었다.

그 당시 예의범절에 관한 책을 저술한 작가들의 놀라운 지명도를 미루어 볼 때, 테이블 매너는 결코 사소한 문제가 아니었다. 카트린이 프랑스에 도착하기 3년 전인 1530년에 북유럽 르네상스의 위대한 학자인 데시데리위스 에라스뮈스(Desiderius Erasmus, 1466~1536)도 《어린이 예절 핸드북 De Civilitate morum puerilium》를 집필했는데, 무려 30판이나 인쇄되었을 만큼 인기가 높았다.

이 소책자는 서유럽 최초의 도덕적이고 실용적인 아동 교육서였다. 여기서 에라스뮈스는 '자제'와 '절도'의 중요성을 강조하고 있다. "어떤 이들은 식탁에 앉기가 무섭게 음식에 즉시 손을 댄다. 이것이 바로 늑대들의 매너다." 식기 도구들의 올바른 사용이야말로 세련된 테이블 매너의 중대한 요소다. "손으로 접시의 소스를 마구 휘젓는 것은 매우 무례한 태도다. 먹고 싶은 것이 있으면 나이프나 포크를 사용해야 하며, 음식을 집기 위해 접시를 온통 들쑤셔도 안 된다." 새로운 인문주의적 에티켓이 등장하면서부터 기분 좋은 '대화'가 식사 메뉴의 중요한 일부가 되었다. "손을 깨끗이 씻으면 마음속에 있는 근심 걱정도 사라진다. 식탁 앞에서 찌푸린 표정으로 다른 사람마저 우울하게 만드는 것은 좋은 매너가 아니다." "좋은 매너는 우리를 짐승이나 거칠고 투박한 사람들과 구분 짓게 한다. 특권층으로 태어난 행운을 누리는 자(귀족)들의 매너가 그들의 고귀한 신분이나 위치에 어울리지 않는다면 그것은 매우 불명예스러운 일이다."

20세기 음식사가 장 루이 플랑드랭은 식습관이 그 시대를 이해하는

데 매우 중요한 단서를 제공한다고 주장했다. 이처럼 르네상스기의 엘리트 집단이 이른바 '매너'라고 하는 그들의 시대적 코드의 규범을 열성적으로 추구했다는 것은 좀 더 나은 자신(개인)을 완성한다는 르네상스적인 개념과도 일맥상통한다. 즉, 매너의 추구는 개인적인 개선을 추구하는 르네상스 인간의 이상에 딱 부합하는 것이다.

(나) 이탈리아의 위대한 영향력

문명의 진보는 이탈리아 북부에서 이루어졌고, 이 풍요로운 음식 문명의 빛은 유럽 전역으로 퍼져 나갔다. 그러나 요리 부문에서 이탈리아의 영향력은 요리 그 자체보다는 바로 현란한 식탁 예술과 서비스, 우아한 식사 매너에 있었다. 처음 프랑스에 도착했을 때, 약간 퉁방울의 눈에 통통하고 왜소한 체구의 카트린은 젠체하지도 않고 요구도 많지 않은 겸손한 신부라는 평가를 받았다. 이탈리아 대사조차도 그녀를 가리켜 매우 고분고분한 '복종녀'라고 평가했을 정도였다. 제아무리 메디치 가문이 유명하다고 해도, 원래 메디치가는 부르주아(약제사) 출신이었기 때문에 유럽 최고의 프랑스 왕가와 혼사를 맺기에는 아무래도 역부족이었다.

게다가 그녀는 혼인 전에 시아버지인 프랑수아 1세(François I, 1494~1547)에게 철석같이 약속했던 그 어마어마한 지참금을 끝끝내 가져오지 않았다. 후일 프랑수아 1세는 "한 소녀가 내게 알몸으로 왔노라!"라며 이를 탄식해 마지않았다. 왕국의 첫 번째 신사임을 자처했던 호방한 군주 프랑수아 1세는 늘 지적이고 아름다운 여성을 최고로 여겼다. 비록 카트린의 용모는 지극히 범용했지만, 그녀의 지성을 높이 산 국왕은 며느리를 몹시 총애했다고 한다.

카트린의 일행은 마르세유 항구에 도착해서 육로를 통해 프랑수아 1세의 궁정에 도착했다. 그녀의 여행 가방에 들어있던 두 개의 날이 달린 포크와 자기로 만든 개인 접시 사용의 일반화, 특히, 무라노(Murano)[34]에서 수입한 굽이 달린 유리잔의 보급은 가히 '식탁 예술의

두 개의 사회를 대조적으로 보여주고 있다. 앞에는 평민들이 무질서하게 먹고 마시면서 떠들썩하게 어울리는 사이, 상류층 엘리트는 테이블에 고정된 자세로 묵묵히 앉아 있다.

---

34 무라노는 이탈리아 베네치아의 교외를 구성하는 5개의 작은 섬으로 이루어진 지역으로, 성당 및 베네치아 유리의 제조지로 유명하다.

1543년에 프랑수아 1세를 위해 이탈리아 조각가 벤베누토 첼리니(Benvenuto Cellini, 1500~1571)가 제작한 아름다운 소금 그릇(빈미술사박물관 소장)

혁명'이라 부를 만큼 거대한 영향력을 행사했다. 그녀가 데려온 당대 최고의 셰프인 파티시에(pâtissier, 과자 제조인), 요리 사환들 역시 이탈리아의 선진 요리 기술을 프랑스 궁정에 전파하는 데 기여했다.

그들은 올리브유, 흰 강낭콩, 트뤼프, 아티초크 같은 새로운 요리 재료를 가져왔으며, 과즙에 물, 설탕 따위를 넣어 얼린 소르베(sorbet)[35]와 아이스크림, 마멀레이드 잼, 거품이 이는 무스(mousse) 크림이나 오렌지를 상큼한 고명으로 곁들인 오리고기 '카나르 아 로랑주(canard

---

35 카트린의 결혼 피로연에서 최초로 선을 보인 과일 '소르베'(셔벗)는 그 후 엄청난 인기를 누렸다고 한다.

카트린 드 메디치의 초상화

à l'orange)도 그때 들어왔다고 알려져 있다.

또한, 그전에는 함께 먹었던 자극적이고 매콤한 풍미의 요리와 단 요리의 분리를 이룩했다. 그 결과 중세의 양념 맛이 강한 요리는 사라지게 되었다. 이러한 새로운 요리법 외에도 카트린은 프랑스인의 식사 관행을 '혁명화'했다고 해도 과언이 아니다. 미식가이자 대식가였던 그녀는 프랑스에 시집온 뒤 프랑스의 예법을 완전히 뜯어고쳤다.

15세기 말경의 프랑스 궁정의 귀부인들은 음식을 씹는 모양을 남들에게 보이는 것이 매우 흉하다고 생각해서 독방에서 홀로 식사했는데, 카트린은 그런 귀부인들에게 연회석상으로 나올 것을 명했다.[36]

터질 듯이 뚱뚱한 카트린 여왕이 음식을 씹는 것으로는 결코 얼굴 모양이 바뀌지 않으며, 단지 살만 많이 찔 수 있다는 사실을 스스로 입증한 셈이었다! 귀부인들이 연회에 모이는 습관은 도버해협을 건너서 영국에 들어갔으며, 엘리자베스 시대에 전승되어 베르사유 궁전의 화려한 연회의 선구가 되었다. 또한, 테이블 세팅도 바뀌게 되었다. 베네치아의 유리잔, (금속 식기 대신에) 우르비노의 도기, 자수를 수놓은 식탁보, 단아한 은제 식기가 유행하기 시작했다. 그녀는 식사 에티켓과 테이블 매너를 가져왔다. 그러나 카트린의 가장 큰 공헌 중의 하나는 포크 같은 식기를 도입한 것이었다.

(다) 냅킨

사람들이 손으로 음식을 게걸스럽게 집어 먹는 것을 경멸하기 시작하면서부터 접시, 굽 달린 투명한 유리잔(고블레), 은제 식기류(나이프, 포크, 스푼) 등 온갖 종류의 새로운 도구가 선을 보였다. 특히, 상류층은 음식물에 의한 얼룩으로부터 그들이 걸친 호화스러운 의상과 장식용 고급 식탁보를 보호하기 위해 점점 개인용 냅킨을 사용하기 시작했다. 그 당시 회식자들은 늘 청결한 상태가 아니었고, 또 여러 가지 소스로 식탁을 마구 어지럽혔기 때문에 그들의 음식 묻은 입이나 손을 닦는 데 요긴하게 쓰였던 냅킨은 식사에 필수적이었다. 특히, 귀에메

---

36 카트린이 오기 전에 프랑스의 귀부인들은 특별한 경우에만 정찬에 참여했다. 그러나 카트린이 도착한 후 사치한 의상을 걸친 귀부인들은 정찬의 시각적 효과를 높이는 역할을 했다.

16-17세기 베네치아의 고블레(goblet, 유리나 금속으로 된 포도주 잔). 테이블 매너가 우아하고 세련되어짐에 따라 베네치아의 유리 제조인들도 그들이 공들여 제작하는 고블레의 미와 섬세함으로 명성을 날렸다. 당시 베네치아 정부는 유리잔 제조 기술이 국외 유출되지 않도록 이를 엄격히 보호했다. 이에 따라 유리 장인들이 도시를 떠날 경우 엄중한 처벌을 받았다.

네 공작(duc de Guéméné)은 음식을 먹을 때 다이아몬드로 장식한 그의 화려한 모자에까지 소스를 튀게 하는 고약한 버릇이 있었다.

  최초의 냅킨은 주로 입을 닦기 위해 사용되었다. 사람들은 평상시에는 별로 냅킨을 사용하지 않다가, 중요한 연회 때에만 그들이 올바른 '냅킨 사용법'을 알고 있음을 외부에 과시하기 위한 용도로 사용했다. 당시 에티켓 책자가 지시하는 대로, 그들은 냅킨을 왼쪽 어깨 위에 올려놓았다. 이처럼 초기에 사람들은 냅킨을 손이나 어깨 위에 걸쳤다. 목에 냅킨을 거는 습관은 16세기에 유행했던 지나치게 과장적이고 사치한 의상, 즉 '둥근 주름 칼라 시대(mode des fraises)'에 유행하기 시작했다.

그러나 복잡한 둥근 주름 위에 냅킨을 거는 작업은 결코 쉬운 일이 아니었다. 17세기에 이르러서는 복잡하고 성가신 칼라 사용이 사라지면서 목 뒤에 냅킨을 매는 대신, 오늘날처럼 무릎 위에 올려놓는 관습이 나타났다. 냅킨은 항상 때 묻지 않아야 했고, 그 때문에 식사의 서비스가 한 차례 끝날 때마다 새로운 냅킨이 필요하게 되었다. 한 차례의 서비스가 끝날 때마다 식탁보와 냅킨을 새로 갈았는데, 과일이나 새 또는 배 모양으로 다양하게 접은 리넨 천의 냅킨은 회식자를 초대한 주인의 '부'를 간접적으로 상징했다. 18세기에는 더욱 새롭고 환상적인 예술 작품으로서의 냅킨들이 그 우아한 자태를 선보이게 된다.

화려한 둥근 주름 칼라의 의상을 입은 카트린 드 메디치의 손녀딸 크리스틴 드 로렌(Christine de Lorraine 1565~1637)

그러나 유럽 인구의 대다수인 빈민층에게 새로운 테이블 매너는 그저 별천지 세상의 얘기였다. 1702년에 프랑스 여행가 알베르 주뱅 드 로슈포르(Albert Jouvin de Rochefort, 1640~1710)는 오스트리아의 소를 치는 가족과 함께 식사했던 재미있는 일화를 회고한 바 있다. "그들은 손님인 내게 집에서 가장 좋은 상석을 제공했는데, 그것은 세숫대야를 그냥 엎어놓은 것이었다. 그들은 어디선가 낮은 테이블을 갖다 놓았는데, 거기에는 식탁보나 냅킨, 포크나 스푼도 없었다. 그리고 그들은 그냥 마룻바닥에 털썩 주저앉아서 모두 손으로 음식을 집어 먹었다."

물론 새로운 매너의 유행에 대한 반감이 없었던 것은 아니었다. 프랑스 작가 토마 아르튀Thomas Artus(?~1614)는 《헤르마프로디토스의 섬 les Hermaphrodites, ou Isle des hermaphodites nouvellement découverte》[37]에서 이른바 '궁정식 매너'를 비웃었다. "그들은 식사할 때 음식에 손을 절대 대지 않는다. 대신에 모가지를 쭉 빼고 포크를 입속에 갖다 댄다."

(라) 포크

냅킨이 보급되면서 또 다른 중요한 식탁 도구인 포크가 등장했다.

---

37 그리스 신화에 나오는 헤르메스와 아프로디테 두 신 사이에서 태어난 아들이다. 오비디우스의 《변신 이야기》에 따르면, 본래 미남자였으나, 물의 요정 살마키스와 융합하여 반남반녀 양성구유의 몸이 되었다. 암수한몸을 의미하는 용어인 '헤르마프로디테(hermaphrodite)'가 헤르마프로디토스의 이름에서 유래한 것이다.

하얀 둥근 주름 칼라를
착용한 기즈 공작(duc
de Guise, 1550~1588)

처음에 포크 사용은 엄청난 저항에 부딪혔다. 유럽에서 포크가 최초
로 알려진 것은 1071년에 베네치아의 총독 도메니코 셀보(?~1087)와
혼인하기 위해 베네치아에 당도한 비잔틴 공주 테오도라 아나 두케나
(Theodora Anna Doukaina, 1058~1083) 덕분이었다. 그녀가 입속에 음
식을 넣기 위해 '금으로 만든 양 갈래의 쇠스랑(포크)'을 사용하자, 평
소에 스스로 세련되었다고 자부하던 베네치아인들에게도 그것은 희
대의 '스캔들' 그 자체였다. 베네치아의 바티칸 사절도 포크를 '악마적
인 도구'라고 불렀을 정도였다. 그러나 포크 사용은 점차 이탈리아에

벨기에 화가 소(小) 피터르 브뤼헐Pieter Brueghel(1564~1638)의 〈백조 선술집에서 즐겁게 먹고 마시며 노는 농민들 Peasants Making Merry〉(1630년 작품). 고주망태가 된 농민들의 테이블 매너가 엉망진창임을 보여주는 교훈적인 풍자화.

서 퍼져 나가기 시작했다.

  카트린 드 메디치는 적어도 상류사회에서 프랑스 식습관을 '이탈리아화'하는 데 성공했지만, 포크 사용만큼은 매우 더디게 진전되었다. 카트린은 포크 사용을 보급하고자 노력했지만, 정작 그녀 자신은 포크를 사용하지 않고 손가락으로 종종 음식을 먹었다. 사실상 손으로 음식을 먹으면서 손가락이 혀에 닿는 촉감은 미식가에게 더할 나위 없이 감미로운 천상의 쾌락을 제공한다고 한다. 카트린은 뜨거운 요리를 먹을 때는 손가락 씌우개인 골무를 사용했다고 한다. 1611년에 영국 여행가 토마스 코리앗(Thomas Coryat, 1577~1617)은 베네치아에 체류할 때 이 도시의 총독 부인(비잔틴 공주 두케나)이 고안했다는 양날의 포크를 영국으로 가져갔으나, 친구들부터 '하느님이 주신 손을 모독하는 것'이라는 비난을 받았다.

냅킨 사용과 마찬가지로 둥근 주름 칼라 시대에 이르러서야 사람들은 사치스러운 의복에 얼룩을 묻히지 않으려고 베네치아의 포크를 사용하기 시작했다. 17세기 말부터 사람들은 포크 사용에 익숙해지기 시작했고 포크의 형태도 양날에서 서너 개의 날로 바뀌었다. 이 당시 식사 예절에 관한 책에서 제시하는 올바른 사용법과는 정반대로 포크를 마치 이쑤시개처럼 사용하는 사람도 있었다고 한다.

한편, 프랑스가 이탈리아를 모방하는 정도는 카트린의 세 번째 아들 앙리 3세(Henri III, 1551~1589)에 이르러 절정에 달했다. 여성적이고 워낙 멋내기를 좋아했던 앙리 3세는 동성애자라는 소문도 있었지만, 본격적인 포크의 사용과 등 달린 편안한 의자를 도입한 것도 바로 그였다. 상류계급은 물론이고 중류계급에서도 귀족처럼 그렇게 호화롭지는 않지만, 이탈리아 요리와 풍습이 유행하였다. 이처럼 '식탁 예술'이라는 사회적 유행병은 유명한 《수상록》의 저자 미셸 에켐 드 몽테뉴(Michel Eyquem de Montaigne, 1533~1592)의 주의를 끌기에 충분했다.

몽테뉴는 이탈리아 저택의 주인인 카라파(Caraffa) 추기경과의 대화를 다음과 같이 기술하고 있다. "그는 마치 내게 신학 강의를 하듯이 장중하고 위엄이 넘치는 태도로 아가리(?) 학문에 대한 강의를 시작했다. 그는 사람이 공복 시에 느끼는 식욕과 한두 차례 서비스(상차림)를 거친 후에 느끼는 식욕의 차이를 내게 자세히 해독해 주었다. 그는 제국의 통치를 논할 때와 똑같이 거만하고 위풍당당한 어조로 이 모든 것을 설명했다." 18세기가 되어서야 매너에 대한 안내서가 포크를 '개인용 도구'로 사용할 것을 요구했다. 이 시기에 이르러 많은 에티켓 작가들이 얼마나 포크, 냅킨, 개인용 접시들이 식탁에서 그들의 자리를 차지하기 위해 열심히 투쟁해 왔는지를 기술하기 시작했다.

(마) 카트린 드 메디치의 신화에 대한 이해와 오해

15~16세기에 프랑스인들이 이탈리아 요리 예술의 진보에 많은 영향과 감화를 받았다는 것은 알려진 사실이다. 특히, 카트린 드 메디치의 정찬과 식사 예절에 대한 철학은 부유한 상류계층 사이에서 유행했으며, 시금치, 마늘, 캐비어, 트뤼프(송로버섯)처럼 그녀가 좋아했던 요리 재료가 오늘날 프랑스 미각의 중심이 되었다. 카트린은 이처럼 완벽을 추구하는 르네상스기의 요리 철학을 프랑스에서 개시했으며, 테이블 에티켓, 세련된 부엌용품, 복잡한 식사 예절 등을 도입했다. 결국 수 세기가 지난 후에 프랑스의 정찬 테이블은 아름다운 전시와 동시대 최고의 미각으로 유럽인의 오감을 온통 사로잡는 매혹적인 예술로 승화되었다.

카트린의 사촌인 마리 드 메디치도 프랑스 국왕 앙리 4세와 혼인했

피터르 브뤼헐 3세(Pieter Brueghel III, 1589~1639)의 작품 〈카니발과 사순절의 싸움 *La bataille entre Carnaval et Carême*〉의 세부화에서 나이프는 볼 수 있지만, 포크는 보이지 않는다.

다. 그녀의 전속 요리사이자 《진정한 프랑스 요리책 *Le Vrai Cuisinier François*》의 저자인 프랑수아 피에르 드 라 바렌(François Pierre de la Varenne, 1615~1678) 역시 마리의 고향인 이탈리아 요리로부터 많은 영감을 받지 않을 수가 없었다. 이렇게 이탈리아 출신의 왕비들 덕분에 프랑스 요리는 시나몬, 생강, 정향, 육두구 같은 향신료에서 벗어나 로즈메리, 세이지(샐비어의 일종), 오레가노, 바질 같은 허브에 눈을 돌리기 시작했다. 강한 향신료로 음식을 질식시키는 대신에, 프랑스 요리사들은 점점 '자연의 미각'을 찬미하기 시작했다.

  그리하여 고기는 본연의 육즙으로, 생선은 생선 육수(fond de poisson, 피시 스톡)로 맛을 냈다. 카트린이 프랑스에 도입했다고 알려진 것은 시금치, 슈크림, 크레프(crêpe)[38], 양파 수프(soup d'oignon), 오리고기 '카나르 아 로랑주(canard à l'orange)', 마카롱(macaroon)[39], 베샤멜(béchamel) 소스[40], 버터와 밀가루를 섞어 익힌 루(roux) 등이다. 일설에 따르면, 카트린은 시금치를 너무도 좋아한 나머지 끼니때마다 그것을 넣으라고 명했다. 그 때문인지 '피렌체식 달걀 요리(ouefs à la florentine)', '피렌체 닭 요리(poulet florentine)' 등 오늘날 시금치가 들어간 프랑스 요리에는 모두 메디치가를 상징하는 '피렌체식'이란 말이 들어가 있다.

판타넬리(Pantanelli)라는 이름의 피렌체 요리사가 카트린 드 메디치를 따라서 프랑스에 왔다고 한다. 그는 프랑스에 온 지 7년 뒤인 1540년에 '파트(pâte)'라고 불리는 밀가루 반죽[41]으로 가토(gâteau, 과자, 케이크)를 만들었는데, 그는 자신의 이름을 따서 이를 '판타넬리식(式) 파트(pâte à

초콜릿과 생크림으로 만든 슈크림

---

38 밀가루·우유·달걀을 반죽해 둥글게 부친 전 요리.

39 달걀흰자·아몬드·설탕으로 만든 작은 과자.

40 베샤멜소스는 우유로 만든 흰 소스다. 원래 이탈리아 기원의 소스지만, 현재는 프랑스 요리의 기본 소스 중 하나이며, 치즈를 더해 모네(mornay) 소스를 만드는 등 다른 소스의 기반이 된다.

41 영어로 '도우(dough), 프랑스어로는 '파트(pâte)'라고 불린다.

Pantanelli)'라고 명명했다. 그 후 파트(밀가루 반죽)를 만드는 방식이 더욱 진화해서 이 판타넬리식 파트가 '포플랭식 파트(pâte à popelin)'로 이름이 바뀌었다.

여기서 포플랭이란 여성의 유방 형태로 만든 작은 케이크를 가리킨다. 18세기에 아비스(Avice)라는 프랑스의 파티시에(pâtissier, 과자 제조인)가 슈크림이 들어간 작고 둥근 빵을 개발해서 명칭을 '파트 아 슈(pâte à choux)'로 개칭했다. 그 이유는 아비스가 만든 가토의 모양이 양배추를 의미하는 슈(choux)를 너무도 닮았기 때문이라고 한다. 여기에 위대한 요리사 카렘이 레시피를 변형해서 오늘날 우리가 알고 있는 초콜릿을 바른 슈크림 '프로피트롤(profiterole)'을 탄생시켰다.

프랑스의 유명한 크레프도 이탈리아에서 왔다고 한다. '피렌체의 크레프 요리(Crespelle alla Fiorentina)'가 그 모태라는 것인데, 모든 학자가 이에 동의하는 것은 아니다. 르네상스기에 이 피렌체의 크레프 요리는 문자 그대로 '할머니의 손수건'을 의미하는 '페주올레 델라 노나

오리고기 '카나르 아 로랑주(canard à l'orange)

바닐라 맛의 파리 스타일 마카롱

(pezzuole della Nonna)'로 불렸는데, 이탈리아인들은 크레프 속에 리코타 치즈와 시금치를 넣었다고 한다.

토스카나의 양파 수프 '카라바차(Carabaccia)'도 카트린이 무척 좋아했던 음식이었는데, 오늘날 프랑스 양파 수프(soup d'oignon)의 전신이라고 할 수 있다. '카나르 아 로랑주(canard à l'orange)'도 메디치의 궁에서 사랑받던 음식이었는데, 카트린이 프랑스 궁정에 소개했다고 한다. 컬러풀하고 부드러우며 섬세한 맛의 마카롱은 프랑스에서 가장 유명한 디저트계의 보물이라고 할 수 있다. 8세기 또는 9세기경에 이탈리아 수도원에서 마카롱을 개발하였다는 설이 있으며, 1533년에 카트린이 대동한 셰프가 마카롱을 프랑스에 수입했다고 한다. 나중에 베네딕트 수도회의 수녀 두 명이 프랑스혁명 당시에 낭시(Nancy)로 피신해 왔는데, 두 수녀는 마카롱 쿠키를 구어 파는 것으로 집세를 냈기 때문에, 소위 '마카롱 수녀들'로 불렸다고 한다. 물론 모든 역사가가 마카롱이 중세 이탈리아의 수도사들이 만들었고, 카트린의 과자 만드는 셰프들이 그것을 프랑스에 전해주었다는 사실에 동의하는 것은 아니다.

이탈리아어 '살사 콜라(Salsa Colla)'는 문자 그대로 '접착 소스'를 의미하는데, 베샤멜소스의 이탈리아 원형이라고 할 수 있다. 르네상스기에 평민 대다수는 냉장법이라는 근대문명의 이기를 알지 못했기 때문에, 쉽게 상하는 우유를 레시피에 별로 사용하지 않았다. 오직 귀족 가문만이 소스에 우유를 사용했기 때문에 카트린의 셰프들이 베샤멜소스를 프랑스의 부엌에 가져왔다는 얘기가 신빙성이 있다고 주장하는 사람들이 적지 않다. 또 카트린의 치세기에 걸쭉하게 만드는 역할을 빵 대신에 고기 스톡에 버터와 밀가루를 섞은 가벼운 루(roux)를 사용하기 시작했다. 루는 오늘날 프랑스 셰프들의 주요 레퍼토리 가운데 하나이다.

카트린이 전해주었다는 요리나 요리 기술, 식사 예절 등을 액면 그대로 믿는다면 프랑스 요리의 원류가 이탈리아라고 해도 과언이 아닐 것이다. 그러나 이탈리아 영향력에 대한 평가가 너무 과대 포장되었다는 비판도 만만치 않다. 카트린 드 메디치는 프랑스 궁정 사회에서 요리를 유행시킨 장본인이지만, 그녀가 프랑스의 고급 요리 '오트 퀴진'의 창시자는 아니었다는 것이다.

미국의 음식사가 바바라 휘튼(Barbara Wheaton, 1931~)도 그녀의 저서《과거를 음미하다 *Savoring the Past*》(1983년)에서 결코 카트린 드 메디치가 프랑스 요리의 발달에 중추적인 역할을 한 것은 아니라는 주장을 했다. 휘튼에 따르면, 프랑스의 오트 퀴진은 어떤 이탈리아적인 영향력 없이 한 세기가 지나서야 시작되었고, 카트린 덕분에 발달했다는 프랑스 요리는 이미 그녀가 도착하기 전에 존재했다고 한다. 또 다른 음식사가인 에스더 브래드포드 아레스티(Esther B. Aresty, 1908~2000) 역시 유럽 최초의 요리책 세 권이 모두 카트린 드 메디치가 태어나기 전에 프랑스에서 출판되었고, 이 요리책들이 근대 프랑스 요리의 발달에 커다란 영향을 미쳤다고 언급했다. 실제로 1600년대부터 이탈리아와 프랑스 요리의 차이점이 나타났다.

바르톨로메오 스카피(Bartolomeo Scappi, 1500~1577)의《요리의 오페라 예술 *Opera dell'arte del cucinare*》(1570년)은 아직까지도 이탈리아 요리의 척도로 평가되고 있는 반면에,《진정한 프랑스 요리책》의 저자이며 근대 프랑스 요리에서 가장 영향력 있는 인물로 평가받는 라 바렌(1615/1618~1678)은 중세와 르네상스기 프랑스 요리를 혁명화한 이탈리아 전통과의 결별을 선언한 것으로 유명하다. 두 사람의 요리방식도 차이가 있다. 가령, 스카피는 푹 삶는 조리 방식(overcooking)을 권장한 반면에, 라 바렌은 독자들에게 충분히 오랜, 그러나 적정 시간을 가지고 조리하라고 현명하게 충고하고 있다.

LE
CUISINIER
FRANÇOIS,
OÙ
EST ENSEIGNE' LA MANIERE
d'apprêter toute forte de viandes,
de faire toute forte de Patifferies,
& de Confitures.

Reveu, & augmenté d'un Traité de Confitures
fèiches & liquides,& pour apprêter des festins
aux quatre Saifons de l'Année.

Par le Sieur DE LA VARENNE
Ecuyer de Cuifine de Monfieur
le Marquis d'Vxelles.
UNZIE'ME EDITION,

A LYON,
Chez JACQUES CANIER, ruë
Confort, au Chef S. Jean.
M. DC. LXXX.
AVEC PERMISSION.

라 바렌의 《진정한 프랑스 요리책》

　스카피는 다양한 방식의 마카로니(이탈리아 국수) 요리법을 제시하고 있는데, 15세기 영국 요리책에서는 마카로니가 등장하는 반면에 라 바렌의 요리책에서는 나오지 않는다. 사실상 이탈리아 요리의 영향력은 프랑스보다 섬나라 영국에서 더욱 강하게 느껴지는데, 당시 영국에서는 마카로니와 향신료를 넣어 다진 고기 요리를 '이탈리아의 볼(Balles of Italy)'이라고 불렀다. 라 바렌은 프랑스 요리의 기초로 간주되는 기본 조리(préparation)를 ① 고기·야채 등을 삶아서 만드는 국물 '부용(bouillon)', ② 액체의 농도를 걸쭉하고 진하게 만든 '리에종(liaisons)', ③ 밀가루와 버터를 섞어 익힌 것으로 소스를 진하게 하는

데 쓰이는 '루(roux)', ④ 고기·야채 따위를 다진 속을 넣은 요리 '파스(farce)' 등으로 분류했다.

어떤 요리가 다른 요리보다 더 훌륭하다거나 그 요리가 최고라고 주장하는 것은 어리석은 일이다. 그것은 어디까지나 견해차이기 때문이다. 또한, 서로 인접한 프랑스·이탈리아 양국이 서로 영향을 받지 않았다는 것도 어불성설이다. 그러나 한 가지 사건(1533년)이 한 국가의 미각에 그야말로 심오한 지각변동을 일으켰다고 주장하는 것 역시 어리석은 일이다. 왜냐하면, 미각의 완성이란 느리게 진행 중인 장기 지속의 과정이며 오랜 노력의 결과물이기 때문이다. 프랑스나 이탈리아 양국 모두 카트린이 프랑스 궁정에 등장하기 이전부터 이미 기존의 고유한 요리의 전통과 뿌리를 간직하고 있었다.

3장

17~18세기:
앙시앵레짐

"음식은 우리의 모든 것이다. 그것은 민족주의와 인종적인 감정,
우리의 개인사, 지역, 부족, 할머니 손맛의 연장선이며,
처음부터 그들과 떼려야 뗄 수 없는 불가분의 관계가 있다."

_ 앤서니 부르댕(Anthony Michael Bourdain, 1956~2018), 미국의 유명 셰프

09

제한적이고 엄격한 제도는 요리의 발전을 멈추게 한다.

16~18세기는 앙시앵레짐(ancien régime)이라고 부르며, 이 기간에 '유럽의 꽃' 파리는 문화와 요리의 중심지로 우뚝 서게 되었다. 앙시앵레짐이란 문자 그대로 '구제도'를 가리킨다. 그것은 중세 말기(15세기)부터 세습 군주제와 귀족들의 봉건제도를 폐지하게 한 프랑스혁명기(1789~1799)까지 프랑스 왕국에 존재했던 정치·사회제도(舊制)를 총망라해서 일컫는 용어다. 문화와 경제의 중심지 파리에는 요리의 장인들이 집결해 있었다. 이 앙시앵레짐하에서는 파리시 정부가 도시민들의 식량 공급 및 분배를 관장했고, 중세 유럽의 장인·상인의 동업 조합인 길드(guilde)가 주요 식품 사업을 독점·장악하고 있었다.[42]

---

42 파리의 길드들은 프랑스 왕정뿐만 아니라 파리시 정부에 의해 규제되고 있었다.

풍속화를 많이 그리던 르냉 3형제 중 – 앙투안 르냉(Antoine Le Nain, 1600~1648)이나 루이 르냉 (Louis Le Nain, 1603~1648) – 의 작품으로 추정되는 이 〈농민 가족〉은 프랑스 농민들의 일상적인 삶을 매우 사실적으로 묘사한 첫 번째 작품이다. 루이 14세와 그의 후계자들의 연이은 전쟁이나 실정으로 말미암아 프랑스 노동자와 농민들의 생활 수준은 18세기 들어 급격히 하락했다.

길드는 다음 두 그룹으로 나뉜다. 첫째는 푸주한(정육업자), 생선 장수, 곡물상, 채소 재배자 등 식재료를 공급하는 개인들이며. 둘째는 제빵업자, 과자 제조업자, 소스 제조인, 가금상, 요리 조달자 등 이미 준비된 조리 식품을 판매하는 사람들이었다.

물론 길드 중에는 돼지고기 및 제품 장수인 '샤르퀴티에(charcutier)' 나 구이 장수 '로티쇠르(rôtisseur)'처럼 원 식재료(생고기)와 조리된 식품을 모두 취급하는 경우도 있었다.[43] 그들은 조리된 소시지나 햄, 미

---

43 참고로 샤르퀴티에는 오직 돼지고기나 돼지 가공식품만을 취급한다.

고기나 가금류를 취급하는 구이 장수
로티쇠르(rôtisseur)

트파이와 닭이나 돼지의 생고기를 같이 팔았다. 원래 폐쇄적이고 위계질서가 강한 길드는 도제들에게 엄격한 훈련과 교육의 장을 제공했다. 가령, 식품업종의 경우에는 보조 요리사(도제), 요리사(직공), 마스터 셰프(장인)로 나뉜다. 각 분야에서 생산 수단과 기술을 보유한 장인들은 상당한 고소득과 경제적·직업적인 안정을 누렸으나, 그 밑에서 일하는 도제나 직공들은 자격 요건을 제대로 갖출 때까지 매우 고강도의 훈련과 (도제의 경우에는) 온갖 허드렛일도 감수해야만 했다. 자유주의 사가들은 이처럼 길드에 의한 통제경제가 각 분야의 식도락 전문가들을 지정된 영역에만 한정시킴으로써 비효율을 초래하고 궁극적으로는 근대적인 요리법의 발전이나 진보를 방해했다고 주장한다.

그러나 근대적 기준으로 앙시앵레짐기의 사회를 판단하는 것은 시

푸주한과 그의 도제(1570년)

대착오적이다. 전근대 사회에서는 이러한 통제경제가 오히려 공급자
와 소비자 간의 이해관계를 조정하고 보호하기에 더욱 효율적이며,
기근 시에도 파산이나 공급 부족이라는 위험부담을 줄일 수 있었다.
당시 길드는 업종별로 상당히 세분화·전문화되어 있었고, 이러한 전
문화를 통해서 오늘날 우리가 알고 있는 유명한 프랑스 요리가 발달했
다. 그러나 위대한 요리사 프랑수아 드 라 바렌의 '요리의 성문화' 작업
과 더불어 프랑스의 고급 요리인 오트 퀴진이 탄생하려면 적어도 17
세기까지는 기다려야만 했다.

　라 바렌은 최초로 《진정한 프랑스 요리책》을 출간한 것으로 알려져
있으며, 그의 레시피는 중세 스타일의 거추장스럽고 무거운 요리에서
탈피해, 턴오버나[44] 개인용 페이스트리 같은 좀 더 가벼운 식사를 탄
생시키기 위한 새로운 기술로의 전환점으로 평가된다.

랑그도크(Languedoc) 지방의 카술레 요리

    르네상스 편에서 기술했듯이, 15~16세기는 프랑스 요리가 비록 오랜 시일이 걸리기는 했어도 신대륙에서 온 수많은 새로운 요리 아이템들을 서서히 동화시키는 장기적인 숙성의 과정이었다. 예를 들어, 프랑스 랑그도크 지방의 스튜 요리인 '카술레(cassoulet)'는 신대륙에서 온 강낭콩 덕분에 탄생한 신생 요리였다.

---

44 과일·잼을 속에 넣어 삼각형이나 반달 모양으로 접어 만든 파이.

10

근대 요리의 혁명: 오트 퀴진의 도래

"미슐랭 스타? 차라리 난 프랑스의 고무 타이어를 씹겠소!"

_ 페늘 허드슨(Fennel Hudson), 영국 작가

(가) 라 바렌

17~18세기에 오트 퀴진의 진보가 있었다. 이 오트 퀴진의 기원은 전술한 대로 라 바렌이라는 17세기 최고의 미식 전문가의 조리법에서 찾을 수 있다. 1651년 그가 발표한 《진정한 프랑스 요리책 *Le Vrai Cuisinier François*》은 엄청난 성공을 거두었으며, 영어로 번역된 최초의 프랑스 요리책이었다. 라 바렌의 요리책은 중세의 요리 스타일과는 확연히 차별화되는, 보다 덜 과장적이고 덜 사치스러운 수수한 요리에 대한 새로운 요리법을 소개하고 있다. 그것은 프랑스 요리의

역사에서 양적으로 푸짐한 식사의 포만감을 누그러뜨리고, 요리 재료 자체에 집중하는 매우 인기 있는 트렌드였다.

프랑스 요리사 프랑수아 드 라 바렌(François de la Varenne, 1615/1618~1678)

그는 주로 가재나 조개류를 재료로 한 걸쭉한 수프 '비스크(bisque)'와 우유, 밀가루, 버터로 걸쭉하게 만든 베샤멜소스를 최초로 요리책에 소개했으며, (목 넘김이 불편한) 종래의 잘게 부순 빵 조각 대신에 버터와 밀가루를 섞은 루(roux)를 소스의 기본 베이스로 정했다. 또한, 라 바렌은 수프 등에 좋은 향기를 내기 위해 파슬리·타임·월계수·셀러리 등을 묶어놓은 다발 '부케 가르니(bouquet garni)'란 용어나, 스톡(육수)을 의미하는 '퐁 드 퀴진(fonds de cuisine)', 소스 졸이기(réduction), 달걀 흰자위 거품 등을 최초로 사용한 장본인이었다. 그는 또한, 크림을 넣은 여러 층의 파이인 '밀푀유(mille-feuille)'의 초기 레시피나 그 당시에는 별로 인기가 없었던 야채 조리법도 설명하고 있다.

프랑스 요리는 절대왕정의 상징인 베르사유 궁에서 번영을 구가했다. 그래서 수많은 요리 책자가 17~18세기에 발행되었으며, 프랑스 사회는 물론이고 국경을 넘어 프랑스 요리의 훌륭한 관행과 기술이 널

랍스터 비스크

리 퍼져 나갔다. 상술한 대로 라 바렌의 책은 프랑스 궁정 요리의 유행을 퍼뜨린 첫 번째 장이었으며, 두 번째 장은 아이러니하게도 바로 그 절대왕정을 무너뜨린 '혁명'이었다. 귀족의 저택에서 일하던 요리사들이 혁명 이후 실직하게 되었고, 그들은 자신들의 소명(직업)을 계속 이어 나가기 위해 '레스토랑'을 열었다. 라 바렌 말고도 이 시기에 나온 유명한 요리책은 17세기 농업학자 니콜라 드 본느퐁(Nicolas de Bonnefons)의 《프랑스 정원사 Le Jardinier françois》(1651년)와 《시골의 진미 Les Délices de la campagne》(1654년), 그리고 도자기로 유명한 도시 리모주(Limoges) 출신의 요리사 프랑수아 마시알로(François Massialot, 1660?~1733)의 《왕실과 부르주아 요리책 Le Cuisinier royal et bourgeois》(1691년) 등이 있다.

이 시기에 인쇄된 요리책들은 프랑스의 근대적 요리를 탄생시킨 전통주의자와 근대주의자들의 첨예화된 대립을 담고 있다. 중세와 르네상스기의 귀족 요리의 특성을 반영하는 향신료의 식도락적인 기능은 이미 언급한 대로 희소성의 가치와 고가(高價)에서 비롯되며, 16세기 신대륙의 발견은 동양산 향신료에 대한 유럽인들의 열정적인 추구 때문이었다. 그러면 전통적인 향료 사용을 줄이게 된 17세기 근대적 요리 혁명의 의미는 어디에 있는지 살펴보기로 한다.

(나) 근대 요리 혁명

초기 근대 유럽(1500~1800)의 요리는 중세 요리의 전통과 근대의 혁신이 결합한 일종의 혼합식 요리였다. 새로운 사상의 유입과 외국 무역의 증대, 과학 혁명이 있었지만, 음식 보존법은 건조, 염장, 훈제, 식초에 절이기 등 전통적인 방식에 머무르고 있었다. 자연 음식은 '계절'에 의존적일 수밖에 없었다. 중세 요리에 대한 요리책의 일반적 경향은 오직 상류층의 식관습만을 반영하고 있다. 사실상 19세기까지만 해도 서민 식사에 대한 기록은 거의 드물었다. 사회 엘리트만이 문서 기록을 직접 대할 수가 있었고, 식자층 대부분이 서민층의 식생활에는 전혀 관심이 없었기 때문이다. 그러나 사회계층 간에 서서히 식문화에 대한 교류가 일기 시작했다. 17세기경에 상류층에서는 식생활에 놀라운 변화가 일어났고, 그것은 프랑스에 '진정한 요리 혁명'을 가져다주었다. 그 구체적인 내용으로는 ① 서민적인 요리의 모방, ② 여러 가지 중세 요리법에 대한 포기, ③ 새로운 식생활 미학의 등장 등을 들 수 있다.

혹자는 17세기 근대적 요리 혁명이 1세기 후에 발생한 프랑스혁명에 견줄 만큼 매우 혁신적이었다고 주장한다. 17세기 요리 혁명의 골자는 '음식의 자연스러운 맛을 최대한으로 살리자'는 것이었다. 그 당시에 혁신적인 요리가는 향신료의 대량 사용을 중지했고, 향료 대신에 풀이나 국소적인 양념, 또는 쌉싸름하고 톡 쏘는 맛의 겨자를 선호했다. 자연의 맛을 그대로 살리기 위해 왕실이나 영주, 부유층의 저택에서도 과거에 비해 식초나 소금에 절여 보관한 음식, 건조·훈제 식품의 소비가 많이 줄게 되었다. 음식 원래의 맛을 존중하기 위해 푹 삶은 다음에 다시 굽는 중세의 '이중식 요리법'도 이제 자취를 감추게 되었다. 중세 일류급 요리사들의 '병기고'를 가득 채웠던 과거의 요소가 후대에 이르러 거의 버림받게 되었다.

보스(Abraham Bosse, 1602/1604~1676)의 〈미각 *Le Goût*〉이란 그림을 자세히 들여다보면, 하얀 냅킨 위에 테이블용 나이프와 개인용 접시가 가지런히 놓여있다. 테이블의 한 가운데는 작은 향로 덕분에 따뜻한 온도를 유지할 수 있는 아티초크[45]가 접시 위에 올려 있다. 식사의 주인공이 이처럼 육류가 아닌 '채소(아티초크)'라는 것은 전대에 볼 수 없었던 놀라운 변화라고 하지 않을 수 없다. 이 멋진 한 쌍의 식사

---

45 카트린 드 메디치가 이탈리아에서 가져온 아티초크는 16세기부터 이미 유행했던 식물이다.

프랑스 화가 아브라함 보스(Abraham Bosse, 1602/1604~1676)의 〈미각 *Le Goût*〉(1638년). 미각을 위시한 다섯 가지 감각, 즉 오감은 고대부터 매우 인기 있는 도판의 주제였다. 보스 이전의 예술가들은 대개 신화나 알레고리를 통해 오감을 표현했으나, 보스는 이러한 과거의 전통을 따르지 않았다. 그는 인간들이 일상생활에서 느낄 수 있는 덧없는 지상의 쾌락을 아주 근사한 색조로 잘 표현해냈다. 보스의 이처럼 맛깔스러운 미각의 표현은 마치 우리에게 '지금 이 순간을 즐겨라!(carpe diem)'라는 무언의 함성처럼 들린다.

는 매우 고급스러우면서도 간소하기 이를 데 없다. 이런 현상은 유럽 전체의 미식가가 극찬해 마지않았던 새롭고 독창적인 프랑스 요리의 탄생에 박차를 가했다. 이렇게 해서 프랑스인들은 근대 요리를 개발했고, 그 기원은 바로 '17세기 요리 혁명'과 결부되어 있다.

이 당시에는 교통수단이 개량되었고, 마차나 우차가 마음대로 다닐

네덜란드의 풍속화가 아드리안 판 오스타더(Adriaen van Ostade, 1610~1685)의 〈생선 시장〉
(1659년)

수 있는 도로들이 많이 증가했다. 그러나 수송비는 여전히 비싼 편이
어서 대도시로 운반된 식품의 운송비가 식품의 원가를 상회하는 경우
도 적지 않았다. 소금에 절인 생선은 이미 시대에 뒤떨어진 것이었고,
산지에서 방금 도착한 생선이 새로운 시대의 요리법에 부응하는 것이

었다(그림 〈생선 시장〉 참조). 그것은 바로 근대적인 요리의 서곡이었고, 자기 집에서 멀리 떨어진 지역의 산물을 금세 식탁에서 대할 수 있다는 가능성을 의미했다. 그러나 음식의 신선도를 가장 중시했던 17세기 요리의 혁신을 마음껏 누릴 수 있었던 계층은 오직 부유한 귀족층뿐이었다.

귀족 외에도 일부 계층은 혼합곡을 사용해서 만든 갈색 빵이나 거친 흑빵 대신에 밀가루로 만든 희고 부드러운 빵을 선호하기 시작했는데, 이는 경제적으로 유복한 사람들에게만 해당할 뿐이었다. 상류층은 서민들의 식생활보다 훨씬 우월한 독자적인 식생활을 원했다. 그래서 바로 그 시기부터 보르도, 부르고뉴, 샹파뉴 지방의 최상급 포도주의 질과 소비가 동시에 증가하기 시작했다.

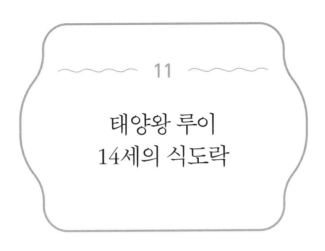

"짐은 이제 죽는다. 그러나 국가는 영원하리라."

_ 루이 14세

17세기는 '위대한 세기(Grand Siècle)'라 불리는데, 미식으로도 유명하다. 르네상스기의 화려한 향연에 이어 루이 13세(Louis XIII, 1601~1643)의 시대에는 요리 문화가 약간 쇠퇴하는 분위기를 보였다. 그러나 '태양왕(Roi-Soleil)'이라고 불렸던 루이 14세(Louis XIV, 1638~1715)는 그 이름에 어울리게 호화롭고 사치스러운 생활을 사랑했으며, 야심 많은 군주의 화려하고 세련된 이미지에 따라서 미식이 발달했다. 미미(美味, bon goût), 즉 프랑스의 위대한 요리의 전통이 수립되기 시작했으며, 부르주아 가정에서도 미식이 발달하기 시작했다.

루이 14세는 왕실의 휘장으로 '태양'을 선택했다. 그런데 가톨릭 국가인 프랑스에서 태양을 숭배했다는 것은 좀 이상한 얘기다. 태양은 원래 이교 세계에서나 최고 권위의 상징으로 숭상되었기 때문이다. 그러나 15~16세기의 르네상스기에 이르러 그리스도의 이미지는 인간으로 육화된 신이

루이 14세(1661년). 그는 프랑스의 위대한 요리 전통을 세우기 시작한 국왕이다.

었으며, 태양은 기독교 최고 권위의 새로운 상징적 존재로, 국왕은 그 둘을 합친 '신적 인간'으로 거창하게 표현되었다.

그러므로 전설적인 궁정 생활의 무대가 된 베르사유 궁에서 벌어진 축제나 연극, 미각의 향연 등은 국왕에 대한 예배나 다를 바가 없었다. 그는 약간 과대망상적인 절대군주였으나, 그에게는 통치자의 사명이 백성들을 빛으로 교화하는 것이라는 확고한 신념이 있었다. 그는 전 생애를 통해서 스스로 '문화의 전형'이 되기를 목표했으며, 72년이라는 기나긴 통치 기간에 찬란한 태양으로써 유럽의 사상과 매너에 '빛'을 제공하기를 갈망했다.

베르사유 궁 정문의 태양왕을 상징하는 화려한 문양조각

앞서 설명한 대로 17세기에 프랑스 미각에는 커다란 구조적인 변동이 발생했다. 중세 미각의 연장선인 르네상스기에 요리의 목표란 향신료의 남용, 특히 값비싼 후추를 다량으로 사용해서 원재료의 고유한 맛을 죽이거나 차단하는 것이었다. 그러나 루이 14세 시대에는 향신료를 많이 친, 신맛의 요리들은 자취를 감추게 되었다. 라 바렌의 요리책에서도 "나는 양배추 수프를 먹을 때 무엇보다 양배추 본연의 맛을 사랑한다."라는 의미심장한 구절이 나온다.

당시 파리의 인구는 대략 50만 명 정도, 지성의 산실이며 유럽의 중심 도시였던 파리는 프랑스의 식도락을 해외에 알리는 데 기여했다. 프랑스와 전 세계로부터 이국적인 요리와 지역 특산물들이 수도 파리에 속속 입성했다. 그러나 프랑스 요리의 진정한 붐은 베르사유 궁의 주인이었던 태양왕 루이 14세 덕택이었다. 그는 프랑스 고급 요리의 대명사인 '오트 퀴진'의 주창자였다. 루이 14세는 식도락에 국가적 우위를 두었고, 그의 치세기에는 화려한 만찬에도 새로운 정치적·사회적인 의미가 부여되었다. 전설적인 식욕의 소유자였던 그는 호사스러운 음식을 즐기고 사랑했다.

후일 루이 14세의 주검을 부검한 의사들은 국왕이 가진 위장의 용량이 비슷한 몸집의 다른 사람들보다 거의 두 배에 달했다는 놀라운 사실을 발견했다. "짐이 곧 국가다.(L'État, c'est moi)"[46] 그는 수석 주방장에게 '국왕 일인'으로 대표되는 프랑스 절대국가의 위신을 보장해주는, 매우 독창적이고 정교한 요리를 만들도록 명했다. 그는 또한, 코스 요리에 '정찬(diner)' 개념을 도입했으며, 코스 때마다 거대한 파도의 물결처럼 수많은 산해진미의 요리를 등장시켜 초대받은 회식자들의 눈을 휘둥그레지게 만들었다.

> "나는 국왕이 다른 수프 네 접시, 꿩 한 마리, 자고(꿩과의 새) 한 마리, 엄청난 양의 샐러드 한 접시, 잘게 썬 마늘소스의 양고기, 커다란 햄 두 조각, 가득 담긴 케이크 한 접시와 여러 과일과 잼을 먹는 광경을 수도 없이 보아왔다."
>
> _ 잉글랜드 왕녀 헨리에타(Henrietta of England, 1644~1670),
>
> 루이 14세의 제수

---

46 "짐이 곧 국가다." 이 유명한 말은 루이 14세가 1655년 4월 13일 파리의 고등법원에서 했다고 알려져 있는데, 역사가들은 이 말의 진위를 의심하고 있다. 그러나 루이 14세는 임종 시에 "짐은 죽는다. 그러나 국가는 영원하리라."라는 전혀 다른 의미의 말을 남기고 죽었다.

(가) 베르사유 궁전에서의 호화롭고 장대한 생활

프랑스에서 식탁은 하나의 '예술'이며, 식탁의 예술은 하나의 '문화'이다. 이 식도락의 예술은 수 세기에 거쳐 진화를 거듭하게 되었고, 루이 14세 시대에는 거의 신격화하기에 이른다. 그래서 요리의 대가들은 음식의 오묘한 맛과 색, 멋진 장식을 위해 끝없이 고민하고 무궁무진한 상상력을 발휘하지 않으면 안 되었다. 이제 프랑스는 식탁의 예술과 요리의 조국이 되었다.

오늘날 프랑스인들의 잘 먹는 것(bein manger)과 잘 마시는 것(bien boire)에 대한 유별난 집착과 집요한 숭배는 이처럼 과거의 풍요로운 유산에서 온 것이다. 즉, 프랑스인의 조상인 골족들의 신명 나는 회

국왕의 기상. 아침 8시 15분에 시종이 국왕의 손에 주정(酒精, esprit de vin)을 몇 방을 떨어뜨리면, 시종장이 성수반(聖水盤)을 가져와 왕의 발을 씻긴다.

LA PROCESSION DE LA VIANDE DU ROI A VERSAILLES.

Quand il était temps de dîner, les gens de service allaient chercher à la cuisine les plats que le roi devait manger, et les portaient en cérémonie sur la table. C'était une vraie procession. En tête, deux gardes du roi tiennent des hallebardes comme en ont encore les suisses dans les églises. Derrière eux viennent le maître d'hôtel du roi, ayant un bâton à la main pour montrer que c'est lui qui commande, puis deux seigneurs qui s'occupaient aussi de la nourriture du roi et qui étaient les officiers de bouche, comme on disait alors. Enfin de petits pages portent les plats. Tout au fond vous voyez des soldats qui sont là pour empêcher que personne ne s'approche.

왕의 고기의 행진(베르사유 궁). "신사 여러분, 국왕의 고기가 도착했습니다!"

식 문화, 가톨릭교회, 그리고 대식가로 소문난 루이 14세로부터 기원한 것이다. 프랑스 요리는 17세기에 루이 14세의 새로운 휴양지인 베르사유 궁의 매력 때문에 다른 나라 요리의 '모델'이 되었다. 베르사유에서 일상적으로 벌어지는 화려한 연회는 그야말로 호화의 극에 달해서, 루이 14세의 정찬 한 코스에 무려 20가지 이상의 다른 요리가 줄지어 나왔다. 400명의 정예 요리 팀원이 최상의 요리와 우아한 정찬 테이블의 서빙을 위해 분주하게 이리저리 뛰어다녔다.

(나) 그랑 쿠베르

루이 14세는 전례 없는 '쇼맨십의 달인'이었다. 자기중심적인 성격의 국왕은 아름답고 웅장한 베르사유 궁에서 모든 귀족이 관람할 수 있는 쇼를 보여주기를 원했다. 아침에 기상해서 취침하기까지 일상의 모든 활동이 '의전'이라는 이름으로 행해지는 쇼였다. 식사도 의전이다. 국왕의 공식 만찬인 '그랑 쿠베르(grand couvert)'는 국왕이 저녁 식사나 좀 더 늦은 야찬을 들 때 이루어진다.[47] 그것은 늦은 저녁 10시에 이루어진다.

보통은 혼자서 식사하지만, 특별한 경우에 국왕은 누군가를 초대해서 식탁에 앉힌다. 국왕을 보호하기 위해 왕실의 음식들은 독극물이 들어있는지를 테스트한다. 국왕의 요리 퍼레이드는 용기 속에 담긴 음식들과 함께 시작된다. 머스킷 총병(mousquetaire)이나 왕실 수비대는 그 용기들을 감시한다. 즉, 왕의 음식들은 마치 왕 자신인 것처럼 감시된다. 베르사유의 홀들을 통해 음식의 행렬이 지나갈 때마다 목청 좋은 시종이 "왕의 고기들!(les viandes du roi)"이라고 큰 소리로 외친다. 음식이 지나갈 때마다 참관한 자들은 발길을 멈추고 머리를 숙이는 것으로 경의를 표해야 한다.[48]

마침내 음식이 왔을 때 음식의 맛을 체크하는 이가 음식의 맛과 혹

---

[47] 공적인 대식사 또는 국왕의 공식 만찬의 의미를 지닌 '그랑 쿠베르'는 중세 이래로 일상의 '권력'을 상징한다. 여기서 '쿠베르(couvert)'란 프랑스어로 테이블 세트를 의미한다. 반대로 '프티 쿠베르(petit couvert)'는 국왕이 혼자 식사하는 것을 가리킨다.

[48] 이러한 고기 행진은 왕정복고기까지 계속되었다.

시 독극물이 들어있는지를 최종적으로 검사한다. 다른 하인은 식탁 위에 냅킨을 놓고 다른 시종은 서비스를 감독한다. 시종은 언제든지 국왕의 명령을 따를 수 있도록 국왕 옆에 서 있다. 국왕이 식사하는 동안 300명의 조신이 이를 지켜보고 있다. 혹시 국왕이 그들에게 말을 건네지는 않을까, 호의의 표시를 보내지는 않을까 잔뜩 기대하면서 말이다. 식사의 흥을 돋우고 국왕이 지루하지 않도록 음악가들이 연주한다. 그리하여 온 방에 연주나 노래 또는 국왕이 식기를 부딪치는 소음이 울려 퍼진다.

그랑 쿠베르는 단순한 일상의 활동으로 나타나지만, 군주의 주권과 그의 왕국의 전체 신민들에게 절대적인 권력을 과시하는 장이었다. 그랑 쿠베르는 귀족들이 왕을 넘어서는 권력을 가지지 못했다는 것을 보여주는 것이며, 또한 루이 14세의 위대함을 나타내는 표식이다. 그

17세기 프랑스의 극작가 몰리에르와 식사를 하는 루이 14세. 궁정의 조신들이 이를 참관하고 있다.

러나 국왕의 부유함과 과도한 사치는 결국 그의 사후 수십 년이 지난 후 왕정의 몰락을 가져왔다.

17세기에 식사는 (큰 방으로 통하는) 작은 방 앙티샹부르(antichambre)에서 했다. 18세기 후반부에 등장한 '식당' 개념이다. 개별적인 식당 개념은 사적인 은밀함과 안락을 선호했던 루이 15세(Louis XV, 1710~1774) 시대에 등장했다. 루이 14세의 만찬은 앙티샹부르에서 공개적으로 대략 45분간 이루어졌다. 루이 14세는 금 식기를 이용했지만, 신의 은총인 음식에 대한 존경심에서 포크를 사용하지는 않았다. 포크는 마치 들판에서 사용하는 건초용 포크의 축소판 같아서 음식을 먹는 데 사용하기에는 적당하지 않은 것으로 여겼다. 국왕은 중세의 전통에 따라서 손가락과 스푼, 나이프를 사용했다. 왕실 테이블에서 남은 음식은 왕의 요리사가 내다 팔았다고 한다.

그랑 쿠베르가 행해진 살롱의 전시(베르사유 궁)

루이 14세 시대의 테이블 서비스는 오늘날 뷔페처럼 한 상에 코스별 요리들을 가득 진열해 놓는 전통적인 '프랑스식 상차림(service à la française)'이었다. 포타주(potage)와[49] 앙트레(entrée, 전식)[50] 서비스 이후에 로스트와 샐러드, 앙트르메(entremets)[51] 그리고 디저트로 과일들이 나온다. 서비스 때마다 식사 관리인들의 행렬이 이어진다.

그들은 요리들을 금이나 은 식기, 또는 도금한 그릇에 담아 내온다. 당시의 금은 세공사들은 음식이 식지 않도록 열 보존성이 뛰어난 식기를 개발하는 데 매진했다. 이러한 사치의 일상에서 루이 14세는 가끔 트리아농 별궁이나 마를리성에서 식사하기도 했지만, 비공개적인 사적인 식사는 루이 15세와 더불어 시작되었다. 루이 15세는 에티켓이라는 규칙에 따라 행해지는 까다로운 의전을 싫어했고 사적인 식사를 선호했다. 루이 16세(Louis XVI, 1754~1793)와 왕비 마리 앙투아네트(Marie Antoinette, 1755~1793)도 오직 일요일에만 그랑 쿠베르를 가졌다.

그랑 쿠베르가 열리는 살롱은 왕비 처소의 일부였다. 여기서 안락의자에 착석한 국왕 부부가 관중석을 바라보면서 그 '공개 식사'라는 별난 의전을 거행한다. 그러면 그랑 쿠베르에 초대받은 손님들이 앉을 접이식 간이의자들을 갖다 놓는다. 오직 공작 부인들만이 국왕의 테

---

49 고기·야채 따위를 넣어서 진하게 끓인 수프.

50 수프·오르되브르 다음의 전식

51 예전에는 로스트와 디저트 사이에 먹는 가벼운 음식을 가리켰으나, 요즘에는 식후 디저트 전에 먹는 단 음식을 가리키며 점차 디저트와의 구별이 사라지고 있다.

이블에서 가장 가까운 맨 앞줄에 앉는 특권을 누릴 수가 있었다. 그리고 나머지 궁정 조신들과 일반 공중이 뒤에 멀리 둘러서서 먹성 좋은 루이 16세가 식사하는 모습을 침을 꼴깍 삼키면서 묵묵히 지켜보았다. 누구든지 옷차림만 단정하고 기본적인 예의를 지킨다면 일반인도 얼마든지 궁정 출입과 관람이 허용되었다.

마리 앙투아네트의 시녀였던 라 투르 뒤 팽 후작 부인(Marquise de La Tour du Pin, 1770~1853)은 자신의 회고록에서 "국왕은 왕성한 식욕으로 음식을 먹었지만, 왕비는 장갑도 벗지 않고 냅킨을 펼치지도 않는 등 매우 경솔한 행동을 보였다."라고 기술했다. 왜 후작 부인은 왕비의 행동을 경솔하다고 판단했을까? 이처럼 에티켓의 제약들을 혐오했던 마리 앙투아네트는 공개 식사를 거절함으로써 냉담하고 거만한 왕비로 자신의 대외적인 이미지를 강화하였고, 점점 민심에서 멀어졌다. 음식에 별로 관심이 없었던 왕비는 포도주도 거의 마시지 않았고, 아침에는 혼자서 모닝커피와 크루아상을 즐겼다고 한다.

왕실의 생활을 엿보고자 하는 욕망은 과거로 거슬러 올라간다. 그렇지만 세월이 흐르면서 루이 14세의 전설적인 식사에 대한 신화는 점차 사라지기 시작했다. 그러나 베르사유 궁의 현대 요리의 거장인 알랭 뒤카스(Alain Ducasse, 1956~)는 루이 14세의 유구한 역사와 전통을 다시 부활시켜 '근대화'하기로 작정했다. 뒤카스는 거의 3년 동안이나 역사가, 건축가들과 상의한 끝에 2013년에 베르사유 궁의 뒤푸르(Dufour)관[52]에 '입'을 의미하는 오르(Ore) 레스토랑을 열었다. 오르는

낮에는 프렌치 카페 스타일의 우아한 레스토랑으로 운영되지만, 밤이
되면 사적인 연회 장소로 탈바꿈한다.

---

52 원래 마구간이던 것을 사무실로 개조했다.

12

루이 14세 시대의 사람들은
과연 무엇을 먹고 마셨을까?

(가) 새로운 풍미의 즐거움

중세와 마찬가지로 흙에서 자라는 식재료는 여전히 불결하다는 의심을 받았다. 반면에 창공을 날아다니는 가금류나 나무 위에서 자라는 식재료는 천상에 훨씬 더 가깝기 때문에 낫다고 여겨졌다. 이처럼 미신의 원리에 따라 음식들의 인기도 순위가 달라졌다. 사람들은 비트 뿌리나 당근 같은 구근 채소보다는 아티초크나 양배추 같은 채소와 과일들을 선호했다.

상기한 대로 닭이나 가금류는 지상의 비천한(?) 소고기보다 우월하다는 평가를 받았다. 그래서 베르사유 궁에서 선택한 고기는 바로 가금류였다. 기존의 중세 연회에서 사랑을 받던 백조나 왜가리를 제치고, 요리의 지존으로 등극한 새로운 가금은 바로 서인도에서 온 '칠면

류'

렌즈 콩

조'였다.

17세기 초부터 연한 송아지고기나 가금류를 연상시키는 흰 살코기의 인기 덕분에, 소고기처럼 붉은 고기는 뒤로 밀려났다. 어린 양고기는 연중 내내 사랑을 받았으나, 약간 저속하며 소화하기가 힘들다는 평가를 받았다. 외모나 성격상 천한 동물이라고 천시받았던 돼지고기는 결코 인기 있는 식품이 아니었기 때문에 라드나 베이컨 등을 만드는 데만 쓰였다.

어떤 요리가 과연 제공되어야 하는지를 결정하는 것은 바로 국왕의 의사들이었다. 의사들은 진정 효과가 있는 차분한 요리와 흥분성이 있는 자극적인 요리의 균형을 고려하여 요리 메뉴를 정할 책임이 있었다. 그들은 뜨거운 요리보다 차가운 요리가 소화하기에 좋다고 믿었으며, 기이하게도 뜨거운 요리를 소화불량의 주범으로 보았다. 당시 학식이 있다고 하는 의사들의 처방은 지나친 논리의 비약인 경우가 종종 있었다. 요리의 주문은 음식의 상징적인 속설과 밀접한 연관이 있었는데, 가령 렌즈콩은 볼록한 렌즈의 모양 때문에, 홍반성 구진상 발진이 생기는 홍역을 치료하는 데 좋다고 추천하는 그런 마구잡이식이었다.

　루이 14세는 과일과 채소를 무척 좋아했다. 그러나 그의 부친(루이 13세)의 오래된 채마밭은 새로운 궁정의 수요를 감당하기에는 턱없이 부족했다. 국왕은 정원사 장 바티스트 드 라 캥티니(Jean-Baptiste de La Quintinie, 1626~1688)에게 궁정의 수요를 충당하고 정찬에 초대된 회식자들을 놀라게 할 만한 새로운 채마밭을 조성할 것을 명했다.
　캥티니는 왕실 마구간의 비옥한 거름과 원예용 공 모양의 유리 덮개나 유리를 이용해서 과수와 채소를 재배했다. 그래서 계절과 상관없이 과일과 채소를 가꾸는 데 성공하여 궁정 사람들을 놀라게 했다. 또한, 루이 14세의 장대한 오렌지밭에는 2천 그루의 오렌지 나무들이 자라고 있었는데, 특히 남쪽을 향하고 있는 오렌지밭은 서리를 막기 위해 의도적으로 설계된 것이었다.
　루이 14세 시대에는 완두콩이 매우 선풍적인 인기를 끌었다. 정원사 캥티니는 국왕의 채마밭 온실에서 완두콩을 재배했다. 루이 14세는 완두콩에 무척 집착하였고, 귀족들 역시 이러한 왕실의 트렌드를 적극적으로 수용하여 완두콩을 상에 올리기 위해 꽤 많은 돈을 낭비했다. 어떤 이들은 많은 양의 완두콩을 제대로 소화하지 못해서 죽는 자들까지 생겼다고 한다. 루이 14세의 궁정에서는 완두콩을 버터로 요

유럽을 기근에서 구하고, 베르사유 궁에서 그야말로 선풍적인 인기를 끌었던 완두콩

리했다. 왕국 전역을 통해서 육로나 해상운송 노선이 개선되었기 때문에 베르사유 궁에 신선한 지역 산물을 공급하는 일이 비교적 수월해졌다. 덕분에 노르망디는 베르사유 궁에 프리미엄 버터와 크림을 공급할 수 있었다.

점심과 저녁 식사는 항상 수프와 오일로 시작되었다. 수프는 '브로스(broth, 묽은 육수)'로[53] 그 안에 얇게 저민 빵 조각이 들어 있었다. 여

---

53 브로스는 물 등에 고기류나 생선 등을 넣고 끓인 소뼈, 닭뼈, 생선뼈, 채소, 향신료 등을 부재료와 주재료를 혼합해서 만든 수프이다.

기서 오일이란 스페인 왕비들이 가져온 비프스튜나 '블랑케트 드 보 (blanquette de veau)'[54]와 유사한 요리다. 앙트레(전식)는 모든 소스를 베이스로 한 요리들을 포함했는데, 술·양파 따위가 든 생선 스튜나 소스에 적신 치킨커틀릿이나 생선류가 나왔다. 생선이나 굴은 디에프 (Dieppe)나 블로뉴쉬르메르(Boulogne-sur-Mer) 같은 항구 도시에서 수송해 왔다. 보통 말이 끄는 대형 사륜마차가 24시간 안에 270km를 달려 궁정에 도착했는데, 30km마다 말들을 교체했다고 한다.

이 당시에 인기가 있었던 생선은 소라, 아귀, 칠성장어, 대구, 고등어, 안초비(멸치류), 철갑상어 등이다. 연어는 매우 흔한 탓에 미식(?)으로는 덜 평가되었다. 센강이나 론강(Rhône R.), 가론강(Garonne R.) 입구에서 굴 양식법을 개발했으며, 굴은 주로 브르타뉴나 라로셸(La Rochelle), 보르도 등지에서 채취했다. 그리고 디저트 코스에는 야채와 더불어 초콜릿 타르트 같은 단것들이 제공되었다. 그리고 식사의 최종 피날레인 과일 코스가 오늘날 디저트 코스에 해당한다. 화려하게 장식된 이국적인 과일들과 함께 오렌지, 배, 사과, 무화과, 포도, 너트 종류, 피스타치오, 아몬드, 밤 등이 제공되었다. 과일은 주로 날것이 아닌 설탕 조림이나 마멀레이드, 파이 형태로 나왔다. 아이스크림이나 소르베도 궁중의 엘리트에게만 제공된 매우 특권적인 진미에 속했다.

---

54 블랑케트 드 보는 프랑스 부활절 요리로, 소고기에 밀가루를 입혀 기름을 두르지 않은 냄비에 익힌 후 고기가 잠길 만큼의 물을 부은 후 마늘과 고기, 달걀을 넣고 익힌 음식이다.

구제도하의 빵집 정경

　베르사유 부근의 언 물에서 채취한 얼음은 소르베를 넣은 굽 달린 잔의 입구를 봉하는 데 쓰였고, 얼음을 연중 보관하는 방법도 개발되었다. 베르사유 궁에서는 빵을 매우 의심스러운 눈초리로 보았다. 방앗간 주인들이 사용하는 맷돌의 재질이 부실해서 곡식들이 갈아질 때 종종 부서지곤 했다. 그래서 빵을 먹을 때 운수 사납게 빵 속에 박힌 돌조각들이 씹혀 회식자들의 치아를 간혹 부러뜨리는 경우가 있었다. 주로 궁정 밖에 거주하는 궁정 제빵사들이 다양한 종류의 빵을 궁정에 납품했다.

(나) 초콜릿

　초콜릿은 1500년대에 도입되었으나, 유럽에 잘 알려진 것은 백 년이 지난 후의 일이었다.[55] 유럽의 왕가 중에서도 초콜릿에 특별히 주목한 것은 바로 프랑스 왕정이었다. 두 명의 스페인 공주가 프랑스에 도착하면서부터 초콜릿은 귀족과 돈 많은 자들의 관심 대상이 되었다. 16세기에 세계 최초로 '해가 지지 않는 제국'을 건설한 스페인은 신대륙 탐험과 정복 활동을 꾸준히 계속해 왔다. 많은 탐험가가 이러한 원정을 통해서 명성을 얻었는데, 그중에서도 잔인한 정복자 에르난 코르테스(Hernán Cortés, 1485~1547)는 가장 위대한 검은 음식을 유럽에 소개했다.

아이티와 쿠바에서 수년을 보낸 후에 코르테스는 그 유명한 멕시코 원정을 감행했다. 그는 고대 멕시코의 황제 몬테수마(Montezuma)와 아즈텍 제국을 멸망시키고 멕시코시티를 아메리카 대륙에서 가장 중요한 유럽 도시로 만들었다. 그러나 미국의 사가 윌리엄 H. 맥닐(William H McNeill)이 지적한 대로, 코르테스가 아주 극소수의 군대로 아즈텍 제국을 멸망시킨 것은 스페인 사람 중 누군가가 그들에게 옮긴 천연두의 공로가 매우 컸다. 코르테스는 정복 기간에 코코아 열매로 만든, 약간 쓴맛의 따뜻한 '왕실의 음료'를 마셨는데, 그것이 바로 초콜릿 차의 전신이었다. 몬테수마는 하루에 무려 50번이나 그 음

---

55 이탈리아 탐험가 크리스토퍼 콜럼버스(Christopher Columbus, 1451~1506)가 1502~1504년 경에 네 번째 신대륙 방문에서 돌아올 때 최초로 코코아 열매를 유럽으로 가져왔다고 알려져 있다. 그러나 그 당시 그의 범선에 가득 실린 다른 보물 재화들 때문에 초라한 코코아는 당연히 사람들의 관심 밖이었다.

료를 마셨다고 한다. 아즈
텍인들이 카카오 열매를 금
과 교환하는 대용물로 사용
한다는 사실을 알게 된 코
르테스는 멕시코 전역을 통
해 코코아 농장을 대대적으
로 개발하기로 결심했다.
그러나 코르테스가 과연 이
초콜릿을 유럽에 가져온 최

초콜릿을 발견한 최초의 유럽인으로 알려진 스페인 정
복자 코르테스

초의 인물이었는가에 대한 역사적인 증거는 별로 남아 있지 않다. 어
쨌든 스페인인들은 카카오에 많은 관심을 보였고 그 관심이 지나쳐 초
콜릿에 대한 무역 독점을 시도했다. 그들은 카카오 열매와 초콜릿을
유럽에 널리 확대, 보급하였다.

스페인 출신의 프랑스 왕비 안 도트리슈(Anne d'Autriche,
1601~1666)와 마리 테레즈 도트리슈(Marie-Thérèse d'Autriche,
1638~1683)가 프랑스 왕정에 이 귀한 초콜릿을 가져왔다. 두 왕국의
강력한 결합을 위해 스페인 왕가는 공주들을 프랑스 왕가와 결혼시켰
다. 1615년에 루이 13세와 결혼한 안 도트리슈는 쥘 마자랭 추기경
(Cardinal Jules Mazarin, 1602~1661)을 비롯한 궁정의 유력자들에게 초
콜릿을 선물했다. 초콜릿은 의약적인 혜택뿐만 아니라, 자양분이 많
은 식품으로도 알려지게 되었다. 그러나 맛도 좋고 영양가도 있는 이

루이 14세의 공식 배우자
마리 테레즈 도트리슈

달콤한 초콜릿을 프랑스 궁정 조신들의 생활에 깊숙이 파고들게 한 사람은 스페인 공주였던 마리 테레즈였다. 그녀는 위대하고 낭비벽이 심한 태양왕 루이 14세와 혼인했으므로 안 도트리슈는 그녀의 시어머니가 된다. 베르사유 궁에서 불운한 인생을 보냈던 마리 테레즈의 생애에는 오직 두 개의 열정만이 있었는데, 그것은 남편인 국왕과 초콜릿에 대한 사랑이었다고 한다. 그녀는 결혼식을 올리기 전에 루이에게 아름답게 장식한 초콜릿 대형 상자(궤)를 약혼 선물로 주었다. 국왕은 이 선물을 만족해했고 초콜릿을 좋아했다.

국왕은 초콜릿이 허기를 달래주지만, 위장을 채워주지는 못한다는 사실도 간파했다. 국왕은 초콜릿을 너무도 좋아한 나머지 매주 월요일과 수요일에 베르사유 궁의 식탁에 초콜릿을 내놓을 것을 명했다. 1643년에 그는 다비드 일루(Sieur David Illou)란 자에게 초콜릿 제조 방법의 개선과 판매를 명했다. 일루가 초콜릿을 시중에 판매하기 시작하자 그것을 사 먹을 여유가 있는 사람들은 앞을 다투어 초콜릿을 애용하기 시작했다.

오랫동안 궁정과 귀족들의 전유물이었던 초콜릿 차. 스페인 화가 루이스 에우헤니오 멜렌데스(Luis Egidio Meléndez, 1716~1780)의 1770년 작품

초콜릿은 프랑스인들의 미각에 거대한 영향을 미쳤다. 마리 테레즈의 사후에 루이 14세의 비공식적인 후처가 된 맹트농 후작 부인(Marquise de Maintenon, 1635~1719) 역시 초콜릿에 대한 미각을 발전시켰다. 맹트농 부인은 베르사유의 모든 연회 때마다 초콜릿을 내놓았다. 외국의 지도자들 역시 초콜릿과 관련된 선물들을 보내기 시작하면서부터 초콜릿의 위상은 더욱 중요해졌다. 가령, 시암(Siam, 타이 왕국의 옛 이름)의 국왕 나라이(Narai)는 그의 그리스인 고문 콘스탄틴 파울콘(Constantin Phaulkon, 1647~1688)의 충고에 따라 두 개의 초콜릿을 끓이는 은제 기구를 루이 14세에게 선물로 보냈다고 한다.

맹트농 부인

초콜릿 차를 마시는 사람들

루이 14세의 궁정은 초콜릿을 유럽에 알리는 전도사 역할을 했다. 초콜릿은 화려한 라이프 스타일과 의욕적인 성생활을 자랑하는 루이 14세의 취향에 그대로 적중했다. 예술과 문학의 찬미에 의해 한층 고양된 초콜릿은 성욕을 자극하는 최음 효과가 있다고 믿어져 부유층 사이에서도 인기가 높았다. 1657년에 런던에서도 최초의 초콜릿 가게가 문을 열었으나, 초콜릿은 여전히 '사치품'에 속했다. 1730년 증기기관의 도입으로 대량생산이 가능해지자 초콜릿은 점차 대중화되기 시작했다. 그러나 오늘날처럼 고형의 초콜릿이 등장한 것은 1830년대부터였다.

"보라! 초콜릿 같은 형이상학은 지구상 어디에도 존재하지 않는다."

_ 페르난두 페소아(Fernando Pessoa, 1888~1935), 포르투갈의 시인

(다) 샹파뉴

"나는 오직 두 가지 경우에만 샴페인을 마신다. 그것은 내가 사랑에 빠졌을

때와 그렇지 않을 때다."

_ 코코 샤넬(Coco Chanel, 1883~1971), 프랑스 패션 디자이너

샹파뉴(champagne, 영어로는 샴페인)를 애호한 루이 14세의 취미 때
문에 루이 15세나 루이 16세 때에도 샹파뉴산 포도주는 인기가 많았

다. 루이 15세의 애첩이었
던 퐁파두르 부인(Madame
de Pompadour, 1721~1764)
은 샹파뉴를 가리켜 '마신
후에도 여성을 아름답게 해
주는 유일한 신주'라며 이를
극찬해 마지않았다. 사람
들은 섬세하고 가벼운 샹파
뉴, 즉 샴페인이 18세기 로
코코 정신을 가장 잘 대표
하는 포도주라고 생각했다.

퐁파두르 후작부인

프랑스 화가 장 프랑수아 드 트루아(Jean François de Troy, 1679~1752)의 〈굴의 점심 식사 *Le Déjeuner d'Huîtres*〉(1735년 작품). 그림 속에서 샴페인을 묘사한 최초의 작품이다.

샹파뉴는 10세기부터 그 진가를 인정받았으나, 오늘날처럼 거품이 이는 가벼운 샴페인 제조법이 나타난 것은 17세기 말경이었다. 그 이전에 샹파뉴는 거품이 일지 않는 적포도주를 의미했다.

루이 14세의 주치의이자 식물학자였던 기 크레상 파공(Guy-Crescent Fagon, 1638~1718)은 국왕에게 부디 샹파뉴를 멀리하고 부르고뉴 포도주를 가까이하라고 충고했는데, 이것은 프랑스 최고의 포도주 명산지인 부르고뉴와 샹파뉴 지방의 오랜 싸움의 전주곡에 불과했다. 부르고뉴 포도주는 프랑스 국왕의 명망 높은 포도주였으며, 아이스 버킷에 담겨 차게 제공되었다. 그 당시에 사람들은 오늘날과는 달리 타닌산이 강한 덜 숙성한 포도주를 마셨다고 한다.

1704년 부르고뉴 지방의 '포도주의 수도'인 본(Beaune)의 수석 의사는 〈샹파뉴산 포도주에 대항한 본산 포도주에 대한 옹호론〉이란 논문을 출판했다. 이러한 기 싸움은 1848년까지 계속 이어졌으나, 샹파뉴 사람들은 그들의 포도주가 대관식이나 궁정 예식을 기념하는 술로 지정받기 때문에 어느 정도 위안을 받을 수 있었다. 17세기까지만 해도 사람들은 샴페인을 모두 통에 담아 날랐기 때문에 운반 도중에 거품이 심하게 일거나 끓어넘치는 경우가 많았다.

후에 영국인들이 발명한 것으로 알려진 '병' 덕분에 샴페인 운반이 훨씬 수월해졌으나, 불완전한 병마개나 발효의 불규칙성 때문에 병이 터지는 일이 종종 발생했다. 베네딕트 수도사인 동 페리뇽(Dom

샴페인을 시음(dégustation)하는
모습(17세기)

Perignon, 1643~1715)은 포도의 적절한 배합과 설탕의 가미로 술의 발
효를 잘 억제하는 한편, 완벽한 병마개를 개발해 탄산가스의 거품이
끓어넘치는 대신 포도주 속에 잘 용해되도록 조절함으로써 이러한 문
제를 해결했다. 혁명 중에 1790년 7월 14일 샹드마르스 공원(Champ
de Mars)에서 열린 연맹제에서는 오직 샹파뉴만이 혁명가들을 위한 음
료로 채택되었다. 1793년, 이른바 '필리프 평등공(平等公)'이란 별명을
가진 오를레앙 공 필리프(Philippe d'Orléans, 1747~1793)는 차가운 콩
시에르주리(Conciergerie) 감옥에서 혁명 법정의 출두(사형)를 기다리는
동안에도 자신의 마지막 운명을 기념하기 위해 부디 샹파뉴 포도주를

음미하게 해달라고 졸랐다고 한다.

러시아 원정을 갔던 나폴레옹이 스몰렌스크에서 러시아 황제의 군대를 물리친 후에, 패배한 러시아 귀족들은 비록 적국인 프랑스산 음료이기는 하지만 감미로운 샴페인으로 그들의 울적한 마음을 달랬다고 한다. 오늘날 샴페인의 병마개를 여는 것은 곧 '축제'를 상징한다.

(라) 현란한 식탁 예술과 민중들의 소박한 식사

절대군주의 시대에는 상류층의 호화로운 사치와 하류층의 궁상이 매우 대조적이었다. 이국적인 산물이나 새로운 풍미를 즐기며 이른바 '삶의 감미로움(douceur de vivre)'을 마음껏 향유하는 귀족들과는 달리, 특히 30년 전쟁을 위한 군비와 베르사유 궁의 건축 비용 조달 때문에 애꿎은 서민 대중들은 연중 내내 무거운 중세에 시달렸다. 그래서 궁핍한 도시민들은 밀과 호밀을 섞은 갈색 빵이나 걸쭉한 수프 따위로 거의 매일 끼니를 해결했다.

농촌 지역도 사정은 마찬가지였다. 전대와 마찬가지로 온 가족이 비좁은 단칸방에서 화덕을 중심으로 모여 앉아 수프로 세 끼를 때웠다. 19세기까지도 서민들이 상용하던 수프는 허브와 당근, 무, 파, 시금치, 양파, 양배추, 잠두, 렌즈콩 따위를 넣고 푹 끓인 야채죽인데, 어쩌다가 운수가 좋은 날에는 돼지고기 비계를 몇 조각 넣기도 했다. 농민들은 세금을 낼 돈을 마련하기 위해 가금류, 달걀, 버터, 포도주, 그리고 좋은 과일은 이미 장에 내다 팔았기 때문에 디저트로는 질 나쁜 과일과 치즈, 봉방(벌집) 등을 먹었다.

여기서 주목해야 할 사실은 서민들의 식단에 고기가 거의 없다는 사실이다. 앙시앵레짐기의 사람들은 오직 축제 때나 고기를 구경할 수 있었고, 고기를 먹지 않는 날(jours maigres)에는 주로 대구나 청어를 먹었다. 서민들에게 사랑받았던 앙리 4세(Henri IV, 1553~1610)가 약속했던 '주일마다 구수한 닭찜 요리(poulet au pot)'는 모든 군주의 정치적 목표이며 이상이었지만, 그 실현은 아직도 요원한 꿈에 불과했다. 풍부한 육류 섭취는 후일 나폴레옹 3세(Napoléon III, 1808~1873)의 치세기에나 가능해진다. 그러나 오늘날 프랑스인들이 찬미하는 '옛날식 시골풍 요리(cuisine paysanne à l'ancienne)'는 그 옛날 옛적에 가난한 서민들이 먹던 단순하고 소박한 음식이었다.

13

18세기
계몽주의 시대

"계몽주의는 모든 것을 여는 만능열쇠인 동시에 친밀함의 열쇠다. 왜냐하면,
계몽주의는 진정한 정통성을 목표로 하기 때문이다."

_ 마리안느 윌리엄슨(Marianne Williamson, 1952~), 미국 작가

18세기 중엽에 젤리와 마요네즈를 얹은 냉육, 알자스의 푸아그라
(foie gras, 거위 간 요리) 등 새로운 식품이 등장했다. 그리고 노르망디
지방에서 마리 하렐(Marie Harel, 1761~1844)이라는 여성이 앞으로 온
세계인의 사랑을 받게 될 카망베르(camembert) 치즈를 발명했다. 이
시기의 감자는 사람들의 미신과 편견 때문에 보급하기까지 오랜 시간
이 걸렸다. 계몽주의 시대의 요리사들은 건강을 상하지 않고 더욱 신
선하고 소화도 잘되게 요리를 만듦으로써 그들이 회식자들의 건강을

카망베르 치즈

보살피는 '의사임'을 자처했다. 요컨대, 18세기 합리주의 정신은 '자연, 자유, 위생'이라는 이 3대 가치로 간결하게 압축·요약된다. 18세기 계몽주의 시대 사람들은 요리에서 '이론'을 자주 언급했다. 또한, 이 시대의 요리사들은 이전의 거추장스러운 '앙시엔 퀴진(ancienne cuisine, 구 요리)'에서 탈피하여 '백지' 상태에서 출발하는 것에 만장일치로 동의했다. 그들은 매 단계 요리의 준비 과정과 음식의 다양한 조리법을 습득하려고 온갖 심혈을 기울였다. 그러다 보니 새로운 요리법을 개발하거나 발명하고 재능 있는 새로운 요리사를 발굴해내는 것이 한가한 귀족들의 소일거리가 되었다.

(가) 루이 15세의 시대

루이 15세와 그의 측근들은 매우 훌륭한 미식 문화를 발전시켰다. 프랑스의 대정치가 리슐리외 추기경(Cardinal de Richelieu, 1585~1642)

루이 15세

의 종손이었던 리슐리외 원수(1696~1788)는 프랑스 아카데미의 회원이자 군인이며, 친애하는 국왕의 벗인 동시에 위대한 식도락가였다. 그는 또 많은 여성을 상대로 연애의 유희를 즐겼던 호사가였다. 프랑스 소설가 라클로(Pierre-Ambroise-François Choderlos de Laclos, 1741~1803)의 18세기 서간체 소설 《위험한 관계 *Les Liaisons dangereuses*》(1782년)에 등장하는 남자 주인공 발몽(Valmont)의 캐릭터는 그를 모델로 한 것이라 전해진다. 그는 혁명 바로 직전에 숨을 거두었으며, "루이 15세 통치기 이전의 사람들은 먹는 방법을 제대로 알지 못했다!"라는 의미 있는 말을 후세에 남기고 죽었다.

그렇다면 리슐리외 원수가 찬미했던 18세기의 새로운 요리법이란 무엇인가? 궁정의 식생활에서 '과식'은 전혀 새로운 현상이 아니었다.

라클로의 《위험한 관계》의 삽화

 타고난 대식가라는 루이 14세는 거의 매일 연회 등으로 많은 돈을 낭비했고, 신하들에게도 이런 절제 없는 무위도식의 생활을 적극적으로 장려했다. 왕 자신이 음식을 적게 먹는 경우에도 연회에 모인 사람들이 포식하는 모습을 구경하기를 좋아했기 때문에 사람들은 배가 불러도 굶주린 사람처럼 식탁에 그대로 앉아 있어야만 했다.

 그러나 루이 15세는 공적 생활을 유지했지만, 그의 전임자처럼 베르사유 궁에 그다지 집착을 보이지는 않았다. 그는 오히려 궁 밖의 모든 연회나 축제에 참여하기를 좋아했고, 밤에는 신분을 변장하고 가면무도회에 몰래 참석하기도 했다.

그가 자신의 애첩인 퐁파두르 부인을 만난 곳도 바로 이 운명적인 사교 장소에서였다. "1745년 2월 14일 일요일, 국왕은 새벽 6시에 귀가했다." "1745년 2월 26일에 국왕은 온밤을 파리에서 지새우

양파와 버터, 크림 따위로 만든 소스인 퓌레 수비즈(purée soubise).

고 오후 5시경에 겨우 돌아왔다." 베르사유 궁이 그의 공식 처소이기는 해도 국왕이 궁에 머무르는 횟수는 눈에 띄게 줄어들었다. 1750년에 그는 베르사유 궁에서 겨우 52일만 잤고, 1751년에는 63일만 잤다. 루이 15세는 국왕이라는 막중한 임무에서 벗어나, 아늑한 별궁에서 친근한 지기들과 함께 아무런 공식적인 의례 없이 식사하기를 즐겼다. 어느 날은 요리를 만들기 위해 본인이 직접 반죽에 손을 대는 경우도 있었다. 가령, 루이 15세는 손수 간단하게 삶은 달걀 요리(oeufs en chemise à la fanatique)나 바질 소스를 넣은 닭고기 요리(poulet au basilic), 또는 종다리 새고기 파이(pâtés de mauviettes)를 만드는 것이 취미였다. 오늘날 인기가 있는 '퓌레 수비즈(purée soubise)'도 이 시기에 등장했다.

그는 베르사유 궁에서 정찬을 들 때도 오직 소수의 지인들만 초대했

바바오럼
(baba au rhum)

다. 역시 소수의 하인이 은밀하게 시중을 들었고, 전대와는 달리 라운
드 테이블 위에는 고가의 개인용 유리 제품들이 놓였으며, 요리도 훨
씬 '자연식'을 즐겼다. 그러나 이 '자연스럽다'고 표현된 요리의 레시피
는 너무도 복잡하고 정교해서 어느 누구도 모방할 수 없었다. 프랑스
요리 사상 최초로 푸짐한 '양'보다, 비록 양은 적어도 섬세하고 정교하
기 이를 데 없는 '질'의 추구 현상이 나타난 것이다.

사냥과 여색을 몹시 즐겼던 루이 15세는 주신 바쿠스와 축제와 방
종의 신 코머스(Comus), 그리고 사랑의 여신 비너스의 호사를 모두
한 몸에 누렸다. 국왕의 인생 동반자였던 여성들도 모두 요리에 일가
견이 있는 식도락가들이었고, 손수 간단한 요리를 해서 국왕에게 정
성스레 바치곤 했다. 첫 번째 공식 배우자인 마리 레슈친스카(Marie

루이 15세의 왕비인 마리 레슈친스카의 초상화

Lesczinska, 1703~1768)는 폴란드 국왕의 딸이었다. 그녀는 매우 비범한 식도락가로서 럼주에 적신 스펀지케이크의 일종인 '바바오럼(baba au rhum)'을 발명했다. 또한, 한입에 쏙 들어가는 크기의 고기를 넣은 초콜릿 과자 '부셰 아 라 렌(bouchées à la Reine)'를 즐기기로 유명했다.

　국왕의 애첩 가운데서도 가장 유명했던 퐁파두르 부인은 여장부로서 정치적 영향력을 행사했을 뿐 아니라 식도락에도 관심이 많았다. 그녀는 중세 요리와 결별을 선언한 《근대 요리사 *Le Cuisinier Moderne*》의 저자이며 자신의 요리사인 뱅상 라 샤펠(Vincent La

Chapelle, 1690/1703~1745)의 도움으로 여러 가지 요리를 개발했다. 풍파두르 부인은 가금 요리를 즐겨 만들었던 반면에, 또 다른 관능적인 애첩인 뒤바리 부인(Madame du Barry, 1743~1793)은 뒤바리 스타일의 어린 토끼 안심 요리(filets de lapereau à la Barry)를 만들었다고 전해진다.

(나) 부르주아 요리의 등장

> "민주주의의 완전한 꿈은 프롤레타리아(무산자)를 부르주아 계급이 이룩한 어리석음의 수준으로 끌어올리는 것이다."
>
> _ 귀스타브 플로베르(Gustave Flaubert, 1821~1880), 프랑스 소설가

18세기는 '빛의 세기'였고, 계몽주의 시대의 요리는 지성인들의 토론 주제이자 집필 대상이 되었다. 음식은 '예술'로 여겨졌고, 조화와 화학작용 그리고 정신(精神, esprit)의 용어로 토론되었다. 17세기 말, 18세기에 프랑스 요리는 점점 '접근성'이 수월해졌으며, '부르주아 요리' 관련 요리책이 상당한 인기를 끌었다.

후일 귀족의 바통을 이어 19세기 프랑스의 미식 문화를 선도하게 될 부르주아 계급의 요리가 이처럼 등장하게 된 주요 배경은 다음과 같다. 사회적 위계질서가 매우 엄격한 앙시앵레짐하에서는 이른바 '경멸의 폭포(cascade de mépris)'란 말이 유행했다. 마치 계단식 인공폭포가 위에서 아래로 층층이 흐르듯이, 각 계급이 자기보다 한 수 아래의

하층계급을 경멸하는 것을 의미한다. 그리고 각 계층은 신분 상승을 위해 상류층을 열심히 모방했다. 그래서 베르사유의 대귀족들은 그들의 귀족문화와 미학의 실마리를 권력의 정점에 있는 국왕으로부터 찾았던 반면에, 경제적 여유가 있는 파리의 부르주아 시민들은 수도에 사는 귀족이나 하층 귀족들의 생활양식을 모방하고 추종했다. 사회학자 미셸 코난(Michel Conan)의 설명에 따르면, 18세기의 키워드인 우아한 '세련미'와 '미미(美味)'의 개념이 이처럼 사회적 모방과 '의태주의(擬態主義, mimétisme)'를 통해서

뵈프 부르기뇽(Boeuf bourguignon)

코코뱅(coq-au-vin)

상류층에서 하류층으로 전도 내지는 축소되었다는 것이다. 어쨌든 부르주아라는 신흥 계층은[56] 든든한 경제력(돈)을 바탕으로 그들의 계급

을 상징하는 신생 요리를 탄생시켰다. 이 부르주아 요리란 버터와 소스, 고기가 많이 들어가 있으며, 오랜 시간 부글부글 끓인 것으로, 당시 궁정에서 제공하던 귀족 요리를 모방하고 각색한 요리였다. 볶은 다음에 포도주로 찐 닭고기 요리 '코코뱅(coq-au-vin)', 비프스튜의 일종인 '뵈프 부르기뇽(boeuf bourguignon)'[57], 마르세유의 명물인 생선 스튜 요리 '부야베스(bouillabaisse)', 감자와 생크림을 넣은 '그라탱 도피누아(gratin dauphinois)' 같은 지역 요리들과 베샤멜소스. 네덜란드 소스, 스페인 소스 등 루(roux)에서 나온 마더 소스가 이 부르주아 요리들의 기본 바탕이 되었다.

18세기에 이르러 프랑스 요리는 중세 그리고 이탈리아 르네상스 요리와 완전히 결별하게 된다. 18세기는 빛과 계몽철학의 시대였으나, 역시 '요리의 시대'이기도 했다. 이미 언급한 대로 17세기 말부터 과중한 1인분의 식사, 육류의 과잉 섭취, 잡동사니를 많이 집어넣은 수프에 대한 거센 반발이 생겼다. 자, 그러니 이제 자연으로 돌아갑시다!

---

56 부르주아 계급은 원래 '성 안 사람,' 즉 도시민을 의미했으나 마르크스주의 이후 현대에는 유산시민, 자본가 계급을 뜻한다.
57 네모지게 썬 쇠고기에 양파·버섯·붉은 포도주를 섞어 조리한 음식.

(다) 채식주의자 장 자크 루소

> "채소는 구미가 당기지만, 좋은 고깃점이 동반되지 않았을 때는 그 목적의식
> 을 잃게 된다."
>
> _ 프랜 레보비츠(Fran Lebowitz, 1950~), 미국 소설가

계몽주의 철학자 장 자크 루소(Jean-Jacques Rousseau, 1712~1778)
와 더불어 사람들은 자연으로 돌아갈 것을 설파했고, 지나치게 '서민
적'이라고 기피했던 채소를 찬미했다. 사람들은 야채수프, 샐러드, 그
리고 고기 파이 속에도 야채를 넣을 것을 강조했다. 음식의 원래 맛을

장 자크 루소의 초상화(1766년).
그는 선구적인 채식주의자로, 당
시 '서민적'이라고 기피했던 채소
를 찬미했다.

살려서 '간단하게, 그리고 가볍게' 먹자는 것이 시대적인 구호였다. 원래 루소는 음식과 식이요법에 관심이 컸으며, 그의 주옥같은 저작들 역시 '건전한 음식이 건전한 인격을 리드한다'는 동서고금의 진리를 대중에게 계도하고 있다.

루소는 좋은 미각이 음식과 행동의 순수함과 단순성에서 나온다고 주장했다. 선구적인 '채식주의자'였던 루소는 특히, 성장기의 아동들을 위해서 '야채식'을 적극적으로 권장했다. 그의 지론에 따르면, 문명이란 모름지기 '육식에서 곡물식으로 이동한 결과물'이라고 할 수 있다. 루소는 그의 논문 〈인간 불평등 기원론 *Discours sur l'origine et les fondements de l'inégalité parmi les hommes*〉에서도 문명인은 '원시 사냥꾼 → 야만적인 목동 → 문명화된 농부'로 진화한 결과라고 기술하고 있다. "서로 다른 사회조직은 모두 인간의 생계 수단인 과연 무엇을 먹느냐 하는 먹거리 문제와 정확하게 일치하고 있다. 원시인은 사냥꾼, 야만인은 목동이며 문명인은 땅을 경작하는 농부다."

"인간이 먹는 동물들은 다른 동물들을 잡아먹지 않는다. 인간은 (사자나 호랑이 같은) 육식동물들을 먹지 않으며, 그들을 인간의 귀감으로 삼는다. 인간은 아무도 해치지 않는 상냥하고 온화한 피조물들만 먹기를 갈망한다. 이 가여운 동물들은 인간을 따르고 섬긴 다음 인간에게 봉사한 대가로 잡아먹힌다."

_ 장 자크 루소

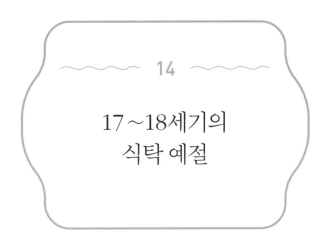

14

17~18세기의
식탁 예절

17~18세기에 이르면 식탁 예절은 더욱 개인주의화하고 우아하며 세련되어진다. 개인용 접시의 사용은 루이 14세 시대부터 시작되었다. 니콜라 드 본느퐁은 "포타주를 담기 위해서 접시는 우묵하게 패어야 한다. 스푼으로 음식을 떠먹을 때 상대방에게 음식물이 튀어 혐오감을 주지 않도록, 그리고 이미 입에 몇 번씩 들어간 스푼을 씻지 않고도 그대로 사용할 수 있도록 각자 자신의 개인용 접시를 사용해야만 한다."라고 언급했다.

속이 우묵하게 패인 개인용 접시 아시에트(assiette)는 17세기의 편리한 발명품이었다. 원래 접시에서 유래한 '식객(pique-assiette)'이란 말도 17세기에 나온 것이다. 이탈리아 도기의 영향에도 불구하고 프랑스의 귀족용 식기는 주로 귀금속으로 만들어졌다. 루이 14세가 모

수프용 접시

자란 왕실 재정을 보충하기 위해 은 식기를 조폐국에 보낸 다음부터 도기가 식기로 유행하기 시작했으나, 금속 식기에 대한 프랑스인들의 선호도는 여전했다. 19세기에 여배우 에밀리 콩타(Émilie Contat, 1770~1846)는 손님들에게 따끈한 포타주를 대접하기 위해 회식자가 식탁에 오기 전에 미리 뜨겁게 데운 접시를 내놓았다. 그래서 콩타란 여배우의 지혜를 빌려 요리의 가짓수가 많은 경우에도 수프가 식는 것을 어느 정도 방지할 수 있었다.

과거에는 빵을 자르기 위해 나이프를 사용했으나, 이 시기에는 손으로 조금씩 떼어먹었다. 샐러드를 먹을 때도 나이프 대신에 포크와 빵 조각을 이용했다. 17세기 말부터 장거리 여행을 떠날 때 사람들은 점차 식기 한 벌, 즉 포크와 나이프를 챙기기 시작했다. 그렇지 않으면 자칫 손으로 음식을 먹게 될 우려가 있었기 때문이다. 17세기까지는 일반 가정에 식당이 따로 없었으며, 식당의 개별적인 사용은 18세기에 이르러 서서히 정착하기 시작했다. 후일 프랑스식 상차림에서는 포크를 접시 왼쪽에 놓고, 포크의 날은 냅킨 쪽으로 눕히는 방식을 택했다. 나이프는 오른쪽, 그리고 칼날은 반드시 접시 안쪽 방향으로 놓게 되어 있었다. 이런 의도는 원래 포크와 나이프의 공격적인 이미지를 최소화하고, 회식의 아늑한 분위기를 최대한 살리자는 데 있었다. 이처럼 평화스러운 프랑스식 상차림의 이미지와는 대조적으로 영국식 상차림은 날카로운 포크 날이 천장으로 향하고, 칼날 역시 접시 바깥 방향으로 나와 있었다.

18세기 대저택의 주인에게는 한 가지 말 못 할 고민이 있었다. 식사 메뉴를 회식자에게 미리 알려야 할지 말아야 할지 하는 고민이었다. 식사 메뉴를 회식자에게 알리면 식욕을 미리 조절하게 하는 효과가 있었고, 또 식사 서비스를 매우 활기 있고 원활하게 해준다는 장점이 있었다. 식사 메뉴를 미리 알리지 않으면 회식자들이 앙트레나 로스트, 앙트르메(로스트나 디저트 사이에 먹는 가벼운 음식) 따위를 마구 집어 먹는 바람에 나중에 정작 중요한 음식이 나와도 이미 배가 불러서 먹지 못하는 경우가 많았다. 그런데도 19세기의 유명한 식도락가였던 그리모 드 라 레이니에르(Grimod de La Reynière, 1758~1837)는 메뉴는 그저 '비밀'에 부치는 것이 좋다고 했다.

(가) 부셰의 점심 식사

아래 그림은 프랑스 로코코 미술의 전성기를 대표하는 화가 프랑수아 부셰(François Boucher, 1703~1770)의 〈점심 *Le déjeuner*〉(1739년)이란 작품이다. 프랑스 역사가 다니엘 로슈(Daniel Roche, 1935~)는 이 작품을 이른바 '부르주아의 처세술(art de vivre)', 즉 그들의 합리적인

프랑스 로코코 미술의 전성기를 대표하는 화가 프랑수아 부셰(François Boucher, 1703~1770)의 〈점심 *Le déjeuner*〉(1739년)

생활 방식에 대한 일종의 선언문으로 간주했다. 그 이유는 이 그림이 귀족들의 사치하고 낭비적인 '과시적 소비'와는 결별을 선언했기 때문이다. 자나 깨나 그들의 신분 상승을 꿈꾸는 부르주아 계급은 17세기부터 왕정과 귀족들의 미학적인 예절 코드를 열심히 모방했지만, 그냥 맹목적인 추종이 아니라 그들 나름대로의 절제된 생활의 미학을 창조했다. 화가 부셰는 화려함은 비록 덜하지만 매우 잘 정돈되고 아늑한 실내 분위기를 묘사하고 있다. 여기서 우리는 사생활에 대한 부르주아적 취향을 엿볼 수가 있다. 이 그림은 부르주아 가정의 실내를 보여주고 있으며, 작은 식탁을 중심으로 한 남성과 두 여성, 그리고 두 명의 아이가 있다. 왜 화가 부셰는 이 풍속화의 모델로 귀족이 아닌, 신흥 부르주아 가정을 선택하게 되었을까?

상업과 무역이 발달하면서 부르주아 계급의 사회적 위치는 과연 어떻게 달라지고 향상되었는가? 이 풍속화의 내면에 나타난 그 당시의 풍속과 미각의 변화를 살펴보기로 한다. 이 풍속화 속의 작고 아담한 방은 또 다른 화가 장 프랑수아 드 트루아의 화려한 로코코 스타일의 작품들과는 매우 대조적이다. 귀족과 상층 부르주아 계층은 하인들을 비롯하여 많은 식솔을 거느린 대저택에서 사는 것이 일반적인 주거 패턴이었으나, 여기서는 은밀한 '사생활'의 개념을 엿볼 수 있다. 또한, 후대로 갈수록 방의 크기가 점점 작아지고 천장의 높이도 낮아지는 것을 볼 수 있다. 부셰는 근대적인 가정의 평범한 일상의 행복, 가정의 미덕을 중시하는 부르주아적 가치와 사회적인 풍속의 변화를 섬세한 터치로 묘사하고 있다. 화가 부셰의 작품에서 나타난 이국주의

프랑스 화가 프랑수아 부셰(François Boucher, 1703~1770)의 〈점심 Le déjeuner〉의 부분도

프랑스 화가 프랑수아 부셰(François Boucher, 1703~1770)의 〈점심 Le déjeuner〉의 부분도

의 산물은 바로 따뜻한 음료다. 그림 속의 시계는 과연 몇 시를 가리키고 있을까? 아침 8시 10분? 아니면 오후 2시인가? 그림의 제목인 〈점심 Le déjeuner〉을 떠올리는 독자들은 필경 오후라고 생각할지도 모르겠으나, 그것은 이른 아침에 행해지는 식사임을 알 수 있다. 프랑스의 식사 시간은 후대로 내려올수록 점점 뒤로 물러나는 경향이 있는데, 점심을 의미하는 프랑스어 데쥐네(déjeuner)는 원래 '아침 식사'를 의미하다가 나중에 '점심 식사'로 정착되었다. 오늘날 '아침 식사'를 의미하는 프랑스어 '프티 데쥐네(petit déjeuner)'는 18세기 프랑스인들의 발명품이라고 한다. 이 프랑스식 아침 식사가 얼마나 인기가 있었던지, 루

이 15세는 아침에 뜨거운 음료를 마시는 유럽 최초의 군주가 되었다. 그 당시 걸쭉한 수프 대신에 이 매력적이고 이국적인 음료를 마신다는 것은 시대적인 유행의 최첨단에 선 것을 의미했다.

그렇다면 이 가족이 마시는 음료는 커피(café)인가? 아니면 초콜릿 차(chocolat)인가? 수많은 미술사가가 이 음료의 정체에 대하여 숙덕 공론을 벌였지만, 음료가 담긴 찻잔의 모양이나 재질만으로는 음료의 정체를 도저히 알아맞힐 수 없다는 것이 그들의 중론이다. 그러나 커피든 초콜릿 차이든 간에 모두 이국풍의 고급 음료이며, 이 가정은 엘리트 계층에게만 국한된 커피나 초콜릿 차를 소비할 수 있을 만큼 부유한 가정임을 알 수 있다. 18세기의 초콜릿 차에는 앤틸리스제도나 멕시코산 카카오와 생 도미니크 섬의 사탕수수에서 나온 설탕과 계피, 바닐라 향이 들어갔다. 달콤한 초콜릿 차는 짧은 시일 내에 프랑스 귀족이 애호하는 음료가 되었고 사회적 특권의 상징이 되었으며, 18세기에는 그 비싼 가격 때문에 '쾌락의 소비'라는 칭호를 얻게 되었다. 커피도 사회적 구분의 표시가 되었고 새로운 소비의 상징물이 되었다.

(나) 커피

"밤처럼 칠흑 같은, 그리고 죄악처럼 달콤한 (커피)!"

_ 닐 게이먼(Neil Gaiman, 1960~), 영국의 시나리오 작가, 영화 제작자

18세기의 카페 프로코프(Café Procope). 볼테르나 디드로 같은 계몽주의 철학자들이 모여서 사회 개혁과 이성을 논하고 있다.

17세기 말경 파리에는 '르 프로코프(Le Procope)'라는 이름의 카페가 단 하나 있었지만, 1721년에는 300여 개 이상이 있었고 나중에는 700개로 늘었다. 18세기 말에는 무려 2,000개가 넘는 카페가 문을 열었다. 카페에서는 처음에 커피만 팔았으나, 차, 초콜릿 차, 찬 음료, 소르베, 아이스크림, 그리고 과자류 등 차차 가벼운 식사도 팔았다. 전

술한 대로 초콜릿 차는 스페인 왕녀인 마리 테레즈에 의해 프랑스에 전해져 상류사회 귀부인들이 즐겼는데, 커피의 등장으로 점점 밀려나기 시작했다. 이러한 커피 소비의 증가는 수프의 소비도 감소시켰다. 커피는 900년경 북아프리카 에티오피아 지방에서 처음 발견되어 오늘날 예멘으로 알려진 아라비아 지방에서 최초로 경작되었다. 처음에는 커피 열매를 볶지 않고 보통 차를 마시듯이 그냥 마셨으나, 13세기 말경 아라비아인들이 최초로 커피를 볶아서 마시기 시작했다. 특히, 아라비아 여성들은 생리통을 가볍게 하려고 이 커피를 마셨다고 한다. 1600년경에 커피가 유럽에 최초로 소개되었고, 이때부터 카페가 하나둘씩 문을 열기 시작했다. 기독교에서는 커피를 '지옥의 검은 색' 또는 '영혼에 대한 악마의 위협'이라며 한때 비난한 적도 있었다. 그러나 교황 클레멘스 8세(1536~1605)는 커피를 몹시 좋아해서 그것을 '기독교인의 음료'로 공식 지정하기도 했다.

> "커피는 과거의 늙은 자신에게 속해있는 시간을 훔치는 하나의 방법이다."
>
> _ 테리 프래쳇(Terry Pratchett, 1948~2015), 영국 소설가

그럼 그 당시 왜 이렇게 카페가 유행했을까? 그 이유는 신분의 차별이 거의 없었기 때문이다. 귀족, 문인들, 예술가, 극단 배우, 부르주아, 상인들, 심지어 서민들까지도 잘 차려입고 돈을 지불할 능력과 시대적인 예의를 지킨다면 누구나 카페에 출입할 수 있었다. 그때까지 집 안에만 갇혀 있던 여성들에게도 카페 출입이 허용되었다. 프랑스

문인 루이 드 마이(Louis de Mailly, 1657~1724)는 《파리 카페들의 담화 *Les Entretiens des cafés de Paris*》(1702년)에서 카페를 다음과 같이 묘사하고 있다.

"카페는 세상에서 가장 유쾌한 장소다. 거기서 우리는 모든 부류의 사람들을 만날 수 있다. 매우 훌륭한 젊은 신사들이 같이 어울려 지내는가 하면, 다른 쪽에서는 고된 연구를 잠시 제쳐놓고 머리를 식히러 카페에 온 학자들의 모습을 볼 수 있다. 유일하게 근엄과 풍만함이 장점인 사람들, 또 한 편에서는 큰 소리로 떠드는 사람들을 볼 수 있는데, 그들은 마땅히 비난받아야 할 모든 것을 찬미하는 반면에, 오히려 칭찬받아야 할 모든 것을 비난하면서 재빠른 위트로 입막음을 한다."

프리지아 모자를 쓴 프랑스 화가 지로데트리오종
(Anne Louis Girodet Trioson, 본명 안 루이 지로데 드 루시, Anne Louis Girodet de Roucy, 1767~1824)의 자화상

카페의 등장은 새로운 사상의 문을 여는 효시였다. 이전의 선술집이나 카바레의 몽롱한 취기에서 깨어난 사람들은 이제 해맑은 정신으로 '이성'을 가지고 커피를 마시면서 철학이나 세상의 개조(개혁 또는 혁명)를 논하게 되었다. 르 프로코프는 예술가와 지식인들의 카페로서, 볼테르

18세기 스타일의 카페 '르 프로코프'의 실내 모습

(Voltaire, 1694~1778)나 드니 디드로(Denis Diderot, 1713~1784), 장 르롱 달랑베르(Jean Le Rond d'Alembert, 1717~1783) 같은 유명 인사들이 드나들었고, 혁명 중에도 왕성한 지적, 정치적 활동의 중심지였다.

혁명 기간에 '자유의 상징'이 된 프리지아 모자가 처음으로 전시된 장소도 바로 르 프로코프 카페였다. 급진적인 코르들리에 클럽(Club des Cordeliers)[58] 당원들이나 막시밀리앙 로베스피에르(Maximilien François Marie Isidore de Robespierre, 1758~1794), 조르주 당통(George Danton, 1759~1794), 장 폴 마라(Jean Paul Marat, 1743~1793) 같은 혁

---

58 1790년 당통, 마라, 카미유 데물랭이 창설한 정치 그룹을 가리킨다.

명가들도 카페를 만남의 장소로 이용했다. 왕정복고 이후에는 독일의 석학 알렉산더 폰 훔볼트(Alexander von Humboldt, 1769~1859) 남작이 매일 이른 11시에서 정오까지 그곳에서 점심을 먹었다.

그 후에도 르 프로코프는 알프레드 드 뮈세(Alfred de Musset, 1810~1857), 폴 마리 베를렌(Paul-Marie Verlaine, 1844~1896), 아나톨 프랑스(Anatole France, 1844~1924) 같은 작가와 지성인들, 레옹 강베타(Léon Gambetta, 1838~1882) 같은 정치인들의 오랜 만남의 장소였다.

(다) 18세기 서민들의 식사

"계몽주의는 조금씩 천천히 다가오지 않으면 안 된다. 그렇지 않으면, 그것은 넘치고 말 것이다."

_ 이드리스 샤(Idries Shah, 1924~1996), 인도 작가

1760년에 파리의 풍자작가 루이 세바스티앵 메르시에(Louis-Sébastien Mercier, 1740~1814)는 새로운 요리법을 극구 칭송하며, "루이 14세는 루이 15세의 맛있는 요리를 전혀 알지 못했다. 지난 과거의 세기는 피라미드형으로, 마치 거대한 산더미처럼 쌓아 올린 고기 요리를 즐겼을 뿐, 단지 소량만으로도 가격이 열 배나 넘는 비싼 요리는 알지 못했다."라고 말했다. 또한, 메르시에는 서민들의 식생활에 대해

서도 말했다.

"그들은 물 탄 포도주처럼, 아침 식사의 우유에도 물과 섞음질을 한다. 시골 아낙네는 공중의 선의를 속이는 것이 일상다반사다. 특히, 새끼를 배거나 너무 늙은 젖소의 젖에서 억지로 짠 우유는 그야말로 최악이다. 9시에 물 탄 우유가 보급된다. 사람들이 너 나 할 것 없이 커피의 맛에 열광하면서부터 우유 소비가 엄청

카페의 정경

나게 증가했다. 파리의 '레알(Les Halles)' 시장에서 청어 파는 거친 아낙네나 생선 파는 가게의 건장한 여점원들도 모두 아침에는 마치 자신이 후작 부인이나 공작부인이라도 된 양 카페오레(café au lait, 밀크커피)를 홀짝거리며 마신다."

메르시에는 《파리의 정경 Tableau de Paris》에서 카페오레가 서민층 사이에서 매우 광범위하게 정착되었음을 알려준다. 카페오레는 작업장에서 일하는 파리 육체노동자들의 영원한 아침 또는 점심 식사가 되었다. 그들은 카페오레가 저녁까지 능히 버틸 수 있는 힘을 제공한다고 말하면서 상당량을 마시곤 했다.

"파리에서 바다생선의 가격은 절대 싸지도 신선하지도 않다. 노르망

이탈리아 화가 주세페 카넬라 1세(Giuseppe Canella l'Aine, 1788~1847)의 〈레알 시장〉의 전경

디나 피카르디 지방에서 오는데, 특히 소금에 절이지 않은 생선은 장거리 수송에 무척 애를 먹는다."(루이 세바스티앵 메르시에의 《파리의 정경》 중에서)

이 당시 사회계급을 언급한다면 중세 봉건제도의 해체와 부르주아 계급의 성장에도 불구하고 평민 계층은 여전히 풍요롭고 다채로운 귀족의 먹거리 문화에서 소외되어 있었다. 보리죽과 잠두, 완두콩과 빵이 특히 '제3신분'이라고 불리는 도시 빈민의 대다수 기본적인 식사였다. 도시에서는 위생상의 이유로 채소 재배나 양, 돼지, 젖소 등의 사육이 금지되어 있었으므로 가난한 서민들은 주로 탄수화물 위주의 식

사에 만족해야만 했다. 그들은 식도락의 사치란 꿈도 꾸지 못하고 근근이 생존하기 위해 위장을 채우는 도리밖에 없었다. 이성을 발현하는 계몽주의 철학의 찬연한 광휘도 아직 이러한 음지의 세계까지는 미치지 못했다.

"계몽주의의 진정한 의미는 어두침침하지 않은 시선으로 모든 암흑을 또렷이 응시하는 것이다."

_ 니코스 카잔차키스(Nikos Kazantzakis, 1883~1957), 그리스 작가

2부

프랑스 혁명과
가스트로노미

1장

프랑스혁명과 미식의 탄생

"근대적인 전통은 반란의 전통이다.
오늘날에도 프랑스혁명은 여전히 우리의 모델이다.
역사는 폭력적인 변화이며, 이런 변화는 소위 '진보'라는 이름으로
행해진다. 나는 이러한 개념들이 실제로 예술에도
적용될 수 있는지는 잘 모르겠다."

_ 옥타비오 파스(Octavio Paz, 1914~1998), 멕시코 시인

"만일 좋은 법률을 원한다면 그대가 가진 것들을 모두 태워버리고
새로운 것을 만드시오."

_ 볼테르(Voltaire, 1694~1778), 프랑스 철학자

1789년 8월 4일 밤, 신분적 특권이 폐지되었다. 그러나 혁명은 일시적으로 음식에 대한 절제를 가져왔다. 조르주 당통(George Danton, 1759~1794)이나 그 외의 몇몇 혁명가는 왕성한 식욕을 자랑했으나, 대다수 사람은 《제3신분이란 무엇인가?》라는 정치적 팸플릿을 집필한 에마뉘엘 조제프 시에예스(Emmanuel-Joseph Sieyès, 1748~1836)처럼 그저 목숨을 '연명'하는 것에 만족해야 했다. 미식가였던 당통은 1794년 단두대에서 처형당하기 전에 부르고뉴산 포도주로 목욕을 즐기고 고급 은제 접시에 담긴 엄청난 사냥감 고기들을 먹어 치우기로 유명했지만, 막시밀리앙 로베스피에르나 장 폴 마라 같은 혁명가들은

프랑스 화가 앙리 필리포토(Henri Félix Emmanuel Philippoteaux, 1815~1884)의 〈지롱드 당원들의 마지막 연회 *Le dernier banquet des girondins*〉(1850년). 지롱드 당원들이 몰락하기 전에 콩시에르주리 감옥에서 마지막 건배를 하고 있다.

위장이 나빠서 '절제'와 '근면'을 제일의 철칙으로 삼았기 때문이다.

"제3신분이란 무엇인가? 모든 것이다. 지금까지 그들의 정치적 목적은 무엇이었는가? 아무것도 아니었다. 그들은 무엇을 바라는가? 무언가 되기를 원한다."
_ 에마뉘엘 조제프 시에예스(Emmanuel-Joseph Sieyès, 1748~1836),
프랑스 정치가

프랑스혁명은 프랑스 요리의 확장에 중대한 역할을 했는데, 그 이유는 첫째로 '길드 제도'를 폐지했기 때문이다. 길드 해체로 누구나 요리 아이템을 생산하고 판매할 수 있게 되었다. 둘째는 앙시앵레짐 붕괴 이후 프랑스 요리의 중심이 된 '레스토랑 문화'의 개화 덕분이었다. 혁명 때까지만 해도 프랑스 요리가 가히 국제적이었다고 말하기는 어렵다.

프랑스의 망명 귀족들은 망명 시에 가능한 한 그들의 요리사들을 동반함으로써 요리 이론뿐만 아니라, 실제 프랑스 요리를 해외에 전파하는 데 이바지했다. 그리고 한편으로는 귀족들이 망명하거나 파산하여 졸지에 실직당한 귀족의 수석 요리사들이 거리에 뛰쳐나와 독자적으로 레스토랑을 개업하는 바람에 19세기 프랑스에서는 전대에 이미 선을 보였던 레스토랑 문화가 찬연히 싹트게 되었다. 혁명의 산물인 레스토랑의 성공기는 오트 퀴진(고급 요리)의 형태와 본질을 널리 전파한 미식 문학의 등장과도 결코 무관하지 않다.

앙시앵레짐기에 사법관의 부패를 풍자한 그림. 농부가 사냥감을 뇌물로 바치고 있다.

혁명의 타도 대상이었던 앙시앵레짐의 구조적인 모순은 바로 불평등한 신분제 사회에 있었다. 그렇다면 과연 혁명 이후에는 '평등'의 개념이 실현되었을까? 《19세기 파리 음식의 감수성에 대한 에세이 *Essai sur la sensibilité alimentaire à Paris au 19e siècle*》(1967년)를 집필한 장 폴 아롱(Jean-Paul Aron, 1925~1988)은 서민의 식탁 위에 등장한 야생의 새고기는 적어도 명목상 '민주주의의 승리'를 상징한다고 주장했다. 왜냐하면, 앙시앵레짐하에서 사냥은 오직 귀족들의 특권이었고, 만일 농노가 몰래 밀렵하다가 들키는 날에는 그만 사형에 처해질 수도 있었기 때문이다. 혁명으로 봉건제도가 폐지되고, 수렵 독점권, 부역 강제권, 재판권 등등 영주의 특권들이 줄줄이 폐지

됨으로써, 각종 세금과 부역에서 농노들이 해방되었다. 또한, '사유제'가 인정되어 부유해진 농민들이 많았기 때문에 농민들의 식생활도 차츰 개선되었다. 비교적 부유한 시골 농가에서는 고기와 야채를 넣고 푹 끓인 '국민적 수프(pot-au-feu national)'가 식탁에 거의 매일 등장했다.

"사냥해서 잡은 고기는 우리 식탁의 진미다. 그것은 고도의 미각을 지닌 따뜻하고 맛있는 건강식이며, 특히 젊을 때는 소화도 잘되는 음식이다."

_ 장 앙텔름 브리야사바랭(Jean-Anthelme Brillat-Savarin, 1755~1826),

《미각의 생리학 *Physiologie du goût ou méditations de gastronomie transcendante, ouvrage théorique historique, et à l'ordre du jour*》 중에서

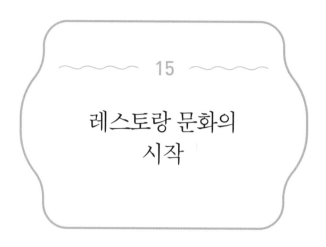

15

레스토랑 문화의
시작

레스토랑(restaurant, 식당)이란 용어는 원래 고기를 넣고 푹 끓인 수프를 의미했다. 보통 임산부나 환자들에게 제공되었는데, 마시는 이의 정력을 회복한다는 의미에서 '회복 수프(bouillon restaurant)'라는 별칭으로 불리기도 했다. 1765년에 불랑제(Boulanger)라는 이름의 고기 수프(bouillon de viande) 장수가 현재 루브르 거리에 해당하는 풀리 거리(rue des Poulies)에 오늘날과 같은 형태의 레스토랑을 최초로 열었다. 이 고기 수프는 고기, 구근류, 양파, 허브, 향료, 설탕과 빵, 장미 꽃잎, 건포도와 용연향을[59] 넣고 푹 끓인 것이었다.

이를 모방해서 적지 않은 레스토랑들이 생겨났는데, ① 새로움

---

59 향유고래에서 채취하는 송진 비슷한 향료. 사향과 같은 향기가 있어서 요리 재료 외에도 고급 향수 재료로도 쓰인다.

팔레루아얄(Palais-Royal) 공원에서 연설하는 혁명가 카미유 데물랭(Camille Desmoulins, 1760~1794). 당시에는 이 팔레루아얄을 중심으로 레스토랑이 많이 생겨났다. 오늘날 파리의 유행의 메카인 샹젤리제 거리는 아직 개발이 안 되었기 때문에 레스토랑보다는 야외에서 먹고 마시며 춤도 추는 교외의 '갱게트(guinguette, 선술집)'가 많았다.

(nouveauté), ② 양식(mode), ③ 고가(cherté) 등이 그 당시 레스토랑의 3대 특징이었으므로 일반 서민들은 화려한 정식용 식탁에서 감히 앉아 볼 꿈조차 꿀 수가 없었다. 1767년에 계몽주의자 디드로(Denis Diderot, 1713~1784)는 《볼랑 양에게 보내는 서한 *Lettre à Melle Volland*》에서 다음과 같이 적고 있다. "나는 풀리 거리에서 식사하려고 외출했다. 음식은 매우 훌륭했지만, 가격이 너무나 비쌌다." 혁명 당시에 귀족들의 망명 러시와 그들의 대대적인 처형은 귀족 저택에서 일하던 요리사들을 실직하게 했다.

파리의 요리사들은 '선택식 메뉴(menu à la carte)'를 제공하는 레스토랑을 열었으며, 국민의회에 참석하기 위해 상경한 지방의원들을 주

고객으로 운영했다. 당시에는 요리사들이 동시에 레스토랑의 경영자(주인)가 되는 경우가 많았다. 1789년에 '평등의 갤러리'라고 불렸던 팔레루아얄(Palais-Royal) 지구에는 100여 개의 레스토랑이 생겨났으며, 제정기에는 600개가 되었다.

"레스토랑은 우리에게 술을 팔기 위해 음식으로 접근하지만, 종교는 우리에게 규칙을 팔기 위해 신앙으로 접근한다."

_ 나심 니콜라스 탈레브(Nassim Nicholas Taleb, 1960~),

레바논 태생의 미국 학자

---

* 조식을 의미하던 데쥬네(déjeuner)가 점심으로,

점심을 의미했던 디네(dîner)가 저녁으로…

혁명 초기에 원래 조식을 가리키던 '데쥬네(déjeuner, 점심)'가 하루 중 중요한 식사로 자리 잡게 되었다. 당시 입법의회 회의는 약간 이른 12시경부터 시작되어 저녁을 먹기 약 한두 시간 전에 끝나는 것이 보통이었다. 의원들은 길고 지루한 정치적 논쟁을 잘 버티기 위해 국민의회 근처에 있는 레스토랑에서 간단하지만 매우 실속 있는 점심 식사를 했다. 주로 신속하게 구운 고기 요리였는데, 그 당시에 사람들은 이것을 고기 요리를 곁들인 푸짐한 조식 '데쥬네 아 라 푸르셰트(déjeuner à la fourchette)'라고 불렀다. 여기서 푸르셰트(fourchette)는 프랑스어로 '포크'를 의미하는데, 포크를 사용해서 먹어야 하는 요리라는 의미에서 붙여진 이름이다. 이는 또한 석쇠에 구운 불고기의 시초였다. 그래서 '데쥬네'란 용어는 점차 점심 식사를 의미하게 되었다. 애초에 점심을 의미했던 디네(dîner)라는 용어는 시간상 좀 더 뒤로 밀려나서 그 당시 야찬을 의미했던 '쉬페르(super)'의 자리를 넘보기 시작했으며, 마침내 오늘날처럼 저녁 식사를 의미하게 되었다.

공포정치기에 레스토랑은 주로 돈 많은 신흥 부르주아 계급들을 상대로 영업을 했다. '프랑스혁명의 순교자'라고 해서 좌파 인사들과 예술가들로부터 극진한 추모를 받았던 루이 미셸 르펠르티에(Louis-Michel Lepeletier, 1760~1793)가 암살당한 곳도 바로 팔레루아얄 근처의 한 레스토랑이었다. 옛 왕실 경호원이었던 필리프 파리(Philippe Nicolas Marie de Pâris, 1763~1793)라는 한 극우파가 자신의 긴 외투 속에 검을 숨긴 채, 르펠르티에에게 다가가서 다음과 같이 말했다.

"국왕의 사형에 찬성투표를 한 게 사악한 르펠르티에, 바로 너지?" "나는 내 양심에 따라서 투표했을 뿐이다." 그러자 필리프 파리는 도망하기 전에 "이것이 너의 행위에 대한 보상이다!"라면서 검으로 그의 옆구리를 찔렀다. 죽을 만큼 피를 많이 쏟은 르펠르티에는 "나는 춥다!"라고 입속으로 중얼거렸다고 한다. 근처 자기 형제의 집으로 급히 이송된 그는 그곳에서 숨을 거두었고, 그 다음 날 비운의 국왕 루이 16세도 처형을 당했다. 르펠르티에는 평소에 사형에 대한 극렬한 반대

팔레루아얄의 레스토랑에서 국민의회 의원 르펠르티에가 암살당하는 모습

자였음에도 불구하고 국왕의 처형에는 두말없이 찬성표를 던졌다. 그의 죽음에 대한 정치적 보상 내지는 신화화 작업, 즉 죽음을 정치적으로 이용하는 '정치적 도구화(instrumentalisation politique)' 현상은 나중에 공포정치기의 지도자인 '마라의 암살' 때 절정을 이루게 되었다. 그후로도 죽은 혁명 영웅들에 대한 숭배는 계속 되풀이된다.

왕당파에 의해 피살당한 르펠르티에 같은 국민의회 의원들을 상대로 하는 수도 파리의 레스토랑들은 주로 귀족 요리를 모방한 간단한 요리들을 제공했으나, 지방에 문을 연 레스토랑들은 파리에서는 찾아볼 수 없는 님(Nîmes)의 '브랑다드 드 모뤼(brandade de morue)'[60]

---

60 소금에 절인 대구, 올리브유, 감자, 레몬, 허브 등으로 만든 님(Nîmes)의 특산 요리.

항구 도시 마르세유의 특산 요리 부야베스

나 마르세유의 부야베스 (bouillabaisse, 생선 스튜) 같은 그 지역의 특산 요리들을 선보였다. 이처럼 원래 정력을 회복하는 수프를 파는 장소에서 시작한 레스토랑은 앙시앵레짐 붕괴 이후 프랑스 요리의 중심이 되었고, 요리사는 자신의 기술을 살리기 위해 이제 귀족의 저택보다는 레스토랑에서 일하게 되었다. 레스토랑이 출범한 지 불과 30년이 지난 후에 그 숫자는 무려 3,000개에 달했다. 레스토랑의 놀라운 성공에 따라 많은 사람이 요리책과 요리의 '처세술(savoir-faire)'에 관한 책자들을 출간했고, 미식이나 식도락을 의미하는 '가스트로노미(gastronomie)'가 진정한 대화의 주제가 되었다. 물론 당시로서는 매우 혁신적이던 레스토랑 문화도 사회의 위계질서라는 전통적인 굴레를 완전히 벗어나지는 못했다. 그러나 이제 사람들은 레스토랑을 수시로 출입하면서 자기 형편과 분수에 맞게 식도락의 즐거움을 누렸다.

> "자본주의는 인간을 상품으로 만들어버렸다. 그래서 레스토랑 주인에게 요리사와 감자가 든 자루는 똑같이 중요하다."
> _ 모코코마 모코노아나(Mokokoma Mokhonoana), 남아프리카 풍자작가, 철학자

(가) 혁명기 레스토랑에 대한 경제·사회적인 상징주의

가스트로노미는 음식과의 미학적인 관계를 상정하지만, 그것은 엘리트를 위한 '차별' 내지 '구분'의 관행에서 탄생했다. 앙시앵레짐기에 귀족들 사이에서 한창 유행했던 고급 향수와 헤어스타일과 화려한 패션의 기능 역시, 가스트로노미의 탄생과 마찬가지로 상승하는 부르주아 계급과 일정한 '거리 두기(distanciation)'나 그들의 '모방(copiage)'을 견제하려는 목적이 컸다. 앙시앵레짐기의 엘리트 계급인 귀족들은 그들의 우월성을 대외적으로 천명하기 위해, 그들이 고용한 예술가나 재봉사, 일류 요리사들에게 상대적으로 열등한 부르주아 계급이 감히 넘보지 못할 고가의 작품들을 만들도록 계속 요구했다.

드디어 혁명기의 승자인 부르주아 계급은 권력을 차지했고, 그들의 새로운 위상을 정당화하기 위해 귀족의 코드를 차용했다. 그들은 사적인 연회와 고급 레스토랑의 잦은 출입을 통해서 자신들의 부와 능력을 과시하고 사회적 위상을 높이는 수단으로 적극 활용했다. 혁명기를 전후로 해서 쏟아져 나온 많은 정치적 팸플릿은 무엇보다 식습관의 이미지를 통해서 몰락한 부르봉 왕가의 부패와 약체성을 묘사하는 데 초점을

루이 16세의 얼굴에 돼지의 형상을 한 풍자화

바렌에서 체포된 루이 16세를 풍자한 작자 미상의 작품 〈대식가 또는 큰 새들은 천천히 난다〉
(1791년)

맞추었다. 왕가를 비방하는 팸플릿에서 루이 16세는 대체로 정신 박
약하고 근시안적이며, 폭식을 하고 토해내기를 반복하는 증세를 보이
는 식욕 이상 항진증 환자로 그려져 있다. 이러한 비정상적인 식습관
의 소유자인 무능한 국왕이 매우 '절제적'이며 정직하고 책임감 있는
제헌의회의 상대가 될 수 없다는 식의 일방적인 논리다. 이처럼 공화
주의자들은 '가스트로노미의 관점'에서 특히 루이 16세의 일가가 바렌
(Varennes)으로 탈출하던 날을 통렬하게 비판하고 있다. 1791년 6월
21일 루이 16세 일가가 파리를 탈출하자, 몇몇 혁명가는 마치 기다렸
다는 듯이 튈르리 궁전 정원에 '잃어버린 돼지'를 찾는 광고 포스터를
붙였다. 위의 풍자화에서 국왕은 '바스티유 감옥의 습격 사건'을 주제
로 담은 그림 앞에서 태평하게 자신의 만찬을 즐기고 있다. 그러는 사
이 국왕의 체포영장을 든 관리들이 들어오자, 국왕은 "나는 아무것에

도 신경 안 써. 그러니 나를 조용히 내버려 둬!"라고 대꾸한다. 왕가의 비정상적인 폭음 폭식에 대한 조롱 중에서도 가장 모욕적인 것은 왕실의 상속자인 어린 왕세자 루이 17세(Louis XVII, 1785~1795)가 얼굴을 잔뜩 찌푸린 채 요강 위에 앉아 있는 모습이다. 이 와중에도 왕비 마리 앙투아네트는 아들을 거들떠보지도 앉은 채 오직 거울 속 자신의 모습만을 바라보고 있다. 루이 16세는 풍자화에서 보통 돼지의 형상을 하고 있거나, 그가 좋아하던 음식 중의 하나인 돼지족발을 게걸스럽게 먹는 모습으로 자주 등장한다.

> "나는 기소된 모든 죄목으로부터 결백하다. 내 피가 부디 프랑스 국민의 행복을 강화할 수 있기를 희망한다. 이 땅에 두 번 다시 무고한 피가 뿌려지지 않도록, 신이여!"
>
> _ 루이 16세의 마지막 유언

다음의 작자 미상 풍자화에서는 귀족(왼쪽)이 '봉건적인 권리들'을 졸면서 읽는 반면에 공화주의자(오른쪽)가 '인권'을 부지런히 탐구하고 있다. 그리고 가운데 '배불뚝

작자 미상의 풍자화

이'가 두 사람의 주머니에 양손을 넣고 무언가를 열심히 훔치고 있다.

　이 풍자화는 '레스토랑 문화'에 대하여 반감을 가진 많은 프랑스인의 공통된 감정을 표시하고 있다. 자신의 부를 과시하기 위해 레스토랑을 뻔질나게 드나드는 자들은 기근과 가난에 시달리는 대다수 하층민의 고통을 등한시했기 때문이다. 특히, 혁명의 행동부대였던 '상퀼로트(sans-culotte, 과격 공화당원들)'는 "우리의 돈을 꿀꺽 집어삼키는 이 게걸스러운 작자들보다 더한 '공공의 적'은 없다!"라면서 레스토랑을 출입하는 자들을 경멸했다. 여기서 상퀼로트란 프랑스어로 '귀족의 바지인 퀼로트(culotte)를 입지 않은 사람'이라는 의미로, 프랑스혁명의 추진력이 된 사회계층이다. 주로 수공업자, 장인, 소상인, 근로자 등 무산 시민으로, 당시 파리에서는 빈곤층에 속했다. 이러한 민중의 여

프랑스 정치가 루이-알렉상드르 드베리테(Louis-Alexandre Devérité, 1743~1818)의 〈의원들의 식사〉(1789년). 이 삽화에서 제3신분의 대표가 카운터를 향해서 "맞아요, 각각 계산해 주세요."라고 말하고 있다.

론 또는 반감을 반영해서 풍자작가 메르시에는 "귀족적인 진미가 공화주의자의 품위를 타락시키며, 정직한 시민들을 오염시킨다."라며 꼬집었다.

> "정말 진정한 친구를 만들고 싶다면, 그 사람의 집으로 가서 그와 함께 음식을 먹어라. 우리에게 음식을 주는 사람들은 그들의 마음을 주는 것이다."
>
> _ 세자르 차베스(Cesar Chavez, 1927~1993), 미국 노동 운동가

236쪽 그림처럼 당시에는 레스토랑의 장면을 통해서 제1신분(성직자), 제2신분(귀족), 제3신분(평민) 간의 경제·사회적인 책무 이동 또는 분담을 묘사하는 경우가 많았다. 레스토랑에서 귀족과 성직자가 서로 마주 보고 있는 사이, 제3신분의 대표가 이처럼 카운터에 앉아 있는

이 풍자화는 제3신분(평민)이 모든 것을 구부러진 등 위에 지고 있다가(오른쪽), 사냥해서 잡은 야생 고기를 어깨 위에 메고 의기양양하게 귀족의 등에 올라타는 인생 역전의 장면(왼쪽)을 보여주고 있다. 그리고 가운데 그림은 세 신분의 극적인 화해의 장면을 그리고 있다.

여성에게 각자 계산을 주문한다. 그것은 과거에 면세 특권을 누리던 제1신분, 제2신분 계층이 평민들에게 그들의 책임을 온통 전가하는 대신에 자신들의 '몫'을 지불하는 것을 의미한다. 그리고 이렇게 다 같이 모여서 식사한다는 것은 신분별로 상충하는 이해관계나 반목의 응어리가 풀리고 화해의 실마리를 제공한다는 것을 암시하고 있다.

> "가스트로노미는 상냥하고 우호적인 예술이다. 그것은 언어장애도 극복하고 교양 있는 친구들도 만들어주며 우리의 가슴을 따뜻하게 해준다."
>
> _ 사무엘 챔벌레인(Samuel Chamberlain, 1895~1975), 미국 작가

16

1789년에 과연 프랑스인들은 무엇을 먹었는가? : 불화와 반목의 빵

1789년 프랑스혁명과 더불어 프랑스인의 식생활은 '기근'과 관련해서 엄청난 변동을 겪었다. 양배추, 치즈 같은 유제품과 달걀, 돼지가죽, 양이나 소의 창자는 그 당시 서민들의 주요 먹거리였다. 특히, 빵은 기본적인 일상 양식이었는데 잇단 흉작으로 말미암아 곡물 가격이 천정부지로 뛰자 이미 가계에서 식품 소비가 절반 이상을 넘었던 서민 가정은 그야말로 심각한 타격을 받았다. 1787년과 1788년의 흉작에 이어 1789년 초의 이상 한파 때문에 강물이 다 얼어붙어서 식량 수송이 중단되고 또 물레방아가 움직이지 못해서 밀을 빻지도 못했기 때문에 그 해 겨우내, 봄내 식량 사정은 극도로 악화되어 있었다. 수도가이 지경이었으면 시골 사정은 말할 필요조차 없었다.

"파리는 세계에서 빈부의 차이가 가장 심한 곳이며, 극단의 사치

루이 르냉(Louis Le Nain, 1593~1648)의 〈농민의 식사 *Repas de paysans*〉(1642년?)

와 극단의 비참함이 공존하는 도시다."라고 《사회계약론 *Du Contrat Social*》(1762년)의 저자이자 급진적인 좌파 지식인 루소는 이렇게 고발하고 있다. 동시대의 한 이탈리아인은 "프랑스에서는 인구의 90퍼센트가 굶어 죽고 그 나머지 10퍼센트는 너무 많이 먹고 죽는다고 하더라!"라고 전했다. 왕정과 국민 사이의 간격은 화해가 어려울 정도로 벌어져 있었고, 양자의 대립은 날로 악화하고 있었다.

시민혁명의 날은 이렇게 다가오고 있었다. 그러나 빈부의 격차가 심했던 곳은 비단 18세기 말 프랑스뿐만은 아니었다. '귀족들의 천국, 농노의 지옥'이었던 제정 러시아처럼, 다른 나라에서도 한결같이 위대한

마리 앙투아네트와 브리오슈. 민심이 흉흉한 상황에서 왕비 마리 앙투아네트의 그 유명한 말이 튀어나왔다. 왕궁을 에워싸고 빵을 달라고 요구하는 군중들에게 "빵이 없으면 브리오슈(고급 빵과자)를 먹으면 되잖아"라고 철부지 왕비가 쏘아붙였다는 것인데, 실제로 왕비가 그런 말을 한 적은 없었지만, 그것은 이미 인기가 없었던 절대왕정의 이미지를 실추시켰다.

군주와 호화·장대한 궁전과 명예로운 전쟁의 그늘에서는 항상 절대다수의 민중이 고통에 시달리고 있었다는 점을 기억할 필요가 있다.

그렇다면 절대주의를 타도한 혁명은 민중의 식생활을 어떻게 개선하였는가? 급진 혁명파의 수장으로 정권을 잡은 막시밀리앙 로베스피에르는 왕정의 모든 구습과 어리석은 행위를 공화국의 도덕과 지성으로 바꾸길 원했다. 역사상 최초로 국민의 비참함이 '정부의 잘못'이라는 견해가 나왔다. 즉, 빈곤은 정치적 실패이며, 아무것도 갖지 못한 자들에 대한 국가의 부채라는 것이다. 1790~1792년에 '구걸위원회(Comité de mendicité)'가 '원조위원회'로 명칭이 정식으로 바뀌었고, 이제 원조는 개인의 권리이자 국가의 첫 번째 임무 중 하나가 되었다. 유럽에서 최초로 형평성의 원리에 따라 세금에 의한 재정 충당으로 전대미문의 사회구조 정책이 시행되었다. 그러나 혁명가들은 그들의 '선한' 개혁 의지에도 불구하고 민생고를 제대로 해결하지는 못했다. 빈민 대다수는 그들의 인간적인 존엄성을 회복했고 전대미문의 권리를 졸지에 얻었으나, 앙시앵레짐의 어두운 유산인 기아의 망령은 여전히 붙어 다녔다. 특히, 파리 같은 대도시에서는 무절제한 인구 유입, 식량 보급이나 주거시설의 부족 같은 '도시문제' 등으로 사회·경제적인 불평등이 가속화되어 저소득 빈민층이나 걸인들의 생활 수준은 그야말로 한심한 상태였다. 로베스피에르는 화폐 가치가 폭락하면서 물가가 솟아오르자, 1793년 '최고가격제'를 시행하여 가격을 고정하고 이에 반발하는 사람은 사형에 처하는 초강수를 두었다.[61] 프랑스의 많은 역사가는 혁명가들이 시도했던 '평등 정책'의 실패를 비판하고 있다. 특히, 마르크스 사가들은 혁명이 부르주아 계급의 이해관계만을 반영했다고 주장하는 반면, 자유주의 사가들은 자코뱅파의 극단적인 중앙집권주의와 통제경제가 매우 비효율적이기 때문에 결국 테르미도르의 반동으로 몰락하는 요인이 되었다고 주장한다.

---

61 최고가격제는 정부가 특정 재화나 용역 가격에 상한을 정하는 것을 의미한다. 당시에 물가가 천정부지로 치솟은 것은 토지를 담보로 발행했던 아시냐(assignat)라는 지폐 탓도 있었지만, 애초에 농산물 공급이 부족했던 영향도 있었다.

18세기 빵집 내부 정경

"민중이 원하는 것은 딱 두 가지다. 빵과 서커스!"

_ 데키무스 유니우스 유베날리스(Decimus Iunius Iuvenalis, 55?~140?),

고대 로마의 풍자 시인

(가) 평등빵은 바게트의 원조?

1793년 11월 15일 이른바 '평등의 빵(Pain Egalité)'이 제정되었다.
과거에 영국인은 '육식을 하는 사람들'이라는 의미에서 '카르니보르
(carnivore)', 프랑스인들은 빵을 주식으로 한다는 의미에서 '파니보르
(panivore)'란 별칭으로 종종 불렸다. 프랑스어로 빵이라는 의미의 '펭
(pain)'에서 유래한 말이며, 그만큼 빵이 프랑스인들의 식생활에서 차
지하는 역할이 중요했다는 의미다. 당시 프랑스인들은 주식인 밀보
다 두 배나 많은 인구를 먹여 살릴 수 있는 구황 식품인 감자를 '악마

의 작물'이라고 부르며 식용화를 기피했다. 감자가 유럽에 알려진 것은 16세기 초였지만, 프랑스에서는 18세기 중반까지도 감자를 먹으면 문둥병에 걸린다든지, 또는 노예나 먹는 비천한 음식이라 하여 감자를 기피했다.

구제도 말기에 루이 16세는 프랑스 농업학자 앙투안 오귀스탱 파르망티에(Antoine-Augustin Parmentier, 1737~1813)의 진정 어린 조언에 따라 감자 보급에 힘썼다. 당시 '유럽 패션의 꽃'이던 마리 앙투아네트도 모자에 하얀 감자꽃을 달고 무도회에 등장하거나, 이런 모자를 사람들에게 직접 나누어주는 등 적극적인 감자 홍보 캠페인을 벌여 감자에 대한 부정적인 인식을 어느 정도 전환하는 데 기여했다. 원래 새로운 식품이 정착하는 데는 시간이 걸리지만, 프랑스에서 그토록 오랜 민중적인 저항이 따랐던 것은 프랑스인들의 주식이 빵이었다는 점에 있었다. 육식을 하는 영국인에게 '고기와 감자'는 서로 훌륭한 보완재가 되지만, 빵과 감자는 오히려 경쟁 관계에 있기 때문에 대체재가 되기가 어렵다. 혁명기에 성난 민중들이 루이 16세와 왕비, 어린 왕세자에게 붙여준 조소 섞인 별명도 "빵집 주인과 그 마누라, 그리고 빵집 조수"였다.

옛날부터 빵은 프랑스 왕정의 감시와 통제의 대상이었다. 7세기경에 메로빙거 왕조의 다고베르트 1세(Dagobert I(600?~639)는 빵 가격을 통제한 최초의 국왕이었다. 《요리와 문화 *Cuisine & Culture*》(2011년)의 저자인 린다 시비텔로(Linda Civitello)에 따르면, 프랑스 요리에

루이 16세 부부에게 감자꽃의 부케를 선물하는 프랑스 농업 학자 파르망티에

서 가장 중요한 '빵과 소금'은 항상 갈등과 반목의 중심에 있었다. 소금은 원래 인기 없는 염세인 '가벨(gabelle)'과 직결되어 있었고, 국가의 정체성과 연결된 빵은 기근 시에 민중 폭동의 요인이 되었기 때문이다. 빵은 민중들의 폭동을 막는 데 필수적인 '공공 서비스'로 간주하였기 때문에 프랑스의 빵집 주인은 '국가의 공복'이나 다를 바 없었다. 그래서 앙시앵레짐기에 경찰은 빵의 생산과 소비의 모든 과정을 일일이 단속했다. 혁명 이후 이른바 '자유경제' 체제가 이식된 후에도 '빵, 고기, 포도주' 등 국민의 생계와 직결된 주요 3대 식품은 여전히 정부의 통제 체제하에 놓였다.

감자꽃을 들고 있는 파르망티에

18세기에 빵은 프랑스 식생활의 거의 80~90퍼센트를 차지했다고 한다! 빵의 1일 소비량은 1인당 평균 500g이었지만, 중노동을 하는 육체노동자의 경우에는 하루에 무려 1.5kg, 거의 3배 이상을 소비했다. 과거 유럽의 식생활사는 부드러운 '흰 빵'에 대한 집요한 추구로 요약된다. 오늘날과는 달리 흰 빵은 순도와 엘레강스(우아함)의 상징이었던 반면에, 갈색이나 누룩이 없는 거친 흑색 빵은 빈민들이 먹는 빵이었다. 그런데 공급 부족과 인플레로 빵 가격이 천정부지로 치솟자 민중들의 폭동을 우려한 혁명가들은 과거의 루이 16세와 마찬가지로 도시의 식량문제를 해결하기 위해 갑자기 감자를 적극적으로 홍보하고 나섰다. 마라는 파리의 녹색지대에 감자를 심도록 명했다. 튈르리궁에도 채소와 감자를 심었으나, 로베스피에르는 그것들을 당장에 뽑아버리도록 명했다. 성난 파리 시민들은 감자라는 소리를 듣는 것조차 좋아하지 않았고, 오직 빵만을 요구했다. 파르망티에는 경솔하게도 국민공회에 감자 전분으로 빵을 만들겠노라고 약속했지만, 결국 실패했다. 감자의 전분만으로는 빵을 만들 수가 없었기 때문이다. 그래서 그는 결국 폭도들의 무분별한 공격으로부터 자신의 실험실을 지켜 달라고 군대에 요구했다.

그 당시에 출간된《혁명의 여자 요리사 La Cuisinière Révolutionnaire》란 책은 감자의 여러 가지 요리법을 소개하면서 감자의 장점을 자랑했지만, 감자 소비는 겨우 제정기가 되어서야 정착하기 시작했다. 프랑스의 감자 요리법은 대부분 19세기에 시작되었다.

전술한 대로 국민공회의 '1793년 11월 15일 자 법령'은 중세 이래로 존재해 왔던 '부자의 빵', '빈민의 빵'이라는 이분법을 종식하고, 모든 빵집 주인들에게 오직 한 종류의 빵만을 만들도록 명했

감자의 대중화에 공헌한 농업학자 파르망티에의 이름을 딴 감자 요리 '아쉬 파르망티에(hachis parmentier)'

바게트 노점상인

으며, 이를 어기는 자는 반드시 투옥하겠다고 엄포를 놓았다. 이것이 바로 '평등빵'의 기원이다. 호밀이 3/5, 밀이 2/5의 비율로 배합된 이 평등빵의 규격과 무게, 가격 등은 모두 행정 당국에 의해 천편일률적으로 정해졌고, 어디에서나 똑같은 가격으로 판매되었다. 그러나 불행하게도 이 평등빵은 부자도, 빈민도, 그 누구도 만족시키지를 못했고 로베스피에르의 몰락과 더불어 역사의 뒤안길로 사라졌다.

오늘날 프랑스의 명물인 바게트(baguette, 막대기 모양의 기다란 빵)가 이 평등빵에서 유래했다는 말이 있다. 즉, 공포정치의 유일한 유산이라는 것이다. 바게트의 기원에는 다음 세 가지 설이 있다. 첫째는 프랑스혁명의 산물인 평등빵에서 기원했다는 설이다. 둘째는 나폴레옹이 군인들을 위해 군복 뒷주머니 속에 편리하게 넣고 다닐 수 있는 긴 막대기 모양의 빵을 만들도록 주문했다는 것이다. 원래 평등빵의 모양은 둥근 형태였으나, 나폴레옹이 휴대하기 간편하도록 길이 40cm에 무게 300g의 규격화된 빵을 만들도록 명했다고 한다.[62] 세 번째 설은 파리에서 메트로를 건설할 때의 일이다.

각 지방에서 올라온 노동자 간에 불화와 알력이 심했다. 지하철 공사 감독은 어두운 지하터널에서 장시간 일하다가 혹시 발생할 수 있는 폭력 사태를 몹시 걱정했다. 그 당시에는 누구나 빵을 자르기 위해 주머니칼을 지니고 있었기 때문에 감독은 빵집 주인에게 칼을 사용하지 않

---

62 참고로 오늘날 바게트는 길이 80cm에 무게 250g이다.

고도 손으로 간단히 잘라 먹을 수 있
는 가늘고 긴 막대기 모양의 빵을 만
들도록 주문했다는 것이다. 원래 '가
는 막대기'나 '지팡이'를 의미했던 바
게트는 1920년까지는 빵을 지칭하
는 용어가 아니었다.

바게트를 휴대한 군인

　그래서 바게트의 기원은 이 세 번
째 설이 가장 유력하다. 제2차 세계
대전 후에 바게트는 보편화되었고,
1980년대까지도 빵 가격은 법령으
로 지정하였다. 오늘날 프랑스 문화
의 상징인 바게트는 프랑스 전역에서 초당 320개가 팔려 나간다고 알
려져 있다. 매년 파리에서는 최고의 바게트 경연대회가 열리는데, 우
승자는 대통령 관저인 엘리제 궁전에 일 년간 빵을 조달하는 공식 납
품업자로 지정될 만큼 권위가 있다.

17

테르미도르의
반동

"국민공회와 공안위원회의 중책을 맡은 사람들은 노동의 강도에 압도되지 않
도록 늘 잘 먹어야 한다는 원칙을 나는 지니고 있다."

_ 장 자크 레지 드 캉바세레스(Jean-Jacques-Régis de Cambacérès,
1753~1824), 혁명기와 제1제정기의 정치인

프랑스혁명은 프랑스인들의 식생활과 미식에 엄청난 변화를 가져왔
다. 1794년 11월 8일에 독재자 로베스피에르가 단두대에서 처형되었
고, 드디어 피에 굶주린 '공포정치(Grande Terreur)'가 막을 내렸다. 공
포정치에서 살아남은 사람들은 이제 다시 삶의 쾌락과 식도락에 몸을
내맡겼다. 그러나 누구보다 부유한 부르주아가 생의 환락을 추구했
다. 이것이 바로 '테르미도르의 반동(Thermidor coup d'État)'이다. 자,

툴르리궁 앞에 모인 멋쟁이 젊은이들(Incroyables)과 기발한 옷차림의 멋쟁이 여성들
(Merveilleuses).

축제의 시간이 도래했다!

극장이 활기를 띠고 살롱의 사교 생활도 다시 전처럼 재개되었으며,
18세기의 민중 생활에 대한 소박한 찬미 대신에 광란의 야외 댄스가
테르미도르 반동기의 주요한 오락으로 부상했다. "반동으로서의 댄
스는 갑작스럽고 맹렬하게 유행되었다. 클라리넷과 바이올린과 드럼
의 감미로운 소리는 공포정치에서 살아남은 자들을 댄스의 쾌락에 젖
게 했고, 그들은 미친 듯이 떼 지어 그 쾌락에 몸을 맡겼다." 무도회장

이 연일 멋진 청춘 남녀들로 문전성시를 이루었고, 심지어 어떤 이들은 오랜 공동묘지 생 쉴피스(Saint-Sulpice)나 혁명기의 감옥인 카르멜 수도원에서 '죽음의 무도(danse macabre)'를 추었다. 이른바 '희생자들의 무도회(bals des victimes)'라는 것도 있었는데, 오직 단두대의 이슬로 사라진 가까운 친지(부모)나 친구가 있는 자들만 여기에 초대를 받았다. 초대된 이들은 다들 유쾌하게 춤추고 노래하며 웃으면서 음식을 먹었다. 그동안 공포정치로 질식되었던 파리는 이제 숨을 쉬고 다시 소생했다. 그러나 테르미도르가 혁명의 끝을 의미하지는 않는다. 비록 공포정치와 긴밀하게 연결된 상퀼로트 운동이 여론의 불신과 비판의 대상이 되었지만, 테르미도르의 반동 현상이 '구제도로의 복귀'를 뜻하지는 않았기 때문이다. 1795년 10월 5일 구 왕정을 옹호하는 왕당파의 반란이 테르미도르 쿠데타의 주동자 중 한 명이며, 총재정부(Directoire)의 지도자 격이었던 폴 바라스(Paul Barras, 1755~1829)[63]와 그의 부관 나폴레옹에 의해 진압되었고, 이른바 '부르주아 시민혁명'이 프랑스 사회에 안착하기 시작했다.

그러나 테르미도르의 반동 속에서도 '최고가격령' 등 서민의 생활을 보호하기 위한 통제경제가 철폐된 1794년 가을부터 1795년 초에 걸쳐 파리 민중은 1789년 이래 최악의 '식량 위기'에 직면했다. "댄스파

---

63 바라스는 공금 횡령 등 각종 비리에 연루되어 로베스피에르로부터 파리로 소환되었으나, 조제프 푸셰(Joseph Fouché, 1759~1820) 등과 협력하여 테르미도르 쿠데타를 일으켰다. 국민공회의 군 총사령관으로 시청을 습격, 로베스피에르 일당을 체포하여 다음 날 모두 처형했다.

티는 계속되고 있었다. 그리고 기근도 계속되고 있었다. 자정이나 새벽 1시경에 파티에서 나서면, 꼭두새벽부터 빵집 앞에 줄지어 늘어선 사람들의 행렬이 제일 먼저 눈에 띄었다."

"배고픈 사람은 자유인이 될 수 없다."

_ 아들레이 스티븐슨(Adlai E. Stevenson, 1900~1965), 미국 정치가

2장

19세기:
프랑스 식도락의
황금기

자유와 평등사상을 만인에게 설파했던 프랑스혁명은 정치·경제·문화상의 커다란 변혁을 가져왔다. 그러나 이보다 훨씬 더 조용히 진행된 농업혁명과 기계화·산업혁명은 인류 생활에 미증유(未曾有)의 지각변동을 초래했다. 프랑스혁명(정치)과 산업혁명(경제)을 통해서 성장한 부르주아 계급이 19세기 사회의 당당한 주역이 되었다. 그때부터 요리와 식탁 예절은 기본적인 '사회 소속'을 의미하는 표식이 되었다. 그리하여 19세기에는 세 가지 유형의 요리가 등장한다.

　① 부르주아 요리, ② 가정 요리, 그리고 오늘날 지역 요리의 전신인 ③ 시골풍의 요리다. 19세기에 부르주아는 고전적인 식도락을 탄생시켰다. 1803년에 그리모 드 라 레이니에르는 "우리들의 백만장자의 화폐는 거의 모두 시장으로 흘러 들어가는 것 같다."라고 진술했다. 또한, "부유한 파리 시민의 심장이 별안간 위주머니로 변해버렸다."라고 익살스럽게 덧붙이기까지 했다. 혁명으로 인해 갑자기 부유해진 신흥 벼락부자들은 레스토랑을 자주 출입했는데, 이들은 귀족적인 식도락의 예절이나 포도주를 마시는 올바른 예법을 제대로 알지 못했다. 그래서 미식에 관한 강론이나 문학이 시대적으로 요청되었다. 그리모 드 라 레이니에르나 브리야사바랭은 당시의 현란한 식탁문학의 창시자들이라고 할 수 있다. 브리야사바랭은 "식탁의 쾌락은 모든 연령과 모든 조건, 그리고 모든 날에 공통된 것이다. 식탁의 쾌락은 모든 쾌락과 결합할 수 있고 모든 쾌락을 상실한 뒤에 우리를 위안하기 위해 남아 있는 마지막 쾌락이다."라는 유명한 구절을 남겼다. 19세기의 위대한 소설 속에도 식사 장면이 많이 등장한다.

19세기 초 유명한 미식평론가였던 그리모 드 라 레이니에르(Grimod de La Reyniére, 1758~1838)의 초상화.

《인간 희극, *La Comédie Humaine*》(1842~1848)에서 나폴레옹 후기의 프랑스 사회를 적나라하게 비판한 오노레 드 발자크(Honoré de Balzac, 1799~1850)에서 에밀 졸라(Emile Zola, 1840~1902)에 이르기까지 사실주의와 자연주의 작가 모두 가스트로노미의 예술 속에 흠뻑 빠져들었다. 이러한 식도락의 유행은 19세기부터 20세기 초까지도 프랑스 부르주아 중·상류층에 광범위하게 퍼졌다. 그러나 요리 가짓수가 지나치게 많은 것과 연회 규칙이 엄격한 것이 점점 비판의 대상이 되어 심지어 "자기 이빨로 스스로 무덤을 판다."라는 말이 나올 정도가 되었다.

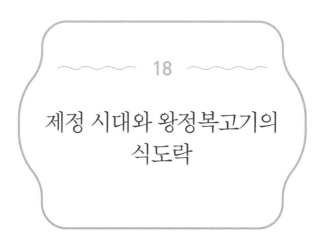

18

제정 시대와 왕정복고기의 식도락

_ 나폴레옹 보나파르트(Napoleon Bonaparte, 1769~1821), 프랑스 황제

(가) 소식가 나폴레옹

"군대는 잘 먹어야 전진한다! (Une armée marche avec son estomac!)".
이 옛 속담은 나폴레옹 보나파르트(Napoleon Bonaparte, 1769~1821)가
'전쟁'과 '음식'이란 두 가지 주제를 동시에 언급한 유일한 명언으로 알
려져 있다. 그러나 왕비 마리 앙투아네트의 "빵이 없으면 브리오슈를
먹으면 되잖아!"라는 전설적인 (가짜) 어록처럼, 이 나폴레옹의 어록에
관한 출처나 기록 따위는 그 어디에서도 찾아볼 수가 없다. 위의 인용
된 어록을 그대로 직역하면, '군대는 그의 위장(estomac)과 더불어 전

나폴레옹의 마지막 전장지인 워털루 전투

진한다'는 것이다.

그러나 나폴레옹이 설령 그런 말을 했다고 해도 그의 어록은 그의 군인들의 속 빈 위장처럼 공허하게 들린다. 왜냐하면, 나폴레옹은 그의 시대에 가장 위대한 군사 영웅이었지만, 자기 군대를 잘 먹이고 살찌우는 일을 등한시했기 때문이다.

"수프, 삶은 소고기, 구운 고깃덩어리와 약간의 채소, 그리고 디저트는 없었다." 이처럼 그의 위대한 대육군(Grande Armée)의 식량은 넉넉했지만, 그 당시 열악한 도로 사정과 나쁜 기후 조건 때문에 야영지까지 군대 식량을 수송하는 데는 많은 지장이 따랐다. 이탈리아 원정 당시에 27세의 나폴레옹은 그의 군대보다 훨씬 숫자가 많은 오스트리아군과 동맹군을 물리침으로써 일약 명장으로 이름을 날렸지만, 배고픈 프랑스 군인들은 식량을 찾아서 인근 마을들을 모조리 뒤지고 돌아다녔다. 물론 그 당시에 약탈은 매우 흔한 군사적 관행이었다.

나폴레옹의 시종이었던 루이 콩스탕 웨리(Louis Constant Wairy, 1778~1845)는 자신의 《콩스탕 회고록 *Mémoires de Constant*》에서 다음과 같이 적고 있다. 폴란드에서 러시아군과 싸울 때의 일이다. 프랑스 군인들은 "Kleba? Nie ma!"라는 초보적인 폴란드 말을 배웠다. 그 뜻은 "빵이라고? 아무것도 남은 게 없어!" 어느 날 나폴레옹이 보병대를 사열할 때 한 배고픈 병사가 이렇게 외쳤다. "Papa, kleba!(아빠, 빵!)" "Nie ma!(없어!)" 그러자 모든 보병대가 웃음을 터뜨렸고 그 후로 더 이상의 요구는 없었다고 한다. 그러나 나폴레옹이 나중에 가장 더운 나라(이집트), 또 가장 추운 나라(러시아)로 군사 원정을 갔을 때는 그야말로 고난의 연속이었으므로 더 이상 웃을 일도 없었다.

제1제정 시대는 더할 나위 없이 세련된 식탁 예술의 전성기였으나, 그 당시 최고의 권력자였던 나폴레옹은 소식가였다. 그는 많이 마시지도 탐욕스러운 식도락가도 아니었으며, 코르시카섬에서의 자신의 유년 시절을 상기

탱발 드 마카로니. 나폴레옹이 좋아했던 요리다.

풀레 마렝고(poulet Marengo)

시키는 단순한 음식들을 좋아했다. 밤 가루로 만든 코르시카식 폴렌타(polenta, 이탈리아 죽)나 고기와 야채를 삶은 스튜인 포토푀(pot-au-feu)처럼 토속적인 향토 요리(plats du terroir)를 즐겨했다. 밀라노식 '오소 부코(osso buco)'[64]도 상당히 인기가 있었지만, 그 시대의 가장 상징적인 요리는 나폴레옹이 열렬히 사랑했던 '탱발 드 마카로니(timbale de macaronis)'였다. 원래 탱발(timbale)은 고기·가재류를 소스에 찐 파이를 일컫는데, 탱발 드 마카로니는 마카로니와 고기·가재류로 속을 채워 볼오방(vol-au-vent)[65]식으로 만든 요리였다.

'풀레 마렝고(poulet Marengo, 닭고기 요리)'도 나폴레옹이 좋아했던 요리 중 하나였다. 프랑스 요리의 역사와 나폴레옹 전설에 따르면, 풀레 마렝고는 나폴레옹이 고용한 요리사 중 한 명인 프랑수아 클로드 기녜(François Claude Guignet)가 마렝고 전투(1800년 6월 14일)의 승리를 기념하기 위해 만든 닭고기 요리였다.[66] 참고로 '풀레(poulet)'는 프

---

64 오소 부코는 밀라노식 요리로, 소의 정강이 살을 포도주와 양파 등을 함께 끓여 조리하는 요리.
65 파이 껍질 속에 고기·생선 따위를 넣은 요리.
66 그는 '뒤낭(Dunan)'이란 별명으로 더 잘 알려진 인물이었다.

랑스어로 닭고기를 의미한다.

사실상 나폴레옹은 전쟁이나 국사로 너무 바쁜 나머지 식탁에 한가로이 앉아 있을 시간적 여유가 별로 없었다. 그의 첫 번째 부인인 조제핀 드 보아르네(Joséphine de Beauharnais, 1763~1814)와 그녀의 전남편 사이에서 낳은 의붓아들 외젠 드 보아르네(Eugène de Beauharnais, 1781~1824)의 결혼식 때도 나폴레옹은 피로연에 겨우 반 시간 정도밖에 머무르지 않았고, 물론 식사도 하지 못했다.

연상의 부인 조제핀 역시 날씬한 몸매를 유지하기 위해서 언제나 새가 모이를 쪼듯 음식을 조금씩만 먹었다. 그러나 조제핀은 달콤한 과자나 케이크 같은 파티스리(pâtisserie)를 엄청좋아했다. 그녀가 좋아했던 파티스리는 파인애플 케이크, 설탕과 달걀 흰자위로 만든 과자 머랭(meringue), '떠다니는 섬들'을 의미하는 '일 플로탕트(îles flottantes)' 등이었다. 그녀가 항상 입

조제핀 황후의 초상화. 이탈리아 신고전주의 화가 안드레아 아피아니(Andrea Appiani, 1754~1817)의 작품(1803년)

휘핑 크림을 곁들인 머
랭(meringue)

나폴레옹과 조제핀
의 초상화가 그려진
도자기

을 꼭 다물고 있었던 이유는 젊은 시절에 사탕수수를 너무 많이 먹어
서 생긴 충치 때문이라는 얘기가 있다. 그런데도 조제핀은 많은 요리
양식을 개시했다. 그녀는 서인도제도(앤틸리스제도)의 프랑스령인 마
르티니크섬의 태생답게 럼주나 레몬즙·설탕·포도주 등의 혼합 음료
인 펀치를 유행시켰다. 그녀는 전통적인 '프랑스식 서비스'를 채택하
여, 테이블 위에 대칭형으로 조화롭게 음식들을 일제히 한꺼번에 선

보였고, 음료마다 새 유리잔을 제공했다. 그녀는 모든 식기를 교체했고, 마리 앙투아네트가 좋아했던 은은한 파스텔 톤의 색상 대신에 이집트 문양에다 빨간색이나 녹색 등 매우 강렬한 원색을 선호했다. 그녀는 세브르의 유명한 도자기 공장에 나폴레옹 부부의 초상화가 그려진 꽃병이나 고블레(물잔)를 제작 주문했다. 나폴레옹 부부의 저택이었던 말메종(Malmaison) 국립박물관에 가면 이러한 고급 도기들이 가지런히 진열된 모습을 볼 수 있다.

(나) 위대한 앙피트리옹 캉바세레스

테르미도르의 반동 이후 총재정부 시절 5인의 총재 중 한 명이었던 장 자크 레지 드 캉바세레스(Jean-Jacques-Régis de Cambacérès, 1753~1824)는 다시 제2 집정관이 되었다. "만일 소식가라면 우리 집에 오시오. 그렇지만 잘, 그리고 많이 먹기를 원한다면 캉바세레스의 집으로 가시오. 그러나 제3 집정관인 르브룅(Lebrun)의 집에서는 아마도 굶게 될 것이오!" 나폴레옹은 제1 집정관 시절에 거의 입버릇처럼 이말을 되풀이하곤 했다. 1801년 뤼네빌(Lunéville) 회의에서 재미있는 사건이 생겼다.

나폴레옹은 공문을 전달하는 전령(우체부)이 푸아그라(Foie gras)나 영계, 마인츠 햄 같은 요리들까지 식탁에 배달한다는 소리를 전해 듣고 나서 전령은 오직 공문서만을 전달하라는 명을 내렸다. 그날 저녁에 캉바세레스는 나폴레옹에게 면담을 요청해서 다음과 같이 말했다. "오늘 우체국장에게 내린 명을 부디 거두어주십시오. 만일 인기 있는

프랑스 화가 프랑수아 플라맹(François Flameng, 1856~1923)의 〈1802년 말메종에서의 리셉션〉 (1894년)이라는 작품이다. 오른쪽에 정원 위에서 뛰어다니는 나폴레옹 부부의 경쾌한 모습이 보인다.

요리들을 더 이상 전달할 수가 없다면 어떻게 친구들을 만들 수가 있 겠습니까? 통치는 대부분 식탁을 통해 이루어진답니다." 나폴레옹은 캉바세레스의 이치 정연한 논리에 그만 굴복하고 말았다. 외교의 달 인 탈레랑과 마찬가지로 캉바세레스 역시 이처럼 '외교와 가스트로노 미'의 긴밀한 결합 혹은 조화를 중시했다.

황제가 된 후에도 나폴레옹은 여전히 식탁에 머무는 시간이 적었다. 그는 음식을 급하게 먹고 악식(惡食)하는 편이었다. 특히, 전장에 있을 때는 말에서 내리지도 않고 안장 위에서 단 15분 만에 점심을 해결하는 경우가 잦았다. 그러나 나폴레옹은 외교에서 미식이 차지하는 중요성을 누구보다 잘 알고 있었다. 그래서 그는 국사에 중요한 손님들을 접대하는 중책을 대서기장인 캉바세레스와 외무장관 탈레랑에게 전적으로 일임했다.

"나 대신 부디 경들의 식탁이 프랑스에 경의를 표하기를 바라오." 그리하여 제1제정기 내내 이 두 명의 위대한 '앙피트리옹(amphitryon)'[67]은 파리를 방문한 국빈들을 극진히 대접했다. 두 사람은 일주일에 두 번씩 40~50명의 손님을 맞이했다. 나폴레옹 민법전의 초안자로도 유명한 캉바세레스는 '시간'에 매우 세심한 주의를 기울였기 때문에 그의 정찬에 초대받은 회식자들은 결코 지각해서는 안 되었다. 집정정부 시절에는 정확히 5시 반에 문이 닫혔고, 제정기에는 식사 시각이 6시였으므로 6시 전에는 반드시 도착해야만 했다. 그러나 캉바세레스는 당시 파리의 심각한 교통체증으로 지각한 바이에른 공작 빌헬름(Wilhelm, Herzog in Bayern, 1752~1837)의 경우에는 예외적으로 문을 열어주었다는 일화가 있다. 어쨌든 미식가의 철저한 '시간 엄수'가 외교보다 훨씬 우세하다는 것이 캉바세레스의 평소 지론이었다.

탈레랑과 캉바세레스 이 두 라이벌 간에는 가공할 만한 경쟁의식이

---

67 몰리에르(Molière)의 극(劇)에서 접대하는 주인 역을 가리킨다. 즉, 앙피트리옹은 손님을 초대한 주인을 의미한다.

3인의 집정관. 오른쪽에서 왼쪽 순서대로 캉바세레스, 나폴레옹, 그리고 샤를–프랑수아 르브룅.

있었다. 그들은 상대방의 요리사를 가로채거나, 파리나 지방에서 최상의 요리 재료들을 찾기 위해 서로 다투었고, 걸핏하면 상대방의 식탁을 평가 절하하거나 격하하곤 했다. '제대로 먹을 줄 아는 재사((才士)'인 브리야사바랭과 그리모 드 라 레이니에르 같은 식도락의 문학가·비평가들은 '식도락의 후원자'인 캉바세레스에게 더할 나위 없이 애정 어린 집착을 보였던 반면에, 그의 호적수인 탈레랑의 요리사 마리 앙투안 카렘은 캉바세레스를 중상 비방했다.

　캉바세레스의 식탁은 몹시 풍요롭고 사치스러우며 과시적이었다. 그의 저택에서는 프랑스식 상차림으로 여러 가지 산해진미의 음식들을 수차례나 선을 보였다. 캉바세레스는 에그르푀유 후작(Marquis d'Aigrefeuille, 1745~1818) 등 식도락에 매우 조예가 깊은 궁정 조신들과 절친한 사이였다. 그리모 드 라 레이니에르는 에그르푀유 후작에게 자신의 《미식가들의 연감 *Almanach des gourmands*》을 헌정했을 정도였다. 1815년에 캉바세레스가 권력을 잃었을 때도 그들은 여전히 충실한 친구로 남아 있었다. 캉바세레스는 자신의 막중한 공무에도 불구하고, 그리모 드 라 레이니에르가 결성한 '맛의 평가단'에 정기적으로 심사 위원으로 참여했다.

그들은 그 당시 가장 유명했던 레스토랑 '오 로셰 드 캉칼(Au Rocher de Cancale)'에 모여서 레스토랑 주인들이 보낸 음식들을 시식하고 음미했다. 심사 위원단은 요리의 맛을 평가하고 때로는 화려하고 과장되거나 시적인 이름들을 붙여주었다. 그리고 최종적으로 심사 위원단의 '인증서'를 부여했는데, 이는 품평 받은 요리의 명성을 높여주었다. 그러나 낮은 평가를 받은 레스토랑 주인들은 앙심을 품고 이의를 제기했으며, 몇몇 심사 위원은 사적인 이해관계 때문에 편파적으로 판정했다는 비난을 받기도 했다. 결국, 법정 소

레스토랑 오 로셰 드 캉칼(1907년 7월)

송의 위협까지 받게 된 그리모 드 라 레이니에르는 1812년에 연감 발행의 종지부를 찍었다.

이 심사 위원단에는 거물급 정치인 캉바세레스 외에도 조르주 빌비에이유(Georges Villevieille), 에그르 후작, 그리고 루이 드 퀴시(Louis de Cussy, 1766~1837) 남작 등이 포진하고 있었다. "진정한 미식가는 절대 지각하지 않는다." "이 세상에서 부자에게 가장 훌륭한 역할이란 앙피트리옹(식사를 초대한 주인)이 되는 것이다." 그리모 드 라 레이니에르가 남긴 유명한 모든 경구는 모두 캉바세레스를 염두에 둔 것처럼 보인다. 제1제정이 몰락한 후에 비록 제정기에 그가 누렸던 호사는 사라졌지만, 캉바세레스는 그래도 여전히 열정적인 대미식가로 남아 있었다. 그리모 드 라 레이니에르나 퀴시 남작 같은 그의 회식 친구들도 파리에서 은퇴한 뒤 조용한 말년을 보냈다. 1824년 캉바세레스는 71세의 나이로 가족과 식사하다가 뇌졸중으로 사망했다.

19

요리사들의 왕,
왕들의 요리사 앙투안 카렘

"이 세상에 좋은 요리가 없다면 문학도, 높고 날카로운 지성도, 우호적인 모임도, 사회적인 조화도 더 이상 존재하지 않는다."

_ 마리 앙투안 카렘(Marie-Antoine Carême, 1784~1833), 프랑스의 천재 요리사

(가) 외교를 위한 가스트로노미

천재적인 요리사 앙투안 카렘은 프랑스 외교가인 탈레랑과 나폴레옹을 위시한 파리 상류층 인사들을 위해 훌륭한 요리 작품을 창조했다. 처세술의 달인인 탈레랑에 대해서는 평가가 두 가지로 나뉜다. 혹자는 그를 유럽사에서 가장 뛰어나고 영향력 있는 외교 전문가로 보지만, 또 다른 혹자는 그를 배신자로 본다.

탈레랑(왼쪽)과 카렘

즉, 앙시앵레짐과 혁명, 나폴레옹과 왕정복고를 차례대로 배반한 노회한 정치가로 보았다. 전술한 대로 나폴레옹은 음식에 관심이 없기로 유명했지만, 외교에서 사교의 중요성을 충분히 인식하고 있었기 때문에 1803년에 탈레랑에게 파리 교외에 있는 방대한 사유지인 발랑세성(Château de Valençay)을 매입하라고 큰돈을 건네주었다. 이 성은 당시 외교 모임의 중요한 활동 무대가 되었다. 그의 수많은 정적이 "그가 인생에서 절대 배신하지 않았던 것은 단지 요리밖에 없다."고 뒤에서 수군거렸을 정도로 전직 주교 출신의 환속한 외교가 탈레랑에게는 이제 기도가 아닌 '요리'가 인생의 제1의 목적이 되었다.

"외교가가 '예스'라고 말할 때 그것은 '아마도'를 의미한다. 그가 '아마도'라고 얘기할 때 그것은 '노'를 의미한다. 그러나 '노'라고 말하는 외교가는 외교가가 아니다"

_ 탈레랑

탈레랑은 그곳에 이사했을 때 요리사 카렘을 대동했다. 탈레랑은 카렘을 테스트하기 위해 다음과 같이 까다로운 주문을 내놓았다. '요리할 때 반드시 제철의 신선한 재료를 사용하되, 결코 똑같은 요리를 내놓아서는 안 되며, 일 년 내내 가치 있는 메뉴를 개발하여 손님들에게 제공할 것'을 요구했다. 물론 카렘은 이 테스트를 무사히 통과했으며, 탈레랑의 주방에서 자신의 뛰어난 요리 기술을 완성했다. 그가 차린 식탁에는 당대의 가장 뛰어난 정치가, 군인, 예술가, 과학자 등이 초대되었다. 카렘은 ① 세련미, ② 질서, ③ 합리성이라는 3대 원리가 서로 잘 조화되는 최상의 요리를 만들고자 노력했다. 그는 12년간 탈레랑의 저택에서 일했다. 탈레랑은 카렘에게 허브와 신선한 야채를 쓰고, 되도록 소수의 엄선된 재료를 사용하며, 또 '소스의 단순화'를 추구한 새로운 스타일의 세련된 요리를 만들도록 명했다. 이 두 사람 간의 '식도락의 동맹'은 완벽했다.

젊은 황제 나폴레옹은 악명이 높을 정도로 우미(優美)하고 퇴폐적인 18세기 요리에 전혀 감흥을 받지 않았다. 그러나 파리의 상류사회를 접대하라는 무언의 압력에 의해 그도 하는 수 없이 카렘을 튈르리궁의 주방으로 소환하지 않을 도리가 없었다. 1810년 나폴레옹과 그의 두

나폴레옹과 마리 루이즈 도트리슈의 결혼 피로연. 앙시앵레짐기의 '그랑 쿠베르'(대식사)의 공식을 철저하게 따른 이 거창한 피로연에는 거금 1,800프랑(사가들에 따르면 4,216프랑의 재원이 소요되었다고 함)이 들었고, 튈르리궁에 초대된 3천 명의 회식자들이 이 역사적인 식사 장면을 지켜보았다고 한다.

번째 부인 마리 루이즈 도트리슈(Marie-Louise d'Autriche, 1791~1847)의 결혼식 때 카렘은 사람들의 시선을 온통 사로잡는 호화로운 웨딩 케이크를 근사하게 디자인했다. 그는 음식의 맛보다는 테이블의 '외양'에 우선적으로 중점을 두었던 첫 번째 근대 셰프 중 한 사람이 되었다. "나는 질서와 미각을 원한다. 내 눈에는 잘 전시된 식사야말로 100퍼센트 고양된 충만한 요리다."라고 후일 그는 자신의 요리책에 썼다.

1814년 나폴레옹의 몰락 이후, 오스트리아의 수도 빈(Wien/Vienna)은 기념할 만한 연회들의 무대가 되었다. 앙시앵레짐, 혁명, 총재정부, 집정정부, 제정, 그리고 현재의 왕정복고를 거치면서도 여전히 건재했던 '절름발이 악마(diable boiteux)'라는 별명의 탈레랑은 유럽 역사상 최대 규모의 회의였던 '빈 회의'에 참가한 명사들을 접대하는 유명한 호스트가 되었다. 혁명 때 단두대의 이슬로 사라진 루이 16세의 동생이었던 루이 18세(Louis XVIII, 1755~1824)는 자기 형의 처형에 찬성표를 던졌던 이 '늙은 여우' 탈레랑에게 패전국 프랑스의 운명을 맡겼다. 루이 18세가 빈에 기나긴 추천장 목록을 보내자, 60세의 외교관 탈레랑은 "전하, 신은 서면 심리(審理)보다는 냄비가 필요합니다!"라고 재치 있게 응수했다. 그래서 7개월 동안 빈에서 카렘은 밤잠을 설쳐가면서 유럽 고관대작들의 혀를 사로잡는 중대한 임무를 수행했다. 거대한 만찬 시에는 48가지의 앙트레와 7종류의 구운 고기 요리, 바닷가재, 앙트르메, 마을이나 성의 모습을 한 거대한 파티스리(케이크)의 걸작들이 속속 등장했다. 카렘은 거의 잠도 자지 않고 9~10시간 동안 케이크의 초안을 데생하고, 케이크의 비율과 크기 등을 정확하게 계산했다. 그는 파티스리의 제조가 건축과 떼려야 뗄 수 없는 불가분의 관계라고 생각했다. "조형 예술에는 그림, 조각, 시, 음악과 건축 등 다섯 가지가 있는데, 건축의 가장 중요한 분야가 바로 파티스리다."라고 카렘은 기술한 바 있다.

나폴레옹이 엘바섬으로 귀양을 간 후 '코르시카의 식인귀(ogre de Corse)'[68]를 떼어낸 승리자들은 살롱과 무도회에서, 그리고 무엇보다 식탁 위에서 나폴레옹이 엉망진창으로 만들어놓은 유럽의 재편

SÜSSE SPEISEN !

카렘의 극도로 사치하고 호화로운 디저트 디자인. 그는 자신이 다년간 연구한 성당이나
묘지의 건축으로부터 케이크 디자인의 영감을 받았다고 한다.

성을 논의했다. 1815년 2월, 영국의 웰링턴 공작(Duke of Wellington,
1769~1852)을 위해 탈레랑이 조직한 연회는 가스트로노미의 정점을
찍은 기념비적인 사건으로 기록되고 있다. 그는 당시 세계에서 가장
최고의 치즈를 선발하는 경연대회를 주최했는데, 브리(Brie)산 원반
치즈를 프랑스에서 가져오도록 명했다. 그것은 빈의 명사들의 입맛을
석권한 것은 물론이고, 프랑스 측에 유리한 정치 협상을 이끌어내는
데 지대한 공을 세웠다. "회의는 춤춘다. 그러나 진행되지는 않는다."
리뉴 공작(Prince de Ligne, 1735~1814)의 일침대로 각국의 이해관계가

---

68 왕당파가 나폴레옹에게 붙인 별명.

빈(Wien) 회의에 대한 프랑스 풍자화. "회의는 춤춘다. 그러나 진행되지는 않는다."

충돌하면서 지지부진했던 빈 회의가 해산될 무렵에는 비단 유럽 지도 뿐만 아니라 상류층의 요리 취미 역시 완벽하게 재편성되었다.

"그것은 사건이 아니라, 단지 한 건의 뉴스에 불과하다."

_ 탈레랑(나폴레옹의 사망 소식을 듣고 난 후)

(나) 진정한 오트 퀴진의 창시자

나폴레옹이 완전히 몰락한 후 카렘은 영국으로 건너가 후일 조지 4세(George IV, 1762~1830)인 섭정 황태자의 요리 시중을 들었다. 당시 황태자는 그를 가리켜 '요리의 대장'이라고 불렀다. 영국에서 귀국하자마자 카렘은 러시아 황제 알렉산드르 1세(Aleksandr I, 1777~1825)의

판지로 빳빳하게 세운 새로운 스타일의 '셰프의 토크(toque, 모자)'를 쓰고 있는 카렘(우측)

초청을 받아 상트페테르부르크에 불려가게 되었다. 그러나 곧장 파리로 돌아와서 이번에는 부유한 유대계 은행가인 로스차일드 남작(Baron de Rothschild, 1792~1868)의 수석 요리사가 되었다. 그 당시 그의 식탁은 '유럽 최고'라고 칭송되었다.

그는 역사상 최초의 세계적인 유명 셰프였다! 자화자찬하기를 좋아했던 카렘은 자신의 업적을 홍보하는 것을 전혀 두려워하지 않았다. 사회적 야망을 지닌 유럽의 명문가들이 앞을 다투어 그를 모시기 경쟁을 하는 바람에 카렘은 상당한 재산을 모을 수 있었다. 그는 거리의 사람들이 자신을 알아보고 찬미할 수 있게 일부러 자신의 요리책에 본인의 자화상을 스케치한 삽화를 넣는 면밀함(?)을 보이기도 했다. 당시 페리에르성(Château de Ferrières)의 땅을 몽땅 사들인 로스차일드는 그에게 그 성의 요리를 총지휘해 달라고 요청하면서 그곳에서 여생을 마칠 것을 제의했지만, 그는 정중히 거절했다.

30년 동안 요리에 온 열정을 쏟아붓는 바람에 몸이 많이 쇠약해졌을 뿐 아니라, 그의 마지막 소원은 파리의 자택에서 조용히 여생을 보내는 것이었다. "나는 우리가 살고 있는 이 시대에 내 요리 작업에 대한 전부를 수록한 책을 발간해야 한다."라면서 자신의 사명이 다 끝나지 않았다고 확신했다. 그러나 그의 몸은 점점 쇠약해졌고 그만 병상에 눕게 되었다. 그는 자신의 요리 세계의 본질이라고 여겼던 저술 작업을 중도에 포기한 채 1833년 뇌브 생 로쉬 거리에 있는 자택에서 48세를 일기로 세상을 떠났다. 그는 유독한 연기를 내뿜는 목탄 위에서 일평생을 요리했기 때문에 아마도 그것이 그의 수명을 재촉하지 않았을까 추측하기도 한다. 그는 몽마르트르의 공동묘지에 묻혔다.

카렘은 프랑스 오트 퀴진의 개념을 정립한 근대적 오트 퀴진의 진정한 창시자로 기억된다. 카렘의 생애는 성실과 고귀함의 표본이었다. 그는 돈보다는 요리 예술을 가장 우선시했기 때문이다. 그는 항상 최상의 요리를 왕가의 식탁에 올리는 것을 꿈꾸었다. 1784년 파리의 어느 초라한 작업장의 가건물에서 쓸쓸히 태어난 그는 8살이 되던 해에 막노동자였던 아버지로부터 차가운 거리에 내다 버려졌다. 그런데 운명의 손길은 그를 어느 허름한 식당으로 인도했고 그는 거기서 처음으로 요리를 배웠다. 나중에 '왕들의 요리사', '요리사들의 왕'이란 명예로운 칭호를 얻게 된 카렘은 평범한 식당에서 그의 요리사 경력을 시작했다. 그러나 요리에 천부적 소질이 있었던 그는 단기일 내에 주목받는 요리 인재로 부상했다. 그는 17세에 팔레루아얄 근처에 있는 유명한 파티시에(pâtissier, 과자 제조인) 장 실뱅 바이(Jean Sylvain Bailly,

1736~1793)의 상점에 도제로 들어갔고, 거기서 단골손님인 탈레랑을 만나서 곧 그에게 발탁되었다.

오늘날 현대인들은 카렘식의 지나치게 화려한 요리 장식을 잘 이해하지 못한다. 그는 매우 장중한 문체로 파티스리의 건축 세계와 예술에 관해 논했다. 카렘의 업적은 소소한 발견에서부터 심오한 이론에 이르기까지 그 범위가 실로 다양하다. 그는 요리사의 모자인 '토크'를 개발했으며, 새로운 소스와 요리들을 디자인했다. 또한, 그는 네 개의 마더소스를 기본 축으로 하여, 모든 종류의 소스를 일목요연하게 분류하는 서적을 발행했다.

∗ 4개의 마더소스(mother sauce)

① 알망드 소스(allemande sauce, 독일 소스): 레몬주스와 달걀노른자가 들어간 가벼운 스톡(육수).

② 베샤멜소스(béchamel sauce): 가벼운 루와 우유로 만든 화이트소스.

③ 에스파뇰 소스(espagnole sauce, 스페인 소스): 스페인에서 유래한 이 소스는 토마토소스를 졸여 만든 풍부한 풍미를 가진 브라운소스.

④ 벨루테 소스(velouté sauce): 버터와 밀가루의 루로 걸쭉해진 가벼운 스톡의 부드러운 소스.

에스파뇰 소스(espagnole sauce)

근대 서구 요리에서 카렘의 업적은 아무리 강조해도 지나치지 않을 만큼 중요하다. 특히, '피에스 몽테(pièce montée, 데커레이션케이크)'는 카렘의 명성과 출세에 직결되어 있다. 문자 그대로 '쌓아 올린 조각들'을 의미하는 '피에스 몽테'는 공식적인 연회 시에 식탁 중앙에 놓는 화려한 장식물을 가리킨다. 설탕이나 누가(nougat), 마르지판(marzipan)[69] 등으로 구성된 장식물의 재료는 물론 먹을 수도 있지만, 이 피에스 몽테의 주요 목적은 오로지 '장식'이다. 오늘날에도 중요한 정찬에 등장하는 피에스 몽테의 주된 재료는 과거의 설탕이나 마르지판 대신에 '초콜릿'이다.

카렘의 진정한 유산은 그가 1800년대 초에 프랑스 요리를 ① 체계화, ② 합리화, ③ 전문화하였다는 데 있다. 카렘은 여러 요리 책자를 발행했다. 특히, 사망하기 3년 전에 그는 《19세기 프랑스 요리의 예술 *L'Art de la cuisine française au dix-neuvième siècle*》(1833~1847)이라는 백과사전식 전집(5권) 중 세 권을 발간했다. 책에는 수백 개의 레시피와 메뉴, 풍요로운 테이블 세팅을 위한 각종 플랜, 프랑스 요리의 역사, 또 주방의 조직 관련 지시 사항들이 상세히 수록되어 있다.

한편, 《파리의 왕실 파티시에 *Le Pâtissier Royal Parisien*》(1815년)에서는 근대 과자 제조업에 관한 실용적인 고급 정보가 담겨 있다. 모

---

69 아몬드, 설탕, 달걀 등을 섞은 것으로, 과자를 만들거나 케이크 위를 덮는 데 사용한다.

피에스 몽테(pièce montée,
데커레이션케이크)

름지기 프랑스 요리는 가장 잘 기록된 역사의 요리이며, 카렘은 오트 퀴진의 거장의 원조라고 할 수 있다. 그는 풍요롭고 고기 중심의 묵직한 요리, 좀 더 노동집약적인 요리를 프랑스 지역의 '가정 요리'와 구분한 최초의 요리사였다. 그의 가장 커다란 업적은 뭐니 뭐니 해도 프랑스 요리를 체계화했다는 점이다. 그는 법률가나 의사들이 전문적인 복장을 착용하듯이, 요리 예술의 전문화를 위해서 요리사의 복장도 체계화하였다. 카렘은 요리사가 요리할 때 유니폼을 입어야 한다고 생각했다. 그는 상의의 단추가 더블인 재킷을 유니폼처럼 걸쳤고, 셰프의 토크(모자)를 유행시켰다. 그래서 우리는 프랑스 요리의 '시스템'을 언급할 때마다 그 원류를 위대한 카렘의 세기로 거슬러 올라가게 된다. 그의 사후 백 년이 지난 후에 오귀스트 에스코피에(Auguste Escoffier, 1846~1935)가 이 카렘의 시스템을 새로이 갱신하고 다시 개정하게 된다.

그러나 카렘의 요리 세계는 궁극적으로 '상류층의 요리관'에만 국한되어 있다. 그는 요리의 '상업화' 내지 '대중화'를 위해 책을 저술하지도, 또 요리를 '범주화'하지도 않았다. 그의 요리 스타일은 아무런 재정이나 물질적 제약을 받지 않고 상류층을 위한 최상의 요리를 만드는 것이었다. 그는 도제 수업을 마친 후 레스토랑이나 빵집에서 별로 일할 새도 없이 탈레랑이라는 거물급 인사에게 그대로 스카우트되었다. 카렘이 거의 고정불변의 '안정된 사회'에 대한 비전을 가지고 있었다면, 에스코피에는 자신의 요리책 서문에서 "사회는 항상 변한다."라고 적고 있다. 카렘은 러시아에서 귀국한 후 모든 음식을 한꺼번에 차려 놓는 '프랑스식 상차림' 대신에, 음식이 차례대로 하나씩 등장하는 '러시아식 상차림'을 도입한 것으로 알려져 있으나, 일각에서는 그가 매우 보수적이고 완고한 프랑스식 상차림의 옹호자였다고 주장한다. 실제로 카렘은 요리의 '개인주의화'를 별로 좋아하지 않았다. 그가 추구했던 것은 환상적인 요리의 전시, 즉 프랑스식 상차림이었다.

이 고전적인 프랑스식 상차림에서는 회식자들에게 선택할 메뉴가 제공되거나 공개되지 않으며, 셰프에게 모든 재량권이 주어진다. 결국 카렘은 프랑스 요리의 '위대한 집성가'인 에스코피에에게 좀 더 큰

요리의 건축가 카렘은 피에스 몽테(pièce montée, 데커레이션케이크)를 헬멧이나 터키의 사원, 그리스의 신전을 본떠 만들었다. 이 8층 케이크의 디자인은 1822년에 도안된 것이다.

그림을 그릴 수 있는 원대한 가능성을 숙제로 남겨준 셈이었다. 에스코피에는 후일 체계적인 '요리의 범주화'를 통해서 ① '요리 사단(brigade de cuisine)'의 조직, ② 셰프의 트레이닝, ③ 레스토랑의 수익화와 근대화 추구는 물론이고 ④ 정찬의 변화와 변화무쌍한 소비자 요구에 효율적으로 대처할 수 있었다. 그러나 이러한 시대적 한계성에도 불구하고 카렘은 미식의 존재 이유를 누구보다 명확하게 잘 이해하고 있었다. "잘 살려면 무엇보다 잘 먹어야 한다." "이 세상에 좋은 요리가 없다면 문학도, 높고 날카로운 지성도, 우호적인 모임도, 사회적인 조화도 더 이상 존재하지 않는다."라고 카렘은 그의 요리책《파리의 요리사 *Le Cuisinier parisien*》(1828년)의 서문에서 적고 있지 않은가.

3장

요리에서
미식법으로

20

가스트로노미의
탄생

"모든 행복은 여유 있는 아침 식사에 달렸다."

_ 존 건서(John Gunther, 1901~1970), 미국 저널리스트·작가

혁명 이후 제정기는 안정의 시대였고, 가스트로노미의 역사에서도
결정적인 전환기였다. 그것은 위대한 요리사(카렘), 위대한 미식가(탈레
랑, 캉바세레스), 이른바 '미식 가이드'를 발명한 가스트로노미의 이론가
들(그리모 드 라 레이니에르, 브리야사바랭)이 서로 공존했던 시대였다. 또
한, 제정기는 레스토랑의 확산과 음식 산업의 발달로 근대 미식학이
제자리를 잡아간 시기였고, '설탕의 대중화'에 기여한 사탕무(betterave
sucrière)의 개발과 니콜라 아페르(Nicolas François Appert, 1750~1841)의
병조림(통조림의 시조) 발명 등이 잇따른 혁신의 시대이기도 했다.

"동물들은 먹이를 먹고 인간은 음식을 먹는다. 정신세계를 소유한 인간만이 올바르게 먹는 법을 안다."

_ 장 앙텔름 브리야사바랭(Jean-Anthelme Brillat-Savarin, 1755~1826),

프랑스의 미식 이론가, 사법관·문인

✱ 아페르화(化)

나폴레옹은 간접적으로 통조림의 발명에 기여했다. 전쟁 당시에 군대에 괴혈병이 발생해서 많은 인적 손실을 초래하자, 1795년에 프랑스 정부는 음식을 신선하고 상하지 않게 오래 보존하는 방법을 개발한 사람에게 1만 2천 프랑의 상금을 주겠다고 약속했다. 그리고 15년이 지난 후 프랑스 제과업자인 니콜라 아페르가 그 상을 차지했다. 그래서 오늘날에도 통조림 식품을 열로 살균하여 밀폐된 용기에 저장하는

독일 화가 막스 리베르만(Max Liebermann, 1847~1935)의 〈통조림 공장에서 일하는 여인들〉(1879년)

방법을 '아페르화(appertisation)'라고 한다.

(가) 가스트로노미의 정의

'미식' 또는 '식도락'을 의미하는 프랑스어 가스트로노미 (gastronomie)는 '요리'가 아니라 요리에 대한 '지식(connaissance)'을 가리킨다. 《가스트로노미 La Gastronomie》(2007년)의 저자 장 비토 (Jean Vitaux)에 따르면, 이 가스트로노미란 용어는 비교적 최근 용어이다. 1801년에 시인이자 역사가·사회학자였던 조제프 베르슈(Joseph Berchoux, 1760~1838)가 그의 경쾌하고 익살맞은 시 〈가스트로노미〉에서 그 용어를 최초로 사용했다. 가스트로노미는 '위장'을 의미하는 '가스트로(gastro)'와 '규칙'을 의미하는 '노모스(nomos)'가 결합한 합성 어이다.

그러나 베르슈는 그렇게 유명한 시인은 아니었고, '가스트로노미의 진정한 창시자'는 바로 프랑스 법률가이자 진정한 식도락의 이론가였던 장 앙텔름 브리야사바랭이다. 브리야사바랭은 가스트로노미를 "음식을 먹는 우리 인간과 관련된 모든 것에 대한 체계적인 지식 (connaissance raisonnée)"이라 정의했다.

이처럼 가스트로노미는 요리가 아니라 지식을 가리킨다. 물론 대부분의 사람은 레스토랑에 지식을 찾으러 가는 것이 아니라 요리를 먹으러 간다. 1771년 《트레부 사전 Dictionnaire de Trévoux》에 따르면, 요리는 인간의 생리적인 욕구를 충족시키기 위해 요리하는 단순한 기술로만 정의되어 있다. 그러나 요리사의 역할은 점차 진화했다.

즉, 요리사가 공들여 만든 요리 속에 담긴 '섬세함(délicatesse)'과 관능적인 '쾌락(plaisir)'이란 인간의 식욕을 무한정 자극하고, 단순한 생리적 욕구를 넘어 인간이 음식을 미학적으로 즐기도록 하는 매우 어렵고 복잡한 기술에 속한다. 아카데미 프랑세즈(Académie Française, 프랑스 한림원)의 회원인 장 프랑수아 르벨(Jean-François Revel, 1924~2006)도 그의 저서《언어의 향연 *Festin en paroles*》(1979년)에서 "요리가 음식의 완성이라면, 가스트로노미는 요리 그 자체의 완성이다."라는 정의를 내렸다.

만일 가스트로노미가 단순히 음식을 먹고 영양분을 섭취하는 행위를 넘어서는 것이라면 과연 가스트로노미를 정의하는 요소는 무엇인가? 장 비토는 가스트로노미의 세 가지 필수 요소를 ① 기쁨(plaisir), ② 신선함(fraîcheur), 그리고 공생과 연회를 의미하는 ③ 콩비비알리테(convivialité)로 꼽았다. 비토에 따르면, 요리가 가스트로노미로 등극하려면 첫째로 '기쁨(쾌락)'이 필수적인 요소다. 맛의 결정이나 완성이 미각, 후각, 시각, 촉각 등 인간의 주관적인 감각들에 달렸고, 그것들을 충족시키는 것이어야 하기 때문에 요리는 모름지기 그것을 먹는 인간에게 진정한 식도락의 기쁨을 제공해야 한다. 둘째, 요리 재료는 반드시 신선해야 한다. 셋째, 요리는 미학적으로 전시되어야 하며, 그 훌륭한 진미를 음미하고 함께 공유할 회식자가 필요하다.

(나) 러시아식 상차림

당시 서비스 방식은 귀족의 양식을 모방했으나, 전통적인 '프랑스식 상차림(service à la française)'은 좀 더 근대적인 '러시아식 상차림(service à la russe)'으로 바뀌게 되었다. 이 러시아식 상차림이 프랑스에 전해지게 된 것은 러시아의 대사 알렉산더 쿠라킨(Alexander Kourakine, 1752~1818) 공의 덕분이었다. 그의 저택에서는 요리를 '미리 정해진 순서대로' 차례차례 서비스했다. 이 러시아식 상차림은 1801년대의 파리에서 점차 퍼져 나가 서구의 지배적인 서비스 방식이 되었다. 덕분에 회식자들은 식지 않은 '더운 음식'을 먹을 수 있었고, 누구나 같은 음식을 먹게 되었으므로 옆에 있는 사람이 더 좋은 것을 골라 맛있게 먹는 것을 시기심(?)을 가지고 바라볼 필요도 없었다.

회식자들은 자기에게 서비스한 음식만을 먹어야 했으며, 이 때문에 새로운 식사 예절이 필요하게 되었다. 중세까지 거슬러 올라가는 '가

브리야사바랭의 책 《미각의 생리학 *Physiologie du goût ou méditations de gastronomie transcendante, ouvrage théorique historique, et à l'ordre du jour*》의 표제(1848년)

르강튀아적(대식적인) 메뉴'는 사라지게 되었고, 음식의 '맛'뿐만 아니라 화려한 전시효과로 '눈'을 즐겁게 하는 요리의 전통들도 사라지게 되었다. 후식용 데커레이션케이크만이 유일하게 식탁에 남아 있게 되었으나 그것도 곧 과일이나 꽃으로 대체되었다. 이 러시아식 상차림의 가장 중요한 장점은 레스토랑 운영자들에게 식사의 계산을 훨씬 간편하게 해준다는 것이었다.

(다) 레스토랑의 대유행

당시 파리에서는 새로운 시가지들이 유행했으며, 여기에 발맞추어 새로운 레스토랑들이 속출했다. 산업혁명은 그 이전까지 사회 엘리트 계층에게만 국한되었던 레스토랑을 '민주화'하는 데 지대한 공헌을 했다. 19세기에 이 레스토랑들은 노동자, 장인, 학생들을 주요 고객층으로 받아들였다. 싸구려 식당 가고트(gargote), 야외에서 먹고 마시며 춤도 추는 교외의 낭만적인 술집 갱게트(guinguette) 등이 생겨나서 비교적 값싼 가격으로도 원기를 회복하는 고기 수프를 먹을 수 있는 안성맞춤의 외식 장소를 제공했다.

파리에서 가장 유명한 최고급 레스토랑들은 팔레루아얄 근처에 옹기종기 모여 있었다. '카페 드 샤르트르(Café de Chartres)'는 오늘날 '그랑 베푸르(Grand Véfour)' 레스토랑의 전신이라고 할 수 있는데, 종류가 무려 500가지가 넘는 다양한 고급 메뉴를 귀족, 지식인, 미식가 등 최상의 엘리트 고객들에게 제공했다. 1802년에 장 베푸르(Jean

180여 가지의 다채로운 요리를 제공했던 파리의 레스토랑 '르 베리(le Véry)'의 실내 정경(1803년). 애완견 출입이 자유롭게 허용되고 있다.

Véfour)란 자수성가형의 미스터리한 인물이 카페를 인수해서 그것을 럭셔리한 레스토랑으로 바꾸는 데 성공했다. 루아르 지방 출신의 베푸르는 미래의 국왕인 루이 필리프 1세(Louis Philippe I, 1773~1850)의 요리사였다는 소문이 있었지만, 그에 대한 증거는 발견되지 않았다.

그의 이름을 딴 '그랑 베푸르' 레스토랑은 거의 백 년 동안 파리의 정치·예술의 중요한 랑데부(회합) 장소가 되었다. 이 레스토랑의 유명 고객들로는 나폴레옹과 조제핀 부부, 프랑스 정치가 파트리스 드 막마옹(Marie Edmé Patrice Maurice de MacMahon, 1808~1893), 프랑스 여류 소설가 조르주 상드(George Sand, 1804~1876), 시인이자 정치가인 알퐁스 드 라마르틴(Alphonse de Lamartine, 1790~1869), 대문호 빅토

레 밀 콜론느 레스토랑(1900년대)

르 위고(Victor-Marie Hugo, 1802~1885) 등을 들 수 있다. '레 밀 콜론느(les Milles Colonnes)', 고급 요리의 메카였던 '라 메종 슈베(la Maison Chevet)', '라 메종 카렘(la Maison Marion-Carême)', '카페 드 라 페(Café de la Paix)'가 1822년에 문을 열었다. 당시의 유명 특급 레스토랑들은 이른바 요리사들의 학파를 형성할 정도로 그 권위와 위세를 떨쳤다. 이보다 한 단계 낮은 중위권 레스토랑들은 단연 수적인 면에서 우세했다. 이 중위권 레스토랑들은 일반 서민들을 주 고객층으로 했기 때문에 '부르주아 요리'의 간판을 더욱 선호했다. 중산층을 겨냥한 레스토랑들은 1832년에 세워진 '레스카르고 드 몽토르게이(L'escargot de Montorgeuil)'를 모델로 해서, 맛이 훌륭한 전통 요리나 재정 부담이 그리 크지 않은 경제적인 요리들을 선보였다. 그런데 이 '레스카르고 드 몽토르게이'는 레스토랑이 아니라 '비스트로(bistrot)'이며, 오늘날까지

비스트로 '레스카르고 드 몽토르게이(L'escargot de Montorgeuil)'의 실내 모습

도 건재하고 있다.

* **비스트로(bistrot)**

브르타뉴 지방의 명물 '크레프(crêpe)'[70]나 알프스 산악 지방의 특산 요리 '타르티플레트(tartiflette)'[71], 미디 피레네(Midi-Pyrénées) 지방의 고유한 억양 사투리와 마찬가지로 비스트로는 파리의 일상생활과 매우 밀착되어 있는 파리의 명물이다. 비스트로란 카페, 레스토랑, 바(술집)의 기능이 서로 혼융되어 있는 일종의 간이 레스토랑을 일컫는 말

---

70 밀가루·우유·달걀을 반죽해 넓적하게 부친 전 같은 요리.
71 사부아(Savoie) 지방의 전통 치즈인 르블로숑(reblochon), 감자, 돼지기름, 양파를 넣어 오븐에서 굽는다. 프랑스 사람들이 겨울에 많이 먹는 요리이다.

'카페 드 라 페'의 고급한 실내 정경

이다. 그곳에서는 커피나 술 같은 음료도 마시고 전통적인 프랑스 요리들을 맛볼 수 있다. 너무 격식을 차리거나 점잔을 빼지 않고 대중적이며 가족적인 분위기에서 합리적인 가격으로 신속한 서비스를 받으면서 프랑스 전통 요리를 맛볼 수 있다는 것이 이 '비스토로 파리지엥(bistro parisien)'의 성공 요인이다. 그런데 왜 이 간이 레스토랑의 이름이 하필이면 비스트로인지는 신비한 베일에 가려져 있다.

이 말이 최초로 등장한 것은 사제 모로(Moreau)가 쓴 《로켓의 추억 Souvenirs de la Roquette》(1884년)에서인데, 음료를 마시거나 간단한 요리를 먹을 수 있는 카페를 지칭하는 용어였다. 그리고 다른 가설은 역사가들이 좋아하는 가설인데, 1814년 파리가 대불연합군에 점령되었을 당시 러시아 황제 알렉산드르 1세의 기병대가 음료를 주문할 때 러시아로 "빨리, 빨리!"라고 재촉했던 것에서 나왔다는 설이다. 그것이 프랑스어로는 '비스트로'로 들렸으며, 여기에서 비스트로

한편, 부용(bouillon) 레스토랑이 등장했다. 제2제정기(1852~1870)에
산업혁명의 발달로 파리에는 노동자와 종업원 숫자가 급속히 증가했
다. 그래서 1855년에 영리한 정육업자 피에르 루이 뒤발(Pierre-Louis
Duval, 1811~1870)이 최초로 부용 식당을 열었다. 그는 파리 레알(Les
Halles) 시장에서 일하는 노동자들에게 고기 한 접시에 뜨거운 김이 모

프랑스 화가 장 베로(Jean Béraud, 1849~1935)의 〈비스트로에서 *Au Bistro*〉.

LE BOUILLON DUVAL DANS LE PARC DU CHAMP-DE-MARS.

1878년 파리 만국박람회 당시에 샹드마르스(Champ-de-Mars) 공원에 있던 뒤발의 부용 레스토랑 내부

락거리는 부용 수프를 제공했는데, 새로운 유형의 신속한 외식 산업이었다. 1900년에는 파리에 대략 250개의 부용 레스토랑이 있었는데, 이는 인기 있는 '체인 레스토랑'의 효시가 되었다. 좀 더 고급스러운 부용 레스토랑에서는 손님들에게 독서실이나 다른 위락시설을 서비스로 제공했다.

19세기 말에 탄생한 레스토랑 건물들은 매우 공들인 '아르누보(art nouveau)'[72], 그다음에는 '아르데코(art déco)'[73] 양식으로 지어졌으며,

---

[72] 19세기 말부터 20세기 초에 걸친 프랑스·벨기에의 미술 공예 양식으로, 곡선미가 특징이다.

[73] 1910년대에서 1930년대에 걸쳐 프랑스 파리를 중심으로 서유럽에서 번창한 건축, 공예, 회화 따위의 예술 양식. 그 이전의 아르누보(art nouveau)가 곡선미가 특징이라면, 아르데코는 현대 도시 생활에 알맞은 실용적이고 단순하고 직선적 디자인이 특징이다.

파리에서 개최된 만국박람회는 이러한 경향을 더욱 부채질했다. 그래서 당시 레스토랑들은 아르누보 스타일의 섬세하고 우아하게 조각된 나무와 도자기, 거울, 글라스 페인팅 기법으로 미려하게 장식되었다. 오늘날에는 부용 레스토랑이 그다지 많이 남아 있지 않은데, 포부르 몽마르트르(Faubourg Montmartre)나 라신 거리에 있는 부용 레스토랑들은 가장 바로크적인 아르누보 스타일의 위용을 자랑한다. 특히, 포부르 몽마르트르 거리의 '샤르티에(Chartier)' 부용 레스토랑이 젊은 외국 관광객들에게 가장 인기가 높다고 한다.

21

식탁 위의
평등

"나는 인간의 평등을 믿는다. 그리고 나는 종교적인 임무가 정의를 행하고 자비를 사랑하며, 우리의 동포를 행복하게 하려고 노력하는 것임을 믿는다."

_ 토머스 페인(Thomas Paine, 1737~1809), 미국 건국의 아버지,

작가, 국제적 혁명이론가

그렇다면 19세기 서민들의 식사는 어떠하였는가? 마르크스 사가인 알베르 소불(Albert Marius Soboul, 1914~1982)은 그의 저서 《나폴레옹 시대의 프랑스》(1983년)에서 제정 시대 노동자들의 식생활을 연구했다. 혁명 이후 가장 현저한 식생활의 변화를 꼽는다면 그것은 신선한 '고기 소비의 증가'였다. 당시 파리의 노동자들은 거의 주말마다 동료들끼리 또는 가족끼리 파리 근교나 외곽 지역에 흩어져 있는 야외 선

네덜란드 화가 빈센트 반 고흐(Vincent van Gogh, 1853~1890)가 그린 〈갱게트〉의 풍경(1886년). 1880년대 철도 산업의 발전과 파리의 동부 교외 지역을 연결하는 바스티유 철도역의 건설로 갱게트는 놀랄 만큼 번창했다.

술집 갱게트에서 비교적 싼 가격의 고기나 포도주 따위를 기분 좋게 주문해서 먹곤 했다. 이를 혹자는 '18세기의 (대중) 소비 혁명'이라고 지칭하기도 한다.

1806년 파리 입시세(入市稅, octroi) 장부를 근거로 한 통계조사에 따르면, 제정 시대 파리 일반 시민의 식생활은 다양하고 대체로 만족할 만한 수준이었다. 당시 파리를 통과하는 거의 모든 종류의 음식 품목들에는 간접 소비세의 일종인 입시세가 부과되었다. 반면, 파리의 변두리 지역은 이 입시세를 내지 않았기 때문에 파리보다 가격이 훨씬 저렴할 수밖에 없어 값싼 갱게트나 카바레 따위가 번창했다. 그곳은 파리 노동자들의 즐거운 휴식처요, 생활과 집단 오락의 공간이었으나, 경찰 당국에는 위험한 장소, 즉 범죄의 온상이었다. 그렇지만 경찰관들 역시 이 갱게트의 오랜 단골인 경우가 많았다. 그러나 제아무리 부유한 장인의 식탁이라고 해도, 3인의 집정관의 하나였던 캉바세레스의 호화스러운 만찬에 비하면 그야말로 초라하기 짝이 없었다. 제정 시대에는 '미식의 르네상스'가 다시 화려한 꽃을 피웠으나, 한편으로 앙시앵레짐의 어두운 유산인 기아가 여전히 존재했다. 과거 영국 노동자들의 생활 수준에 관한 논쟁과 마찬가지로 프랑스에서도 '과연 1789년을 기점으로 노동자들의 생활 수준은 개선되었는가 아니면 악화하였는가'를 두고 식생활 수준에 관한 논쟁이 활기차게 전개되었다. 프랑스판 낙관론자로 꼽히는 중세사가 로베르 필리프(Robert Philippe, 1924~1998)는 화학자 앙투안 로랑 라부아지에(Antoine Laurent Lavoisier, 1743~1794)의 입시세 장부 연구를 바탕으로 1789년 파리 시민의 평균적인 영양학 칼로리를 계산했다.[74] 그 결과 그는 '1789년의 파리 시민들은 잘 먹고 잘살았다'는 결론에 다다랐다.

"만일 식탁 위에 김이 모락거리는 수프만 있다면, 파리 시민은 불평

---

74 혁명 당시 국민의회는 직접 토지 단일세를 책정하기 위해 화학자이며 징세 청부업자인 라부아지에에게 프랑스 국가의 전체적인 부를 추정해 달라고 요청했다. 라부아지에는 '생산=소비'라는 기본적인 등식의 전제하에 전체 생산량을 구하기 위해 전체 소비와 특히 파리의 소비 상태를 연구했다. 이는 앙시앵레짐 말기 파리 시민의 식생활 연구에 관한 가장 소중한 통계자료이다.

은 할지언정 결코 거리로 봉기하기 위해 뛰쳐나오지는 않는다!"

타고난 선동가였던 레츠 추기경(Jean François Paul de Gondi Cardinal de Retz, 1613~1679)은 이렇게 호언장담한 적이 있다. 로베르 필리프의 결론대로 만약 앙시앵레짐 말기에 파리 시민이 그처럼 잘 먹고 잘살았다면 왜 파리의 한복판에서 1789년의 대혁명이 발생했을까? 라부아지에는 1789년의 파리 시민의 1일 고기 소비량을 200g으로 측정했지만, 또 다른 마르크스 사가인 피에르 빌라(Pierre Villar)가 언급한대로, 사람은 추상적인 '평균'만으로는 살아갈 수 없다. 로베르 필리프의 지나치게 안이한 결론에 대하여, 알베르 소불 역시 "도대체 이것이 부유한 징세 청부업자의 수준인가? 아니면 근근이 생활하는 비참한 일용 노동자나 상퀼로트의 생활 수준인가?"라고 반문했다. 소불은 통계학적인 숫자 놀음으로는 가능할지 모르나, 사회학적으로는 도저히 인정할 수 없는 언어도단의 결론이라고 주장했다. 경제사가 에르네스트 라브루스(Camille−Ernest Labrousse, 1895~1988)도 앙시앵레짐의 '위기'에 대한 그의 명저에서 실질임금의 하락과 물가의 주기적인 상승, 즉 인플레와 저임금, 또 언제 해고될지 모르는 불안과 기아의 위협속에서 살았던 민중들의 생활고를 통계적으로 연구했다. 이처럼 앙시앵레짐기에 심각한 사회문제로 대두되었던 '빈부의 격차'는 혁명을 기점으로 해서 좁혀지기는커녕 점점 가속화되었는데, 이런 불평등 현상은 19세기 말까지도 계속되었다.

항상 급하게 음식을 가리지 않고 분별없이 먹었기 때문에 결국 위궤

양으로 죽기는 했지만, 나폴레옹에게는 '식사의 평등'에 관한 재미있는 일화가 있다. 이탈리아 원정을 마친 후 나폴레옹은 툴롱 근처의 어느 시장 집에 초대되었다. 이 젊은 승리자를 축하하기 위해 시장은 멋지고 정교한 크리스털 잔을 내놓았고, 다른 회식자들에게는 보통 유리잔을 내놓았다. 나폴레옹은 주인에게 요리에 대한 칭찬을 아끼지 않았으나, 단 한 가지에 대해서만큼은 비평했다. "인권선언은 유리잔과 병 앞에서도 시민의 평등을 선언했다는 것을 명심하기로 합시다!" 이런 일화에서도 알 수 있듯이 앙시앵레짐기에는 주빈에서 하인에 이르기까지 신분의 고하에 따라 순서대로 차등 있게 음식이 재분배되었으나, 혁명 이후에는 적어도 회식자 사이에서는 평등이 실현되었다고 본다.

여담이지만 신체 좋고 전투 경험이 많고 지적이기도 했던 앙리 4세(Henri IV, 1553~1610)는 군주로서는 보기 드물게 소탈한 성격 덕분에 프랑스 국민, 주로 하층민 사이에서 인기가 높았다. 그는 일요일마다 프랑스 노동자들이 모두 냄비 속에 든 '닭찜 요리(poule au pot)'를 먹게 하겠다고 장담한 적이 있는데, 《프랑스 미식 가이드 *Guide gourmand de la France*》에서 공저자인 앙리 고(Henri Gault)와 크리스티앙 미요(Chistian Millau)는 이에 대해 유사 이래 '가장 훌륭한 선전 문구'라며 찬사를 아끼지 않았다. 근대적인 포퓰리스트 정치가의 선구자 격인 나폴레옹 역시 앙리 4세의 교훈을 그대로 실천했다. 그는 어느 날 센(Seine) 강가에서 "이렇게 질이 좋지 않은 밀가루를 우리 파리

농가를 찾은 앙리 4세. 아낙네가 막 식탁 위에 김이 모락거리는 닭찜 요리를 올려놓으려는 장면.

시민들이 먹어서는 안 된다."라고 말하면서 질 나쁜 밀가루 부대를 모두 강에 버리라고 명령했다. 주변에서 구경하던 파리 시민들이 모두 환호성을 올렸음은 두말할 나위도 없다. 왕정복고기에 프랑스에서 가장 인기가 없던 인물 중 하나였던 루이 18세 역시 그의 훌륭한 선조가 써먹은 적이 있는 케케묵은 닭찜 요리의 선전 문구를 되풀이해서 사용했다. 그래서 이러한 얄팍한 세태를 풍자하는 다음과 같은 동요가 유행했다. "200년 동안 우리에게 닭고기를 주겠다고 공약했지만, 이제는 애꿎은 닭털만 계속 뽑으면서 우리를 등쳐 먹는구나!"

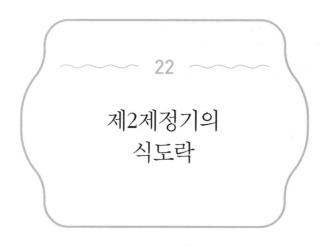

22

제2제정기의
식도락

황제 부부는 서로 머리를 맞대고 종종 식사했으나, 둘 다 미식가
는 아니었다. 독일 작곡가 바그너나 체코 작곡가 스메타나의 후원
자이기도 했던 사교계의 여류 명사 폴린 폰 메테르니히(Pauline von
Metternich, 1836~1921)는 "궁정에서의 식사는 훌륭하고 양은 많아도
결코 세련된 것은 아니었다."라고 인색하게 평가했다. 국민이 선출한
황제 나폴레옹 3세(재위: 1852~1870)에게 중요했던 것은 자본주의적
생산과 은행, 그리고 산업이었다. 통치자로서 나폴레옹 3세는 근대적
인 수도 파리에 대한 위대한 비전이 있었다. 그는 새로운 도시재생을
위해 거대한 토목공사를 대대적으로 추진했다. 당시 파리 시장 오스
만(Georges-Eugène Haussmann, 1809~1891) 남작의 지휘 아래 파리 중
심부에는 넓은 가로수 길과 대로가 조성되었고, 이 시기에 파리 북역

프랑스 화가 장 레옹 제롬(Jean-Léon Gérôme, 1824~1904)의 〈나폴레옹 황제와 외제니 황후〉
(1864년)

(Gare du Nord)[75]이나 파리의 오페라 하우스 같은 새로운 건물들이 제
2제정기의 독특하고 화려한 양식으로 지어졌다. 그래서 중세 이래 좁
은 길들이 마치 미로 같이 얽혀진 옛 도시 파리의 미관이 정리되었지
만,[76] 새로운 파리는 가진 자들을 위한 것이었기 때문에 사회 격리 현
상은 더욱 심화하였고, 파리의 심장부에서 쫓겨난 노동자들은 변두리

---

75 파리 북역(Gare du Nord)은 파리 10구에 있는 프랑스 국철(SNCF), 파리교통공단(RATP)의 역이
다.
76 원래 목적은 시가전으로 이용되던 도로들을 확장하고 돌을 아스팔트로 바꾸어 상퀼로트 시절부
터 저력을 발휘해 온 파리 민중들의 시위를 막고자 함이었다.

나폴레옹 3세의 식당

나 파리의 외곽 지역의 값싼 주거지를 찾아다녔다. 그러나 파리의 전
면적인 개조 작업은 곧 외국인들의 관심을 집중시켰고 파리는 모든 유
행의 메카가 되었다.

　프랑스혁명 이후 국왕 일인의 처소였던 루브르궁은 1793년부터 '만
인을 위한 박물관'이 되었다. 그래서 루브르궁 옆의 튈르리궁에 국왕
과 황제들이 살았지만, 1871년에 튈르리궁은 방화로 소실되었고 다
시는 재건되지 않았다. 오늘날 루브르 박물관을 방문하는 사람들은
나폴레옹 3세의 치세기에 이곳에 새로운 건물이 증축되었다는 사실
을 잘 알지 못한다. 1853년부터 5년간 3천 명의 건축가와 150명의 조

각가가 공사에 참여했으며, 1850년대에 리슐리외관(Richelieu Wing) 쪽에 접견 살롱, 식당, 침실 등을 갖춘 나폴레옹 3세의 방들이 지어졌다. 으리으리한 샹들리에와 화려한 가구와 카펫이 제2제정기의 장식미술을 잘 반영하고 있다. 나폴레옹 3세의 식당은 50명이 앉을 수 있는 커다란 테이블에 보석 세공사 샤를 크리스토플(Charles Christofle, 1805~1863)이 제작한 은촛대들이 진열되어 있으며, 천장에는 이 시대의 풍요로움을 상징하는 웅장한 프레스코화가 그려져 있다.

> "황후는 정통 왕조파, 나의 사촌은 공화주의자, 모르니는 오를레앙파, 나 자신은 사회주의자, 유일한 보나파르트주의자는 내무대신 페르시니 공밖에 없다. 그런데 그는 머리가 돈 사람이다."
>
> _ 나폴레옹 3세(Napoléon III, 1808~1873), 프랑스 제2제정기 황제

(가) 1855년 보르도와인의 등급 매기기

1855년 당시 파리 산업관의 정경

프랑스 포도주의 역사에서 '1855년의 만국박람회'는 매우 중요하다. 프랑스의 경제적 성공을 대외적으로 알리기 위해 나폴레옹 3세가 개최한 이 박람회에서 '1855년 공식 보르도와인 분류법'이 최초로 만들어졌다. 이 1855년의 분류법은 포도주 산업에 영속적인 영향을 미쳤으며, 보르도와인의 마케팅에서도 오늘날까지 막강한 영향력을 행사하고 있다.

나폴레옹 3세는 파리 만국박람회에 전시되는 포도주 분류법을 요구했다. 국제적인 박람회는 새로운 기술을 전시하고, 예술에서 요리에 이르기까지 다양한 지역 문화를 기념할 수 있는 좋은 기회였을 뿐 아니라, 학제 간 정보 교환의 허브가 되었다. 한 산업의 전시 성공은 또 다른 산업 분야에도 혁명적인 기폭제가 될 수 있기 때문이다. 황제로 즉위한 지 얼마 안 된 그에게 만국박람회의 성공은 매우 중요했을뿐더러, 1851년에 세계의 이목을 사로잡았던 런던 만국박람회의 성공을 능가하려는 강한 야망이 있었다. 나폴레옹 3세는 사촌인 나폴레옹 공(Prince Jérôme Napoléon, 1822~1891)에게 박람회 총책을 맡겼다. 두 사람은 런던의 수정궁(Crystal Palace)[77]에 필적할 만한 웅대한 '산업관(Palais de l'Industrie)'을 세우도록 명했다.

산업관의 건물 구조는 어찌나 방대했던지 길이는 축구장 3개 정도였고, 넓이는 축구장 하나만 했다고 한다. 거기에다 관람객들을 수용

---

[77] 수정궁은 1851년 런던에 철골과 유리로 만들어 세웠던 만국박람회용 건물로, 1936년에 소실되었다.

〈뜨거운 열파 속에서도 박람회장의 바에서 포도주를 단숨에 들이키는 사람들〉 프랑스 만화가 오노레 도미에Honoré Daumier(1808~1879)가 스케치한 풍자화(1855년)

하기 위한 부속 건물도 여러 채 지었다. 나폴레옹 3세는 이전 박람회들과의 차별화를 위해 이 파리 박람회에는 '시장' 분위기를 가미했다. 그래서 산업관 실내에 있는 모든 것에는 판매용 가격표가 붙었다. 이러한 목적을 위해 1855년 포도주 분류법이 탄생한 것이다. 모든 것에 가격표가 붙었기 때문에 가장 최상급 포도주는 당연히 가장 비싼 것이라는 전제하에서 모든 포도주의 가격과 질을 단계별로 책정했다. 이처럼 포도주를 박람회의 주요 전시 품목으로 만든 것은 파리 만국박람회가 런던 만국박람회보다 우위임을 입증하는 것이었고, 그 덕분에 프랑스 포도주는 세계적으로 그 품질을 인정받게 되었다. 그것은 당시 영국과 비교해 볼 때 포도주가 얼마나 프랑스에 중요한 것인지를 입증하는 것이기도 했다.

그때의 통계자료를 살펴보면, 파리 시민들의 1인당 포도주 소비량은 영국과 아일랜드 주민들의 것을 몽땅 합친 것보다 5배나 더 많다는 것을 알 수가 있다. 그렇다면 과연 박람회는 포도주 판매에 얼마나 성공을 거두었을까? 산업관이 거대한 통풍장치에다 광활한 면적이었는데도 밀려드는 인파로 인해 실내는 하루 종일 매우 더웠다고 알려져 있다. 과연 매출액이 얼마였는지 정확하게 말하기는 어렵지만, 과거수 세기 동안 포도주 질의 향상을 위한 '인간의 노동과 포도 산지 특성(typicité)의 집대성'이라고 할 수 있는 포도주 품질 등급의 분류 체계는 오늘날까지도 대단한 영향력을 행사하고 있다. 초기에는 그저 리스트에 불과했으나, 이 품질 등급은 향후 150년 이상이나 국제 포도주 시장에서 지배적인 위치를 점하고 있다.

(나) 마가린의 발명

"나는 마가린보다는 당연히 버터를 선호한다. 그 이유는 화학자보다는 젖소를 더욱 신뢰하기 때문이다."

_ 조안 다이 거소우(Joan Dye Gussow, 1928〜), 미국 교수·작가

마가린 광고(1893년).

마가린은 1869년에 프랑스에서 최초로 발명되었다. 나폴레옹 3세의 도전(?)에 의한 응답으로 프랑스 화학자 이폴리트 메주 무리에(Hippolyte Mège-Mouriès, 1817~1880)가 군대와 하층민들을 위해서 쇠기름으로 버터 대용품을 창조했다. 그것은 라틴어의 '올레움(oleum, 올리브유)'과 그리스어의 '마르가리테(margarite, 진주)'의 합성어로, '올레오마가린(oleomargarine, 인조 버터)'이라 불리다가 후에 마가린이 되었다.

강력한 제국주의 팽창 정책을 펼쳐 크림전쟁(1854~1856)과 멕시코 원정 등 수많은 전쟁을 치렀던 나폴레옹 3세는 새로운 전투식량이 절실하게 필요했다. 당시 프랑스에서 쓰는 조리용 기름은 대부분 버터였다. 하지만 당시 버터는 값비싼 식품이었고 오래 보관할 수도 없었다. 잦은 전쟁을 치르던 프랑스로서는 군인들이 휴대하기 좋고 일반 서민들도 쉽게 먹을 수 있는 새로운 지방 공급원이 필요했다. 나폴레옹 3세는 누구든지 버터 대용품을 발명하는 자에게는 커다란 상금을 주겠노라고 제의했다.

무리에는 마가린을 발명한 공로
로 레지옹도뇌르 훈장(Ordre de la
Légion d'honneur)까지 받았다고 한
다. 1869년에 그는 마가린에 대한
특허를 내고 파리 교외에 공장을 차
렸지만, 상업적인 성공도 거두지 못
하고 1880년에 극빈자로 사망했다.
현재의 마가린은 식물성 기름을 사
용한다. 그러나 그 당시 마가린은

프랑스 화학자 이폴리트 메주 무
리에(Hippolyte Mège-Mouriès,
1817~1880)

생선이나 고래기름으로 만들어 탈취 공정도 제대로 거치지 않아 냄새
가 나는 데다 색깔도 허연색이라서 별로 인기가 없었다. 1871년에 그
는 특허권을 네덜란드 회사인 '위르겐(Jurgen)'에 팔았다. 이 회사는 무
리에의 레시피를 개량해서 세계적인 마가린과 비누 제조회사(오늘날
유니레버)가 되었다.

(다) 제2제정기의 레스토랑: 문학 세나클(cénacle, 소모임)의 유행

이 시대 주방의 혁신은 석탄 대신에 편리한 가스로 요리를 했
다는 점이다. 문헌학자이자 소설가인 모리스 알렘(Maurice Allem,
1872~1959)은 "이 세상에서 가장 멋있고 위대한 발명품 중 하나가 바
로 가스로 조리하는 것이다. 나는 과연 가스로 어떤 부용(bouillon, 수
프)을 준비할 것인가!"라면서 감탄사를 연발해 마지않았다. 가스레인

19세기 앙리 2세 스타일의 식탁

비스퀴 드 사부아
(biscuit de Savoie)

파르 브르통(far breton)

지가 등장하기 전까지 시골에서는 가토(과자, 케이크)를 빵 굽는 화덕에서 구웠다.[78] 화덕이 식는 사이에 '쇼송 오 폼므(chausson aux pommes, 애플 잼이 든 파이)'[79], '팽 오 레(pains au lait(우유 빵)', 과일 빵을 구웠다. 보통 화덕은 마을의 축제나 결혼식, 추수나 포도 수확기 때 공동 식사를 위해 지펴졌다. 사부아 지방의 '비스퀴 드 사부아(biscuit de Savoie)', 브르타뉴 지방의 '파르 브르통(far breton)', 바스크 지방의 '가토 바스크(gâteau basque)' 등 지역마다 그 지역을 대표하는 가토가 있었다. 보통 때는 아궁이의 숯 위에 투르트 굽는 기구나 스튜 냄비를 올려놓고 가토를 구웠다. 시골 아낙네들은 손잡이가 긴 프라이팬에 크레프(crêpe)[80]나 도넛을 튀기기도 했다.

그러나 이 가스 발명을 빼놓는다면, 1860년대의 부르주아들의 식생활은 1830년대 아버지 세대의 그것과 별다른 차이가 없었다. 그들은 오후 6시 반경에 가족과 함께 앙리 2세 스타일의 떡갈나무 식탁이 놓인 식당에서 가족과 함께 저녁 식사를 했다(점심은 보통 11시경). 그들은 때때로 레스토랑에서 저녁을 먹기도 했다. 제2제정기에도 레스토랑은 대유행이었다. 특히, 작가, 예술가, 정치인 등 전문직에 종사자끼리의 소규모 회식이 유명했다. 1862년 11월 삽화가 폴 가바

---

78 빵집의 화덕에서 커다란 가토나 과일 타르트(tarte, 잼 파이)를 구웠다.

79 잼이든 파이 빵을 쇼송(chausson)이라고 한다.

80 밀가루·우유·달걀을 반죽해 전처럼 넓적하게 부친 크레프 빵.

지금은 사라진 마니 레
스토랑의 골목

르니(Paul Gavarni, 1804~1866)와 문학 비평가 샤를 생트뵈브Charles Augustin Sainte-Beuve, 1804~1869)의 주도로 창설된 문인, 지식인들의 모임인 '마니의 정찬(Dîner Magny)' 참가자들은 한 달에 두 번씩 마니 레스토랑에 정기적으로 모여 회식을 가졌다. 회식자 전원이 남성이었으나, 그들은 오랜 주저와 망설임 끝에 여류 작가 조르주 상드(George Sand, 1804~1876)의 참여를 유일하게 허락했다. 마니의 주요 회식자들은 생트뵈브와 가바르니 외에도 시인 테오필 고티에(Théophile Gautier, 1811~1872), 귀스타브 플로베르(Gustave Flaubert, 1821~1880), 기 드 모파상(Guy de Maupassant, 1850~1893), 이폴리트 텐(Hippolyte-Adolphe Taine, 1828~1893) 등 샛별같이 빛나는 작가와 저명한 학자들이 포진되어 있었다. 역시 마니의 회식자였던 공쿠르(Goncourt) 형제도 그들의 저널에서 마니의 정찬을 소개했지만, 알렘은 그들의 담화가 역사학자 이폴리트 텐의 마음에 전혀 들지 않았다고 언급했다. "이렇게 평범한 대화만 계속 나눌 거라면 나나 내 친구들은 아마도 그곳에 세 번 이상은 가지 않을 것이라오!"(이폴리트 텐)

1852년부터 레스토랑의 메뉴(차림표)가 진열대에 게시되었다. 이런 아이디어를 낸 이는 생소베르(Saint-Sauveur) 거리의 한 레스토랑 주인이었다고 한다. 당시 〈1855년 파리 여행 가이드〉 책자에 따르면, 부르스(Bourse) 거리의 레스토랑에서 여행객이 단돈 1프랑만 지불하면 두툼한 로스트비프, 감자와 야채, 그리고 작은 포도주 한 병과 빵을 마음껏 먹을 수 있다고 소개하고 있다. 19세기 중반부터 레스토랑의 대중화 역사가 이미 진행되고 있었다.

"모든 열정 가운데 내게 가장 존경할 만한 유일한 열정은 바로 음식에 대한 열정이다.

_ 기 드 모파상(Guy de Maupassant, 1850~1893), 근대 단편소설의 아버지

부르주아 요리

"모든 마르크스주의자들이 이미 알고 있듯이, 이데올로기가 궁극적으로 낙천적인 인문주의로 이동한 것은 부르주아의 성장과 귀족의 몰락에 필요 불가결인 것이었다."

_ 미국 음악가 테레 탬리츠(Terre Thaemlitz, 1968~)

이제부터 부르주아 요리에 관해 얘기해보자. 프랑스혁명은 최종 승자인 부르주아 시대의 위대한 강림을 알리는 역사적 사건이었다. 구 귀족의 바통을 이어받은 이 새로운 경제 계급은 자기 계급의 부와 권력을 대외적으로 표명하기 위해 요리, 즉 가스트로노미를 정치적·문화적으로 교묘하게 이용했다. "네가 누구인지 모른다면, 네가 뭘 먹는지를 말해주면 내가 가르쳐 주마!" 브리야사바랭의 이 진솔한 명언처

파리의 유명 레스토랑 '레 트루아 프레르 프로방스(Les Trois Frères Provençaux, 1842년)'의 내부 전경. 잘 빼입은 부르주아들이 레스토랑이라는 고급 사교 무대에서 매우 유유자적하게 즐기는 모습.

럼 요리와 식탁 예절은 여전히 사회계급의 표시가 되었다. 위 그림에서도 알 수 있듯이 레스토랑은 부르주아의 일상생활에서 매우 중요한 일부가 되었다. 레스토랑은 요리의 진미를 음미하는 장소일뿐더러 귀족으로 신분 상승을 꾀하는 일종의 사다리였다. 레스토랑은 최신 유행의 의상과 부, 그리고 집에서 열심히 예행연습을 한 '매너'를 과시하기 위한 부르주아들의 사교 모임 장소였다. 당시에는 상류사회를 열망하는 부르주아 계급을 위한 식사 에티켓 책자가 많이 나왔다.

〈예절 없는 테이블 매너〉

위의 그림에 나오는 사람들은 식탁 옆에 서 있거나 심지어 마룻바닥에 거의 드러누운 이도 있다. 그나마 식탁보가 있는 것은 다행이지만, 식탁 위에 유일한 영양 공급원인 커다란 음식 그릇이 하나 달랑 있고, 모든 사람이 그것을 먹고 있다. 거기에는 다른 식기나 냅킨, 유리컵도 없다. 모든 회식자의 값비싼 옷차림에도 불구하고 매우 단정치 못하고 가발도 비딱하게 씌워 있으며, 코트도 풀어헤친 상태이다.

〈예의 바른 테이블 매너〉

여기서 테이블이 작고 간소한 것은 식사 에티켓에서 음식보다는 고상한 '대화'가 훨씬 중요하다는 것을 강조하기 위함이다. 앞의 강아지가 접시의 먹이를 비운다는 것은 강아지조차도 접시를 사용한다는 예절 바름을 과시하기 위함이다.

식탁 위에 앉은 남녀 모두 곧고 바른 자세이며, 냅킨을 사용하고 있다. 또한, 하인들이 옆에서 식사 시중을 든다는 것은 '부와 지배'의 상징이다.

(가) 식사 예절

- 식탁에 앉자마자 장갑을 벗으시오. 당신의 테이블 냅킨을 펼쳐서 무릎에 올려놓고 그 밑에 장갑을 놓으시오. 그리고 접시 왼편에 둥근 빵을 놓으시오.

- 먹을 때는 항상 입을 다물고, 음식을 먹거나 음료를 마실 때 절대 소리를 내지 마시오.

- 마지막 한 숟가락의 소량을 비우기 위해서 절대로 수프 접시를 기울이지 마시오.

- 채소는 포크를 사용하고, 빵은 손으로 우아하게 잘라 드시오.

- 생선과 과일은 은제 나이프와 포크를 사용하시오. 만일 생선용 은제 포크가 구비되어 있지 않다면 왼쪽의 빵과 오른쪽의 포크를 대신 사용하시오.
- 여성들은 디너파티에서 치즈를 먹지 마시오. 또한, 디저트 타임에 술이나 포도주를 마시지 마시오. 치즈를 먹을 때는 나이프가 아닌 포크를 사용하시오.[81]
- 절대 음식으로 장난치지 마시오. 빵을 공연히 부스러뜨리거나 유리컵이나 은제 포크 따위를 불필요하게 만지작거리지 마시오.
- 아무도 다른 이의 건강을 위해 건배하자는 요청을 거절하지는 못하오. 그러면 그 사람의 눈에 시선을 고정한 채 가볍게 경의를 표한 다음 입술에 포도주를 갖다 대시오. 그리고 유리잔을 내려놓기 전에 한 번 더 경의를 표하시오. 마시기 전과 후에는 반드시 냅킨으로 입을 깨끗이 닦으시오.
- 아스파라거스는 예외적으로 빵처럼 손으로 먹을 수 있는 음식이라오.

이상은 당시에 나온 에티켓 책자들 내용의 일부이다.

식탁에서 여성이 차지하는 위치에 대하여 간단히 언급한다면, 18세기에 이르면 여성은 식탁에서 거의 남성과 동등한 위치를 차지하게 된다. 그러나 여성이 선 채로 남편의 음식 시중을 들어야 하고 식사가 끝난 후에 따로 먹는 습관이 있었던 시골에서는 아직도 예외적이었다. 18세기 상류사회의 귀부인들은 식당보다는 우아하게 '살롱'을 지키고

---

81 그러나 요즘은 치즈를 포크로 먹는 대신 나이프로 자른 다음 빵 위에 올려서 먹는다.

프랑스 화가 에두아르 데바 퐁상(Édouard Debat-Ponsan, 1847~1913)의 작품 〈무도회에 가기 전에 Avant le bal〉(1886년). 전대의 귀족 여성들과는 달리 부르주아 여성들은 가정적이며 강한 모성애를 보여주고 있다. 무도회에 참석하기 전에 아이에게 직접 젖을 물리고 있다.

있었지만, 19세기의 부르주아 여성은 저택의 '안주인'으로서 여성의 중심적인 역할을 담당하기 시작했다. 그전까지는 식사를 기념하고 만찬 초대에 대한 사례 방문을 하고, 또 아침에 요리사와 음식을 상의하는 것도 모두 남성의 권한이었다. 오늘날 남성들은 식탁의 권위를 전부 여성에게 이양했는데, 그것은 이미 식도락이 과거의 권위나 특권을 상실했기 때문이라고 한다.

다음 두 가지 조건에 따라 당신도 부르주아 여성일 수 있다. 첫째, 부르주아 여성이라면 모름지기 가정의 안팎에서 절대로 '생계를 위한 노동'을 해서는 안 되었다. 가령, 남편과 함께 일하는 장인의 아내는 소시민이지, 결코 부르주아 여성은 아니었다. 둘째, 적어도 살림살이에 관한 가사는 하녀가 도맡아서 해야만 한다. 당시 대저택의 주인인 경우에는 적어도 10명 이상의 하인을 고용했고, 중위권의 부르주아 계층은 여성 요리사와 가정부, 시종 등 3명을 고용했다.

(나) 부르주아 요리

귀족의 패턴을 이어받아 프랑스 요리의 전통을 지켜나간 것은 19세기 부르주아 요리였다. 일찍이 메르시에(Louis Sébastien Mercier)는《파

송로버섯(truffe)을 넣은
오리고기

페리고르의 검은 송로버섯

리의 정경 *Tableau de Paris*》에서 머리치장을 위한 헝겊 모자(bonnet)를 사기 위해 허리띠를 졸라매고 먹거리를 절약하는 중산층(소시민) 여성을 비아냥거린 적이 있다. 원래 근면한 경제 계급인 부르주아는 낭비벽이 심한 귀족에 비해 절도 있고 검소한 생활을 영위했으나, 점차 식도락에 비상한 취미와 관심을 가지기 시작했다. 그러나 부르주아는 단순히 귀족을 모방하는 데 그친 것이 아니라, 그 나름대로 독자적인 우아한 식생활을 추구했다. '가정 요리'의 개념이 나온 것도 바로 가정의 미덕을 중시했던 중산층을 통해서였다.

위대한 요리사 카렘의 영향력하에 호화롭고 장식이 많은 부르주아 요리에는 고가의 진귀한 요리 재료가 많이 사용되었다. 푸아그라, 송로버섯(truffe), 아스파라거스, 안심스테이크, 꿩고기, 멧도요, 바닷가재 등이 부르주아 계급의 식탁을 풍성하게 했다. 또한, 19세기에는 식사를 하는 자율적인 공간인 '식당'이 크게 발달했다. 부르주아 계급은 넓은 실내 공간에 아름다운 장식과 마호가니 식탁 등 고급스러운 인테리어를 꾸미는 데 열을 올렸다. 또한, 모든 음식을 한꺼번에 차려 놓는 프랑스식 상차림 대신에, 한 차례 코스가 끝나면 다음 요리가 순서대로 나오는 '러시아식 상차림'이 정착되었다. 전대의 귀족과 마찬가지로 자기 고유의 화려한 미식 문화를 구축한 부르주아 식사는 ① 요리의 풍성함, ② 다양성, ③ 프랑스 요리 전통의 토대 등 이렇게 세 가지 특징으로 요약할 수 있다.

프랑스의 가스트로노미(미식)에서 부르주아 요리란 '부유한 도시 거주민의 가정 요리'를 의미한다. 소박한 시골 농민들의 요리와는 달리 매우 도회적이며 세련된 부르주아 요리는 그들만의 '사회적 소속감'을 표시했다. 그것은 사회적인 하위계급이 접근하기 어려울 정도로 고가인 데다 지나칠 정도로 공교하게 멋을 부린 사치스러운 요리였다. 이 부르주아 요리는 고급 레스토랑의 요리나 오트 퀴진과도 차별화되며, 토속적인 지역 요리나 농민, 도시 빈민이나 하인들이 먹는 서민적인 요리와도 확연히 구분된다.

이미 17세기부터 이 부르주아 요리 역시 '성문화'되었다. 17세기 농업학자이자 시종이었던 니콜라 드 본느퐁의 《프랑스의 정원사 Le Jardinier françois》(1651년)와 《시골의 진미 Les delices de la campagne》(1684년)가 있고, 역시 프랑스의 농업학자인 루이 드 므농(Louis de Menon, 1717~1776)의 《부르주아 여성 요리사 Cuisinière bourgeoise》(1746년) 등이 있다. 또한, 출판업자 루이 외스타슈 오도(Louis-Eustache Audot, 1783~1870)의 《농촌과 도시의 여성 요리사 Cuisinière de la campagne et de la ville》(1818년)를 들 수 있다.

19세기에 이르면 일련의 요리 책자들이 쏟아져 나오는데, 그것은 단순히 요리 기술을 가르치기 위해 레시피를 나열하는 수준을 넘어 요리법을 체계적으로 정립하는 것이었다. 이른바 '장식 요리의 사도' 쥘 구페(Jules Gouffé, 1807~1877)의 《요리총서 Livre de cuisine》(1867년)와 일명 '보 오를로프(veau Orlov, 송아지 요리)'의 창시자로 유명한 펠

보 오를로프(veau Orlov, 오를로프 송아지고기 요리). 프랑스 요리사 위르뱅 뒤부아가 당시 프랑스에 주재하는 러시아 대사였던 알렉세이 오를르포(Alexeï Orlov, 1787~1862) 공을 위해 만든 요리이다.

릭스 위르뱅 뒤부아(Félix Urbain Dubois, 1818~1901)의 《여성 요리사들의 학교 *École des cuisinières*》(1871년)가 대표적인 저서들이다. 19세기 말 부르주아 여성에게 요리 기술을 가르치기 위해 파리에 르 코르동 블루(Le Cordon Bleu) 같은 요리 학교와 〈코르동 블루 요리사 *La Cuisinière Cordon Bleu*〉나 〈르 포토푀 Le Pot-au-Feu〉 같은 요리 전문 잡지들이 속속 등장했다.

프랑스의 여성 저널리스트인 마르트 디스텔(Marthe Distel)과 함께 '르 코르동 블루' 요리 학교를 설립한 요리사 앙리 폴 펠라프라(Henri-Paul Pellaprat, 1869~1954)의 《매일의 요리 *La Cuisine de tous les jours*》(1914년)와 마리 에브라르(Marie Ébrard)[82]의 《생탕주 부인의 요리책 *Le Livre de cuisine de Madame Saint-Ange*》(1927년)이 출판된

---

82 그녀의 필명이 생탕주 부인이다.

것도 바로 이러한 요리 전문 학교들을 통해서였다. 1960~1970년대 미국에 프랑스 요리를 소개해 이를 대중화한 것으로 유명한 여성 요리사 줄리아 차일드(Julia Child, 1912~2004)도 이 르 코르동 블루 학교에서 요리를 배운 후에 《프랑스 요리 기술의 정복 *Mastering the Art of French Cooking*》(1961년)이라는 자신의 요리책을 발간했다.

"행복한 가정은 미리 누리는 천국이다."

_ 버나드 쇼(George Bernard Shaw, 1856~1950), 영국의 극작가소설가비평가

제2제정기(1852~1870)에 부르주아 계급은 산업혁명 과정에서 주도
적인 역할을 하며 거대한 부를 축적하였으며, 왕정복고(1814~1830)
이래 점점 쇠퇴일로에 있던 귀족들을 희생시키고 권력의 중추를 거머
잡았다. 그 당시 많은 문학, 예술 작품 속에서 이 부르주아라는 사회계
급이 조명되었는데, 가령 신고전주의 화가 장 오귀스트 도미니크 앵
그르(Jean Auguste-Dominique Ingres, 1780~1867)의 〈베르탱 씨의 초
상 *Portrait de monsieur Bertin*〉(1832년)은 물질적이고 세속적이며
자기 확신에 가득 찬 당당한 부르주아 신사를 생생하게 묘사하고 있

다. 오노레 드 발자크(Honoré de Balzac, 1799~1850)도 최초의 진정한 소설인 《나귀 가죽 La Peau de chagrin》(1831년)에서 젊은 귀족인 주인공의 파멸을 심리적으로 어둡게 묘사하고 있다. 과거에 무위도식하던 옛 귀족들이 이렇게 파산하는 사이에 은행가나 공증인 같은 전문 직종에 종사하는 신흥 부르주아 계급들은 그들의 재산을 크게 불려 나갔다.

19세기 중반에 산업혁명의 주동자인 동시에 수혜자인 대부르주아(프랑스혁명 시기에 성직자, 귀족, 평민의 세 신분 가운데 최상위 계층인 교회 집단과 고위 성직자 계층을 이르던 말) 계층은 그들의 경제적·사회적인 성공의 이미지를 후세에 길이 남기기를 원했다. 그러나 그들은 과거의 명망 높은 귀족 가문의 '혈통'에는 속해 있지 않았기 때문에 새로운 모델의 핵심인 '가족'을 열렬히 찬미했다. 그래서 아직 사진술의 발달 초기 단계에서 '가족'을 그린 초상화나 '주거 공간'을 묘사한 풍속화들이 크게 유행했다. 원래 산업혁명의 주역은 자본가와 노동계급인데, 그들의 생산관계는 과거의 '귀족과 농노'의 관계보다 훨씬 더 비인간적이고 금전적이며 물화(réification)한 관계였다. 그래서 산업혁명 초기에는 자본과 이윤으로부터 철저히 소외당했던 대다수 노동자의 엄청난 희생과 고통 분담이 따랐으나, 19세기 말부터는 그들의 노동이나 생활 조건도 점차 개선되기 시작했다.

✱ 19세기 어느 부르주아의 하루

5시 30분에 부르주아 씨는 기상해서 일하러 갈 채비를 한다. 실용적이고 짙은 검은색 양복을 걸친 후 출발한 그는 공장 노동자들과 합류한다. 커다란 직물 공장 주인인 그는 단지 명령을 내리기 위해 오전의 일부를 그곳에서 보낸다. 그는 자신의 으리으리한 저택의 '장식용'으로 예술가에게 자신의 초상화를 그리도록 주문한다. 그는 사냥이나 산책 같은 여가 활동에 더 많은 시간과 에너지를 할애한다. 최종적으로 그는 다른 부유한 부르주아 가문의 자제와 혼인하는 딸의 결혼 발표를 위해, 많은 하인의 도움으로 기름기 많은 소스에 듬뿍 적신 고기들로 이루어진 성대한 연회를 개최한다.

프랑스 화가 장 오귀스트 도미니크 앵그르(Jean-Auguste-Dominique Ingres, 1780~1867)의 〈베르탱 씨의 초상 Portrait de monsieur Bertin〉(1832년)

새벽 5시다. 벌써 해가 솟았다. 나는 직물 공장으로 일하러 출발한다. 나는 그곳에서 매일 19시간씩 노동을 한다. 지각하면 벌금을 내야 하므로 늦지 않도록 바싹 서두른다. 내게는 부양해야 할 아이들과 이제는 늙어서 더 이상 일할 힘이 없는 부친이 있다. 겨우 정시에 도착했다. 나는 서둘러 일에 착수한다. 아, 그러나 정말 쉽지 않은 일이다. 내 옆의 동료가 기침을 한다. 실내의 공기는 호흡하기 곤란할 정도로 탁하다. 나는 피곤하다. 첫 번째 휴식 시간이다. 우리는 서둘러 음식을 먹어 치운다. 15분 후에 다시 일을 시작해야 하기 때문이다. 이 수프는 끔찍할 정도로 최악이다. 벌써 벨이 요란스럽게 울린다. 소음을 견디기 어려울 정도로 일은 아까보다 훨씬 격렬하다. 이곳은 너무 덥다. 나는 아이들을 생각한다. 그러나 우리 아이들 역시 일을 한다. 나는 아이들이 일하는 것을 정말 원치 않지만, 작년 갱내의 가스 폭발로 남편이 죽은 후 혼자가 되었기 때문에 어쩔 도리가 없다. 나는 돈을 조금밖에 벌지 못한다. 그래도 휴가를 신청하면 아이들을 면회할 수는 있다. 이제 두 번째 휴식 시간이다. 식사라고는 검은 빵 한 조각뿐이다. 2시간이 지나면 해가 저문다. 정말 해가 길어질수록 힘들고 고된 일이 아닐 수 없다. 그것은 거의 20시간 노동이었다! 드디어 하루의 노동이 끝났고 나는 20수(sou)를 일당으로 받았다. 나는 겨우 집에 돌아간다. 탄광에서 하루 종일 일해서 지치고 배고픈 나의 아이들도 숯처럼 온통 새까매진 얼굴로 나와 거의 같은 시각에 귀가한다. 그러나 집에는 그들을 배불리 먹일 빵이 충분치 않다.

프랑스 화가
마르탱 드뢸랭
(Martin Drölling,
1752~1817)
의 〈부엌 풍경
L'intérieur d'une
cuisine〉(1815년)

(가) 주거 공간: 부엌과 식당의 분리

프랑스 화가 마르탱 드뢸랭(Martin Drölling, 1752~1817)의 그림
〈부엌 풍경〉에서는 부엌이 주거의 중심이다. 아이들에게 부엌은 놀
이 공간이며, 노인에게는 따뜻한 온기를 제공하는 콩비비알리테
(convivialité, 공생)의 휴식처인 반면에 주부에게는 하루의 상당 부분을
일하는 장소이다. 화가 드뢸랭은 1817년의 살롱전에서 이 작품으로
대단한 성공을 거두었다.

프랑수아 마리 피르맹(François-Marie Firmin, 1838~1921)의 〈점심〉(1907년)

　프랑스 화가 프랑수아 마리 피르맹(François-Marie Firmin, 1838~1921)의 〈점심 *Le Repas de midi*〉에서는 나막신을 신은 여성이 6인분의 식기가 차려진 식탁 위에 김이 모락거리는 커다란 수프 용기를 내려놓고 있다. 드뢰랭의 그림에서와 마찬가지로 피르맹의 그림에서도 고양이들이 평화로운 시골의 부엌 풍경의 일부를 이루고 있다. 쥘 브누아 레비(Jules Benoit-Lévy, 1866~1952)의 〈네덜란드 노인들 *Les Vieux; Hollande*〉(1907년)이란 작품 역시 두 노인 간의 콩비비알리테의 분위기를 물씬하게 보여주고 있다. 네덜란드 주택의 평화로운 부엌 안에서 오랜 지기처럼 보이는 두 남성의 대화가 한창이다. 한 남성은 앉아서 감자 껍질을 벗기고, 다른 남성은 서서 담배 파이프를 들고

있다. 네덜란드 풍속화의 연장선상에 놓인 이 세 작품 모두 공통점이
있는데, 그것은 주거 공간의 친밀하고 공생적인 분위기를 섬세하고
따뜻하게 묘사함으로써 부르주아 가정의 가족적인 분위기를 보여주
고 있다는 점이다.

 19세기에 상업이나 산업 분야에서 막대한 부를 축적한 부유한 집안
은 이른바 '접대의 기술(l'art de recevoir)이라는 훌륭한 수단을 통해 그
들의 새로운 부를 외부에 과시할 수 있었다. 즉, 집에 손님들을 초대하
는 것이다. 19세기 중반에서 20세기 초까지도 부르주아의 처세술 내
지 생활양식이란 이처럼 외부에 과시하는 것에 집중되어 있었다. 한
편, '주거 공간' 개념의 변화에 따라 엘리트 가정과 빈곤한 가정 간의

격차는 더욱 크게 벌어졌다. 오랫동안 서민들은 '공통의 주거 공간'에서 온 가족이 함께 지내는 경우가 많았다.

조리하는 공간인 부엌, 즉 '퀴진(cuisine)'이라는 용어가 등장한 것은 18세기경이었다. 그렇지만 건축가들이 본격적으로 이 공간을 주택의 후미에 따로 짓기 시작한 것은 19세기 말, 20세기 초부터였다. 그러나 부르주아의 호화로운 저택에서는 이미 '요리하는 공간(부엌)'과 '식사하는 공간(식당)'의 구분이 명확했다. 사실상 부르주아 저택에서 식당과 부엌의 분리는 주가(主家)에서 고용된 하인들을 분리하거나 배제하려는 목적이 있었다. 프랑스에서 '식당(salle à manger)'은 '러시아식 상차림'의 상용화와 함께 19세기가 되어서야 일반화되었고, 또한 19세기 중반부터 사적인 '친밀성(intimité)'의 개념이 매우 중요해졌다.

즉, 식당이라는 공간은 가정의 핵심인 '친밀성'을 유지하고, 과시적인 욕구를 만족시키려는 대외적인 표상의 의도가 강했다. 그래서 당시 식당에는 무거운 커튼이 드리워져 있으며, 벽에는 장식용 그림 액자가 걸려 있고, 고급 찬장에는 비싼 은제 식기나 도기, 진귀한 골동품 등이 진열되어 있고, 자수를 놓거나 하얀 리넨 식탁보를 깐 테이블 주변에는 의자들이 가지런히 놓여 있다. 그리고 부르주아 가정의 일상의 식사는 식사의 노동과 서비스를 제공하는 하인들 없이 오직 '가족끼리만' 행해졌다.

원래 식사 시간이나 식사 횟수는 사회적, 경제적, 문화적인 요소에 달렸다. 유럽에서 식사 시간과 식사 횟수의 변화는 16~19세기에 걸쳐 완만하게 장기적으로 이루어졌다. 특히, 부르주아 가정에서 마지막 식사 시간(저녁)은 점점 늦어지는 경향이 있는데, 이것이야말로 노동계급과는 확연히 차별화되는 점이다. 18세기에 엘리트 계급은 하루 평균 두 끼의 식사를 했다. 그런데 영국에서 또 다른 한 끼의 식사가 포함되기 시작했는데, 이것이 바로 조식(breakfast)이다. 오늘날까지도 영국식 조식은 프랑스 조식인 '르 프티 데쥐네(le petit déjeuner)'보다 가짓수도 훨씬 많고 양도 푸짐하다. 19세기 말부터는 실용적인 이유로 식당은 살롱이나 거실의 연장선에 있었으나, 20세기부터 하인들이 사라지게 되면서부터 생활양식도 바뀌게 되어 주거 공간도 점점 간소화된다.

(나) 가정으로의 초대

자신의 사회적 성공을 알리는 가장 좋은 방법은 집에 사람을 초대하여 가벼운 차 모임이나 좀 더 화려한 사교 모임인 '리셉션'을 갖는 것이다. 리셉션은 고급 은기나 영롱하게 반짝이는 크리스털 제품, 값나가는 우아한 도기와 식탁보를 전시할 수 있는 좋은 기회다. 원래 티 모임은 영국 문화의 영향을 받은 것인데, 이런 모임이 인기가 있었던 요인은 초대자들의 숫자가 비교적 적어서 많은 준비가 필요 없기 때문이다. 매우 친밀한 티 모임의 경우 인원은 최소한 6명에서 20명 정도까지다. 보통 늦은 밤 11시경에 시작되는데, 이때 다과 서비스는 그 저택의 안주인이나 딸들이 맡는다. 남자들은 주로 서서 차를 마시면서 담소를 나누지만, 여성들은 다소곳이 앉아 있다. 티 모임의 인원이 많을 때는 좀 더 화려한 리셉션의 성격을 띤다. 그런 경우 초대자들은 늦은 9시 반 정도에 도착해서 자정 무렵에 돌아간다. 늦은 11시경에 샌드위치, 과일, 케이크 등을 곁들인 차 서비스가 제공되는데 이런 경우에는 안주인 대신 하인들이 서비스를 제공한다. 초대 인원이 40명을 넘을 때는 보통 음악이나 춤의 사교 모임인 경우가 많았다.

(다) 가족의 식사

> "가족은 자연의 걸작 중 하나다."
>
> _ 조지 산타야나(George Santayana, 1863~1952), 스페인 출생의
> 미국 철학자·시인·평론가

개인적인 식습관의 보편화로 가정 식사의 전통이 점점 사라지는 실정이다. 현대인의 식생활은 탈구조화, 탈의례화, 탈사회화, 탈제도화, 탈시간화 등 '탈(脫) 시스템화'로 특징지어진다. 가령, 폴 파인(Paul Fine)의 연구에 따르면, 오늘날 미국의 경우 가족 식사는 일주일에 평균 3회 정도 이루어지며, 식사 시간도 거의 20분을 넘기지 않는다. 그리고 정규 식사 시간에 별로 구애받지 않으며, 하루에 심지어 20차례나 간식을 먹는 경우도 흔하다. 이런 미국의 식습관이 유럽에서도 보편화하기에 이르렀지만, 그럼에도 프랑스 가정은 여전히 가족 식사의 전통이나 전례에 충실한 편이다. 프랑스에서 식사한다는 것은 단순히 음식을 먹는 것이 아니라, 서로 소통하고 다 함께 식사 시간을 공유한다는 것을 의미한다.

부르주아 저택의 손님 접견실

사회 계도적인 차원에서 그린 〈가정의 식사 *Le repas en famille*〉(1904년)

19세기 부르주아 가정의 식당

즉, 식사는 영양을 섭취하는 개인적인 행위인 동시에 식사하는 사람들끼리의 결속과 통합을 다지는 사회적인 행위다. 가정이라는 공간에서 식사는 매우 중요한 역할을 한다. 그것은 가족 간의 유대를 공고히 하는 시간이며, 식사가 가족을 만든다. 가족의 식사는 그저 단순한 일

프랑스 화가 아드리앵 앙리 타누(Adrien Henri Tanoux, 1865~1923)의 〈티타임 L'heure du thé〉
(1904년)

상의 반복적인 행위가 아니다. 식사 시에 엄격한 드레스 코드의 준수
나 가정 요리법의 '복잡화' 현상은 프랑스 가정에서 식사가 차지하는
비중이 얼마나 큰지를 알려주는 바로미터다. 위 그림의 〈가정의 식사〉
는 부르주아 가정을 모델로 해서 그린 일종의 공익 포스터로, 19세기
에 널리 보급되었다. 이 가정의 구성원들은 매우 단정한 옷매무새에
모두 바른 자세로 자신의 지정석에 앉아 있으며, 하녀의 시중을 받고
있다. 물론 가정의 안주인이 모든 식단을 진두지휘하지만, 조리와 서
비스는 하녀의 몫이다.

이처럼 근대적인 의례로서의 가족 식사는 19세기 후반에 부르주아에 의해 제도화되었다고 본다. 가족 식사의 원리나 규칙은 일정한 도덕 기준에 따라서 가정생활을 합리화·구조화하려는 목적이 강했다. 궁극적으로 사회의 원활한 운행과 조화는 사회의 기본단위인 가정의 순기능에 달렸기 때문이다. 그리하여 '가정적인 유대'와 '사회적인 성공'은 하나의 동의어가 되었고, 20세기 초부터 이러한 사회적 이데올로기 및 정서가 모든 사회계층에 두루 전파되었다. 그래서 매일 저녁이나 일요일마다 온 가족이 식탁을 중심으로 모이는 것은 프랑스 국민의 최대 다수가 선택한 최고의 국민적인 의례가 되었다. 즉, 정확한 시

에드가 드가(Edgar Degas, 1834~1917)의 〈벨리니 가족 La Famille Bellelli〉 (1860~1862). 부르주아 가정의 태생이었던 드가는 부르주아 가정에서 어머니가 차지하는 중심적인 역할을 표현하고 있다.

노동자들의 노동 시간 단축을 홍보하는 포스터

간 엄수와 '앙트레(entrée, 전식) → 메인 요리(plat principal) → 디저트 (dessert)' 등 이렇게 세 차례의 서비스가 제공되는 오늘날 프랑스 테이블의 규칙이 이 시기에 정립되었다.

위 그림은 노동자들의 노동 시간 단축을 홍보하는 포스터이다. 가장이 장시간 노동을 하는 경우에는 아이들과 집에서 시간을 보낼 여유도 없이 일하러 나가야 하지만, 노동 시간이 단축된 경우에는 가족과 함께 단란한 식사를 할 수 있다는 교화적인 취지의 포스터이다. 가족 식사의 여부에 따라서 행복한 가정(오른쪽)과 불행한 가정(왼쪽)이 대조적으로 그려져 있다. "아빠, 그곳에 가지마!" 포스터 역시 노동자 가족을 계도하는 포스터이다. 당시 노동자들의 지나친 음주가 심각한 사회문제가 되었는데, 술집 앞에서 부인이 젖먹이를 안고 우는 사이에 어린 딸이 "아빠, 제발 가지 마!"라면서 술집에 들어가려는 아버지를 만류하는 장면의 포스터이다.

포스터 "아빠 그 곳에 가지매"는 노동자 가족을 계도하는 모습이다.

1870년부터 '취태(ivrognerie)'는 이제 사회병리학적인 '알코올 중독(alcoolisme)' 현상으로 불리게 되었다. 오랫동안 술은 건강에 좋은 것으로 알려져 왔으나, 19세기에 끊임없이 늘어난 알코올 소비는 프랑스의 심각한 국가적 재앙이 되었다. 파리의 의학한림원에서도 알코올 퇴치 전문 기관이 설립되는가 하면, 예술이나 문학에서도 음주 문제는 지대한 관심사가 되었다. 프랑스 소설가 에밀 졸라(Emile Zola, 1840~1902)의 유명한《목로주점 L'Assommoir》(1877년)도 알코올 문제로 인한 노동자 가족의 파멸을 그리고 있다. 그래서 가정의 행복을 깨뜨리는 주범인 알코올 중독 현상이나 이에 따른 가정 폭력 등 지나친 음주의 폐해를 알리는 사회적

프랑스 화가 에드가 드가
(Edgar Degas, 1834~1917)
의 〈압생트 *L'Absinthe*〉.

프랑스 화가 알베르 푸리에(Albert Auguste Fourié, 1854~1937)의 〈이포르에서의 결혼 피로연 *Un repas de noces à Yport*〉(1886년). 19세기 후반 노르망디 지방의 부르주아 가정의 연회를 잘 표현하고 있다.

캠페인이 대거 등장했다. 알코올 중독의 퇴치를 위해 국가가 내세운 덕목이 바로 '절제'였다. 즉, 금주를 강요하는 것이 아니라 그냥 술을 절도 있게 마시라는 뜻이다. 그 당시에는 포도주, 맥주, 시드르(사과주)는 '좋은 술'로 분류되었지만, 증류주의 일종인 압생트(absinthe)[83]나 럼주는 알코올 중독을 일으키는 '나쁜 술'로 지정되었다.

오늘날 부르주아 가정을 모델로 한 프랑스 '가정 식사'의 패턴은 점점 사라지고 있다. 여성들의 대거 노동시장의 진출이나 직장과 집 사이의 원거리 현상 등 삶의 조건이나 집단적인 심성(mentalités)의 변화로 인해 프랑스의 식습관이나 식사 의례도 변모하고 있다. 특히, 개인주의화 현상 때문에 각자 자신의 취향이나 시간표에 따라서 냉장고를 뒤지는 것이 현대인의 자연스러운 일상으로 자리 잡게 되었다. 그래서 '전식, 메인 요리, 디저트' 순의 식사 모델이 쇠퇴하고 있기는 하지만, 그래도 여전히 프랑스인에게 식사가 가족들을 모이게 하는 원동력이라는 사실은 유효하고 중요하다. 왜냐하면, 식사 횟수가 문제가 아니라 함께 모임으로써 형성되는 가족적인 분위기나 서로 간의 감정적인 유대가 무엇보다 중요하기 때문이다.

---

83 쓴 쑥으로 만든 초록빛 술로서, 19세기 말엽에 크게 유행했던 독주이다.

25

19세기 서민들의 식사

"인생에서 성공하는 비결 중 하나는 좋아하는 음식을 먹고 힘내 싸우는 것이다."

_ 마크 트웨인(Mark Twain, 1835~1910), 미국 소설가

19세기에도 서민들의 식사는 아직도 빵과 같은 탄수화물이 주종을 이루었다. 빵은 서민들에게 더할 나위 없이 신성한 식품이었고, 수프는 그들의 끼니때마다 나왔다. 19세기에 감자는 기근 시에 식량문제를 해결해주는 하늘이 내린 구원의 식품이었다. 또한, (싸구려) 포도주역시 노동자들이 많이 찾는 음료 중 하나였다. 프랑스혁명 이래 '자유와 평등'을 설파하는 민주주의의 발달로 이른바 포도주의 '양극화' 현상이 생겼다. 그것은 소수 부유층이 마시는 값비싼 고급 포도주와 대

네덜란드 화가 빈센트 반 고흐(Vincent Van Gogh, 1853~1890)의 〈감자 먹는 사람들 The Potato Eaters〉(1885년)

다수 서민층이 애용하는 질 나쁜 포도주 간의 엄청난 사회적 격차 현상을 가리킨다. 제3공화국(1870~1940)은 자유주의 노선에 따라 민간의 주류 소비를 매우 수월하게 추진했고, 그 결과 프랑스 노동자들은 '알코올 중독'이라는 치명적인 사회악에 물들게 되었다. 파리의 노동자 지구에서는 5가구 중 3가구가 거의 매일 술에 찌들어 살았다. 이러한 대중적인 알코올 소비 증가는 그러지 않아도 열악한 노동자들의 식생활을 더욱 악화시키는 주범이 되었다. 그래서 인도주의적인 부르주아 인사나 노동자 대표들은 '반음주 캠페인'을 대대적으로 벌였다.

그렇다면 19세기 서민층 여성들의 생활은 어떠하였을까? 19세기에 하녀가 된다는 것은 부르주아 가정의 고용살이를 의미했다. 즉, 사회

설거지하는 하녀

적인 신분 상승과 좀 더 나은 삶의 조건을 누리는 것을 말한다. 그러나 부르주아 가정의 하녀들이 주인과 같은 방에서 식사하거나 주인이 먹는 요리를 똑같이 먹을 수는 없었다. 하녀들의 식사는 매우 간단하고 검소했다. 하녀는 보통 새벽 6시에 일어나서 난로를 피우고 조식을 준비해야 했다. 의복을 솔질하고 구두의 광을 낸 다음 쓰레기를 내다 버리고, 연료인 석탄을 옮기고 안주인의 화장실에 물병을 갖다 놓아야만 했다. 또 점심을 준비하고 상을 차리고 식탁 시중을 들어야 하며, 식사 후에는 식당을 가지런히 정리 정돈해야 했다. 오후에는 각 방을 청소하고 빨래나 다림질을 하며, 또 저녁 식사를 준비해야만 했다. 보통 하녀들은 가난한 농촌 출신이거나 지방에서 대도시로 상경한 젊은 여성이 많았다. 한편, 도시와 농촌 간의 생활 격차는 점점 벌어졌는데, 19세기에도 시골의 아낙네들은 배를 곯는 경우가 많았다.

특히, 흉작이나 기근의 영향에 따라서 그들의 식사량이나 음식의 질도 매우 불규칙했다. 347쪽의 도표를 보게 되면 부르주아 가정의 경

스페인 화가 프란세스크 사르다 라디코(Francesc Sardà Làdico(1877~1912)의 〈노동자의 저녁
Le Dîner de l'ouvrier〉(1911년)

우에는 안락한 여가 생활에다 자녀들을 학교에 보낼 능력이 있지만,
노동자 가정의 경우에는 식비가 전체 가계 지출의 절반 이상을 차지하
고 있음을 알 수 있다.

: 20세기초 부르주아 가정의 평균지출 :

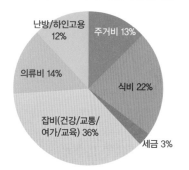

난방/하인고용
12%
주거비 13%
식비 22%
세금 3%
잡비(건강/교통/
여가/교육) 36%
의류비 14%

: 20세기초 노동자 가족의 평균지출 :

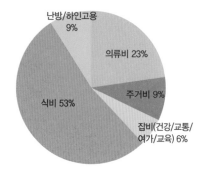

난방/하인고용
9%
의류비 23%
주거비 9%
잡비(건강/교통/
여가/교육) 6%
식비 53%

4장

식도락의
황금기

26

식도락의
문학

19세기는 '대중관광'의 서막을 알리는 시대이기도 했다. 세기 초부터 《파리의 저녁 식사 손님들을 위한 가이드 *Le Guide des dîneurs de Paris*》(1815년) 같은 초기 여행 서적들이 출판되었다. 미식에 관한 저널이나 문학이 레스토랑 산업의 열기를 더욱 고조시켰고, 문학적인 관조와 창조성을 널리 전파하기 위해 식도락 문학과 미식 작가들이 대거 등장했다. 미식 비평의 선구자인 그리모 드 라 레이니에르, 앙투안 카렘, 낙천적인 문인이자 식도락가인 브리야사바랭, 샤를 뒤랑(Charles Durand, 1766~1854), '미식가들의 왕'이라 불렸던 샤를 몽슬레(Charles Monselet, 1825~1888), 쥘 구페(Jules Gouffé, 1807~1877), 무려 3천 개의 요리법을 소개한 《요리대백과사전 *Grand Dictionnaire de cuisine*》을 집필한 소설가 알렉상드르 뒤마(Alexandre Dumas,

1802~1870), 스위스 요리사인 조제프 파브르(Joseph Favre, 1849~1903) 등을 들 수 있다. 그러나 요리 서적의 근본적인 변화는 조리 시간이나 음식 재료의 중량, 도판(iconographie)이 등장하는 1850년대에 이루어졌다. 요리 서적들은 요리의 거장들에 의해 계속 출판되어서 이제는 프랑스의 거의 모든 주부가 요리책을 접할 수가 있게 되었다. 이러한 '요리책의 성문화'라는 오랜 전통의 연장선에서 20세기 초 요리 법전의 최대 편찬자라고 할 수 있는 에스코피에가 《요리 가이드 Le guide culinaire》(1903년)를 펴냄으로써 프랑스 요리학은 집대성되었다.

(가) '지역 요리의 카렘' 샤를 뒤랑

'님(Nîmes)의 요리사'인 샤를 뒤랑은 13세부터 알레 주교를 위해 요리 일을 시작했던 인물이었다. 그는 20세 때부터는 요리 기술을 배우기 위해 여러 지역을 전전하다가 다시 님으로 돌아와 자신의 이름을 내건 레스토랑 '뒤랑'을 개업했다. 이 레스토랑은 제2차 세계대전까지도 명성을 날렸다고 한다. 그는 1830년에 《요리사 뒤랑 Le Cuisinier Durand》이라는 책을 출판했는데, 그 책은 프랑스 요리 역사상 최초로 '지역 요리'를 소개한 책자였다. 그래서 그는 '지역 요리의 카렘'이라는 별명을 얻었다. 이 책은 수차례나 재발행되었으며, 인기가 높은 만큼 표절도 많이 당했다. 그는 미지의 토양, 즉 '테루아(terroir, 향토)' 요리의 사도임을 자처했으며, 그의 고향 님의 특산 요리인 '브랑다드 드 모뤼(brandade de morue, 대구 요리)'를 파리에 소개하기도 했다. 냉장법이 도래하기 이전에 말린 대구 요리는 거의 천년의 역사를 자랑했다.

점차 운하나 증기기관차가 개발되면서부터 해안에서 멀리 떨어진 내륙 도시들도 신선한 바다생선을 맛볼 수 있게 되었으나, 소금에 절인 대구는 여전히 잘나가는 상품이었다. 원래 전통적인 브랑다드는 감자 없이 올리브오일과 허브, 염분을 제거한 대구 살을 으깬 퓌레(purée) 요리였으나,[84] 나중에 으깬 감자가 추가되어 오늘날의 브랑다드 드 모뤼가 완성되었다. 19세기 중반부터 이 브랑다드의 제조는 가르(Gard)주의 주도인 님의 주요 산업이 되었고, 20세기 초부터 가르의 기업들은 앞을 다투어 통조림화한 브랑다드를 전국에 보급함으로써 브랑다드의 상업화와 유통망을 구축했다.

(나) '미식가들의 왕' 샤를 몽슬레

프랑스 저널리스트였던 샤를 몽슬레는 미식가를 의미하는 〈구르메 Le Gourmet〉를 신문에 칼럼으로 연재했고, 부르주아 계급들은 여기서 식도락에 관해서 그들이 필요한 지식을 얻어갔다. 동시대인들은 그를 가리켜 '미식가들의 왕'이라고 불렀다. 그는 음식에 대한 일종의 강박관념의 소유자였던 그리모 드 라 레이니에르, 레옹 브리스(Léon Brisse, 1813~1876) 남작, 그리고 조제프 파브르와 더불어 프랑스의 유명한 식도락 저널리스트 중 한 명으로 이름을 날렸다. 식도락가에게 가장 행복한 죽음은 정찬 도중에 이승을 하직하는 것이 아니겠는가? 그의 친구인 브리스 남작이 만찬 도중에 사망했을 때, 그는 다음과 같

---

84 야채류를 익혀 으깬 음식.

브랑다드 드 모뤼
(brandade de morue)

이 진위를 알 수 없는 야릇한 코멘트를 남겼다. "자, 그래도 식탁으로 갑시다. 그는 너무 푹 익힌 스튜를 결코 좋아하지 않았다오." 그는 희극적이고 로맨틱한 소설 등을 포함해서 40여 편의 저작물을 후세에 남겼다.

전술한 대로 샤를 몽슬레는 〈구르메〉라는 미식 저널의 설립자였는데, 오렐리앙 숄(Aurélien Scholl, 1833~1902)이라는 프랑스 작가·저널리스트와 함께 이를 공동으로 창간했다. 그래서 〈구르메〉의 구독자들은 짤막한 기사에도 그저 입맛을 쩝쩝 다셔야만 했다. 두 사람이 소개한 기본적인 식사 메뉴는 다음과 같다. 2종의 포타주, 4종의 를르베(relevé, 수프 다음에 나오는 요리), 제비집 요리가 포함된 6종의 앙트레(전식), 4종의 구운 고기(로스트), 6종의 앙트르메,[85] 12종의 다양한 포도주가 이 팡타그뤼엘식의 대식 메뉴에 포함되어 있었다. 소문에 따르면, 거의 모든 파리지앵이 일주일 동안 이 메뉴를 진지하게 숙독했다고 한다.

만화가 앙드레 질(André Gill, 1840~1885)이 그린 샤를 몽슬레의 풍자화

프랑스어 구르메(gourmet)나 가스트로놈(gastronome) 모두 미식가 또는 식도락가를 의미한다. 그러나 구르메는 단순히 식탁의 쾌락을 사랑하는 것에 그치지만, 가스트로놈은 그이상이다. 가스트로놈은 식탁의 쾌락을 음미하는 차원을 넘어서 그것을 연구하고 공들여 구상하며, 더 이상의 진미로 승화하기 위해 부단히 노력한다. 그래서 구르메가 이기주의자라면, 가스트로놈은 박애주의자라는 것이다. 몽슬레는 가스트로노미를 서정적인 문학으로 표현하기 위해 무진 애를 썼다. "가스트로노미는 쪽빛 물기를 머금은 당신 눈동자에 금빛 광채를 흩뿌린다. 가스트로노미는 당신의 입술에 불타는 산호색의 정열적인 색조를 아로새긴다. 가스트로노미는 당신의 말

---

85 서양 요리에서, 로스트 다음에 나오는 요리. 디저트의 하나로 푸딩, 팬케이크, 아이스크림 따위와 같이 단맛이 나는 것이 많다.

1865년에 문을 연 '르 브레방(Le Brébant)' 카페·레스토랑

(馬)들을 뒷걸음치게 만들며 당신의 콧구멍을 지적으로 전율하게 한다." 그러나 프랑스 작가인 외젠 샤베트(Eugène Chavette, 1827~1902)는 몽슬레가 진정한 미식 감정가가 아니라는 것을 증명하기 위해 일부러 〈구르메〉의 공동 발행인이자 몽슬레의 술친구이기도 한 오렐리앙 숄을 동석시킨 가운데 '르 브레방(Le Brébant)'이라는 유명한 레스토랑에 몽슬레를 초대했다. 샤베트는 미리 주방장에게 메뉴에 인쇄된 것과 일치하지 않는 요리들을 내오도록 주문했다. 가령, 제비집 요리는 강낭콩 퓌레를 넣은 국수에 불과했고, 음료도 마콩산 포도주에 펀

치 음료를 섞은 것이었으나, 식사를 마친 후 몽슬레는 요리와 포도주가 모두 최상급이라고 극찬해 마지않았다. 결국 샤베트가 승리한 셈인데, 몽슬레는 이 두 친구에게 제발 이 일을 덮어 달라고 사정했다는 웃지 못할 일화가 있다.

(다) 장식 요리의 사도 쥘 구페

과거에 요리는 '연금술' 다음에는 '화학'으로 간주하더니 이제는 카렘과 그의 사도들 덕분에 조형 예술의 한 분야가 되었다. 프랑스 요리의 이러한 전통은 '요리사들의 왕' 앙투안 카렘에 이어, 마르탱 쥘 구페(Martin-Jules Gouffé, 1807~1877)의 요리에서 다시 그 정점을 찍었다. 프랑스 가스트로노미의 발전에 중대한 영향을 끼친 구페의 저서 《요리책 *Livre de Cuisine*》(1867년)과 《파티스리 책 *Le Livre de Pâtisserie*》(1873년)은 고급 요리뿐만 아니라 '부르주아 가정식'에 대해서도 매우 유용한 지식을 제공하고 있다.

한편, 동시대의 요리사이며 카렘의 제자였던 아돌프 뒤글레레(Adolphe Dugléré, 1805~1884)는 러시아 황제 알렉산드르 2세(Aleksandr II, 1818~1881), 프로이센 국왕 빌헬름 1세(Wilhelm I, 1797~1888)와 독일 재상 오토 폰 비스마르크(Otto Eduard Leopold von Bismarck, 1815~1898)를 위해서 '세 황제의 정찬'(1867년 6월 7일)이라는 기념비적 식사를 마련했다. 그것은 1867년 파리 만국박람회 기간에, 지금은 문을 닫은 레스토랑 '카페 앙글레(Café Anglais)'에서 열린 성대

질 구폐. 그는 유명셰프이자 파티시에다.

한 정찬이었다. 장장 8시간 동안 16개의 코스 요리가 제공되었다. 소믈리에(sommelier, 포도주 담당자) 클로디우스 뷔르델(Claudius Burdel)이 요리마다 가장 잘 어울리는 세계 최고의 포도주 8선, 즉 마디라산 포도주(포르투갈), 헤레스산 백포도주(스페인), 부르고뉴산 포도주, 4개의 보르도산 포도주와 영롱한 거품이 이는 샹파뉴(샴페인)를 택했다. 새벽 1시경에 러시아 황제가 더 이상 푸아그라 (거위 간 요리)를 맛볼 수가 없다고 불평하자, 누군가 "프렌치 가스트로노미에서는 6월에 푸아그라를 제공하는 법이 없다."라고 대꾸했다. 그리고 그해 10월, 황제는 뒤글레레에게서 그가 제조한 최상의 푸아그라가 담긴 3개의 테린(terrine)을[86] 선물로 받았다는 일화가 있다. 이 연회의 1인당 비용은 400프랑이었는데, 현 시가로는 자그마치 9,000유로 (한화로 1천만 원 이상)에 해당한다고 한다. 뒤글레레는 앞서 언급했던 알렉상드르 뒤마의《요리대백과사전》의 자문관 역할을 하기도 했다.

---

86 테린은 파테(pâté)를 만드는 뚜껑 달린 도제 용기를 가리킨다.

레스토랑 '카페 앙글레'

쥘 구페는 프랑스의 유명 셰프이자 파티시에(제과업자)다. '장식 요
리의 사도(apôtre de la cuisine décorative)'로 칭송을 받았던 구페는 후
일 베르나르 르와조(Bernard Loiseau, 1951~2003) 같은[87] 20세기 세
프들에게도 많은 영향을 끼쳤다. 특히, 프랑스의 물리화학자 에르
베 티스(Hervé This, 1955~)를 위시한 '분자 가스트로노미(gastronomie
moléculaire)'[88]의 연구자들도 구페를 많이 참조하는 편이다. 그는 요리
에 관한 방대한 지식을 수집하여 프랑스 식도락 발전에 크게 이바지했

---

87 한 신문이 그가 3스타급의 지위를 잃게 될지도 모른다고 보도했던 2003년에 르와조는 권총자살
　로 생을 마감했다. 그러나 자살의 결정은 병리적인 우울증에서 기인한 것으로 보고 있다.

88 '분자 요리학(gastronomie moléculaire)'은 음식의 질감과 조직, 요리 과정을 과학적으로 분석해
　새로운 맛과 질감을 개발하는 일련의 활동을 말한다. 분자 요리학은 조리 과정 중에 일어나는 물
　리적·화학적 변화의 탐구를 그 목표로 하며, 과학·예술·기술 측면으로 구성되어 있다.

수플레(soufflé)

다. 그는 자신의 저서 《요리책》에서 세 가지 종류의 오븐을 언급했다. 포토푀 같은 냄비용 요리를 위한 뭉근하고 지속적인 불 세기의 오븐, 불 세기가 균일해야하는 석쇠구이용 오븐, 마지막으로 불 세기가 지속적인 구운 고기용 오븐이다. 참고로 19세기에 전통적인 화덕은 새로운 주철 오븐으로 바뀌었다. 이 오븐을 이용해서 그라탱, 달걀흰자 위에 우유를 섞어 구운 요리·과자인 수플레(soufflé)나 파티스리를 만들었다.[89]

---

89 원래 수플레는 18세기 초 뱅상 라 샤펠(Vincent La Chapelle, 1690/1703~1745)이라는 유명 요리사가 발명한 것으로 알려져 있으며, 수플레가 본격적으로 유행하게 된 것은 19세기 초 카렘의 공로가 컸다.

구페의 저서 《요리책》에 나오는 영계 요리 '플라드 아 라 고다르(Poularde à la Godard)'

구페의 레시피에 따른 파티스
리(1894년)

파티시에 피에르 루이 구페(Pierre-Louis Gouffé)의 아들이었던 쥘 구페는 아버지 옆에서 제과 일을 배웠고, 그가 만든 '피에스 몽테(pièces montées, 데커레이션케이크)'는 요리의 거장 카렘의 주목을 받았다. 구페는 7년간 카렘에게서 수학했다. 1840년에 구페는 포부르 생토노레(Faubourg-Saint-Honoré) 거리에 제과점을 열어 명성을 떨쳤다. 1855년에 그는 나폴레옹 3세의 요리사가 되었다. 1867년에 그는 통풍으로 고생하면서도 알렉상드르 뒤마와 브리스 남작의 제의를 받아들여, 파리의 자키클럽(Jockey-Club de Paris)[90]의 수석 요리사가 되었다. 샤리테 쉬르 루아르(Charité-sur-Loire)에서 은퇴한 구페는 파리 산업관의 식품전시회에 심사 위원으로 초청되었다가 그만 뇌출혈로 쓰러졌다.

"식탁에서는 가장 멍청한 거위가 가장 사랑스러운 여성을 이긴다."

_ 그리모 드 라 레이니에르(Grimod de a Reynière, 1758~1837), 미식 비평가

---

90 승마 동아리로 출발해 국제경마연맹의 효시이기도 한 자키클럽은 파리에서 가장 권위 있는 개인 전용 클럽으로, 19세기 프랑스 상류사회의 엘리트들이 모이는 최고의 사교 장소로 기억되고 있다.

27

아름다운 시절
벨 에포크(1871~1914)

"파리에서는 누구도 과거를 피할 수가 없다. 그렇지만 포착하기 어려울 정도로 과거와 현재가 잘 융합되어 있어 전혀 마음의 부담이 되지 않는다는 것은 얼마나 멋진 일인가."

_ 앨런 긴즈버그(Allen Ginsberg, 1926~1997), 미국 시인

프랑스인들은 특히 19세기 말에서 20세기 초의 시기를 회상하면서 좋은 시대, 즉 '벨 에포크(belle époque)'라고 부른다. 이 시기에는 옛 질서가 무너지고 새로운 '사교'의 시대가 시작되어 정신적·물질적 휴양과 여가를 즐기는 사람들이 기차를 타고 바다와 산으로 많은 짐을 가지고 왕래했다. 제3공화국(1870~1940) 시절에 시작된 벨 에포크는 낙천주의, 지역 평화, 경제적 번영, 식민제국, 기술·과학·문화의

혁신 시대로 특징지어진다. 프랑스의 문화와 예술, 음악은 특히 파리를 중심으로 미친 듯이 융성했다. 프랑스 조각의 거장 오귀스트 로댕(Auguste Rodin, 1840~1917)은 〈생각하는 사람〉의 완성에 온갖 심혈을 기울였고, 르누아르, 모네, 세잔, 피사로, 드가 같은 화가들도 도시 파리의 일상을 화폭에 담기 위해 동분서주했다. 최근에 스페인에서 돌아온 젊은 화가 파블로 피카소(Pablo Picasso, 1881~1973) 역시 우울과 관조, 죽음과 가까운 분위기의 '청색 시대'(1901~1904)로 막 진입했다.[91] 밤의 장막이 내리면 파리의 유흥가 피갈(Pigalle)이 압생트를 마시는 술꾼이나 도박꾼들을 반갑게 맞이한다. 당시 영국의 일간지 〈가디언 *The Guardian*〉은 유명한 프랑스 연극배우 사라 베르나르(Sarah Bernhardt, 1844~1923)가 단편 발성영화 〈햄릿의 결투〉에 출연해서 사람들의 마음을 한껏 매료시켰다고 보도했다. 그래서 회고해 보건대, 아름다운 시절을 의미하는 프랑스어 '벨 에포크'란 명칭은 물론 모든 이에게 그 시절이 파라다이스는 아니었겠지만, 적어도 제1차 세계대전(1914~1918)의 끔찍한 공포에 비해서는 '황금기'로 간주되어 그렇게 불리게 되었다고 본다. 미국사가 로버트 로스웰 팔머(Robert Roswell Palmer, 1909~2002)에 따르면, 벨 에포크는 유럽 문명이 세계 정치에서 가장 막강한 권력을 장악했던 시기였고, 또한 유럽 문명권 밖의 사람들에게 최대한 영향을 행사했던 시기였다.

---

91 피카소의 '청색 시대'는 1901년부터 1904년까지를 일컫는다. 이 시기에 피카소는 주로 검푸른 색이나 짙은 청록색의 색조를 띤 그림을 그렸고, 부득이한 경우에만 다른 색을 통해 온화한 색조를 나타냈다.

비잔틴 제국의 황후 테오도라를 연기하는 프랑스 배우 사라 베르나르(1884년).

벨 에포크 시대의 파리의 레스토랑

전원의 풍미를 살린 고명(garniture)을 곁들인 가자미 요리. 고명은 메인 요리의 맛을 돋우고 요리의 미학을 개선하기 위한 목적으로 사용된다.

프랑스 미식의 황금기는 바로 벨 에포크에 해당하는 시기라고 할 수 있다. 왜냐하면, 바로 이때 프랑스, 특히 파리가 세계 요리의 모델로 등극했기 때문이다. 프랑스인들은 요리 비평 서적이나 심도 있는 담론 덕분에 어느 유럽인보다 훨씬 맛과 요리, 서비스, 조리법에 대하여 전문적이고 조예가 깊었다. 이 시기에 이루어진 화학과 생물학, 산업 등의 진보는 프랑스 요리법의 발달과 그 맥을 같이한다. 프랑스 국민들이 이처럼 음식의 맛과 멋, 미각 등을 잘 이해하고 수준이 높아지면서 요리사들 역시 이러한 높은 기대치에 부응해서 더욱 세련된 감각에 호소하는 진미의 요리를 만들었다.

바로 이 시기에 주요리 요리를 시각적으로 먹음직스럽게 빛내주는 고명(garniture), 즉 곁들인 야채 요리가 등장했고, 단순한 것에서부터 현란한 요리 장식(décoration)이 선을 보였다. 또 19세기는 농업과 식품 산업, 통조림 제조 산업, 마가린의 발명, 사탕무로 만든 설탕 등 혁신적 변화가 일어나 20세기까지도 계속 이어지게 되었다. 1895년부터 '오후 5시의 차'가 유행하면서 고급 찻잔과 차를 마시는 양식이 점차 사회적인 중요성을 띠기 시작했다. 19세기는 그야말로 '가토(과자, 케이크)의 세기'였다. 프랑스에서는 파티스리(pâtisserie, 제과점)가 맹위를 떨쳤으며, 1900년대만큼 사람들이 봉봉(bonbon, 사탕)을 많이 먹은 적이 없었다. 가토는 놀라운 발전을 이룩했으며 19세기 중반에 잼의 제조는 산업화 단계에 이르게 되었다. 설탕 역시 덩어리 형태로 제조되어 18세기부터 꿀을 대체하기에 이르렀다.[92] 이러한 19세기의 모습은 사라예보의 예기치 않은 총성으로 사라지게 되었고, 이른바 부르주아 최고의 전성시대도 막을 내리게 되었다.

(가) 벨 에포크의 만찬

19세기 말, 20세기 초의 파리는 매우 잘 먹는 미식의 수도였다. 이때까지만 해도 사람들은 식이요법이나 날씬한 몸매 유지를 위한 저칼로리 다이어트식에 대하여 알지 못했다. 남자나 여자나 할 것 없이 잘 먹어서 얼굴에 윤기가 흐르고 혈색이 좋았다. 고문서학자 로베르 뷔르낭(Robert Burnand, 1882~1953)의 《1870~1900년대 일상생활 La

---

92 그러나 꿀은 여전히 중요한 식품 중의 하나였다. 꿀은 케이크나 잼을 만들거나 건강식품으로도 많이 애용되었다.

vie quotidienne de 1870 à 1900》(1947년)이란 책자에 따르면, 가장 간단한 저녁인 경우에도 수프나 포타주 다음에 가벼운 앙트레와 잘 갖춘 고기, 채소와 샐러드, 앙트르메, 치즈 조각과 과일 등이 나왔다. 좀 더 격식을 차린 정찬의 경우에는 생선과 가금류, 야생의 새고기, 데커레이션케이크, 그리고 아이스크림까지 나왔다. 앞서 이야기한 대로 19세기는 부르주아 요리의 승리와 레스토랑의 위대한 강림의 양대 특징으로 대표된다. 레스토랑에 이어 카페나 고급 찻집(salon de thé)이 유행하면서부터, 이미 포식한 회식자들의 마지막 식욕을 자극하는 가토와 단맛의 디저트들이 앞을 다투어 등장했다.

도처에서 심지어 가장 귀족적인 식탁에서도 '부르주아 요리'가 단연 압승을 거두었다. 이 부르주아 요리는 밀가루를 넣은 버터크림의 진한 소스를 바탕으로 한 복잡한 레시피에 약한 불로 천천히 익힌 매우

Fig. 361. — *Gâteau religieuse* (voir page 548).   Fig. 362. — *Charlotte russe* (voir page 63)

가토의 이름은 위에서부터 를리지외즈(religieuse), 샤를로트 뤼스(charlotte russe), 바케 오 샹피뇽(baquet aux champignons) 순이다. 첫 번째 가토의 이름이 '수녀(religieuse)'를 의미하는데, 전설에 따르면 설탕을 입힌 색이 종교 복장과 비슷해서 유래했다는데, 확인된 바는 없다.

백포도주와 바질 소스를 넣고 그라탱(gratin)한 먹음직스러운 굴 요리

묵직하고 박학다식한 요리였다. 이 시대의 정찬 메뉴를 살펴본다면, 그것은 매우 엄격한 규칙들을 따르고 있다. 최소한 7~8개의 요리가 나왔다. 오직 한 접시의 요리만 먹는다든지 새처럼 음식을 조금씩 갉아먹는 행위는 도저히 용납될 수 없는 일이었다. 제일 먼저 아페리티프(apéritif, 식전 술)와 함께 먹는 비스킷·샌드위치(amuse-bouche), 각종 수프와 포타주, 생선, 야채 고명을 곁들인 약한 불에 오래 익히거나 구운 고기, 푸아그라나 햄·소시지 따위의 돼지고기, 샐러드, 파티스리와 과일 등이 순서대로 나왔다.

그 당시 사람들은 해산물, 특히 굴을 열렬히 찬미했다. 굴은 따뜻하거나 차게 제공되었는데, 그 어떤 경우에도 항상 샹파뉴(샴페인)를 곁들였다. 수프는 계절에 따라 차거나 뜨겁게 나오는데, 항상 우아한 찻잔 속에 담겨져 나왔다. 굴은 세 가지 맛이 있는데, 하나는 샤랑트식 더운 굴 요리, 백포도주와 바질 소스로 그라탱한 굴 요리, 하나는 샹파뉴로 그라탱한[93] 굴 요리 등이다. 브로콜리나 셀러리를 넣은 차가운 벨루테(velouté)[94], 가재 비스크(bisque)[95], 감자수프 비시스와즈(crème vichyssoise)[96], 칠면조 육수와 밤을 넣은 또 다른 감자수프(crème de

프랑스 화가 앙리 제르벡스(Henri Gervex, 1852~1929)의 〈카페 정경〉(1877년)

파리식 찬 연어 요리 '소몽 프루아 아 라 파리지엔(saumon froid à la Parisienne)'

93 가루 치즈와 빵가루를 입힌 다음 노랗게 구운 요리를 그라탱(gratin)이라고 한다.

94 벨루테는 야채·고기·생선·달걀 따위로 만든 걸쭉한 수프를 가리킨다.

95 주로 가재류를 재료로 걸쭉한 수프를 비스크(bisque)라고 한다.

96 비시스와즈(crème vichyssoise)는 감자와 크림으로 만든 수프이다.

구운 브리오슈 위에 살짝 올린 원형의 '푸아그라 쉬르 브리오슈 토스테(Foie gras sur brioche toastée)'

고기 고명으로 곁들여지는 푸른 옷을 입은 쌀 요리 '리소토 엉 아비 베르(Risotto en habit vert)'

ratte au jus de dinde et marron) 등이 나온다. 그다음에는 생선과 함께 좀 더 구체적인 메인 요리를 본격적으로 음미한다. 생선은 보통 연어나 아귀, 가자미 등이 나오는데, 마요네즈나 타타르 소스(마요네즈의 일종)를 넣은 차가운 요리나 따뜻한 요리가 등장한다. 특별한 경우에는 해산물과 생선으로 공들여 만든 요리가 나온다. 그 다음에는 바닷가재 요리가 선을 보인다. 생선류 다음에는 진짜 요리의 심장으로 간주하는 고기류가 등장한다. 소고기나 양, 다진 고기나 야채로 속을 채운 가금류가 등장한다. 그리고 고기에는 항상 감자, 강낭콩이나 버섯 같은 야채류, 파이 굽는 틀에 넣고 찐 쌀이 고명으로 곁들여진다. 고기가 나온 후에는 토스트 위에 원형으로 썬 푸아그라가 등장한다. 그리고 최종적인 디저트 타임에는 커피나 아니면 커피 없이 한입에 들어갈 만

벨 에포크 시대의 테이블

한 크기의 예쁜 쿠키나 케이크의 일종인 프티푸르(petit-four), 과일을
곁들인 마카롱이나 마들렌 같은 과자가 연이어 나온다.

(나) 식탁 예술, 음악과 공연들

벨 에포크 시절의 마호가니 테이블은 매우 우아하고 매끄러운 윤기
가 넘쳐흘렀다. 사람들은 청아한 난초나 들장미 부케처럼 섬세하고
고운 꽃들로 하얀 식탁보가 깔린 식탁을 장식하기를 좋아했다. 긴 사
각 테이블의 경우에는 양 끝에 두 개의 꽃병을 놓았고, 원형인 경우에
는 중앙에 하나만 놓았다. 가끔 은이나 유리로 만든 작은 잔에 꽃을 두
어 송이 꽂기도 했다. 그리고 금빛이나 분홍빛의 작고 앙증맞은 램프
를 테이블이나 혹은 근처의 가구 위에 올려놓았다. 그 당시에 냅킨은

벨 에포크 시대의 평평한 접시(assiette plate)

하얀색을 가장 선호했고, 그 위에 수를 놓든지 장식용 구멍을 내거나 밑단에 술을 달기도 했다. 때로는 포크와 나이프 같은 식기류를 넣고 튤립이나 다른 꽃 모양으로 고이 접은 냅킨을 접시 위에 올려놓기도 했다. '오른쪽에 나이프, 왼쪽에 포크'를 놓는데, 나이프의 날은 접시 쪽으로 눕히고 포크의 날은 위를 향하게 했다. 유리잔은 왼쪽에서 오른쪽으로 물잔, 적포도주 잔, 백포도주 잔, 그리고 샹파뉴 잔을 순서대로 놓았으며, 마지막 샹파뉴 잔은 약간 뒤에 놓기도 했다. 은이나 은도금을 한 고급 식기류나 금박을 입힌 청동제 식기 한 벌을 사용했다. 접시는 도금된 선 장식이나 꽃문양, 또는 루이 15세 시대에 유행한 로카이유(rocaille) 양식[97]이나 중국제나 영국제 도기들이 유행했다. 굽 달린 크리스털 잔은 꽃이나 소용돌이 모양의 장식을 최고로 쳤다.

---

97 구불구불한 곡선이 두드러진 장식 양식.

그 당시의 복잡하고 화려한 정찬 메뉴들은 여러 개의 다른 잔을 요구했다. 적어도 최소한 네 개의 잔이 필요했다. 그중에서도 샹파뉴 잔이 가장 중요했는데, 오늘날과는 달리 가늘고 긴 굽이 달린 플뤼트(flûte) 잔 대신에 그 당시에는 좀 더 납작한 쿠프(coupe) 잔을 더욱 선호했다. 샹파뉴 잔 외에도 포르투갈산 포도주 '포루트(porto)'를 마시는 잔도 따로 있었고, 거의 장식용으로 라인 지방의 포도주를 담는 초록이나 붉은색, 푸른색으로 영롱하게 채색한 크리스털 잔도 구비되어 있었다. 그리고 전설적인 러시아 대공들이 파리에 유행시킨, 헝가리 오케스트라의 거의 신기에 가까운 바이올린의 서글픈 선율이 만찬회장에 가득 울려 퍼졌고, 헝가리 민족무용에서 흥겨운 프렌치 캉캉, 감

은으로 세공한 쿠프
(coupe) 잔

98 1900년경부터 유행한 병사의 이야기를 주제로 한 조잡한 희극

성적인 기악곡, 심지어 병사 코미디(comique troupier)에서[98] 익살스러운 폴카에 이르기까지 다양한 레퍼토리의 음악과 공연들이 새벽까지 힘차게 이어졌다.

(다) 식탁의 정치 예술

> "인생은 영광스러운 연회이며, 무제한의 감미로운 뷔페다."
>
> _ 마야 안젤루(Maya Angelou, 1928~2014), 미국 시인·소설가

'1900년 만국박람회(4월 14일~11월 12일)' 당시 프랑스 대통령 에밀 루베(Emile Loubet, 1838~1929)는 튈르리 정원에서 개최된 기념비적인 연회에 2만 9,695명의 시장을 모두 초대했다. 그중에서 2만 2,965명이 그 초대에 응했는데, 프랑스 본국뿐만 아니라 알제리나 식민지에서도 그들은 연회 참가뿐만 아니라 만국박람회를 볼 수 있다는 기대감에 부풀어 대거 상경했다. 연회 일시는 제1공화국의 탄생일(1792년 9월 22일), 즉 공화국 탄생 108주년을 기리는 차원에서 '9월 22일'로 정했다. 대통령은 축사 시에 위대한 '혁명의 조상들'을 언급하는 것을 잊지 않았다. 공화주의자들은 국가와 민주주의의 수호를 위해서 공화국 탄생일을 기념하는 애국주의와 자유의 축제를 열기를 열렬히 희망했다.

그렇다면 과연 어떻게 2만 명 이상의 회식자를 공화주의 연회장에

벨 에포크 시대 테이블의 재현

LE BANQUET DES MAIRES A PARIS — UN REPAS DE 22,500 COUVERTS

시장들의 연회(banquet des maires, 1900년 9월 22일)

초대하여 한꺼번에 접대할 수 있을까? 프랑스 미식과 미식가들은 이제 요리 산업의 무용담에 직접 참여하게 되었다. 그래서 튈르리 정원에는 거대한 천막이 설치되고, 테이블당 90인분의 단체 식사를 위해서 700개의 테이블과 7km 길이에 달하는 식탁보와 냅킨, 12만 5천 개의 접시와 5만 5천 개의 포크와 5만 5,000개의 스푼, 6만 개의 나이프, 12만 6,000개의 유리컵이 사용되었다. 6대의 자전거가 서빙을 위해 동시에 행사장을 씽씽 달렸고, 또 드 디옹 부통 자동차(De Dion-Bouton de 4 CV) 한 대가 테이블 사이를 다녔다. 또한, 요리와 음식 서비스를 위해 3천 명의 전문 인력이 고용되었다. 요리계의 큰손인 최고 요리사 11명, 요리별 전문 요리사 220명, 400명의 조리사, 호텔 지배인 2,150명, 손님들의 의복 담당 종업원 50명이 고용되었다. 연회를 위해 마련된 3,900병의 포도주 가운데 1,500병은 고급 샹파뉴였다.[99] 회식자들은 지역별, 그리고 알파벳순으로 착석했다. 이 연회는 프랑스에서, 아마도 세계에서 가장 커다란 규모의 연회였기 때문에 주요 매스컴의 주목을 받았다. 이 축제는 매우 화기애애하고 친목적인 분위기에서 성공적으로 행해졌다고 알려져 있다. 식사 시간이 90분 이상을 넘지 않기를 바랐던 대통령의 의도대로 식사 규칙은 엄격했다. 이 행사의 총감독은 출장 요리 회사인 '포텔 & 샤보(Potel & Chabot)'가 맡았다. 이 회사는 이 거대한 행사의 리셉션을 위해서 접시 12만 5천 개, 유리컵 12만 6천 개, 연어 2,000킬로그램, 꿩 2,430마리, 암평아

---

99 음료는 그들의 관할구역에서 가장 멀리 떨어진 토양에서 제조된 포도주를 음미할 수가 있었다.

드 디옹 부통 자동차(1903년)

리 2,500마리, 마요네즈 1,200리터, 복숭아 1만 개, 포도 1,000킬로 그램, 포도주 5만 병과 커피 3,000리터를 제공했다.

당시 메뉴는 식탁에서의 정치 예술과 당시 농업이 지배적인 프랑스 사회에서 포도주가 차지하는 위상을 매우 잘 반영하는 메뉴였다.

[연회 메뉴]

* 필레 드 뵈프 앙 벨뷔(filet de bœuf en Bellevue, 소고기 안심 요리)

* 팽 드 카느통 드 루앙(pain de caneton de Rouen, 빵과 새끼 오리로 만든 루앙의 요리)

* 풀라드 드 브레스 로티(poularde de Bresse rôtie, 브레스식으로 구운 영계 요리)

필레 드 뵈프 앙 벨뷔(소고기 안심 요리)

* 발로틴 드 훠장(ballottine de faisan, 꿩고기 완자 요리)

* 카망베르 치즈(camembert)

* 아이스크림(glace)

* 프레냑 백포도주(vins de Preignac blanc)

* 생쥘리앙 포도주(Saint-Julien)

* 부르고뉴 포도주(Bourgogne)

* 샹파뉴(champagne, 샴페인)

모든 포도주는 카라프(carafe, 물병)에 담겨 제공되었다. 회식자들은 3만 9천 병의 포도주를 마셨는데, 그중 1,500병은 샹파뉴였고 메뉴의 마지막에 제공되었다. 또한, '민주주의 원칙'에 따라서 종업원들 역시 3,000리터의 질 나쁜 적포도주(gros rouge)를 마실 권리가 주어졌다고 한다.

식사와 병행해서 축제의 방에서는 화려한 공연이 시작되었다. 코메디프랑세즈(Comédie Française) 극단과 국립음악·무용 아카데미(오페라

실제 식사장면: "가르강튀아(gargantua, 대식가), 너도 여기 있니?"

팽 드 카느통 드 루앙(루앙의 오리고기 요리)

툴르리 정원에 도착하는 시장들

의 오케스트라)와 함께 협연한 공연 프로그램은 프랑스공화국을 상징하는 삼색기[자유(파랑)·평등(하양)·우애(빨강)] 문양의 메뉴 한쪽에 게시되어 있었다. 그리고 초대받은 시장들에게 '자유'를 의인화하고 프랑스공화국을 상징하는 젊은 여성 마리안느(Marianne)가 새겨진 청동 기념패를 증정했다.

[프로그램]

* 라 마르세예즈(La Marseillaise, 프랑스 국가·혁명가)

* 옛날과 최근의 댄스

　　– 야만인의 춤

- 그리스 춤

- 프랑스 춤

- 근대의 춤

* 출발의 노래

 프랑스에서 이처럼 대대적인 정치적 연회(banquet)를 조직하는 전통은 제2공화국(1848~1852) 시절로 거슬러 올라간다. 당시 부패한 7월 왕정(1830~1848)과 수상 프랑수아 기조(François Pierre Guillaume Guizot, 1787~1874년)의 정책 반대자(개혁파)들은 '개혁 연회'를 개최하여 전국적인 개혁운동을 전개했다. 제3공화국(1870~1940) 시대에 이러한 '반란'의 개혁 연회 전통은 좀 더 평화적이고 친목적인 분위기로 변모했다. 1888년 7월 14일(혁명일)에 프랑스 대통령 사디 카르노(Marie François Sadi Carnot, 1837~1894)는 모든 도청과 면 소재지의 시

튈르리 정원의 거대한 천막 아래 차려진 거대한 연회의 광경

장들을 공화주의 연회에 초대했으며, 4천 명의 당선된 시장들은 이 초대에 기꺼이 응했다. 그리고 1898년 7월 13일에는 프랑스 낭만주의 역사가 쥘 미슐레(Jules Michelet, 1798~1874)의 백 세를 기념하는 차원에서 프랑스 주요 도시의 시장이 모두 모여 연회를 가졌으며, 1900년 만국박람회 때의 연회는 골(Gaule, 옛 프랑스) 시대부터 이어 온 공생적인 연회의 전통에 그 정점을 찍게 되었다.

·3부·

20세기 요리

: 프랑스 요리의 국제화 시대 :

1장

20세기
프랑스 요리

"훌륭한 정찬 후에 우리는 누구라도,
심지어 우리 자신의 관계조차도 다 용서할 수 있다."
_ 오스카 와일드(Oscar Wilde, 1854~1900), 아일랜드 극작가

20세기 초의 요리법은 단순화, 가벼운 음식 그리고 바쁜 현대인의 욕구에 부합하는 요리 기법을 주창하고, 프랑스 요리를 예술의 극치로 승화시킨 요리의 거장 카렘의 뒤를 이어 '요리학의 형식화(formalisation)'를 구축했던 오귀스트 에스코피에(Auguste Escoffier, 1846~1935)에 의해 대표된다.

요리사의 왕으로 불리는 에스코피에는 시대의 주목을 받으면서 프랑스 정통 요리를 근대화해 나갔다. 웨이터로부터 출세한 세자르 리츠(César Ritz, 1850~1918)는 일류 호텔의 제1급 기획자로서 실력을 발휘했다. 리츠도 에스코피에도 결코 고위층의 사람들에게 개인적으로

아르누보 스타일의 실내 분위기를 자랑하는 막심 레스토랑. 1893년 막심 가이아르(Maxime Gaillard)에 의해 비스트로로 출발한 막심은 다음 소유주인 외젠 코르뉘셰(Eugène Cornuché, 1867~1926) 덕택에 세계에서 가장 인기 있고 세련된 레스토랑으로 탈바꿈했다.

스위스 호텔리어 세자르 리츠
(César Ritz)

고용된 적은 없었다. 그들은 자기들의 레스토랑에 찾아온 엘리트 고객들에게 서비스를 제공했을 뿐이었다. 런던 외에도 그들은 파리를 비롯한 유럽 각지에 대규모의 호텔을 개설하여 그들의 기술을 발휘하면서 사람들의 미각을 만족시켰다. 런던의 신사 전용 클럽에서 파리한 얼굴로 지내던 영국 신사들은 에스코피에와 리츠의 최고 식사와 최선의 서비스에 매료되어 가족을 이끌고 레스토랑을 찾아와 식사했다. 러시아의 부유한 귀족들은 파리의 레스토랑 '막심(Maxime's)'에서 저녁을 먹곤 했다.

한편, 프랑스 정통 요리가 근대화와 세계화하는 동안에 프랑스 요리의 '지역주의(régionalisme)', 지역화가 이루어졌다. 만일 프랑스 미식의 황금 시기였던 19세기에 파리가 세계 요리 창조의 중심지였다면, 20세기 초는 관광을 위한 호텔 산업이 본격적으로 등장하면서 '관광과 식도락'을 결합하여 그 두각을 나타냈다. 식탁의 무진장한 보고를 찾아 헤매는 사람들은 이제 파리라는 한 지역에 머무르기보다는 오랫동안 등한시했던 프랑스 각 지역의 다양한 요리를 두루 섭렵했다. 그리하여 유명한 미식가였던 그리모 드 라 레이니에르의 다양한 파리 지역

내의 《영양식 일정 *Itinéraire nutritif*》(1803년)의 탐방은 이제 프랑스 각지의 명소를 소개하는 미슐랭의 관광가이드로 대체되었다.

요리의 거장들은 프랑스 전 지역의 서민적인 민속 요리나 부르주아 요리에서, 혹은 이제 식도락의 성소가 되어버린 가정적인 여인숙에서 자신의 요리 창조를 위한 위대한 영감의 원천을 발굴해 냈다. 이처럼 20세기에 들어서면서부터 원거리를 달리는 철도, 대형 선박들의 수송은 서구인의 식생활에 지대한 영향을 끼치기 시작했다. 인구의 급증과 신대륙으로의 이민, 제1차, 제2차 세계대전을 거치면서 오늘날의 요리는 세계의 것으로 대중화하고 있다.

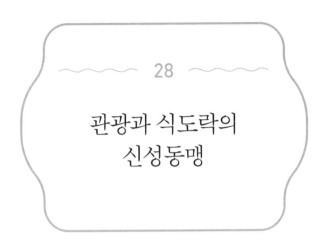

28

관광과 식도락의
신성동맹

"모든 예술과 마찬가지로 요리법에서도 단순성은 완성의 표식이다."

_ 퀴르농스키(Maurice Edmond Sailland Dit Curnonsky, 1872~1956),

프랑스의 작가, 언론인, 미식가

'관광과 식도락의 신성동맹(sainte-alliance)'이란 용어는 '퀴르농스키 (Curnonsky)'란 필명으로 더욱 유명한 20세기 최고의 미식 작가 모리스 에드몽 사이양(Maurice Edmond Sailland, 1872~1956)이 창안한 용어이 다. 프랑스 현대사가 스테파니 소제(Stéphanie Sauget, 1976~)와 앙드 레 로치(André Rauch, 1942~)도 19세기 후반부터 본격화된 관광산업 의 발달이 '미식의 지형도'에 미친 영향력에 주목한 바 있다. 산업가, 호텔리어, 레스토랑 경영자, 저널리스트들의 신성동맹에 의해 관광

은 근대적인 미각과 요리 지형도의 확장에 새로운 지평선을 열어주었다. 이제 관광가이드 책자들은 새로운 미식의 역사를 써 내려가는 주요한 원천이 되었다. 19세기에 탄생한 '가스트로노미'는 음식에 관한 지식과 노하우, 의례, 담론 등을 중심으로 구성된 일종의 사회적 관행(pratique sociale)으로 정의할 수 있다.

이러한 가스트로노미라는 새로운 개념과 병행하여, 19세기 민족주의의 대두에 따라서 국가적으로 우리가 반드시 지켜야 할 '문화유산(patrimoine culturel)'이라는 개념도 생겨났다. 이 두 가지 개념이 서로 융합되어 프렌치 가스트로노미의 '문화화(culturalisation)'와 '국가유산화(patrimonialisation)'가 장기 구조적으로 진행되었다. 즉, 관광, 문화유산, 가스트로노미, 도시의 레스토랑이라는 4대 현상이 자타가 공인하는 서양 최고의 요리 대국으로 나가는 거대한 시너지 효과를 창출했다고 본다.

이른바 '미식관광'이란 관광객 개개인에게 문화적 소비인 동시에 역사 유적지 탐방이 된다. 관광객의 이동 필요성이나 여행의 즐거움에

독일 화가 카를 슈피츠베그(Carl Spitzweg, 1808~1885)의 〈로마평원의 영국 여행자〉(1835년)

대한 향유에 부응해서 여러 가지 다양한 관광·레저산업(온천 여행, 겨울 스포츠관광)을 발달시킨 것은 원래 영국인들이었다.[100] 1910년에 당시 프랑스의 공공사업부 장관이었던 알렉상드르 밀랑(Alexandre Millerand, 1859~1943)은 '관광의 대중화' 시대를 위해서 최대 다수의 관광객이 유적지를 방문할 수 있도록 '관광안내소(office de tourisme)'를 최초로 설치했다. 그러나 그때까지만 해도 관광은 여전히 문화와

---

100 1841년은 '관광(tourisme)'이란 용어가 프랑스에서 최초로 등장한 해였던 반면에, 영국은 이미 30년 전부터 유럽 주요 도시에서의 문화관광을 의미하는 '그랜드 투어'라는 용어가 사용되었다.

여가를 소비할 시간과 재력이 있는 소수의 부유한 엘리트 계층에만 국한되어 있었다.

"우리의 최종 행선지는 결코 장소가 아니라, 사물을 바라보는 새로운 방식이다."

_ 헨리 밀러(Henry Miller, 1891~1980), 미국 작가

(가) 근대 관광의 탄생

철도와 자동차 등 근대 교통수단의 발달 덕분에 드디어 근대 관광 시대의 빛나는 서막이 올랐다. 유럽의 돈 많은 귀족과 부르주아들의 쾌락을 위해서 궁전 같은 호화판 호텔이나 카지노, 극장 등이 커다란 역마다 하나둘씩 생겨났다. 이런 경우 요리사나 호텔 지배인, 고급 레스토랑의 우두머리는 십중팔구 프랑스인이거나 아니면 프랑스에서 교육을 받았거나 프랑스적인 소양을 지닌 자들이 많았다. 이러한 호화판 호텔을 중심으로 우아한 테이블 매너와 서비스 문화가 재정립되었으며, 1915년에는 니스에 첫 번째 호텔학교가 건립되었다. 또 한편으로 대중문화와 대중관광의 시대가 열리면서 미식도 이제는 하나의 매력적인 관광상품이 되었다. 혹자는 이러한 대중관광의 시대를 우호적인 기회로, 또 다른 혹자는 이를 위기로 여겼다.

에스코피에의 증손자인 미셸 에스코피에(Michel Escoffier)도 동석한 니스 호텔학교의 졸업 동기 생들의 대연회.

"나는 위대한 책도 아니며 위대한 예술가도 아니다. 그러나 나는 예술을 사랑 하고 음식을 사랑한다. 그러니까 나는 완벽한 여행가다."

_ 마이클 폴린(Michael Palin, 1943~), 영국 코미디 배우

(나) 관광과 가스트로노미

20세기 초부터 시장 점유를 위해 서구 열강은 치열한 각축전을 벌 이면서 이른바 자본·산업·교역의 '세계화'가 시작되었다. 그리고 '관광' 은 각국 영토의 경제 발전을 위해 매우 유용한 산업 활동 분야라는 인 식이 자리 잡게 되었다. 프랑스를 가장 방문하고 싶은 '매력적인 나라' 로 어필하기 위해서 프랑스 역사, 고고학적인 유물, 역사 기념물, 멋 진 풍광, 또 수 세기 동안 '유흥과 쾌락의 도시'로 명성을 날려 온 파리

프랑스의 지역별 가스트로노미 지형도

같은 대도시의 매력들이 집중적으로 조명되기 시작했다. 그리고 여기에 '가스트로노미(gastornomie)'가 빼놓을 수 없는 매력의 중심적 요소가 되었다. 가스트로노미는 프랑스의 방대한 문화자원들을 하나로 통합시키고, 프랑스 역사와 프랑스인들의 생활양식, 집단적 감수성, 또 향락주의적인 문화 그 자체를 구현하는 구심점 역할을 했다. 가스트로노미는 '프랑스식의 처세술(art de vivre à la française)'을 특징지으며, 프랑스와 프랑스인들의 정체성을 대표한다. 에두아르 에리오(Édouard Herriot, 1872~1957) 같은 진보적인 사회개혁자들이나 미셸 오제 라리베(Michel Augé-Laribé, 1876~1954) 같은 '농촌 사회주의'의 창시자들은 《고삐 풀린 현대성》의 저자 아르준 아파두라이(Arjun Appadurai,

1949~)가 말하는 이른바 '미식정치학(gastropolitique)'의 선구자들이었다.[101] 그들은 도농 간의 균형적인 발전을 위해 관광, 가스트로노미, 경제 발전의 역학 관계를 최초로 구성하고 조직했던 좌파 정치인들이었다. 20세기 초에 특히 파리, 리옹, 디종 같은 도시에서는 프랑스의 가스트로노미의 전통과 연계한 관광산업이 다음 두 가지 상호 보완적인 방향으로 추진되었다. 첫째는 가장 부유한 관광객들을 대상으로 고급 레스토랑에서 과거 귀족 식탁의 진미와 영광을 동시대의 트렌드에 맞게 다시 재현하는 것이고, 둘째로는 지방색을 최대한 살린 '지역 요리'의 개발이었다. 이제 가스트로노미는 프랑스라는 나라의 진정한 '영혼'과 만나는 진입로가 되었다.

이처럼 육각형의 나라 프랑스는 '식도락'이라는 오랜 전통의 역사적 토대 위에서 '관광'이라는 새로운 근대 산업의 기치를 내걸고, 명실공히 세계적인 '가스트로노미의 국가(pays de la gastronomie)'라는 자신의 고유한 국가 브랜드를 구축해 나갔다. 그래서 프랑스의 가스트로노미라는 근사한 매력 자본은 관광 수입의 창출이나 지역 발전에 대한 공헌은 물론이고, 프랑스 정신과 처세술을 대표한다는 포도주, 증류주(코냑), 샹파뉴, 푸아그라 같은 국보급 식품들의 수출 시장의 거대한 판로를 열어주었다.

---

101 '미식정치학(Gastro-politics)'이란 용어는 1981년에 미국 인류학자 아르준 아파두라이(Arjun Appadurai, 1949~)가 남인도의 사회조직에서 음식이 차지하는 역할을 연구하던 중 음식과 관련된 문화·경제 자원을 둘러싼 갈등이나 경쟁을 언급하면서 창안한 용어이다.

"여행을 하지 않는 사람은 인간의 가치를 모르는 자다."

_ 무어인의 속담

"빵은 우리의 몸을 위한 양식이고, 포도주는 우리의 정신을 위한 양식이다."

_ 샤를 페르디낭 라뮈(Charles Ferdinand Ramuz, 1878~1947),

프랑스어권의 스위스 작가

프랑스 요리의 위대한 집성가 에스코피에

카렘에 이어 프랑스와 전 세계의 식도락에 지대한 영향을 끼친 두 인물을 꼽으라면 프로스페 몽타녜(Prosper Montagné, 1865~1948)와 오귀스트 에스코피에(Georges Auguste Escoffier, 1846~1935)를 꼽을 수 있을 것이다. 몽타녜는 무엇보다 우선적으로 프랑스 미식의 백과사전인 《라루스 가스트로노미크 Larousse Gastronomique》(1938년)를 집필하여 식도락 분야에 위대한 족적을 남겼다. 그는 제1차 세계대전 당시에는 필레아스 질베르(Philéas Gilbert, 1857~1942)와 에스코피에 같은 다른 유명 셰프들과 함께 연합군의 주방을 조직하는 업무를 맡았다.

호텔리어의 아들이었던 몽타녜는 젊은 시절에 몬테카를로의 호텔 주방에서 일한 경력이 있는데, 요리의 지나친 데커레이션이나 불필요한 고명 따위를 과감하게 폐기하고 주방을 좀 더 효율적으로 조직하며, 메뉴를 간단하게 줄여야 한다는 결론에 도달했다. 그러나 만일 에스코피에가 여기에 동참하지 않았다면 몽타녜의 이러한 과감한 시대적 요구도 그냥 무의미하게 사장되고 말았을 것이다. 물론 처음에는 에스코피에도 자신의 절친한 지기이며 공동 저자이기도 한 질베르가 "몽타녜의 주장이 옳다."라면서 그를 집요하게 설득하기 전까지는 별로 반응을 보이지 않았다. 그러나 이제 에스코피에는 요리 개혁의 열렬한 신봉자가 되었다. 그는 요리 장식의 단순화, 메뉴의 간소화, 서비스의 가속화를 실현했다. 또한 분야별 요리 전문가들의 분업 체제인 '키친 스태프(brigade de cuisine)' 제도를 도입하여 요리의 효율성과 전문성을 배가하였다. 이러한 근대적 요리의 진보는 1880년경 '러시아식 상차림'의 도입으로 더욱더 수월해졌다.

"요리는 나의 인생이다."

_ 프로스페 몽타녜(Prosper Montagné, 1865~1948), 프랑스 요리사

(가) 키친 스태프 제도

20세기에는 프랑스 요리의 근대화 현대화가 이루어졌다. 셰프는 이제 전문적인 오븐과 냉장고를 사용할 수 있게 되었고, 이른바 키친 스태프 제도의 덕을 톡톡히 보게 되었다. 이 근대적인 제도는 19세기 말 런던의 사보이호텔에서 일했던 에스코피에의 발명품이다. 그는 프랑스 군대에서 배운 군대식 조직 제도를 요리에 접목하여 이 키친 스태프 제도를 탄생시켰다. 그는 주방을 권위와 책임, 기능의 위계질서에

키친 스태프. 에스코피에는 주방을 권위과 책임, 기능의 위계질서에 따라 조직했다.

따라 조직했다. 즉, 각 요리사들은 자신의 재능에 따라서 분업 체제로 로스트(구운 고기) 요리나 디저트 등을 전문적으로 담당하게 되었다. 다음은 키친 스태프의 조직도이다.

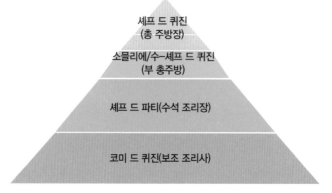

셰프 드 퀴진
(총 주방장)

소믈리에/수-셰프 드 퀴진
(부 총주방)

셰프 드 파티(수석 조리장)

코미 드 퀴진(보조 조리사)

* **셰프 드 퀴진(chef de cuisine, 총주방장)**: 주방의 총체적인 업무를 관리하는 최고책임자다. 각 스태프를 감독하고 레스토랑 지배인과 상의해서 메뉴와 새로운 레시피를 개발하고 음식 재료를 구입하며, 조리 실습생들을 훈육하고 무엇보다 청결하고 위생적인 음식 조리 환경을 만드는 것이 총주방장의 주요 업무이다.

* **수 셰프 드 퀴진(sous-chef de cuisine, 부주방장)**: 주방의 관리를 위해 주방장의 명령을 직접 받으며, 총주방장의 부재 시에는 대리 업무를 수행한다.

* **소믈리에(sommelier, 포도주 담당자)**: 협의적 의미로는 포도주만을, 광의적 의미에서는 각종 주류에 관한 서비스를 전문적으로 담당한다.

* **소시에(saucier, 소스 전문 요리사)**: 소스를 준비하고 전채 요리(hors d'oeuvres)를 데우며 고기 요리를 완성한다. 작은 레스토랑인 경우에는 소시에가 생선 요리도 만들며, 기름에 재빨리 튀기거나 볶는 요리도 준비한다. 키친 스태프 제도에서 가장 존경받는 포지션 중 하나다.

* **셰프 드 파티(chef de partie, 조리장)**: 특정한 요리를 준비하는 데 전문화된 한 부서의 조리장을 일컫는다. 소스 전문 요리사나 그릴 요리 전문 요리사들이 여기에 속하며, 좀 더 낮은 위치에서 일하는 요리사를 드미 셰프(demi-chef, 부조리장)라고 일컫는다.

* **퀴지니에(cuisinier, 조리사)**: 독립적인 위치를 점하며, 특정한 요리를 준비한다.

* **코미 드 퀴진(commis de cuisine, 보조 조리사)**: 특정한 위치에서 일하며, 셰프 드 파티에게 직접 보고하며 조리 기구를 담당한다.

* **아프랑티(apprenti, 조리 실습생)**: 보통 요리 학교에서 이론과 실기를 익히는 학생들이며, 주방에서 실전 경험을 쌓는다. 요리 준비 작업을 수행하거나

주방 청소를 담당한다.

* **플롱제(plongeur, 접시닦이)**: 식당·호텔 등의 주방에서 설거지나 다른 단순한 일을 한다.

* **마르미통(marmiton, 요리사의 조수)**: 큰 레스토랑에서는 접시닦이 대신에 마르미통이 모든 냄비와 프라이팬들을 닦는다.

* **로티쇠르(rôtisseur, 로스트 쿡)**: 로스트, 브로일(구이), 튀김 담당의 조리 팀을 운영한다.

* **그릴아딘(grillardin, 그릴 쿡)**: 규모가 큰 주방에서는 로티쇠르 대신에 구이 요리를 준비한다.

* **프리튀리에(friturier, 프라이 쿡)**: 규모가 큰 주방에서는 로티쇠르 대신에 튀김 요리를 준비한다.

* **푸아소니에(poissonnier, 피시 쿡)**: 생선과 해산물 요리를 준비한다.

* **앙트르메티에(entremetier, 채소 전문 조리사)**: 앙트레 전문 조리사로, 수프, 고기나 생선이 아닌 채소나 달걀 요리를 준비한다.

* **포타제(potager, 수프 쿡)**: 규모가 큰 주방에서는 포타제가 앙트르메티에에게 직접 보고하며 수프를 준비한다.

* **레기미에(légumier, 채소 요리)**: 앙트르메티에에게 직접 보고하며 채소 요리를 준비한다.

* **파티시에(pâtissier**: 디저트와 식사를 마무리해주는 단 요리를 준비한다. 불랑제(boulanger, 제빵업자)가 없을 때는 빵이나 기타 굽는 요리들을 담당하며, 레스토랑의 경우에는 파티시에가 파스타도 준비한다.

* **콩피제르(confiseur, 당과류 제조업자)**: 규모가 큰 레스토랑에서는 파티시에

대신에 캔디나 한입에 들어갈 만한 크기의 쿠키나 케이크(petit fours)를 준비한다.

* **글라시에(glacier, 아이스크림 제조인):** 규모가 큰 레스토랑의 경우 파티시에 대신에 아이스크림 같은 차가운 디저트를 준비한다.

* **데코라퇴르(décorateur, 장식가):** 규모가 큰 레스토랑의 경우 파티시에 대신에 데코라퇴르가 특별한 장식용 케이크를 준비한다.

(나) 사보이호텔의 3인조

"훌륭한 요리는 진정한 행복의 토대다."
_ 오귀스트 에스코피에(Georges Auguste Escoffier, 1846~1935), 프랑스 요리사

에스코피에는 스위스의 자수성가형 호텔리어 세자르 리츠보다 나이가 네 살 정도 위였다. 그는 과학적이며 규율이 잘된 프랑스인으로, 조용하고 사려 깊으며 영리하며 혁신적인 셰프였다. 그는 자신의 중요한 고객들에게 음식을 서빙할 때마다 항상 새로운 요리를 개발하고, 같은 음식을 두 번 서빙하지 않도록 그것을 주의 깊게 노트해 두는 꼼꼼한 성격의 소유자였다. 에스코피에와 리츠는 1880년대 중반부터 함께 파트너로 일했다. 리츠는 몬테카를로의 그랜드호텔 매니저 시절에 훌륭한 고객들을 유치하는 데 놀라운 수완을 보였다. 그런데 다른 경쟁사 호텔이 그의 재능 있는 셰프 장 지루(Jean Giroux)를 스카우

근대 요리의 작은 거인 에스코피에(맨 왼쪽)

트하자, 그는 문득 지루가 늘 자신의 스승을 찬미했던 것을 기억해내고 '프티 물랭루즈' 레스토랑에서 일하는 그의 스승을 몸소 찾아갔다. 그가 바로 에스코피에였다. 이 두 사람은 매우 색다른, 그렇지만 매우 이상적인 파트너가 되었다. 리츠와 마찬가지로 에스코피에 역시 작은 마을의 가난한 대장장이 아들로 태어났으며, 둘 다 어린 나이에 견습생으로 일하기 위해 고향을 떠났다. 에스코피에가 지적이고 규율적이라면, 리츠는 매우 사교적이고 쾌활하며 흥분하기 잘하는 다혈질의 성격이었다. 리츠는 낭비벽이 있고 야심 많으며 자기 회의에 잘 빠지는 편인 반면에, 에스코피에는 자기 확신적이고 정밀했다. 그는 조리의 전문성과 효율성, 또 신속한 서비스 제공을 위해서 몬테카를로의 그랜드호텔이나 내셔널호텔의 주방을 근대적이고 전문적인 '키친 스태프' 제도로 조직했다. 에스코피에는 침착한 성격에 부드럽고 조용히 말하는 버릇이 있었다. 그는 아주 잘 정돈된 멋진 콧수염을 길렀으며, 비록 키는 작아도 잘생긴 남성이었다.

1890년에 리츠와 에스코피에는 영국 극단의 단장(impresario)이며 작곡가이자 호텔리어이기도 한 리차드 도를리 카트(Richard D'Oyly Carte, 1844~1901)의 제안을 받고 그가 새로 오픈한 런던의 사보이호텔에서 일하게 되었다. 여기에 또 다른 수석 웨이터(maître d'hôtel)인 루이 에쉬나르(Louis Echenard)가 가세해서, 이른바 '런던 정복을 위한 호텔인들의 작은 군대'가 결성되었다. 에스코피에는 사보이호텔에서 리츠와 함께 일하면서 가격이 정해진 '정식 메뉴(table d'hôte)'를 창안하여 고객에게 선보여 부가가치가 높은 수익을 창출하면서 더욱더 유명해졌다. 미래의 영국 왕 에드워드 7세(Edward VII, 1841~1910)도 사보이호텔에서 정찬을 즐기는 것을 무척 좋아했다. 어느 날 에스코피에는 '여명의 님프 넓적다리(Cuisses de Nymphes à l'Aurore)'라는

16명 셰프들의 반란

매우 시적인 제목의 요리를 그에게 최초로 소개했다. 그것은 영국인들이 중세부터 프랑스인들을 '개구리를 잡아먹는 사람들(mangeur de grenouilles)'이라고 비아냥거리면서 질색했던 일종의 '별미(개구리 요리)'였다. 어쨌든 에드워드 7세는 예외적으로 그 조그만 양서류의 뒷다리 요리를 애호하게 되었다고 한다.

리츠와 에스코피에는 상류사회의 '미식의 원리'를 일반 대중에게 소개한 공로가 매우 크다고 할 수 있다. 당시에도 신흥 벼락부자들이 등장했지만, 그들은 자신들의 '도래'를 외부에 알릴 방법이 별로 없었다. 그들이 상류사회의 개인적인 사교 클럽이나 화려한 정찬 파티에 초대받을 확률은 그리 높지 않았는데, 사보이호텔이 바로 그런 기회를 제공해 주었다. 사보이호텔의 레스토랑은 세상에서 가장 세련되고 가장대담한 요리, 때로는 눈이 휘둥그레질 만큼 고가의 요리들을 선보였다. 즉, 사보이호텔은 새로운 '민주적인 사치'를 제공했으며, 그 중심에는 요리가 있었다. 즉, 리츠와 에스코피에는 '쾌락의 삶과 사치의 무대'를 좇는 새로운 유형의 도시인(고객)들을 창출한 셈이었다.

1897년에 사보이호텔 이사진은 사업이 날로 번창하는데도 매출이자꾸 떨어지는 것을 이상하게 여겨 한 회계 감사 회사를 은밀히 고용했다. 그리고 그 회사는 다시 사설 회사를 고용해서 리츠, 에쉬나르, 에스코피에 등 세 사람을 비밀리에 조사했다. 6개월의 조사 후에 이회사는 이사진에게 명백한 부정의 증거를 보고했다. 1898년 3월 8일

런던의 칼튼 호텔(1905년)

리츠, 에쉬나르, 에스코피에는 이사진 앞에 소환되어 '엄청난 의무 태만과 불이행, 또 관리 부실'을 이유로 그날로 당장에 해고당했다. 그러나 대부분의 호텔 및 키친 스태프들은 리츠와 에스코피에에게 강한 충성심을 보였다. 당시 신문은 '사보이호텔 주방의 반란'이란 제목으로 이 사건을 대대적으로 보도했다. "3명의 매니저가 해고를 당했다. 그러자 화가 치솟은 16명의 프랑스와 스위스 요리사들이 —그중 몇몇은 긴 식칼을 들고- 공개적인 저항을 벌였으나, 런던 경찰의 무력에 의해 제지당했다." 자세한 논쟁이나 해고 원인이 처음에는 공개되지 않았기 때문에 리츠와 그의 동료들은 심지어 '부당해고'에 대한 소송을 준비했을 정도였다. 1900년 1월 3일 리츠와 에쉬나르, 에스코피에는 사적인 조정을 통해 진술했지만, 그들의 구체적인 자백 내용은 결코 외부에 공개되지 않았다. 특히, 사보이호텔의 식재료 공급 회사로부터

런던의 리츠 호텔에서의 전통적인 티타임

총구입액의 5퍼센트에 해당하는 리베이트를 받았다는 에스코피에의 진술은 가장 심각한 범죄행위에 속했다. 가령, 예를 들어 에스코피에는 600개의 달걀을 업체에 주문한다. 그러면 그 업체는 에스코피에와 은밀히 공모하여 호텔 측으로부터 450개의 달걀을 주문받았다는 분식회계를 작성하고 나머지 차액(150개의 달걀값)은 에스코피에에게 다시 뇌물로 돌려주는 방식이다. 사보이호텔 측이 입은 손실액은 1만 6천 파운드에 달했지만, 에스코피에는 반액인 8천 파운드만 갚으라는 판결을 받았다. 그러나 그가 가진 돈이 총 5백 파운드라는 이유로 단지 5백 파운드만 갚게 되었다. 한편, 리츠는 사보이호텔 측에 4,173파운드를 상환했으나, 그는 자신의 모든 부정행위를 부인했다. 그는 단골손님이나 스태프에게 공짜로 선물을 주는 등 자신이 너무 지나친 호의를 베풀었고, 또 호텔 측이 그의 식비나 세탁비 등 기타 위반 잡비를 내주었다고 항변했다. 가난한 농부의 13번째 막내아들로 태어난 리츠는 스위스의 작은 도시 브리크(Brig)에서 소믈리에 견습생으로 일하다가 해고를 당한 적이 있는데, 그때 그는 호텔 사장에게 다음과 같은 말을 남긴 것으로 유명하다. "당신은 호텔 비즈니스에서 결코 아무것도 당신 힘으로 이루지 못할 것이오. 호텔은 매우 특별한 기술이나 노하우가 필요한 곳이오. 내가 단언하건대, 당신은 결코 그것이 무엇인지 끝까지 알지 못할 것이오!"

  그들이 해고를 당했을 즈음에서 리츠는 '호텔리어의 왕'이라는 명성에 걸맞게 상업적인 독립의 길로 나갔다. 리츠는 리츠호텔 개발회사를 설립했고, 에스코피에는 호텔의 주방을 조직하고 셰프들을 모집했다. 1898년에 파리 리츠, 1899년에는 새로운 칼튼호텔을 런던에 세웠고 그들은 곧 자신들을 고용했던 사보이호텔의 상류층 고객들을 거의 다 끌어왔다. 당시 오찬이나 정찬에서 오트 퀴진을 제공하는 것 외에도 리츠에서의 우아한 '티타임'은 매우 인기 있는 메뉴 중 하나였다. 그러나 에스코피에에게 이것은 적지 않은 스트레스를 안겨주었다. "어떻게 잼과 케이크, 파티스리(제과)까지 먹은 사람이 모든 식사의 왕인 정찬을 제대로 음미할 수가 있겠는가? 한 시간, 아니 두 시간 후에? 어떻게 공들인 요리나 포도주의 진가를 제대로 평가할 수 있겠는가?"라고 그는 토로해 마지않았다.

(다) 에스코피에의 예술 작품들

에스코피에는 20여 가지의 새로운 요리를 발명했는데, 그중 하나가 귀한 송로버섯과 푸아그라를 고명으로 곁들여 구운 '더비 치킨 요리(poularde à la Derby)'다. 그는 자신이 창조한 예술 작품에 친구나 유명인들의 이름을 넣는 과거의 전통을 충실하게 따랐다. 1893년에 그는 오스트레일리아의 유명한 소프라노 가수 데임 넬리 멜바(Dame Nellie Melba, 1861~1931)를 위해서 '페쉬 멜바(pêche Melba)'를, 1897년에는 얇고 바삭바삭한 '멜바 토스트(Melba toast)'를 만들었다. 페쉬 멜바는 바닐라아이스크림 위에 여름의 대표적인 과일인 복숭아와 라즈베리(산딸기) 소스를 얹은 디저트다. 1892년에 넬리 멜바는 런던에서 바그너의 오페라 〈로엔그린 Lohengrin〉에 출연했고 오를레앙 공은 그녀를 저녁 만찬에 초대했다. 그때 에스코피에는 〈로엔그린〉에 등장하는

페쉬 멜바(peche Melba)

염소 치즈와 토마토잼으로 토핑한 멜바 토스트(Melba toast)

백조의 멋진 얼음조각상과 함께 새로운 디저트 '페쉬 멜바'를 내놓았다. 이 달콤한 디저트의 창조적인 모티브는 다음과 같다. 솜사탕을 올린 바닐라아이스크림의 침상 위에 놓인 탐스러운 복숭아들을 새하얀 백조가 주둥이로 물어서 나른다는 것이다. 한편, 멜바 토스트는 녹인 치즈와 파테(pâté)[102]를 올려놓은 토스트로, 수프나 샐러드와 함께 제공된다.

또 다른 에스코피에의 작품으로는 일종의 타오르는 얼음과자 '봉브 네로(bombe Néro)'를 들 수 있다. 봉브 네로는 멜론 (또는 포탄) 모양의 용기에 바닐라, 캐러멜, 초콜릿 등 수종의 아이스크림을 층으로 넣은 얼음과자인데, 그 위에 불을 붙인 타오르는 럼주가 마치 고대 로마의 대화재 당시에 타오르는 불꽃을 보면서 악기를 연주하며 노래했던 폭군 네로를 연상시킨다고 해서 붙인 이름이다. 참고로 봉브(bombe)는 프랑스어로 '폭탄'을 의미하며, 영어로는 아이스크림이다. 그래서 '아이스크림 폭탄'이라는 재미있는 별칭을 얻게 되었다. 에스코피에는 자신의 저서 《요리 가이드 Le Guide culinaire》(1903년)에서 봉브 네로에 관한 레시피를 60개 이상이나 소개했다. 이 디저트가 레스토랑 메뉴에 등장한 것은 1882년 초부터였다.

에스코피에는 이미 소개한 바 있는 프랑스의 전설적인 여배우 사라 베르나르(Sarah Bernhardt, 1844~1923)에게도 붉은 딸기에 파인애플

---

102 향신료와 고기를 갈아 주형에 넣고 익힌 후 차갑게 먹는다.

독일 화가 칼 테오도르 폰 필로티(Karl Theodor von Piloty, 1826~1886) 〈로마의 대화재를 감상하는 네로〉(1861년)

과 퀴라소 리큐어[103]를 곁들인 '프레즈 아 라 사라 베르나르(fraises à la Sarah Bernhardt)'라는 매혹적인 아이스 디저트를 헌사하기도 했다.

'투르느도 로시니(tournedos Rossini)'는 19세기 이탈리아 작곡가 조아키노 로시니(Gioacchino Rossini, 1792~1868)의 이름을 따서 만든 프렌치 스테이크를 가리킨다. 프라이팬에 버터를 넣고 구운 '필레미뇽(filet mignon, 부드러운 안심살)'[104] 위에 마지막 순간에 살짝 데친 뜨거운 푸아그라 슬라이스를 토핑해서 쿠르통(Crouton)[105] 위에 올려놓는

---

103 퀴라소 리큐어(Curaçao liqueur)는 라라하(Laraha) 오렌지 껍질을 말려 그것을 가지고 향을 낸 리큐어를 말한다. 라라하 귤은 퀴라소섬에서 자란다.
104 소나 돼지의 등뼈에 붙은 부드러운 고기.

다. 검은 송로버섯의 얇은 슬라이스를 고명으로 놓은 다음 마데이라 데미글라스소스(Madeira demi-glace sauce)[106]로 마무리한다. 이 투르느도 로시니를 개발한 사람은 마리 앙투안 카렘이나 그의 제자인 아돌프 뒤글레레 혹은 에스코피에란 세 가지 설이 있다. 전설에 따르면, 이 요리는 파리의 레스토랑 '카페 앙글레(Café Anglais)'에서 탄생했다. 로시니는 뒤글레레에게 '주방의 모차르트'라는 별명을 붙여주었다.

봉브 네로(bombe Néro)

어느 날 뒤글레레는 로시니를 위해서 테이블 위의 풍로가 딸린 냄비에서 특별한 안심스테이크를 준비하고 있었다. 그런데 뒤글레레가 자신의 요리 비법을 고객에게 노출하지 않으려고 애쓰는 모습을 지켜보던 로시니가 보다 못해 "다른 데서 요리하든지, 아니면 내게서 등을 돌리고 요리하시오."라고 조언했다. 프랑스어로 '등을 돌리다'를 '투르네 르 도(tourner le dos)'라고 한다. 여기서 '투르느도 로시니(tournedos Rossini)'가 유래했다는 설이다. 제법 흥미로운 얘기이기는 하지만 그다지 신빙성은 없으며, 투르느도 로시니는 에스코피에의 예술 작품 가운데 하나로 많이 회자하고 있다.

---

105 바싹 구운 빵조각.
106 고급 고기요리용으로 브라운소스에 육즙을 넣고 바짝 졸인 소스를 가리킨다.

투르느도 로시니
(tournedos Rossini)

1913년에 에스코피에는 함부르크와 미국을 새로 운행하는 독일의 초대형 증기선 'SS 임퍼레이터(SS Imperator)'의 선상에서 독일 황제 빌헬름 2세(Wilhelm II, 1859~1941)를 만났다.[107] 그는 황제의 프랑스 방문 기간에 자신의 런던 칼튼 레스토랑을 그대로 재현한 선상 레스토랑의 주방을 총괄하는 임무를 맡았다. 그는 146명의 독일 정부 고관들에게 여러 차례 코스의 오찬을 대접했고, 저녁에는 황제가 가장 좋아하는 '딸기 푸딩'을 비롯한 기념비적인 정찬을 제공했다. 황제는 어찌나 흡족했던지 그다음 날 조식이 끝난 후에 에스코피에를 친히 청해서 만났고, 다음과 같이 유명한 말을 남겼다.

"짐은 독일의 황제이지만, 그대는 정녕 셰프들의 황제라오!" 이는

---

107 리츠와 에스코피에는 이처럼 대형 호화 여객선에 각 요리를 따로따로 주문하는 '선택식(à la carte)' 메뉴의 '리츠칼튼' 레스토랑을 오픈했다. 이 선상 레스토랑들은 1914년 제1차 세계대전으로 문을 닫았다.

에스코피에가 프랑스 최고의 셰프라는 명성을 확고하게 해주는 계기가 되었다. 리츠는 1906년 리츠 런던호텔을 오픈한 후에 은퇴를 고려하기 시작했고, 에스코피에를 칼튼의 최고위자로 내세웠다. 에스코피에는 제1차 세계대전 중에도 주방을 맡았으며, 그의 작은아들은 안타깝게도 전장에서 사망했다. 그의 유명한 제자 중 하나가 바로 일본 황실의 셰프였던 아키야마 토쿠조(Akiyama Tokuzō, 1888~1974)이다. 1928년에 에스코피에는 '세계조리사연맹(World Association of Chefs Societies)'의 설립에도 적극적으로 조력했고 초대 회장이 되었다.

프레즈 임퍼레이터(fraise Imperator)

위 사진 속 두 인물은 독일 황제 빌헬름 2세(왼쪽)와 오스트리아-헝가리 제국의 마지막 황제인 카를 1세(Karl I, 1887~1922)이다. 그리고 가운데 음식 사진은 빌헬름 2세가 좋아하는 딸기 푸딩이다. 사라예보에

서 오스트리아 황태자 부부가 살해된 후에 오스트리아-헝가리 제국의 황제였던 프란츠 조제프의 후계자는 바로 그의 장손인 카를이었다. 제1차 세계대전 중인 1917년 4월 3일에 빌헬름 2세는 새로이 황제에 즉위한 카를 1세를 헤센에 있는 자신의 궁전 오찬에 초대했다. 두 황제는 샹파뉴를 홀짝 마시고 밤 수프, 라인강의 연어에다 바싹 구운 꿩 한 마리에 이어 이름 모를 디저트를 먹었다. 이 정체불명의 디저트가 바로 독일 황제의 애호 식품인 딸기 푸딩이었다. 리츠칼튼의 셰프 에스코피에가 독일의 함부르크와 미국 구간을 새로 운행하게 된 독일의 대형 증기선 'SS 임퍼레이터'의 이름을 따서 '프레즈(딸기) 임퍼레이터(fraise Imperator)'로 명명했던 디저트였다. 너무도 만족한 나머지 황제는 에스코피에를 불러 치하한 다음 "짐은 독일의 황제이지만, 그대는 정녕 셰프들의 황제라오."라고 했다는 일화는 너무도 유명하다. 그러나 두 황제 간 만남의 결과는 그다지 좋지 않았다. 독일은 알자스로렌(Alsace-Lorraine)을 프랑스에 반환하라는 오스트리아 측의 제안을 받아들이지 않았고, 일 년 후에 제1차 세계대전은 독일의 패배로 끝났다.

(라) 에스코피에의 《요리 가이드》와 그 이후

"새로움은 보편적인 외침이다. 수단과 방법을 가리지 않는 보편적인 외침이다! 이른바 새로운 요리에 대한 열광은 엄청난 부를 소유한 부호 가운데서 나타나는 대단히 보편적인 현상이다."

_ 오귀스트 에스코피에(Georges Auguste Escoffier, 1846~1935), 프랑스 요리사

오늘날 에스코피에가 누리는 불후의 명성은 그가 쓴 훌륭한 요리
책들에 기인한다. 동료 요리사인 질베르와 함께 쓴 《요리 가이드 *Le
Guide Culinaire*》(1903년), 《메뉴 책 *Livre des Menus*》(1912년), 《나의
요리법 *Ma Cuisine*》(1934년) 등을 그의 대표작으로 꼽을 수 있다. 그
는 특히, 《요리 가이드》에서 수천 개의 메뉴와 프랑스 미식의 정교한
원리를 잘 명시함으로써 프랑스 요리를 근대적으로 집대성했다. 즉,
자기 시대 고객들의 절대적인 니즈에 최대한 부응하고 프랑스를 지상
최고의 미식 국가로 만들기 위해서 프랑스의 고전 요리를 멋지게 재구
성했다. 그는 또한 전술한 대로, 위대한 호텔 기업가 리츠와 함께 파
리, 로마, 마드리드, 뉴욕, 부다페스트, 몬트리올, 필라델피아 등지에
초호화 호텔을 건립했다. 그렇다면 에스코피에 이후에 새롭게 재구성
된 프랑스 요리 예술은 과연 어디서 그 미래의 해답을 찾을 수가 있겠
는가? 그것은 다름 아닌 프랑스의 '지역 요리'이다.

참혹했던 제1차, 제2차 세계대전의 포화는 전쟁 전의 큰손이었던
부호 고객들을 앗아가 버렸다. 또 1936년의 유급휴가 덕분에 진정한
식도락의 대중화가 이루어졌다. 많은 프티부르주아(소시민)와 노동자
들은 휴가철에 프랑스의 여러 지역을 방문했고, 거기에서 자신들의
진정한 고향과 어머니의 정겨운 손맛이 묻어 있는 전통의 지역 요리를

3부•20세기 요리 | 415

휴가를 통한 해방. 1936년 '마티뇽(Matignon) 협정'을 통해 유급휴가를 즐기게 된 젊은이들이 프랑스 마른강(Marne R.)에서 평화롭게 휴식을 즐기고 있다.

2천 개 이상의 레시피가 소개된 《나 요리할 줄 알아요 *Je Sais Cuisiner*》

만날 수 있었다.

　이제 식도락과 연결된 대중관광의 시대가 본격적으로 열린 것이다. 특히, 지역 요리는 '식도락의 왕자'라는 별명의 퀴르농스키의 성공적인 펜대 아래서 그 진가를 더욱 발휘했다. 프랑스 전 지역의 요리를 소개하는 무려 28권이나 되는 퀴르농스키의《미식의 프랑스 *La France Gastronomique*》는 매우 놀랄 만한 성공을 거두었다. 또한, 20세기는 '부르주아 요리'의 승리 시대였다. 이러한 사회적인 성공을 증명이라도 하듯이 부르주아 독자들을 위한 지네트 마티오(Ginette Mathiot, 1907~1998)의《나 요리할 줄 알아요 *Je Sais Cuisiner*》(1976년)는 오늘날까지도 계속 출간되고 있다. 마티오의 서적 외에도 많은 요리책이 발간되어 요리에 대한 소시민 독자들의 호기심과 갈등을 해소해 주었다.

지역 요리와
누벨 퀴진

"음식의 역사는 바로크 교회만큼이나 중요하다.
그래서 정부는 문화유산을 인식하고
전통 요리를 보호해야만 한다.
치즈는 16세기 건물을 보존하는 것만큼 가치가 있다."

_ 카를로 페트리니(Carlo Petrini, 1949~),
이탈리아 저술가, 슬로푸드 운동의 창시자

30

지역 요리의
부활

　　프랑스 고급 요리의 국제적 광휘와 세련화에 대하여 프랑스 작가인 마르셀 프레보(Marcel Prévost, 1862~1941)는 '식탁의 대폭락(krach de la table)'이라며 이를 혹평해 마지않았다. 세계대전 전야에 민족주의가 득세하던 시기에 유행했던 이른바 프랑스 요리의 '범세계주의' 현상은 일부 국수주의적인 프랑스인들에게는 일종의 문화충격이었다. 이러한 시대적인 분위기를 바탕으로 프랑스의 국민적인 미식 문화를 구현하기 위해 1900년에 최초로 《미슐랭 가이드 *Guide Michelin*》[108]가 출간되었다. 1912년에 창설된 '백인회 클럽(Club des Cent, 프랑스미식협회)'은 프랑스의 국민적 요리의 전통을 수호하기 위해 '닭찜 요리(poule

---

108 《미슐랭 가이드》는 프랑스 타이어 회사인 미슐랭이 출판한 식도락 안내서이다.

1929년의 미슐랭 가이드

au pot)' 하나 제대로 만들지 못하는 나라에서 수입된 요리의 화학 공식에 위협받는 국민 요리를 구원하자는 캠페인을 대대적으로 벌였다. 이 운동은 제1차 세계대전 전에 시작되었다가 1920년대에 다시 부흥했다. 잃어버린 전통, 즉 중세로부터 이어져 내려온 프랑스 지역 요리가 부활한 것이다.

1914년 '백인회 클럽'의 연회

(가) 지역 요리의 르네상스

지난 수십 년 동안 향토 요리가 시대적인 주목을 받아 왔다. 프랑스는 지역마다 문화와 정체성의 유산인 특산 요리를 자랑한다. 프랑스의 각 관광안내소는 그 지역의 미식의 풍요로움을 찬미하며, 슈퍼마켓 매장에서도 요리의 산업화를 두려워하는 소비자들을 안심시키기 위해 지역 특산물과 요리들로 진열대를 가득 채운다. '내일의 외식 산업'과 관련해서 질문을 받은 63퍼센트의 셰프가 "프랑스 가스트로노미의 미래는 지역 요리(cuisine régionale)이다!"라고 응답했다. 422쪽의 프랑스 전통요리 그림은 전통적인 프렌치 비프스튜이자 슬로푸드인 '포토피(pot-au-feu)'를 보여주고 있다. 물론 지역적인 특성은 있지만, 거의 전국적으로 사랑받는 이 포토피를 가리켜 프랑스 셰프 레이몽 블랑(Raymond Blanc, 1949~)은 "프랑스 가정 요리의 진수, 프랑스에서 가장 유명한 요리, 또 부자나 빈자의 식탁을 모두 명예롭게 해주는 국민적인 요리"라며 극찬을 아끼지 않았다.

우리는 보통 프랑스 요리 하면 고급 레스토랑에서 나오는 매우 고가의 세련된 오트 퀴진을 상상하기 마련이다. 그러나 이 오트 퀴진 역시지역 요리의 영향을 크게 받았다. 최근에 프랑스 소비자들이 '향토 식품(produits de terroir)'에 관심을 갖는 것은 '슬로푸드'가 인기를 얻으면서 향토색이 짙은 지역 요리가 다시 갱생했음을 의미한다. 이미 과거부터 존재해 왔던 지역 요리의 붐이나 인기는 20세기의 새로운 '부흥' 운동이라 하지 않을 수 없다. 프랑스의 고급 요리 오트 퀴진은 회식자

프랑스의 전통 요리, 고기와 야채를 삶은 프렌치 비프스튜 '포토푀(pot-au-feu)'.

알프 드 오트프로방스(Alpes-de-Haute-Provence)의 향토 식품

들의 위주머니를 몹시 피로하게 한다. 또한, 수도 파리는 이제 더 이상 요리 창조의 중심지가 아니다.

'요리의 자코뱅주의(jacobinisme culinaire, 중앙집권주의)'[109] 시대는 막을 내리고 이른바 '지방분권주의' 시대의 찬연한 서막이 오른 것이다.

《프랑스 가스트로노미의 황금 서적 *Le livre d'or de la gastronomie française*》(1924년)에 따르면, "그 지역에서 자라는 신선한 버섯으로 만든 오믈렛이나 달걀 요리는 파리의 대형 레스토랑의 호화판 메뉴에 등장하는 값비싼 앙트레(전식)의 가치와 충분히 맞먹는다." 이러한 지역 요리의 부활은 1970~1980년대의 '새로운 요리 혁명'의 도래를 예고하는 것이었다.

---

109 현대 프랑스에서 자코뱅주의란 '중앙집권' 공화국과 강력한 정부 및 그 강력한 국가(정부)에 의한 광범위한 경제통제, 적극적인 사회변혁과 평등 실현을 지지하는 것을 뜻한다.

31

지역 요리

(가) 지역 요리의 다양성

"일찍 일어나는 새가 벌레를 잡는다. 그러나 두 번째 쥐가 치즈를 얻는다." (첫

째 되는 것이 항상 좋은 것만은 아니다. 첫 번째 쥐는 쥐덫에 걸리게 되지만, 두 번째

쥐가 치즈를 먹기 때문이다.)

_ 윌리 넬슨(Willie Nelson, 1933~), 미국 음악가·운동가

오늘날의 활발한 인구 이동이나 균형 잡힌 도농의 발전 덕분에 점점
지역적인 '차이'는 사라지고 있지만, 그래도 프랑스 지역 요리의 기본
적인 특성은 대부분 지켜지고 있다. 가령, 프랑스 토양에서 직접 자라
고 만들어지는 포도주와 치즈는 프랑스 농업과 요리의 필요 불가결한

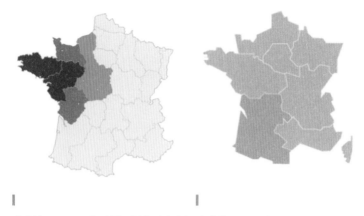

대서부(Grand Ouest)는 붉은 지역을 가리킨다.　남서부(Sud-Ouest)

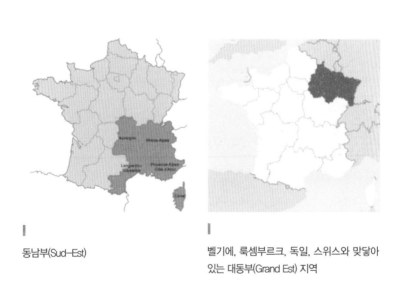

동남부(Sud-Est)　　　　　　　　벨기에, 룩셈부르크, 독일, 스위스와 맞닿아
　　　　　　　　　　　　　　　있는 대동부(Grand Est) 지역

요소이다. 포도주와 치즈는 요리 재료 그 자체인 동시에 요리에 곁들
이는 고명 내지는 친숙한 동반자로 간주된다. 특히, 생산 연도나 생산
지, 저장 내지 운송 방식에 따라서 포도주를 잘 선택하는 것은 프랑스
미식의 필수적인 부분을 차지하고 있다. 가령, 포토푀에 잘 어울리는

포도주는 부르고뉴나 보르도산 적포도주, 또 보졸레를 권장하며, 로제 포도주(vin rosé)인 경우에는 단맛이 거의 없고 향기 있는 포도주를 추천한다. 백포도주는 포토푀와의 궁합으로 별로 권장하지는 않지만, 그래도 부르고뉴 지방의 샤블리산 백포도주나 마콩산 백포도주를 이상적으로 추천하는 편이다.

그렇다면 비교적 최근의 '개념'에 속하는 이 지역 요리를 단순히 각 지역의 독특한 요리 관행이나 자생적인 특산 요리로만 볼 것인가? 지역 요리를 거론한다는 것은 다른 지역과 인적·물리적·역사적으로 구분되는 특정 지역의 '공간'을 말하는 것이며, 그 공간에서 자라나는 토산물에 따라서 그 지역 요리가 탄생한다. 그래서 지역의 식습관은 '필요성에 따른 입맛(le goût par nécessité)' 내지는 부르주아 요리의 미각과는 대별되는 '서민층의 입맛'으로 규정된다. 또 지역 요리들은 요리법과 기술 면에서 극도의 '다양성(diversité)'으로 특징지어진다.

프랑스는 전통적으로 지역마다 고유의 요리가 있다. 물론 천차만별의 지역적인 다양성이 존재하지만, 프랑스의 요리 지도를 대서부(Grand Ouest),[110] 남서부(Sud-Ouest), 동남부(Sud-Est), 대동부(Grand Est) 지역 등으로 크게 사분할 수 있다. 위 그림의 지도에 나와 있는 대서부는 브르타뉴, 루아르, 노르망디 지방 등을 포함하며, 남서부는 누

---

110 대도시로는 렌(Rennes)과 낭트(Nantes)가 있다.

프랑스 대동부 알자스 지방의 요리 슈쿠르트 (choucroute)

프랑스 남서부 가스코뉴 지방의 요리 '페리구르 뎅 샐러드(salade périgourdine)'

벨아키텐(Nouvelle-Aquitaine)와 옥시타니(Occitanie) 등을 포함하고 있다. 동남부는 오베르뉴론알프(Auvergne-Rhône-Alpes), 프로방스알 프코트다쥐르(Provence-Alpes-Côte d'Azur)를 포함하는 반면, 대동부에는 아르덴(Ardennes), 오브(Aube), 바랭(Bas-Rhin), 마른(Marne) 등 10개의 지방자치단체(département)가 있다.

대서부(Grand Ouest), 즉 프랑스 북서쪽에서는 요리에 버터, 사과, 크림(crème)을 많이 사용하며, 바다가 인접한 관계로 가령, 고소한 아몬드 가루를 넣은 홍합찜 요리 '뮬 팍시 오 자망드(moules farcies aux amandes)' 같은 해산물 요리가 유명하다.

남서부 지방의 평원 지대는 거위 기름(graisse d'oie)과 푸아그라, 아르마냑산 포도 브랜디의 산지로 유명하며, 고원이나 산악 지대에서는 염장한 돼지고기나 로크포르(roquefort) 같은 치즈, 사냥해서 잡은 불

노르망디 지방의 홍합요리
'물 팍시 오 자망드'

백포도주를 사용한 루아
르 골짜기의 생선 요리 '푸
아송 드 루아르 오 뵈르 블
랑(Poisson de Loire au
beurre blanc)'. 생선은 곤
들매기나 농어, 연어를 사
용한다.

치, 고구마, 호두 기름 등이 유명하다. 동남부는 남부 프로방스의 영
향으로 올리브유, 향초(香草), 마늘, 토마토 따위를 요리에 많이 사용
한다.

대동부 '노르(Nord, 북)'의 경우에는 감자, 돼지고기, 꽃상추(endive),
맥주 등이 유명하지만, 동부의 경우에는 알자스 지방의 영향으로 라
드와 소시지, 맥주, 특히 절인 양배추의 '슈쿠루트(choucroute)'가 특산

요리다. 지금 소개한 네 지역 외에도 백포도주로 만드는 생선 요리가 유명한 루아르 골짜기의 요리, 피망(고추)과 토마토를 많이 사용하는 바스크 요리, 루시용(Roussillon)과 제르(Gers) 지방의 요리도 유명하다.

 지역 요리의 놀라운 비상은 '관광과 식도락의 신성동맹'과 불가분의 관계가 있다. 제1차, 제2차 세계대전 중 자동차 문화의 도래는 철도와 상호 보완적인 경쟁을 하면서, 탁 트인 도로를 통한 보배로운 '지역의 발견'을 가능하게 해주었다. 그래서 가스통 데리(Gaston Derys, 1875~1945)는 자신의 《프랑스의 훌륭한 레스토랑 안내서》(1932년)에서 "프랑스는 박물관, 궁전, 고성, 성당의 순례지일 뿐 아니라, 우리의 놀라운 요리들의 경이를 발견하는 미식인들의 탐험 장소이기도 하다."라고 선언했다.

32

20세기의
누벨 퀴진

"비평가들은 환관들과 같다. 그들은 방법은 아는데, 만들 줄은 모른다."

_ 폴 보퀴즈(Paul Bocuse, 1926~2018), 프랑스 요리사

앙투안 카렘의 영향을 받은 오귀스트 에스코피에는 '시간 절약형'
의 효과적이고 규율적인 개혁을 통해서 '주방의 혁명화'를 이룬 것으
로 유명하다. 그의 저서 《요리 가이드 _Le Guide Culinaire_》(1903년)는
기존 '요리법의 바이블'이 되었고 미래 셰프들의 '획일적인 교육'을 보
장해 주었다. 이른바 '누벨 퀴진(nouvelle cuisine)'의 시대는 1960년대
'파리 프레스(Paris-Presse)' 신문사의 푸드 저널리스트 앙리 고(Henri
Gault, 1929~2000)가 기존의 프랑스 요리를 날카롭게 비판하면서부터
도래했다.

그에 따르면, 제2차 세계대전 이후 프랑스 요리는 정체되었고 하나도 변한 것이 없다. 그는 미슐랭 스타 시스템이 도리어 요리의 혁신과 창조성을 방해하고, 현 상태로의 안주(安住)를 부추긴다면서 날카로운 비평을 가했다. 그는 미슐랭의 별점을 받은 특급 레스토랑들을 비판하고 오히려 '저급한' 여인숙 식당의 투박한 양고기 스튜 요리인 나바랭(navarin)을 찬미했다. 그는 1972년에 자신의 친구이자 요리 비평가인 크리스티앙 미요(Christian Millau, 1928~2017)와 함께 《고 에미요 *Gault et Millau*》란 미식 가이드북을 최초로 출간했다. 두 사람은 짧은 조리 시간에 좀 더 많은 영양학적 가치를 지닌 단순하고 가벼우면서도 근대적이고 창조적인 요리를 적극적으로 추천했다. 그것은 기존의 '부르주아 요리'와는 반대되는 요리였다. 그들은 '초콜릿의 장인' 가스통 르노트르(Gaston Lenôtre, 1920~2009),[111] 조엘 로뷔숑(Joël Robuchon, 1945~2018), 그리고 폴 보퀴즈(Paul Bocuse, 1926~2018) 같은 젊고 야심 찬 셰프들이 여론의 집중적인 스포트라이트를 받도록 이끌었던 장본인들이다.

이 누벨 퀴진 운동은 이른바 '음식 과학'을 고무시켜 후일 '분자 가스트로노미(gastronomie moléculaire, 분자미식학)'를 낳게 했다. 분자미식학이란 식재료를 분자 단위까지 철저하게 연

나바랭(navarin, 양고기 스튜)

프렌치 셰프들을 화학자로 변모시킨 분자 가스트로노미(gastronomie moléculaire)

구·분석해서 만든 요리를 말한다. 이 분자미식학은 식재료 고유의 맛은 유지하되, 다양한 물리·화학적인 방법으로 식재료의 질감과 형태, 조직 등을 변형시켜 완전히 다른 형태의 요리로 재창조하는 것이다. 이처럼 분자미식학은 과학에 요리를 접목하여 새로운 미각을 창조하고, 세계 요리의 가능성을 근본적으로 확장하는 데 기여했다.

(가) '누벨 퀴진'이라는 용어의 역사

프랑스 요리의 역사에서 이 '누벨 퀴진'이라는 용어는 과거와의 '단절'을 표시하기 위해 수차례나 사용되어 왔다. 1730~1740년대에 프랑스 작가들은 과거 전통과의 결별을 강조하기 위해 의도적으로 그들의 요리를 '근대 요리' 혹은 '새로운 요리'라고 칭했다. 가령, 루이 15세의 유명한 애첩이었던 퐁파두르 부인의 전속 요리사 뱅상 라 샤펠(Vincent La Chapelle, 1690/1703~1745)은 그의《근대 요리사 *Le Cuisinier Moderne*》(1733~1735)를 발간했다. 18세기 후반의 위대한 요리사 므농(Menon)도《신요리 개론 *Nouveau Traité de la Cuisine*》에서 '누벨 퀴진'이라는 용어를 사용했다. 누벨 퀴진 운동의 비판 대상이 된 1880~1890년대 에스코피에의 요리법 역시 '누벨 퀴진'이라는 새로운 요리 방식으로 종종 기술되곤 했다.

전술한 대로, 가장 최근에는 푸드 저널리스트 앙리 고와 크리스티앙 미요, 또 그들의 친구인 앙드레 게요(André Gayot) 등이 폴 보퀴즈, 미셸 게라르(Michel Guérard, 1933~), 트루아그로(Troisgros) 형제, 알랭 샤펠(Alain Chapel, 1937~1990), 특히 외국에서 '위대한 프랑스 요리사의 화신'으로 알려진 로제 베르제(Roger Vergé, 1930~2015) 같은 쟁쟁한 셰프들의 새로운 요리법을 기술하기 위해 이 '누벨 퀴진'이란 용어를 채택했다.[112] 폴 보퀴즈는 앙리 고가 최초로 1969년에 초음속 여객기 콩코드의 처녀비행을 위해 그 자신과 다른 셰프들이 만든 요리를 기술하기 위해 그 용어를 사용했다고 주장했다. 고와 미요는 이 누벨 퀴진의

누벨 퀴진의 창시자 폴 보퀴즈(Paul Bocuse)

탄생을 에스코피에에 의해 '정설'이 된 프랑스 고전 요리에 대한 '반동' 현상으로 보았다.

만일 에스코피에가 '프랑스 가스트로노미의 아버지'라면, 레지옹 도뇌르 3등 훈장 수훈자인 폴 보퀴즈는 '가스트로노미의 교황' 내지는 '성령'으로 통한다.[113] 그는 1965년부터 최고 등급인 미슐랭 3스타를 꾸준히 유지했고, 1970년에는 프랑스 요리를 수호하기 위해 다른 미슐랭 스타 셰프들과 함께 '프랑스 대요리협회'를 창설했다. 1987년에 그의 이름을 딴 세계 요리 경연 대회 '보퀴즈 도르(Bocuse d'or)'는 세계에서 가장 권위 있는 요리 경연 대회 중 하나다. 앙리 고와 크리스티앙 미요는 보퀴즈를 주저 없이 '세기의 요리사'라고 칭했다.

(나) 누벨 퀴진이란?

"이른바 누벨 퀴진이란, 당신의 접시에는 양이 그다지 충분치 않은 반면에 계산서 요금은 지나치게 과한 것을 의미한다."

_ 폴 보퀴즈(Paul Bocuse, 1926~2018), 프랑스 요리 연구가

이 누벨 퀴진은 에스코피에가 이룩한 업적인 '프랑스 요리의 성문화'

---

112 그들 중 대부분이 '프랑스 근대 요리의 아버지'인 페르낭 푸앵(Fernand Point, 1897~1955)의 제자들이었다.

113 폴 보퀴즈는 '라 메르 브라지에(la mère Brazier, 레스토랑 명칭)'라는 별명으로 더욱 잘 알려진 유명한 여성 셰프 외제니 브라지에(Eugénie Brazier, 1895~1977)의 문하생이었다.

미슐랭 3스타 레스토랑의 셰프 자크 라멜루아즈(Jacques Lameloise, 1947~)의 가볍고 섬세한 누벨 퀴진의 프레젠테이션

를 전면적으로 폐기하고 규칙적이고 구조적인 시스템 대신에, 좀 더 유연한 요리 철학을 도입했다. 그들은 프랑스의 위대한 고전 요리에 대항하여 어떤 요리학파를 창출했다기보다는 도리어 학파에 대립하는 '반(反)요리학파'를 형성했다. 이 누벨 퀴진의 기본적인 특징은 음식 원래의 맛을 살리기 위해 진한 소스의 사용을 피하고 육수나 국물의 양을 되도록 줄이는 것이다. 커다란 접시에 아주 적은 양의 요리를 예술적으로 전시해서 '여백의 미'를 살리는 동시에 음식의 디테일한 부분과 프레젠테이션에 무척 신경 쓴다. 이 누벨 퀴진은 진한 소스의 사용뿐만 아니라, 장시간의 조리도 멀리했다. 이 창조적이고 혁신적인 누벨 퀴진은 특히 레스토랑에서 대환영을 받았다. 그 결과 프렌치 셰

프는 이제 창조적인 예술가로 우뚝 서게 되었다.

고와 미요는 이 새로운 스타일의 요리인 누벨 퀴진의 '10대 공식'을 다음과 같이 간단하게 소개했다.

① 요리의 지나친 '복잡화'를 거부한다.

② 자연의 맛을 최대한 살리기 위해서 생선, 해산물, 사냥감 새, 송아지, 녹색 채소, 파테(pâté)[114] 등의 조리 시간을 되도록 줄이는 동시에, '증기로 찌는 방식(cuisson â la vapeur)'이야말로 이 누벨 퀴진의 중요한 트렌드다.

③ 요리는 가능한 한 가장 신선한 재료를 사용한다.

④ 좀 더 '작은 메뉴'를 위해서 커다란 메뉴를 과감하게 폐기한다.

⑤ 조리에 앞서 강한 마리네이드에[115] 고기나 사냥감 새를 절이는 방식을 중지한다.

⑥ 스페인 소스나 베샤멜소스처럼 무거운 소스 대신에 신선한 허브와 고품질의 버터, 상큼한 레몬즙과 식초를 넣은 양념을 사용한다.

⑦ 요리의 창조적인 영감을 고전 요리 대신에 '지역 요리'에서 얻는다.

⑧ 새로운 기술이나 근대적인 조리 도구를 수용한다. 가령, 보퀴즈는 요리할 때 심지어 전자레인지도 사용한다.

⑨ 세프들은 그들의 고객들의 식이요법(채식주의)과 관련된 까다로운 요구를 충족시키기 위해 매우 세심한 주의를 기울인다.

---

114 고기나 생선을 곱게 다지고 양념하여 차게 해서 상에 내는 것으로, 빵 등에 펴 발라 먹음.
115 초·포도주·식용유·향신료 따위를 섞어서 만든 절임용 액체.

⑩ 셰프들은 극도로 혁신적이며, 요리의 새로운 조합 내지는 포도주와의 환상적인 궁합을 열정적으로 창조해 나간다.

1980대 중반에 푸드 저널리스트들은 누벨 퀴진이 침제하고 있다고 지적한 바 있다. 그러는 사이 많은 셰프가 오트 퀴진으로 회귀하는 경향을 보이지만, 요리의 프레젠테이션은 더욱더 가볍게, 그리고 새로운 테크닉의 사용은 여전히 현재 진행형이다.

"건축가가 실수하는 경우에 그는 아마도 그것을 가리기 위해 담쟁이덩굴을 키우리라. 의사가 실수하는 경우에 그는 그것을 흙으로 덮을 것이다. 만일 요리사가 실수했다면 그는 그것을 새로운 레시피라고 명명하면서 몇몇 소스로 그것을 가리려 할 것이다."

_ 폴 보퀴즈(Paul Bocuse, 1926~2018), 프랑스 요리 연구가

누벨 퀴진의 예시. 설탕을 캐러멜화한 것에 식초와 스톡을 넣어 만든 전통 소스 '가스트리크(gastrique)'에 탄제린(tangerine, 작은 오렌지)을 곁들인 가리비 요리(scallop tangerine gastrique).

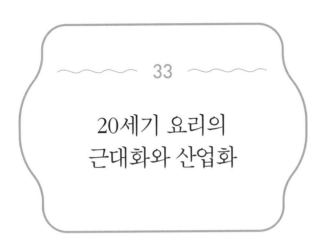

33

20세기 요리의
근대화와 산업화

"오늘날 사람들을 먹여 살리는 식품 산업은 건강에 별로 신경 쓰지 않지만,
사람들의 건강을 다루는 헬스 산업은 음식에 신경을 쓰지 않는다."

_ 웬들 베리(Wendell Berry, 1934~), 미국 시인

20세기 초 산업혁명은 인류의 식습관을 현저히 변화시켰다. 전통적
인 장인 방식으로 생산하던 밀가루나 기름, 설탕, 식초 등이 이제는 제
분 공장이나 기름 판매업체, 정제 공장에서 제조되었다. 근대적인 식
품 산업은 이제는 손쉽게 구할 수 있는 '비앙독스(viandox)' 같은 새로
운 양념장이나 겨자, 잼, 과일이나 야채 통조림을 대량 생산해냈다.
이 비앙독스와 유사한 제품으로는 영국과 네덜란드에 본사가 있는 다
국적 기업 유니레버사의 제품 '보브릴(Bovril)'[116]을 들 수 있다. 이 보

비앙독스 광고 포스터(1926년)

브릴이란 상표의 기원은 매우 상징적이다. '보브(bov)'는 당연히 소를 연상하게 하지만, '브릴(vril)'은 영국 작가 에드워드 불워리턴(Edward Bulwer-Lytton, 1803~1873)의 공상과학소설《신종 인류 *The Coming Race*》(1871년)에 등장하는 미래 사람들이 마시는 마법의 물약이다. 이 인간과 유사한 종들이 브릴이라는 신비한 에너지를 섭취한 덕분에 극도의 진화 상태에 도달했던 만큼, 소고기 추출물인 보브릴도 그것을 구매하는 소비자들에게 놀라운 신체적 에너지의 활성화를 제공한다는 식의 논리다.

가정에서 수도나 전기, 가스 사용의 일반화는 현대인 생활의 근대화를 가져왔고, 주거 공간 역시 간소화되었다. 우선 개인 공간인 침실, 그리고 거실과 식당 공간이 가족 또는 친지, 친구들과 함께 일상적인 사회 의례를 행하는 장소가 되었다. 또 손님을 맞이하는 응접실도 정

---

116 보브릴은 존 로슨 존스턴(John Lawson Johnston, 1839~1900)이 1870년대에 개발한 효모 추출물과 비슷한 두껍고 짠 '고기 추출물' 상표명이다.

비앙독스(viandox)

중한 예의와 격식을 차린 옛날의 우아한 살롱 같지는 않았다.

  19세기에 높이 평가받았던 '요리의 예술', 즉 조리법의 중요성은 이제 '아르 메나제(arts ménagers, 가정용 기구 제조업)'로 대체되었다. 1923년부터 '가전제품 박람회(Salon des arts ménagers)'가 파리의 '그랑팔레(Grand Palais)' 전시장에서 해마다 열려 가전 냉장고(1923년)나 스팀 냄비(1927년), 프로판가스(1933년), 가정용 로봇 제품(1936년) 등이 일반에 전시되었다. 첫해인 1923년에는 10만 명의 관람객이 모였는데, 1950년대에는 무려 140만 명의 인파가 몰렸다. 특히, 주부들은 새로 출시된 가전제품들에 높은 관심을 보였다. 프랑스 기자이자 가정경제학의 전문가였던 폴레트 베르네즈(Paulette Bernège, 1896~1973)는 집안일이 진정한 학문의 대상이 될 수 있다고 믿었던 최초의 인물

중 하나였다. 그녀는 "모든 집안일이 육체적으로 행해지기 전에 반드시 지적으로 준비되어야 한다."라고 주장했다. 이러한 개념은 '테일러리즘(Taylorism, 과학적 경영 관리법)'[117]에 근거한 것이었다. 이 가전제품 박람회(SAM)는 소비자들에게 새로운 가전제품을 소개한다는 교육적인 목적으로 정부 기관이 운영했으며, 이는 새로운 제품을 소개하는 명소가 되었다. 1930~1940년대에는 현대인의 바쁜 일상 리듬에 맞추어 '식단의 간소화'가 불가피해졌다. 20세기 초에 정육점, 그리고 나중에 대형 소매업인 펠릭스 포탱(Felix Potin) 같은 새로운 식료품 업체들이 생겨났다. "나는 펠릭스 포탱에 다시 가요!(Felix Potin, on y revient!)"라는 광고 문구처럼 그곳은 사람들이 모이는 인기 장소가 되었고, 이제 주부들은 그곳에서 편리하게 장을 보았다.

1948년에 최초로 파리 18구의 앙드레 메사제(André Messager) 거리에 '굴레 튀르팽(Goulet-Turpin)'이라는 '셀프서비스(libre-service)' 상점들이 생겼다. 1874년에 옥타브 굴레(Octave Goulet, 1851~1928)와 그의 배우자인 외제니 튀르팽(Eugénie Turpin)이 랭스(Reims)에 최초로 세운 '굴레 튀르팽'은 셀프서비스의 개척자라는 것과 프랑스에 최초로 슈퍼마켓을 설립했다는 점에서 유통업계에서 선구적인 역할을 했다. 그들은 셀프서비스라는 이 혁명적인 개념 앞에서 당황한 기색을 감추

---

117 노동자의 움직임, 동선, 작업 범위 따위를 표준화하여 생산 효율성을 높이는 체계로, 미국의 기계공학자 프레드릭 테일러(Fredrick Taylor, 1856~1915)가 고안했다.

현대적인 주방 시설

지 못하는 주부들을 설득했으나, 도시나 시골의 부유한 부르주아 가정에서는 아직도 장보기나 집안일을 대부분 집 안의 가정부나 요리사에게 맡겼다. 이제 현대인의 식사는 직업별로 다양해지고 간소화되었지만, 보통 모든 가족이 모이는 일요일 식사나 크리스마스, 약혼식 같은 특별한 행사 때에는 전통식을 따랐다.

1950년에는 일반 가정식인 '퀴진 코티디엔(cuisine quotidienne)'과 레스토랑용인 '퀴진 뒤 마르셰(cuisine du marché)'가 등장했다. 한편, 패스트푸드 레스토랑의 중요성이 커졌고 패스트푸드 역시 우리 현대인의 일상생활 속에 자리 잡게 되었다. 여기에 대한 저항으로 시간제한 없이 공들여 만든 '슬로푸드'가 질적인 우월성을 장점으로 내세우게 되었다. 여기서 '퀴진 뒤 마르셰'를 직역하면 시장에서 나온 요리인데, 전통적인 가정 요리와 개념이 매우 비슷하다. 단, 음식 애호가나 레스토랑의 유명한 셰프들이 시장에서 신선한 재료를 사서 이를 직접

지금은 사라진 굴레 튀르팽

요리한다. 또한, '퀴진 드 자르댕(cuisine de jardin)' 역시 문자 그대로 정원에서 나온 요리다.

　퀴진 뒤 마르셰, 퀴진 드 자댕은 현대사회에 적응해서 나온 전통적인 질을 갖춘 요리이나, 요리 방식만큼은 새로운 것들이다. 가정식이든지 레스토랑식이든지 간에 이러한 요리들은 계절의 리듬에 따라서 세 가지 코스, 또는 네 가지 코스로 이루어졌다. 이러한 새로운 방식의 누벨 퀴진은 패스트푸드와는 아무런 공통점이 없다. 그러나 유명 셰프들은 이미 반쯤 조리된 요리나 '프레타포르테(prêt-à-porter)' 같은 즉석요리 부문에서도 새로운 기술을 도입하고 이를 꾸준히 향상하려는 노력을 기울였다. 그래서 다양한 메뉴와 아페리티프(apéritif, 식전술) 등을 서로 앞을 다투어 선을 보였는데, 이러한 창조적이고 다양한 요리에는 매우 동질적인 유사성이 있었다. 즉, 오늘날 유럽연합이 말하는 이른바 '다양성 속의 합일' 내지 '합일 속의 다양성'이라는 것이 존재했다.

20세기 말에는 전자레인지처럼 간편하게 음식을 데우거나 조리할 수 있는 새로운 요리 기구들이 출시되어 보편화되었다. 이처럼 놀라운 현대 식품 산업의 발전과 혁신은 조리 시간을 효율적으로 단축했다. 이제 많은 요리사에게 요리는 과거의 중노동이 아니라 창조적인 여가 활동이 되었다. 또한, 극동 지역[118]의 식도락이 수증기로 익히는 조리법을 널리 유행시켰다. 20세기 말에는 새로운 요리 학교가 많이 등장했고, 또 새로운 요리 창시자들이 요리의 창조성과 다양성에 열렬한 구애와 송시를 바쳤다. 21세기에는 더욱 다양해진 요리 기술과 방법이 국제적·세계적인 차원에서 혁신적인 발전을 이룩했다.

또한, 프랑스가 아닌 다른 국가들에서 시작된 요리 운동이 활발하게 전개되었으나, 언제나 그 토대는 프랑스의 '고전 요리'에 바탕을 두고 있다고 해도 과언이 아니다. 미의 종주국으로서의 프랑스의 명성은 아직도 굳건하며, 이제는 전 세계인이 프랑스식의 '잘 사는 법(art de vivre)', '잘 먹는 법(la bonne chère)'을 공유하게 된 것이다. 그러니 "보나페티!(Bon appetit!, 맛있게 드세요!)"

---

118 유럽의 기준에서는 동아시아를 가리킨다.

"프랑스에서 요리는 진지한 예술 행위인 동시에 국민 스포츠이다."

_ 줄리아 차일드(Julia Child, 1912~2004), 미국 요리 연구가

아페리티프 뮈스카데
(muscadet, 낭트산의 단맛
없는 백포도주)

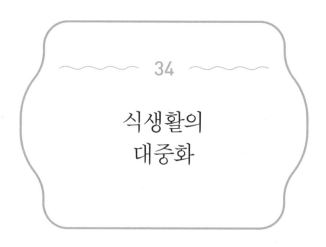

34

식생활의
대중화

현대인은 너무도 분주하다. 세계를 공포의 도가니로 만들었던 전쟁에 대한 기억도 어느 정도 희미해졌고, 초호화판의 절도 없는 식생활을 즐기던 시대도 이미 지나갔다. 특히, 1950~1960년대의 좌파 지식인들이 계급 없는 진보적인 사회를 기약하는 마르크스주의와 혁명을 이론화하면서 귀족이나 부르주아 생활을 잘 드러냈던 '사치'라는 개념은 이제 비합리적인 것이 되었을 뿐 아니라, 정치적으로 너무 드러난 사치도 금기시되었다.

중세 프랑스인 대부분이 평생 체중이 늘어나는 것을 경험해보지 못한 채 죽는 경우가 다반사였는데, 16세기 크리스토퍼 콜럼버스의 신대륙 발견 이후 유럽인의 식생활에 커다란 변화가 일어났다. 농업 기

사탕수수 농장

술의 개선과 도시화, 역동적인 부르주아 계급의 도래가 식생활의 전반
적인 개선을 가져온 것은 물론이고, 콜럼버스가 신대륙에 발을 디딘 이
후로 유럽인은 신대륙에 사탕수수 재배와 설탕 제조를 확산시켰다.

　과거에 고가의 기호품이던 문제의 '설탕'이 대량 생산되자 서서히
'비만' 문제가 불거졌다. 상류층 여성들은 풍만한 가슴과 복부를 코르
셋으로 조이면서 비만에 저항했지만, 17, 18세기 귀족 남성들 역시 비
만과 관련된 통풍이나 수종 같은 질병에 시달렸다. 감식요법이 단연
시대의 화두가 되자 건강과 존경, 부러움의 대상이던 예전의 비대한
체구는 이제 역겨움, 무능과 나태의 대명사가 되었다. 하지만 여가와
소비의 상징으로 바뀐 햇볕에 그을린 멋진 갈색 피부와 마른 체형은

그린샐러드를 먹는 파리지엔

명예, 성공, 돈, 근면함의 상징으로 여겨진다. 19세기 말에 유럽은 벌써 음식물 과잉 현상을 체험하게 된다. 또한, 음식에 대한 '금욕주의' 시대가 도래하면서 신체의 미적 조건도 상당히 변모했다. 18~19세기 식도락가의 비대함은 '궁핍으로부터의 자유'나 사회적 권위를 나타냈으나, 20~21세기의 풍요로운 사회에서는 무엇보다 날씬한 몸매를 건강미의 최적 상태로 손꼽는다. 예전의 이국적인 산물은 누구나 먹을 수 있는 평범한 것이 되었다.

누가 이제 초콜릿이나 키위 따위를 먹는다고 놀랄 것인가? 산업적인 광범위한 채널은 음식의 계절적인 주기를 파괴했고, 흉작으로 인한 피해를 막아주었고, 식사의 단조로움, 식사 시간, 그리고 음식을 익히는 방식에도 상당한 변화를 가져왔다. 이제는 냉장고 문을 열거나 전자레인지를 사용하면 아무 때나 찬 음식과 더운 음식을 종류대로 먹을 수 있고, 인스턴트식품도 다양하게 선을 보이고 있다.

이러한 음식 문화의 변화로 두 가지 새로운 현상이 나타났다. 가정적인 미덕을 중시한 부르주아 계급에 의해 꾸준히 발달하여 온 '가정 요리'의 특성이 사라지게 된 것이고, 또 한편으로는 구내식당에서 특히, 노동자들이 먹는 냉동식품이나 간편한 조리를 위해 미리 익힌 음식의 맛이 거의 동일하게 '표준화'되었다는 점이다. 이제 식사하는 장소나 고급스러운 분위기는 저렴한 음식 가격보다 덜 중요한 것이 되었고, 식사의 내용보다는 '신속성', 그리고 '저칼로리식'에 비타민이나 무기질이 풍부한 요리를 선호하게 되었다. 파티스리, 식욕을 돋우는 비스킷, 열량이 높은 햄버거 등을 절제하고 야채와 과일 샐러드 등을 먹는 것이 날씬하기를 열망하는 사람들, 특히 프랑스의 젊고 아름다운 여성들 사이에서 크게 유행했다.

그렇다면 중세, 앙시앵레짐기에는 귀족이, 혁명 이후에는 부르주아 계급이 주도해 온 미식의 전통, 즉 가스트로노미가 사회적 권위나 위신을 나타내던 과거의 전통이 점차 희미해진 20세기에 노동 계급은 과연 무엇을 열망하는가? 코르시카의 거친 흑빵을 먹고 자란 나폴레옹은 황제가 된 후에 파리 시민의 식량(빵) 보급 문제를 해결하기 위해 흉년기에 잡곡을 섞은 갈색 빵을 시민들에게 급식하려 했으나, 심지어 파리의 거지조차도 이를 거부하는 바람에 몹시 당황해 마지않았다. 혁명 이전이나, 그 이후 19세기 전반을 통해서 도시 노동자들은 '물 탄' 가짜 포도주에 매우 과민한 반응을 보였다. 왜냐하면, 초대한 손님에게 물을 대접하는 영주를 우리가 상상할 수 없듯이, 포도주를

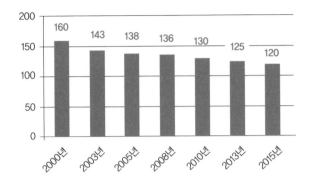

: 일일 빵소비량(g) :

마신다는 것은 오랫동안 특권 계급에만 해당하는 일이었기 때문이다. 17세기부터 조금씩 조짐을 보였던 포도주 소비의 '이원화(양극화)' 현상에도 불구하고 노동자들은 포도주의 대중적인 소비에 상당한 애착과 긍지를 보였고, 항상 포도주의 '질'에 남다른 주의를 기울였다.

1890년까지 프랑스에서 밀가루빵의 소비는 계속 증가하는 추세를 보였고, 그다음에는 안정세를 보이다가 제1차, 제2차 세계대전 이후부터 줄기 시작했다. 예전에는 '흰 밀가루빵'이 사치품에 속했으나, 현대의 노동자들은 오히려 잡곡을 섞은 갈색 빵을 선호하게 되었다. 이처럼 프랑스인의 대표적인 주식이었던 빵이라는 탄수화물의 소비가 현격히 줄어든 대신 고기와 야채 등의 단백질, 지방, 무기질에 대한 소비는 많이 증가했다.

블랑주리(boulangeire, 빵집)에 진열된 다양한 종류의 빵들.

1990년대에 개인의 하루 평균 빵 소비는 340g 정도였는데, 2000년에는 160g, 2015년에는 120g으로 감소했다. 이미 1969년 조사에 따르면, 음식물의 양과 질에 대한 프랑스 노동자들의 열망은 많이 완화되었다. 이 조사의 중요한 변수로 작용했던 것은 도시화의 정도, 특히 여성의 나이와 교육 수준 등이었다. 가장 흥미로운 사실은 오락, 독서, 자동차 등에 비해서 음식에 관한 관심이 상당히 저조해지고, 음식물에 대한 불만은 다른 분야의 불만에 의해 가려지는 경우가 많았다는 점이다. 그러나 프랑스인들은 여전히 잘 입는 것보다는 잘 먹는 것을 좋아한다.

여담이지만, 이탈리아인은 옷에, 독일인은 집에, 그리고 프랑스인은 음식에 평생을 갖다 바친다는 이야기가 있을 정도다. 20세기 말의 신흥 종교라는 거창한 별명을 가진 '다이어트식'은 18세기와 마찬가지로 지나치게 무겁고 과다한 열량의 요리와 낭비적인 식도락에 대항해서 생겨났다. 그러나 이 두 가지 사회적 현상에 본질적인 차이점이 있다면, 과거와는 달리 20세기의 음식물 혁명은 다소 경제적인 차등은 있지만, 사회구성원 모두에게 거의 공통적인 대중적인 현상이라는 데 있다.

·4부·

프랑스 미식과 미식가들

: 가스트로놈과 구르메 :

1장

미식 선구자들

"정찬을 지시하고 지휘하는 것도 오직 섬세하고
교양 있는 미각을 지닌 훌륭한 가스트로놈에게 맡겨야 한다.
능력 있는 호스트(손님을 초대하는 주인)
역시 훌륭한 요리사만큼이나 드물기 때문이다."

_ 뤼시앵 탕드레(Lucien Tendret, 1825~1896), 프랑스의 미식가, 요리 작가

35

구르망과 구르메,
가스트로놈

요리와 미식의 세계에서 미식가를 의미하는 '구르메(gourmet)'와 '구르망(gourmand)'이란 단어가 자주 사용된다. 둘 다 어원은 같지만, 의미상 상당한 차이가 있다. 15세기 포도주 상인의 시종(valet)을 의미하는 고대 프랑스어 '구로메(gromet)'에서 둘 다 유래했지만, 요컨대, 구르망은 약간 경멸적인 의미에서 왕성한 식욕을 과시하면서 절제 없이 먹는 '대식가'를 지칭하지만, 구르메는 식사의 양이 아닌 질을 무엇보다 우선시하며, 요리의 절대성과 완성미를 추구하는 세련된 미식가를 가리킨다.

458쪽 그림은 이탈리아 화가 빈첸초 캄피(Vincenzo Campi, 1536~1591)의 〈리코타 치즈를 먹는 사람들〉이란 작품이다. 캄피는 여기서 둥근 리코타 치즈를 먹는 네 명의 인물을 코믹하면서도 사실주의적인 기법

이탈리아 화가 빈첸초 캄피(Vincenzo Campi, 1536~1591)의 〈리코타 치즈를 먹는 사람들〉(1580년)

으로 생생하게 보여주고 있다. 이 4인조는 이탈리아의 즉흥극 '콤메디아 델라르테(commedia dell'arte)'[119]에 등장하는 인물들이며, 화가는 자신을 판탈로네(Pantalone, 왼쪽에서 두 번째 인물)로 묘사하고 있다. 판탈로네는 콤메디아 델라르테에 등장하는 탐욕스러운 주요 캐릭터로, '돈'을 상징한다. 과도하고 자유분방한 분위기 속에서 쟁반에 놓인 마치 두개골 형상의 허연 리코타 치즈는 '죽음'을 상징한다. 당시 리코타 치즈는 서민들이 먹는 음식이었다. 그림 속 등장인물들은 한결같이 식탁의 우아한 '매너'라고는 찾아볼 수 없으며, 가히 중세 시대 '거지들

---

119 16~18세기에 이탈리아에서 유행한 즉흥극.

(gueux)'의 원형에 비견할 만하다. 화가는 '구르망디즈(gourmandise, 탐식)' 또는 '식탁의 쾌락'을 마음껏 풍자한 것처럼 보인다. 13세기에 가톨릭교회는 '오만, 탐욕, 시기, 분노, 색욕, 게으름, 탐식'을 '칠대 죄악'으로 지정했다. 특히, 탐식은 색욕과도 연결되어 음란한 행위로 취급받기도 했다. 그리하여 중세의 문학들은 식탐과 향락을 추구하는 수도승들을 조롱거리로 삼고 있다. 그래서 '식탐은 창피스러운 결점(gourmandise est un vilain défaut)'이란 속담도 여기에서 유래했다. 참고로 구르망에서 파생한 '구르망디즈'라는 용어도 미식과 식탐을 동시에 의미한다. 종교개혁가들 역시 금식 기간에 생선과 달콤한 음식의 진미를 즐기는 수도승들의 식탐을 신랄하게 공격했다. 기독교는 이처럼 음식에 대한 관용주의와 엄격주의 사이를 오락가락했기 때문에 미식에 대한 향유는 수 세기 동안 논쟁거리가 되었다.

폭식은 음식에 대한 지나친 탐닉 내지는 극기의 결핍으로 정의된다. 그래서 구르망은 걸신들린 듯이 음식을 먹어 치우거나, 특히 식량이 부족한 시기에 음식을 독점해서 사회 존립에 위협이 되는 이기적인 인간들이란 비판을 받았다. 그러나 이러한 비난이나 협박도 식도락의 천국인 프랑스에서는 거의 무용지물이었다. 17세기에 이르러

판탈로네(Pantalone)

드디어 음식에 대한 취미가 해방되었고, 요리에 관한 책자가 쏟아져 나왔다. 이 시기에 인쇄된 요리책들은 프랑스의 근대적 요리를 탄생하게 한 '전통주의자와 근대주의자들'의 첨예한 대립을 담고 있다.

물론 사람은 대식가이면서 미식가가 될 수는 있다. 19세기에 프랑스인들은 '구르망디즈'와 '폭음, 폭식'을 의미하는 '그앵프르리(goinfrerie)란 용어를 따로 구분 짓기 시작했다. 즉, 구르망디즈는 '질'이나 '장점'으로 본 반면에(과거의 구르망디즈와 마찬가지로), 그앵프르리는 '결점'을 의미했다. 그래서 단것을 좋아하는 마니아에게는 구르망(gourmand en friandises)이란 용어를 사용하고, 레스토랑의 미식가에게는 구르메(gourmet au restaurant)란 칭호를 부여한다. 구르메는 미각(goût)과 입속에서 폭발하는 풍미에 대단한 중요성을 부여한다. 종종 포도주 감정 전문가인 구르메는 최고의 요리를 간파해내는 혜안과 정교한 후각 및 미각을 지녔으며, 항상 요리를 천천히 합리적으로 음미하며 한입을 먹을 때마다 평가한다. 그렇지만 구르망은 여전히 질보다는 양적인 면에서 식도락의 쾌락을 추구하는 편이다. 음식의 질이 중간 정도라도 구르망은 원하는 대로 양껏 먹을 수 있는 뷔페 스타일을 선호하지만, 구르메는 훌륭한 포도주 한 잔에 이탈리아 전채 요리 카르파초[120]를 살짝 곁들인 진미의 음식을 소량으로 천천히 음미하기를 좋아한다.

---

120 카르파초carpaccio는 익히지 않은 쇠고기, 송아지고기, 사슴고기, 연어, 참치 등에 소스를 뿌려 내는 이탈리아의 전채 요리다.

의인화한 구르망디즈(1592년의 조판). 음식에 대한 갈망을 나타내는 용어 '구르망디즈(gourmandise)'는 가톨릭교회의 칠대 죄악 중 하나이며, '절제'의 반대어로 사용되었다.

네덜란드 화가 히로니뮈스 보스(Hieronymus Bosch, 1450~1516)의 7대 죄악 중 하나인 탐식을 표현한 〈구르망디즈 gourmandise〉(1475~1480). 식탁에 앉은 남성이 폭식하는 사이 어린아이가 먹을 것을 달라고 보채고 있다.

그렇다면 구르메와 가스트로놈(gastronome)의 차이는 무엇인가? 구르메는 먹고 마시는 것을 감식하는 전문가를 의미하지만, 가스트로놈은 좋은 요리를 사랑하는 애호가이며 식탁 문화에 상당히 조예가 깊은 신중한 구르망을 가리킨다. 19세기의 저명한 미식 작가인 브리야사바랭(Brillat-Savarin)은 모든 인간이 음식을 먹는다는 전제하에서 그런 인간에 대한 모든 체계적인 지식을 '가스트로노미(gastronomie)'라고 정의한 바 있다. 또한, 가스트로노미의 목적은 거창하게도 가능한 한 최상의 음식으로 인류라는 위대한 종의 보존을 보호하고 감시하는 것이었으나, 이제 21세기의 가스트로노미는 미식과 관련된 모든 지식을 의미한다. 비록 가스트로놈이라는 용어가 근대적인 용어이기는 하지만, 지금부터 중세와 르네상스기, 17~18세기에 프랑스 미식의 선구자였던 훌륭한 요리사와 가스트로놈들을 연대별로 소개하기로 한다.

> "만일 숙명적으로 타고난 가스트로놈이 있다면, 후천적인 상황에 따른 가스트로놈들 역시 존재한다."
>
> _ 장 앙텔름 브리야사바랭(Jean-Anthelme Brillat-Savarin, 1755~1826),
> 프랑스 미식가·사법관·문인

(가) 기욤 티렐

중세에 유명했던 요리사는 일명 '타이방(Taillevent)'이라 불렸던 기욤 티렐(Guillaume Tirel, 1310~1395)을 들 수 있다. 노르망디 지방의 풍토

폭식의 상징. 커다란 배와 긴 목을 지닌 남성이 양손에 새를 들고 있다. 큰 배는 전통적으로 대식가를 상징하며, 새 역시 탐욕스러운 동물로 알려져 있다. 긴 목의 상징은 대식가로 알려진 필로제네(Philoxène)라는 가상의 인물이 음식을 최대한 많이 먹기 위해서 갈매기처럼 긴 주둥이를 가지기를 열망했다는 데서 유래한다.

드메르(Pont-Audemer)에서 태어난 그는 초기 발루아 왕조와 백년전쟁 시대에 여러 국왕을 섬긴 전문적인 수석 요리사였다. 그는 어린 나이에 프랑스 국왕 샤를 4세(Charles IV, 1294~1328)의 세 번째 왕비인 잔 데브뢰(Jeanne d'Évreux, 1310~1371)의 키친 보이(enfant de cuisine, 요리 시동)였다. 그는 프랑스 국왕 필리프 6세(Philippe VI, 1293~1350)의 시종이 되었으며, 국왕이 사망할 때까지 전속 요리사로 근무했다. 그 후에 그는 당시 노르망디 공이었던 왕세자(후일 샤를 5세)의 수석 요리사를 지냈다. 샤를 5세(Charles V, 1338~1380)가 죽고 난 후에는 샤

를 6세(Charles VI, 1368~1422)의 수석 요리사가 되었다. 티렐은 1395
년 사망하기 직전에 샤를 6세로부터 귀족의 작위를 받았다. 그는 뭐
니 뭐니 해도 샤를 5세의 명에 의해, 14세기의 요리 풍속을 '성문화'
한 최초의 요리책《르 비앙디에 Le Viandier》의 저자로 잘 알려진 인
물이다. 이 책은 당시 '호사'를 과시하는 표식인 '향신료' 사용에 역점
을 둔 중세 요리법을 소개하고 있다. 전문가들은 티렐이 오늘날은 소
실된 다른 요리 선집을 상당 부분 그대로 베꼈을 것으로 추정하고 있
다. 수차례나 재판(再版)을 거듭해 온 이 요리책은 1549년에 카트린
드 메디치가 프랑스 궁정에 시집올 때까지 모든 요리법의 기준이 되
었다. 자신의 이탈리아 요리사들을 대동했던 카트린은 타이방식의 요
리법을 좀 더 '가볍게' 하면서, 기존의 요리법을 선진화, 즉 이탈리아
화하였다.《르 비앙디에》이후로는 프랑수아 드 라 바렌(François de la
Varenne, 1615~1678)의《프랑스 요리책 Le Cuisinier François》(1651
년)이 그 바통을 이어받게 된다.

36

프랑수아 피에르 드 라 바렌
(1615/1618~1678)

중세 요리와 관련된 서적으로는 타이방의 《르 비방디에》(1380년) 외에도, 가상의 파리 부르주아가 자신의 어린 아내를 위해 저술했다는 《파리의 가계부 *Le Ménagier de Paris*》(1393년)와 사보이 공작 아마데오 8세(Amadeus VIII, 1383~1451)[121]의 요리사였던 메트르 시카르 (Maître Chiquart)의 《요리의 사실에 관하여 *Du fait de cuisine*》(1420년)가 있다. 그런데 그들의 요리책은 당시 영국, 이탈리아, 덴마크, 스페인 등지에서 출판된 책들과 별다른 내용의 차이가 없다. 그래서 이 시기의 프랑스 요리의 '특수성'을 얘기한다는 것은 사실상 거의 불가능하다. 근대 초기에 가장 영향력 있는 《프랑스 요리책 *Le Cuisinier*

---

121 불어로는 아메데Amédée 8세다.

françois》(1651년)의 저자인 라 바렌과 더불어 비로소 진정한 프랑스 요리가 탄생하게 된다. 라 바렌은 중세와 르네상스기의 프랑스 요리를 혁명화한 '이탈리아 전통'과의 결별을 선언했다. 라 바렌은 프랑스 요리사들로부터 존경을 한 몸에 받았는데, 그 이유는 그가 오늘날 프랑스 고전 요리의 근간을 수립했기 때문이다. 19세기에 프렌치 가스트로놈들이 그들 오트 퀴진의 조상들의 근원을 열심히 찾아다녔을 때, 그들은 주저 없이 라 바렌의 요리책을 고전 문헌의 주요 목록으로 꼽았다. 그러나 누구도 라 바렌이 언제, 어디서 태어났는지 정확히 알지 못한다. 그는 부르고뉴 지방의 샬롱쉬르손(Chalon-sur-Saône)에서 태어났다고도 하고, 출생 연도도 1615년 또는 1618년이라는 설이 있다. 18세기 사료에 따르면, 그는 1678년 디종(Dijon)에서 사망했다. 라 바렌은 정확히 그의 이름이 아니다. 그는 저술을 위해 자신의 본명인 '프랑수아 피에르(François Pierre)'에다 귀족을 뜻하는 '드 라 바렌'이라는 접미사를 끼워 넣었다. 즉, 라 바렌은 부르고뉴의 유서 깊은 가문의 뒤셀 후작(Marquis d'Uxelles)의 '요리 시종(écuyer de cuisine)'이라고 자신을 소개하는 남성의 필명이다. 그는 자신을 스스로 '시종(écuyer)'이라고 칭함으로써 유명한 전임자인 타이방과 자신을 연결하였으며, 라 바렌이란 필명으로 책을 출판함으로써 기욤 푸케 드 라 바렌(Guillaume Fouquet de La Varenne, 1560~1616)이란 다른 인물과도 자신을 연결하였다. 이 기욤 푸케라는 실존 인물은 원래 귀족이 아니었는데, 앙리 4세(Henri IV, 1553~1610)에 의해 귀족이 되었고, 그의 아버지는 요리 시종이었다고 전해진다.

라 바렌은 앙리 4세의 부엌에서 요리 시동으로 자신의 요리 경력을 시작했다. 당시 앙리 4세는 그의 두 번째 부인 마리 드 메디치(Marie de Médicis, 1573~1642)와 혼인한 상태였다. 앙리 4세는 대식가도 아니었지만, 세련된 미식가는 더더욱 아니었다. 오랜 병영생활과 장기

라 바렌의 또 다른 초상화

여행에 길든 그는 음식을 대강 급하게 먹어 치우는 습관이 있었다. 국왕이 특별히 좋아했던 음식은 정력에 좋다는 굴과 '투르 다르장(tour d'Argent)'이라는 파테(pâté)[122], 아이 포도주(vin d'Aï), 또 마늘을 잔뜩 넣은 그의 사냥감 요리였다. 1590년 프랑스를 피로 물들인 종교전쟁 이브리 전투(bataille d'Ivry)가 있던 날 저녁에도 그는 마늘을 잔뜩 뿌린 오믈렛을 먹었다. 앙리 4세는 마늘과 양파를 너무도 좋아해서 불행하게도 그의 측근들은 이 지독한 마늘과 양파 냄새를 늘 맡아야만 했다. 오후에도 그는 빵 조각에 마늘을 넣은 버터를 발라먹었고 저녁에는 양파 수프를 즐겨먹었다. 그가 너무도 지독한 냄새를 풍겼기 때문에 그의 총비 중 한 사람은 마침내 불평을 토로한 적도 있었다. 그러나 그의 단순하고 소박한 취미는 많은 사람에게 깊은 인상을 남겼다. 앙리 4세

---

122 고기나 생선 구운 것을 파이 껍질로 싸서 구운 것

독일 태생의 네덜란드 화가 페테르 클라스(Pieter Claesz, 1597~1660)의 〈칠면조파이가 있는 정물화〉(1627년)

의 치세기에는 회식자들의 이국적인 호기심을 발동시키는 '칠면조' 요리가 선을 보였다. 파티스리는 아직까지도 단 과자이기보다는 고기와 야채를 넣은 파이를 의미했다. 디저트로 설탕을 잔뜩 넣은 달디 단 과자를 내놓기에는 설탕이 너무도 비싸고 귀했기 때문이다. 라 바렌은 앙리 4세의 할머니인 마르그리트 드나바르(Marguerite de Navarre, 1492~1549)에게 헌정하는 수프 요리 '포타주 아 라 렌(potage à la reine)'을 만들었다고 전해진다. 1644년부터 그는 뒤셀 후작의 요리사로 일했다. 1651년에 출판된 《프랑스 요리사 Le Cuisinier François》에서 그는 자신이 7년간 뒤셀 후작을 위해 일했노라고 서문에 적고 있다.

네덜란드 화가 피테르 아르트센Pieter Aertsen(1508–1575)의 〈요리하는 두 여자〉(1562년)

(가)《프랑스 요리책》

이 책은 1653년에《프렌치 쿡》이란 제목으로 영국에서 출판되었다. 그것은 영어로 번역된 최초의 프랑스 요리책이었다. 이 요리책에서 라 바렌은 생선, 달걀 등 금육 기간의 레시피를 한데 모아놓기는 했지만, 식사나 코스와 상관없이 '알파벳 순서대로' 레시피를 전체적으로 나열하는 방식을 취하고 있다. 가장 아쉬운 부분은 재료나 양념의 계량, 조리 시간을 언급하지 않은 점이다. 그러나 이 요리책은 가령, 생선이 너무 크다든지, 음식을 내놓는 것이 지연되는 경우와 관련한 여러 가지 팁을 매우 친절하게 제공하고 있다. 그는 오일 종이에 싸거나 재 속에서 굽는 음식의 레시피도 제공하고 있다. 이처럼 음식을 싼다든지 난로나 불이 남은 재 속에서 음식을 굽는 것은 요리 기구가 별로 없던 가난한 사람들이 전통적으로 요리해 오던 방식이었다. 또한, 잿더미 속에서 음식을 그을리는 훈제 방식은 피하던 시절이었으나, 라 바렌은 중세의 음식을 푹 삶는 방식보다는 음식 본연의 맛에 더욱 천천히 집중하기를 원했다.

(나) 라 바렌의 유산

라 바렌은 프랑스 요리의 출발점을 대표한다. 그는 당시 유럽 귀족들 사이에서 매우 보편적이던 중세 요리가 다시 새롭고 독특한 프렌치 스타일의 요리로 바뀌는 전환기에 매우 시의적절하게도 그 요점을 잘 정리하고 성문화한 인물이다. 그는 과거와 결정적인 '결별'을 선언했지만, 그렇다고 해서 그가 이 과업을 혼자서 이룩했던 것은 아니다. 그의 주변에서는 이미 이러한 변화의 움직임이 일어나고 있었다. 단맛과 짠맛이 서로 분리되고, 카다몬과 육두구, 계피처럼 먼 나라에서 도착한 이국적인 향신료들이 메인 코스 요리에서 점차 밀려나거나 제외되고 디저트용 단것들로 좌천되었다. 과거의 비싼 향신료들은 이제 월계수, 샐비어, 파슬리, 사철쑥, 백리향 등 지역에서 자라는 허브들로 대체되었다. 그리고 이전의 굵은 빵가루 대신에 지방이나 밀가루를 섞은 루(roux)가 소스류를 진하게 만드는 데 쓰

일명 화이트 소스 베샤멜

18세기의 목판화에 그려진 네 가지 체액설: 점액질(phlegmatic), 담즙질(choleric), 다혈질(sanguine), 우울질(melancholic)

였다. 라 바렌은 빵가루 대신에 루를 사용했지만, 물론 그가 빵을 완전히 용도 폐기한 것은 아니었다. 우유, 버터, 밀가루로 만든 걸쭉한 베샤멜소스((béchamel sauce)를 발명한 것도 그로 알려져 있다. 그는 새로운 요리 스타일을 발명했다고 선언한 적은 없었지만, 자신이 요리를 매우 정교하게 준비하는 비법을 발견했다고 기술했다. 예로부터 동양 한자권 문화에서는 '약식동원(藥食同源)'이라는 사자성어가 있듯이, 서양의 중세 역시 음식을 '의약'으로 보던 시대였다. 그래서 요리 재료들은 건강과 관련된 그리스 의학 사상의 네 가지 체액설에 따라 선정되어야 한다는 관점이 지배적이었는데, 그는 이러한 고정관념에서 벗어난 신세대 요리사 세대에 속했다. 이전 세대와 그를 특징짓는 것 중의 하나가 그의 요리법에서는 검은 후추를 빼놓고는 '고급 요리

콜리플라워(꽃양배추)

의 대명사' 내지는 요리의 '만능 교정제'로 알려진 동양산 향신료들이 별로 들어있지 않다는 점이다. 그렇지만 라 바렌은 산딸기를 곁들인 칠면조 고기의 앙트레(전식)에는 자신이 특별히 좋아하는 향신료인 정향을 넣기도 했다. 라 바렌은 그동안 부당하게도 천대(?)를 받아왔던 야채를 중요한 위치로 격상하였으며, 야채에 대한 150개 정도의 유용한 레시피를 제공했다. 그의 레시피는 과거처럼 특히, 여름철에 상하기 쉬운 음식(고기)의 맛을 위장하기 위함이 아니라, 음식 본연의 맛을 그대로 살리는 데 역점을 두었다. 이것이 바로 '17세기 요리 혁명'의 골자라고 할 수 있다.

그와 동시대의 요리사들은 콜리플라워(꽃양배추), 아스파라거스, 오이, 완두콩, 아티초크 같은 새로운 작물들을 요리하기 시작했다. 콜리플라워는 16세기경 이탈리아 북서부의 항구 도시 제노바에서 프랑스에 최초로 도입되었다. 프랑스 신교도이며 농업학자인 올리비에 드 세르(Olivier de Serres, 1539~1619)가 그의 저서 《농업경영론 *Théatre d'âgriculture et mesnage des champs*》(1600년)에서 이를 언급했으며, 라 바렌 역시 《프랑스 요리책》에 그 요리법을 소개했다. 콜리플라워는 그 우아한 자태나 별미 덕분에 프랑스 정원에서 명예로운 지위를

네덜란드 풍속화가 요하임 베케라르Joachim Beuckelaer(1533~1570/4)의 〈생선시장〉(1568년). 파리에서 정기적으로 장이 서게 된 것은 16세기 중엽부터였다.

차지했지만, 고급 요리의 식탁에 자주 오르게 된 것은 루이 14세 시대부터였다.

　라 바렌은 40가지의 바다생선과 해산물에 관한 레시피를 언급했다. 과거의 요리책들이 주로 담수어만 다룬 것과는 달리, 그는 다양한 종류의 바다생선을 언급함으로써 그 당시 확대된 파리 시장의 규모와 내륙 교통 및 수송시설의 발전상을 보여주고 있다. 참고로 파리에서 정기적으로 서는 장(foire)이 생겨난 것은 16세기 중엽부터였으며, 그때부터 레스토랑의 선구적인 역할을 한 '카바레(cabret, 선술집)'가 파리 같은 대도시에 생겨나서 가정 이외의 장소에서 식사하는 풍습이 생겨났다.

라 바렌의 요리의 3대 모토는 '건강(santé), 절제(modération), 그리고 세련화(raffinement)'였다. 그는 가금류를 조리하는 동안 모양을 잡아 주고 육즙을 보존하기 위해 날개나 다리를 실로 묶거나 꼬챙이로 끼우는 것을 뜻하는 프랑스어 동사 '트루세(trousser)', 주로 '야채를 데치다'라는 의미의 '페르 블랑쉬르(faire blanchir)', '약한 불에 오랫동안 끓이다'라는 '미토네(mitonner)' 같은 조리 용어들을 사용하고 있다. 그의 요리책은 어찌나 성공적이었던지 25만 부 이상이 팔렸으며, 1815년까지 무려 250번이나 재판되었다. 1975년에는 프랑스 요리의 시조 격인 그의 이름을 딴 '라 바렌 요리 학교'가 부르고뉴의 페이성(Château du Feÿ)에 설립되었다.

37

비운의 요리사 프랑수아 바텔 (François Vatel, 1631~1671)

프랑수아 바텔(François Vatel, 1631~1671)은 재무장관 니콜라 푸케 (Nicolas Fouquet, 1615~1680)의 호텔 마스터(maître d'hôtel)였다가, 푸 케가 숙청되고 난 후에는 콩데 공, 즉 루이 2세 드 부르봉 콩데(Louis II de Bourbon-Condé, 1621~1686)의 지 배인이 되었다. 바텔은 스위스 혹은 파 리 태생으로 알려져 있으며, 그의 출생 연도도 1625년, 1631년, 또는 1635년 이라는 설이 있다. 바텔은 가난한 노동 자 가정에서 태어났다. 1646년부터 15 세의 소년은 파티시에이자 음식점 주 인인 즈앙 에브라르(Jehan Heverard)

프랑수아 바텔(François Vatel)

의 도제로 7년간 일했다. 그는 달콤한 바닐라 맛의 휘핑크림 '샹티이 (crème Chantilly)'의 발명자로 잘못 오인되고 있다. 거기에 대한 동시대 기록이 거의 전무한 데다, 샹티이 크림은 이미 1세기 전부터 있었기 때문이다. 푸케의 화려한 성관 보 르 비콩트(Château de Vaux-le-Vicomte)나 콩데 공의 저택 샹티이(Château de Chantilly)에서 성대한 연회나 축제 행사를 조직했던 바텔은 운명적인 그날에 생선이 제때 도착하지 않았다는 이유로 극단적인 자살을 택한 인물로 후세에 잘 알려져 있다.

(가) 푸케 성관에서의 서비스

1653년에 22살이 된 바텔은 한창 건설 중인 푸케의 저택 보 르 비콩트에서 요리 시종으로 일했다. 당시 국왕 루이 14세(Louis XIV, 1638~1715)는 15세의 소년이었고, 푸케는 섭정 마자랭 추기경(Cardinal Mazarin, 1602~1661)의 두터운 신임을 얻어 재무장관으로 임명된 상태였다. 매우 열성적이고 연회 조직에 탁월한 재능이 있었던 바텔은 곧 푸케의 지배인으로 발탁되었다.

1661년 8월 17일, 야심만만한 푸케는 보르비콩트성(Château de

니콜라 푸케(Nicolas Fouquet)

몰리에르의 코미디 발레 〈훼방꾼들 Les Fâcheux〉의 한 장면

Vaux le Vicomte)의 개관식 때, 당시 23세가 된 국왕과 모후 안 도트리슈(Anne d'Autriche, 1601~1666)를 포함한 모든 궁정 식구들을 한꺼번에 초대했다. 의전국장이자 식당 지배인이던 바텔은 화려하고 장대한 축제와 80개의 테이블 만찬, 또한 30개의 뷔페 테이블을 준비했다. 그는 주빈석에 꿩, 메추라기, 멧새, 자고 등 5차례의 서비스를 묵직한 금식기에 담아 제공했지만, 나머지 궁정 손님들에게는 은제 식기에 담아 제공했다.

24대의 바이올린이 음악가 장바티스트 륄리(1632~1687)의 곡을 흥겹게 연주했고, 당대 최고의 극작가 몰리에르(Molière, 1622~1673)와 륄리는 이날을 위해 특별히 제작된 코미디 발레 〈훼방꾼들 Les Fâcheux〉을 함께 공연했다. 언제나 재정 적자에 시달리던 루이 14세

모후(母后) 안 도트리슈(Anne d'Autriche)

는 값비싼 귀금속 식기들을 몽땅 녹여서 30년 전쟁의 막대한 비용을 충당했던 전력이 있었던 터라, 이 '마의 성관'의 사치스러운 호사와 자신의 궁정 요리사를 훨씬 능가하는 축연의 천재(바텔) 때문에 자존심에 큰 상처를 받았다. 루이 14세는 현장에서 당장 푸케를 체포하고 "먹은 것을 다 토해내라!"라고 선언할 작정이었으나,

모후가 이를 말렸다. 성관 위에서 화려한 불꽃놀이 축제가 열린 후 국왕은 푸케가 준비한 방에서 취침하기를 거부하고 자신의 퐁텐블로성 (Château de Fontainebleau)으로 돌아가 버렸다. 푸케의 자리를 호시탐탐 노리던 콜베르(Jean-Baptiste Colbert, 1619~1683)의 사주를 받은 국왕은 그날 밤 푸케를 기어이 체포하기로 했다.

> "과세의 기술은 거위의 비명을 최소화하면서 최대한 많은 깃털을 뽑는 것과 같다."
>
> _ 장 바티스트 콜베르(Jean-Baptiste Colbert, 1619~1683)

여기에 대하여 프랑스 철학자 볼테르는 다음과 같이 유명한 말을 남겼다. "8월 17일 저녁 6시에 푸케는 프랑스의 군주였으나, 그다음 날

새벽 2시에 그는 더 이상 아무것도 아닌 존재가 되고 말았다." 3주가 지난 후 푸케는 낭트에서 알렉상드르 뒤마의《달타냥 로망스》의 주인공으로도 유명한 실존 인물 샤를 드 달타냥(Charles de d'Artagnan, 1611~1673) 총사 대장에게 체포되었다. 설상가상으로 푸케의 저택을 수색해 보니 반정부 쿠데타의 음모까지 발각되었다. 진노한 국왕은 푸케의 추방령을 무기징역으로 바꾸었고 콜베르가 그의 자리를 차지했다. 이 불운한 남성 푸케는 옥중에서 한 많은 생을 마감했다.

이른바 '베르사유 궁전의 원형' 또는 '전신'이라고 알려진 보르비콩트성은 1965년에 프랑스 정부에 의해 역사기념물로 지정되었고, 1968년에 처음으로 일반인에게 문을 열었다. 이 보르비콩트성은 매년 수많은 관광객을 위해 다양한 행사를 제공하고 있는데, 그중 대표적인

보르비콩트성 안의 레스토랑

이벤트가 5~10월까지 매주 토요일 저녁마다 열리는 '촛불 축제(Soirée aux chandelles)'이다. 2천 개의 촛불이 성과 정원을 밝히는 장관은 방문객들의 탄성을 절로 자아내게 하는데, 푸케가 자신의 주군인 루이 14세를 위해 마련한 환상적인, 그러나 치명적인 대축제의 역사 현장을 그대로 재현한 것이라고 한다.

(나) 샹티이성에서의 서비스

바텔은 국왕이 새로 지은 베르사유 궁을 위해 보르비콩트성에서 일하던 사람들을 다시 고용하기를 원한다는 사실을 전혀 알지 못했다. 그는 자신도 전주인 푸케처럼 체포당할까 봐 이를 두려워한 나머지 영국으로 피신했다. 그는 영국에서 다행히 푸케의 친구였던 구르빌(Jean Hérauld Gourville, 1625~1703)을 만났고 그와 함께 플랑드르

콩데 대공의 저택 샹티이성(Château de Chantilly)

로 갔다.[123] 거기서 구르빌은 국왕의 사촌인 콩데 공을 만나 바텔을 고용해 달라고 청했다. 그래서 파리 북쪽에서 40km 정도 떨어진 샹티이성(Château de Chantilly)에서 일하게 된 바텔은 입속에서 사르르 녹는 샹티이 크림을 거의 매번 디저트로 내놓았기 때문에, 본의 아니게도

샹티이 크림

이 '샹티이 크림의 발명자'라는 오해를 사게 되었다. 전설에 따르면, 1671년 4월 그 치명적인 연회 당시에 바텔은 크림이 거의 다 떨어지자 궁여지책으로 볼륨감을 살리기 위해 크림을 탁탁 때리며 계속 휘저었는데, 그것이 바로 샹티이의 유래가 되었다는 것이다. 과연 누가 샹티이를 발명했는지는 알 수 없으나, 카트린 드 메디치 시대에도 그것은 이미 존재했고 오늘날처럼 강한 단맛이 나게 된 것은 18세기 말부터였다고 한다.

1663년에 바텔은 샹티이성의 식당 총감독관(contrôleur général de la bouche)으로 승진했다. 그는 이른바 인간의 '아가리(bouche)'와 관련된 모든 업무, 즉 식품 구매와 공급 업무를 전담하게 되었다. 1671

---

123 구르빌은 《잠언집》의 저자인 프랑수아 드 라로슈푸코(François de La Rochefoucauld, 1613~1680)의 비서를 지냈던 인물로, 푸케 덕분에 재무 일과 독직에도 관여했다.

년 4월, 바텔은 콩데 공이 루이 14세를 위해 샹티이성에서 개최한 연회를 총괄하는 중책을 맡았다. 콩데 공은 국왕의 호의를 구하고, 전략적인 화해를 성사시킬 목적으로 3일 낮과 밤, 즉 목요일 저녁부터 토요일 저녁까지 성대한 연회를 베풀었다. 그 당시 베르사유 궁의 조신과 하인들까지 포함한 3,000명의 인원이 초대를 받았다. 이 연회의 비용은 5만 에퀴(écu, 옛 금화)까지 올라갔다! 그런데 이 거창한 연회 준비에 바텔에게는 단지 15일밖에 주어지지 않았다. 1671년 4월 23일 목요일 저녁 사냥을 마친 손님들이 드디어 샹티이성에 도착했다. 대낮처럼 환하게 불이 켜진 샹티이성에 귀빈용 테이블이 25개 마련되었고, 두 시간 동안 성대한 만찬이 이어졌다. 그사이 화려한 불꽃놀이가 시작되었는데, 공교롭게도 자욱한 안개 때문에 불꽃놀이 행사는 절반의 성공만을 거두었다. 예상한 것보다 75명의 손님이 더 왔기 때문에 안타깝게도 두 테이블에 고기 요리가 부족하게 되었다. 이 일로 노심초사한 바텔은 자신의 명예가 실추되었다고 느꼈다. 그러나 만찬 이후에 콩데 공은 그의 방을 찾아와서 바텔의 노고를 치하하고, 고기 요리가 부족했던 것은 중요하지 않다며 그를 진심으로 위로했다.

(다) 바텔의 죽음

4월 24일 금요일 저녁은 사순절 금식재일이었다. 4월은 송어나 연어가 잘 잡히지 않은 철이라서 그랬는지, 바텔은 회식자들에게 가자미, 넙치, 가오리 같은 바다생선이나 해산물을 접대하기로 했다. 어부들은 금요일 파리 시장에 물건을 내놓으려면, 적어도 수요일 오후나

목요일 아침 일찍 항구로 돌아 와야만 했다. 바텔은 샹티이에 서 217km 정도 떨어진 노르망 디 항구들에 사람들을 여럿 보내 신선한 생선을 미리 주문해 놓은 상태였다. 4월 24일 금요일 새벽 4시부터 바텔은 자신이 주문한 생선을 눈이 빠지게 기다렸다.

프랑스 영화 〈바텔 Vatel〉에서 불꽃놀이 장면

그러나 오직 두 광주리만 도착했을 뿐이었다. 그는 8시까지 기다렸지 만, 감감무소식이었다. 그것은 완벽주의자 바텔에게는 '불명예'의 극 치였다. 그는 구르빌에게 다음과 같이 말했다. "나리, 저는 이런 불명 예를 당하고는 도저히 살 수 없소. 나는 명예와 명성을 잃게 되었소!" 그러자 구르빌은 위로는커녕 오히려 그를 조롱했다. 서간문학으로 유 명한 세비녜 후작 부인(Marquise de Sévigné, 1626~1696)에 따르면, 바 텔은 생선 도착의 지연과 또 다른 작은 사고들로 인해 거의 제정신이 아니었다고 한다. 바텔은 자신의 실추된 명예를 회복하기 위해 자신 의 방으로 올라가서는 문에 고정된 검에 자신의 몸을 주저 없이 세 번 이나 내던졌다. 그가 고통에 비틀거리며 바닥에 쓰러진 바로 그 순간 에, 그가 주문했던 신선한 생선이 일거에 도착했다. 그의 나이 40세였 다. 평소에 바텔을 높이 평가했던 콩데 공은 그의 자살 소식을 듣자 못 내 눈물을 흘렸다고 한다. 루이 14세도 자신이 그동안 5년간 샹티이 성을 방문하지 않았던 이유는 국왕의 방문이 초래하게 될 공의 '수고'

화려한 연회 뒤에서 중노동을 하는
사람들(영화 〈바텔〉 중에서)

를 염려해서였노라고 설명했다. 그냥 두 테이블 정도만 마련했어도
되었을 것이라면서 국왕은 더 이상 콩데 공이 호사스러운 연회를 베
푸는 것을 원치 않는다고도 얘기했다. 다른 회식자들 역시 비록 생선
은 도착했지만, 바텔에게 경의를 표하는 의미에서 음식을 삼갔다. 구
르빌은 진정으로 자신의 경솔함을 뉘우치고 용서를 구한 다음에 축연
의 마무리를 위해 바텔의 시신을 조심스럽게 묻었다. 프랑스 작가이
자 역사가인 오귀스트 잘(Auguste Jal, 1795~1873)은 바텔이 축성을 받
지 못한 채 구덩이에 그냥 묻혔을 것으로 추정했다. 왜냐하면, 가톨릭
교회는 자살을 지옥에 떨어지는 중죄로 간주했기 때문이다. 그러나

비뇌이 생 피르맹(Vineuil-Saint-Firmin) 시청사의 고문서에서 발견된 바텔의 사망증명서에 따르면, 바텔은 공동묘지에 정식으로 안장되었다. 가령, 자살한 자들은 심한 경우에는 시신을 사립짝에 실어 말이 끌게 하거나 시신을 오물에 버리는 경우도 있었지만, 그의 연회 능력을 높이 평가했던 국왕과 콩데 공의 노력

바텔의 자살

으로 그토록 사회적 인정에 목말라했던 신비의 인물 바텔은 특별사면을 받았던 것으로 추정된다. 그동안 많은 셰프와 가스트로놈들이 바텔의 위기 대처 능력이나 냉정함을 잃은 그를 비난하기는 했지만, 이 화려한 축연은 말 그대로 역사의 전설이 되었다. 앞서 언급한 세비녜 후작 부인은 "5만 에퀴의 어마어마한 경비가 든 대향연이 이렇게 비극적인 사건으로 끝난 것은 정말 안타까운 일"이라면서 두 차례나 서신에서 이 드라마틱한 사건을 언급했다. 궁정인이자 작가로 활동한 루이 드 루브루아 생시몽 공작(Louis de Rouvroy Duc de Saint-Simon, 1675~1755)도 자신의 《회상록》에서 이를 언급했다.[124] 18세기 이후로

---

124 생시몽 공작은 베르사유 궁과 권력 내막의 예리하고 변덕스러운 관찰자로, 루이 14세 치세 말과 섭정기 프랑스의 중요한 산증인이다.

그의 자살은 프랑스 미식의 담론 형성에도 적지 않은 영향을 미쳤다고 한다. 1981년에 알랭 스방(Alain Seban)이라는 리옹의 기업가가 미식의 완성을 위해 자신의 생명까지도 초개처럼 버렸던 이른바 바텔의 정신을 기리는 차원에서 그의 이름을 딴 바텔호텔학교를 건립했다.

38

크렘브륄레의 발명자
프랑수아 마시알로
(1660~1733)

위에 캐러멜을 입히고 불에 살짝 그슬린 바닐라향의 '크렘브륄레 (crème brûlée)'는 대표적인 프랑스의 디저트다. 필자가 영국 런던에 방문 교수로 있을 때 가끔 들리던 아담한 프렌치 레스토랑의 인기 높은 디저트 메뉴 역시 크렘브륄레였다. 이 스푼으로 떠먹는 크렘브륄레의 기원은 1691년으로 거슬러 올라간다. 프랑수아 마시알로(François Massialot, 1660~1733)의 요리책 《왕실·부르주아 요리사 *Le Cuisinier Royal et Bourgeois*》(1691년)에서 최초로 언급되었다. 이 때문에 마시알로는 '크렘브륄레의 발명자'로 널리 알려져 있지만, 전문가들은 그가 오렌지·레몬·계피 향을 넣은 스페인의 '크레마 카탈라나(Crema Catalana, 카탈루냐 크림)'에서 이를 차용한 것으로 보고 있다. 프랑스어 동사 '브륄레(brûler, 태우다)'의 영어 번역인 '번트 크림(burnt cream)'

크렘브륄레(crème brûlée)

크레마 카탈로나

이 1702년에 영국에서 등장했고, 1740년에 마시알로는 크렘브륄레와 유사한 레시피의 '영국 크림(crème anglaise)'[125]을 언급한 바 있다.

그렇다면 프랑수아 마시알로는 누구인가? 그는 다양한 유명 인사를 차례대로 모셨던, 리모주(Limoges) 태생의 수석 요리사였다. 루이 14세의 동생인 필리프 1세 오를레앙 공(Philippe d'Orléans, 1640~1701), 그의 아들인 필리프 2세(Philippe II), 즉 섭정 오를레앙 공(duc d'Orléans, 1674~1723), 프랑스 외교관 에스테레 추기경(Cardinal d'Estrées, 1628~1714), 또 프랑스 국무장관 루부아 후작(Marquis de Louvois, 1641~1691) 등의 요리를

125 크렘 앙글레즈(crème anglaise), 즉 영국 크림은 주로 디저트 크림이나 소스로 쓰이는 가볍고 부드러운 커스터드 크림이다.

담당했다. 그의 요리책은
처음에 익명으로 단행본으
로 출판되었다가 1712년에
두 권으로 증보되었고, 나
중에는 3권으로 늘어났다
(1733~34년).[126]

영국 크림

마시알로는 요리책 서문에
서 자신을 감히 '왕실 요리사'라고 주장하는 자라고 소개했다. 왜냐하
면, 자신이 소개하는 요리들은 모두 궁정이나 대공, 당대 일류 명사들
의 저택에서 서비스되는 고급 요리들이기 때문이다. 마시알로는 재무
장관 콜베르의 저택인 소성(Château de Sceaux), 국무장관 루부아의 저
택 뫼동성(Château de Meudon), 그리고 베르사유 궁의 주방에서 일했
다. 마시알로 요리책의 새로운 혁신은 레시피를 알파벳 순서로 정리
해서 첫 요리사전의 일보를 내디뎠다는 점이다.

음식사가이자 작가인 바바라 휘튼(Barbara Wheaton, 1931~)은 마시
알로 요리책의 변화상을 고찰했는데, 그의 사망 연도인 1733년도 판
에서는 생선 스톡(fond de poisson)에 백포도주를 넣으라는 지시 사항
이 있었다고 한다. 또한, 마시알로는 자신의 요리책에서 설탕과 달걀
흰자위로 만든 크림 과자 '머랭(meringue)'을 최초로 소개하고 있다. 마

---

126 1692년에 잼이나 과일, 리쾨르 술에 관한 그의 요리책도 익명으로 출판되었다.

1681년 루부아가 뫼동성(Château de Meudon)에서 루이 14세의 정비 마리 테레즈(Marie-Thérèse, 1638~1683)를 초대하여, 단식일에 허용되는 가벼운 리셉션 행사를 했던 것을 다시 복원한 그림이다. 건너편 가운데 앉아 있는 여성이 마리 테레즈 왕비다.

머랭그 쿠키

시알로의 저서는 영국에서도 번역되어 《왕실과 시골 요리사 *The Court and Country Cook*》(1702년)라는 제목으로 수차례나 출간되었으며, 18세기 중반까지도 전문적인 셰프들이 자주 애용하는 요리 서적이었다. 즉, 마시알로는 위대한 요리사 라 바렌의 진정한 계승자라고 할 수 있겠다.

마시알로의 요리책에서 최초로 등장한 크렘브륄레는 그 후로 자취를 감추었다가 1980년대에 다시 혜성처럼 등장했다. 크렘브륄레는 19, 20세기 프랑스나 영국의 요리 서적에서는 잘 나오지를 않다가 1980년대에 돌연히 '나를 위한 관대한 사치' 내지는 자기 방종의 상

프랑수아 마시알로

징으로, 또 레스토랑 붐의 총아로서 극도로 유행하기 시작했다. 이처럼 크렘브륄레의 인기가 전 세계적으로 급상승했던 이유는 레스토랑계의 전설적인 인물인 시리오 마치오니(Sirio Maccioni, 1932~2020)의 공로가 크다고 할 수 있다. 그는 자신의 뉴욕 레스토랑 '르 시르크(Le Cirque, 서커스)'에서 이 크렘브륄레를 파리에서 일리노이 도시 피오리아(Peoria)에 이르기까지 세계적으로 가장 유명하고 인기 있는 디저트로 만들겠노라고 공언한 바 있다.

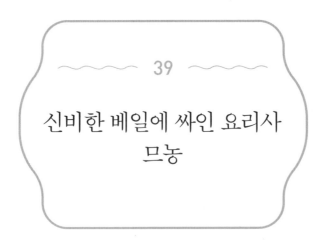

신비한 베일에 싸인 요리사
므농

므농(Menon)은 18세기의 위대한 요리사였다. 그렇지만 그의 생애는 신비의 베일에 가려져 있다. 그는 많은 요리 서적의 저자로 후세에 알려져 있는데, 그의 실제 이름은 미상이며 므농은 그의 필명이다. 그의 저서 《요리 신론 *Nouveau traité de la cuisine*》(1739년)이 대단한 성공을 거둔 후 몇 년이 지나서 그는 새로운 계절 메뉴를 소개하는 요리책 《누벨 퀴진》을 출간했다. 1746년에는 《부르주아 여성 요리사 *La Cuisinière Bourgeoise*》도 펴냈는데 이 역시 성공을 거두어 수차례나 재판되었다. 므농의 저서들은 당시 '요리 혁명'이라 불렸던 '누벨 퀴진(nouvelle cuisine, 새로운 요리)'을 대표하는 것이었다. 그는 요리의 대가답게 연금술의 언어를 사용했으며, 요리의 본질에 대하여 다음과 같이 자신의 소신을 밝혔다. "요리란 음식의 거친 부분을 섬세하

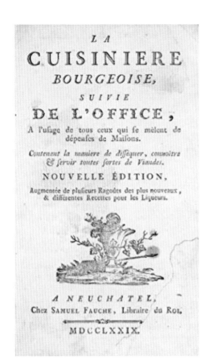

무려 200개 이상의 다양한 레시피를 소개하는 요리책 《부르주아 여성 요리사》(1746년)

게 정련하는 것이며, 그것을 면밀하게 분석하고 완성하는 것이다. 요리는 음식을 정화하고 어떤 면에서는 그 안에 진정한 혼(정신성)을 불어넣는다. 즉, 요리란 혈액 속에 가장 순수하고 섬세하며 풍요로운 정신을 고스란히 담아내야 한다." 그의 요리책에서는 이국적인 향신료 대신에 허브나 버섯, 특히 송로버섯이 자주 등장한다. 므농은 아티초크, 완두콩, 어린 잠두, 초록깍지강낭콩, 아스파라거스, 브로콜리 같은 야채에도 지대한 관심을 기울였다. 또한, 샹파뉴(champagne, 샴페인)에도 관심을 보였던 므농은 이미 《부르주아 여성 요리사》에서 샹파뉴와 관련된 다양한 레시피를 소개했다. 1755년에 그가 《궁정의 만찬

초록깍지강낭콩(haricot vert)

Les Soupers de la Cour》을 펴냈을 때 그것은 가히 축제였다. 이 요리 책에서는 다른 어떤 포도주보다도 '축제'를 상징하는 샹파뉴(90%)를 압도적으로 많이 사용했기 때문이다. 1996년에 도미니크 프티 로랑(Dominique Petit-Laurent)은 《요리와 가스트로노미 *Cuisine et gastronomie*》라는 책자에서 18세기의 요리사 므농의 도서 목록을 매우 상세하게 소개했다. 특히, 그의 저서 《부르주아 여성 요리사》만큼 출판된 이래 많이 번역되고 위조되거나 수도 없이 출판된 서적은 거의 없다고 해도 과언이 아니다.

40

근대성을 추구했던
전설적인 요리사 뱅상 라 샤펠
(1690/1703~1745)

뱅상 라 샤펠(Vincent La Chapelle, 1690/1703~1745)은 여러 국왕과 애첩들을 섬겼던 대요리사였다. 대표적으로 영국 외교관 체스터필드 백작(Earl of Chesterfield, 1694~1773)[127], 네덜란드의 오렌지 공 윌리엄 4세(William IV, 1711~1751), 포르투갈의 주앙 5세(João V de Portugal, 1689~1750), 그리고 루이 15세의 미모의 애첩 퐁파두르 부인(Madame de Pompadour, 1721~1764)의 요리를 담당했다. 그는 동시대의 요리 선호도에 부응하고자 부단히 노력했다. 그의 요리는 멋지고 근대적이며 네덜란드와 영국 요리에 기반을 두고 있었다. 그는 항상 자기 고객들의 음식 기호를 고려했으며, 또한 고객의 건강 차원에서 저지방의

---

127 필립 스탠호프(Phillip Stanhope)

레시피를 만들기도 했다. 그는 특히, 마시알로의 요리책에서 궁중 요리나 과자류에 대한 레시피의 영감을 많이 받았다.

뱅상 라 샤펠은 젊은 시절에 포르투갈, 스페인 등지로 미식 여행을 떠났다. 덕분에 그의 요리는 자연 포르투갈이나 스페인의 영향을 많이 받았다. 그는 다년간 영국과 프랑스의 궁정에서 일했고, 훌륭한 요리로 궁정인들의 미각을 매료시켰다. 영국의 재치 있는 입담의 외교가 체스터필드 백작을 위해 일했을 당시에 그는 영국 런던의 프리메이슨리(Freemasonry, 자유석공모임)의 집회소 로지(lodge)를 자주 드나들었다. 라 샤펠은 헤이그나 아니면 레이우아르던(Leeuwarden)에 프리메이슨리의 로지를 개설했는데, 오늘날까지도 네덜란드에는 그의 이름을 딴 로지가 존재하고 있다고 한다.

네덜란드의 오렌지 공은 런던에서 결혼식을 올린 후에 자신의 새로운 요리사 라 샤펠을 데리고 네덜란드로 돌아갔다. 오렌지 공은 영국

귤·초콜릿과 달콤한 치즈 등을 파이 껍질로 싸서 튀긴 카놀리(cannoli) 위에 뿌린 가루 설탕

대사의 요리사였던 라 샤펠을 그전부터 알고 있었을 확률이 높다. 그 후에 라 샤펠은 포르투갈의 주앙 5세를 위해 일했고, 그다음에는 루이 15세의 정부이자 문예의 보호자였던 퐁파두르 부인의 전속 요리사가 되었다. 그는 퐁파두르 부인을 위해서 '퓌 다무르(puits d'amour, 사랑의 우물)'라고 하는 매우 에로틱하고 달콤한 파티스리(케이크)를 만들었다. 이 파티스리는 가운데가 비어 있으며, 그 속을 레드커런트(redcurrant)[128] 젤리나 산딸기잼으로 촉촉이 채웠다. 사실상 18세기에 이 퓌 다무르는 추문의 대상이 되었다. 왜냐하면, '사랑의 우물'이란 그 외설적인 명칭도 그렇고, 요리의 콘셉트가 다분히 여성의 성기를 시사했기 때문이다. 그러나 이 파티스리는 루이 15세의 친밀한 회식자들 사이에서는 대단한 성공을 거두었다고 한다. 망명한 폴란드 국왕 스타니스와프 레슈친스키(Stanisław Leszczyński, 1677~1766)[129]

---

128 색깔이 붉은 까치밥나무 열매.

1730년에 최초로 문을 연 파리에서 가장 오래된 제과점 스토레르(Stohrer). 18세기의 파티시에 니콜라 스토레르(Nicolas Stohrer)의 이름을 딴 것이며. 스토레르는 정비 마리 레슈친스카를 위해 만든 파티스리 '바바오럼(baba au rhum, 럼이나 버찌술을 섞은 설탕 시럽에 담가 만든 과자)'의 창시자로도 유명하다.

의 요리사였다가 루이 15세의 정비 마리 레슈친스카(Marie Leczinska, 1703~1768)의 파티시에(과자 제조인)가 되었던 니콜라 스토레르(Nicolas Stohrer)는 이 문제의 '퓌 다무르'에 당시 추문을 일으켰던 붉은 과일잼 대신에 부드러운 바닐라 커스터드 크림으로 속을 채우고 표면에는 진한 캐러멜 소스를 입혀 반드르르하게 윤을 냈다. 그래서 나중에는 말썽 많은(?) 잼 대신에 바닐라 크림을 넣고 겉에는 캐러멜 소스나 혹은 '가루 설탕'을 뿌리게 되었다.

---

129 루이 15세의 정비 마리 레쟁스카의 아버지.

라 샤펠은 과거와의 '단절'을 주장하고 자신의 요리를 '근대적'이라고 주장했던 첫 번째 작가였다. 그는 런던에서 일하면서 1733년에 영어로 된 요리책《근대 요리사 *The Modern Cook*》를 세 권 출판했고, 1735년에는 암스테르담에서 프랑스어 요리책《근대 요리사 *Le Cuisinier Moderne*》4권을 출판했다. 그의 요리책은 18세기 영국 귀족 요리에 지대한 영향을 미친 것으로 평가받고 있다. 라 샤펠은 자신의 전임자인 프랑수아 마시알로의《왕실·부르주아 요리사 *Le Cuisinier Royal et Bourgeois*》(1691년)에서 많은 레시피를 차용했다. 그래서 두 요리의 거장은 서로 레시피에 대한 치열한 소유권 분쟁을 벌였던 것으로 알려져 있다. 라 샤펠의《근대 요리사》는 화집처럼 삽화가 풍성하게 들어간 화려한 아트 요리책의 선구자가 되었다. 1742년에 그의 저서가 많이 출판되었는데, 그의 요리책에 나오는 레시피는 스테이크나 파이 등 네덜란드나 영국의 것이 대부분이다. 그는 저서에서 독자들을 위해 특별히 저지방식 요리 외에도 이국적인 인도 요리도 소개하였는데, 쌀이 들어간 요리를 별다른 고민 없이 '인도 요리'라 칭했다고 한다.

41

볼테르:
손님에서 호스트로
(1694~1778)

"만일 신이 우리가 먹고 마시는 것을 필요성뿐만 아니라 쾌락으로 만들어 놓
지 않았다면 세상에 이보다 더 성가신 일은 없으리라."

_ 볼테르(Voltaire, 1694~1778), 프랑스의 계몽사상가, 작가

요리의 역사에서 점점 후대로 내려오게 되면 '오트 퀴진'과 '부르
주아 요리'의 구분이 점차 사라지게 된다. 그런데 우리는 흥미롭게
도 프랑스 철학자 볼테르(Voltaire, 1694~1778)의 생애와 그의 미식 습
관에서도 이와 유사한 현상을 발견할 수 있다. 그는 공증인(부르주아)
이었던 아버지에게서 물려받은 자신의 본명 '프랑수아 마리 아루에
(François Marie Arouet)'에다 일찌감치 귀족임을 표시하는 '드 볼테르
(de Voltaire)'를 추가했다. 그의 저서에서도 그는 귀족의 거만함과 특

프리드리히 2세(Friedrich II, 1712~1786)의 상수시(Sanssouci) 궁전에서 열린 오찬에 초대받은 볼테르(연보라색 코트를 입은 왼쪽에서 세 번째 인물). 독일의 화가 아돌프 폰 멘첼(Adolph von Menzel, 1815~1905)의 작품.

권을 신랄하게 비판하는 예리한 독설가인 동시에 귀족을 위한 미미(美味·좋은 맛)의 중재자 내지 심판관이었다. 그는 반체제적인 사상의 소유자로, 프랑스 당국의 감시를 피해 언제든지 필요한 경우 국외로 도망칠 수 있도록 스위스 국경 근처에서 살았다. 그러나 그는 프랑스 엘리트(귀족) 계층의 보호 내지는 두둑한 보조금까지 받았으며, 유럽 전

볼테르의 초상화(1724년)

역의 왕과 귀족들의 폭넓은 사랑을 받았다.

볼테르는 사치스러운 미각의 소유자였다. 그는 자신의 영지에서 귀족처럼 호화롭게 살았으며, 작가로서 성공한 그가 베푸는 연회와 리셉션은 매우 장엄하고 웅장하기 이를 데 없었다. 그러나 그의 귀족성은 아버지로부터 자식에게 세습되는 귀족의 칭호나 특권이 아니라 본인의 타고난 미각과 지성이었다. 그래서 그의 미각은 귀족보다는 오히려 상류 부르주아 계층의 입맛에 비교하는 편이 나을지도 모르겠다.

(가) 회식자 볼테르

그의 방대한 서신에는 음식과 식사에 관한 언급이 많이 나온다. 그는 젊은 시절에 파리에서 완벽하게 지적인 삶을 향유했다. 그는 당시에 유행했던 수페르(super, 만찬)에 수도 없이 참여했다. 만찬에 모인 회식자들은 모두 남의 얘기는 듣지 않고 시종일관 자기 얘기만 떠들어대는 재주가 있었다. 한 수페르에 참석한 후에 볼테르는 자기들을 초대한 관대한 주인(hôte)에게 다음과 같은 답례의 서신을 보냈다. "소크라테스는 침상에서 위대한 교훈을 주었고, 당신은 식탁에서 우리에게 그것을 베풀었소!" 즉, 문인과 철학자들을 식탁에 초대한 그 호스트는

프랑스 화가 니콜라 드 라
르질리에르(Nicolas de
Largillière, 1656~1746)
의 〈벽감 속의 붉은 자고
새 Partridge in a Niche〉
(1680~1685년 작품)

18세기에 귀족의 살롱에서 유행
한 소규모의 야찬 수페르

스위스 화가 장 위베르(Jean Huber, 1721~1786)의 〈철학자들의 정찬〉(1772년). 볼테르를 위시하여 콩도르세, 디드로, 달랑베르 등이 모여 식사하면서 인생과 철학, 세계 개조의 문제를 논하고 있다.

고급 요리를 명문장가의 '글'과 맞교환한 셈이었다. 당시에 글은 마치 전광석화처럼 빠른 속도로 대중에 널리 유포되었다.

어느 날 그는 "노루와 함께 한 여행이 비극이 되었네!"라는 시의 구절과 함께 멧돼지 한 마리를 통째로 선물 받은 적도 있었다. 그의 친구역시 탐스러운 살구가 가득 담긴 열두 궤짝의 선물을 받고 감사의 마음을 표시했다. 볼테르는 다른 서신에서도 이런 고마운 마음을 표현한 적이 있다. "보내주신 근사한 자고와 사상(思想)을 잘 받았소. 둘 다너무도 멋지고 훌륭하오." 16세기부터 이처럼 음식에 대한 선물을 받고 문장으로 답례하는 것은 일종의 사회·문화적인 교류였다고 한다.

(나) 호스트 볼테르

볼테르는 점점 큰돈을 모으면서 원래 손님을 접대하기 좋아하는 자신의 천성을 유감없이 발휘할 수 있는 수단과 기회를 얻었다. 그는 자신의 저택에 훌륭한 요리사들을 기용했다. 볼테르는《미식가들의 연감 *Almanach des gourmands*》의 저자인 그리모 드 라 레이니에르의 할아버지 가스파르 그리모 드 라 레이니에르(Gaspard Grimod de La Reynière, 1687~1754)와도 친분이 매우 두터웠다. 그야말로 소문난 '대식가'였던 가스파르는 부유한 징세 청부업자로, 파리의 저택이나 베르사유 궁으로 가는 길목에 자리한 자신의 성에서 손님들에게 진수성찬의 요리를 접대하기로 유명했다. 1754년에 그가 사망했을 때 한 동시대인은 자신의 일기장에 다음과 같이 기록했다. "징세 청부업자였던 가스파르 그리모 드 라 레이니에르 씨가 며칠 전에 소화불량으로 사망했다. 이미 그에게는 매우 위험한 조짐들이 보였지만, 너무도 식도락을 즐겼던 탓에 그는 도저히 이를 교정할 수가 없었다."

젊은 시절에 '누벨 퀴진(새로운 요리)의 신봉자'임을 자처했던 볼테르는 다른 작가들과 자신의 저술을 비교하면서 '옛날 요리 대 새로운 요리' 등 요리에 관한 메타포를 즐겨 사용했다. 1754년에 그는 제네바에서 그리 멀지 않은 곳에 정착했고 자신의 저택에 회식자들을 초대하여 융숭하게 접대하는 돈 많고 유명한 호스트가 되었다. 그의 식탁에 앉기 위해 유럽 전역에서 손님들이 꾸역꾸역 모여들었다. 한 여성 방문객은 볼테르 식탁의 지나친 과도함에 대하여 다음과 같이 비판했다.

볼테르의 질녀인 드니 부인(Madame Denis)

"나는 5일간 그를 보아야 했답니다. 너무도 매혹적인 크림과 송어 요리 덕분에 나는 그만 소화불량에 걸리고 말았죠." 그렇지만 그녀는 자신의 구르망디즈(gourmadise, 식탐)를 심하게 질책하지는 않았다. 볼테르 자신도 그의 위대한 회식자들이 그를 죽이려 한다며 너스레를 떨었다. 마리 루이즈 미뇨(Marie Louise Mignot, 1712~1790), 즉 그의 질녀이자 동반자인 일명 '드니 부인(Madame Denis)'이 그와 함께 살기 위해 볼테르의 성에 도착했다. [130] 볼테르는 그녀가 너무 많이 먹는다고 질책했지만, 아무런 소용이 없었다. 1773년에 볼테르는 그녀가 마치 수녀원장처럼 뚱뚱해졌다고 기술했다. 가끔 드니 부인도 "나는 더 이상 식도락의 쾌락을 사랑할 수가 없어. 야찬이 나 자신을 죽인다."라면서 자신의 한없는 약점(탐식)을 한탄했지만, 이런 고백을 한 지 불과 며칠 후에 볼테르는 "드니 부인이 완벽하게 다시 원기를 회복했다. 그녀는 이제 매일 네 끼를 먹는다."라고 적었다. 한 친구가 신선한 가오리와 대구가 도착했

---

130 드니 부인은 처음에 삼촌 볼테르의 집사였다가 연인 관계가 되었으나 정식으로 혼인하지는 않았다. 볼테르의 사망 후에 그녀는 그의 저택을 물려받았으나, 곧 매각하고 파리로 이주했다.

다고 알려주자, 드니 부인은 그 아까운 생선들이 썩기 전에 다 먹어 치워야 한다면서 신명 나게 서둘렀다고 전해진다.

(다) 루소와 볼테르

"나는 행복하기로 결정했다. 그것이 건강에 좋기 때문이다."

_ 볼테르(Voltaire, 1694~1778), 프랑스의 계몽사상가, 작가

볼테르가 오트 퀴진이 정말 건강에 좋은 것인지에 대하여 다소 양면적인 태도를 취했다면, 스위스 출신의 급진적인 좌파 사상가 장 자크 루소(Jean-Jacques Rousseau, 1712~1778)는 고급 요리가 인체에 매우 유해하며, 그중에서도 프랑스 요리가 가장 '최악'이라고 생각했다. 그는 이러한 전통 속에서 아이들을 절대로 교육해서는 안 된다고 주장했다. 자신의 인생을 많은 저작물의 주제로 삼았던 루소는 이른바 근대 교육의 문을 열었다는 평가를 받고 있는 저서 《에밀 *Emile*》(1762년)에서 다음과 같이 비꼬았다. "프랑스 요리사를 대동하지 못해서 다른 나라에서 그가 굶어 죽었다느니, 오직 프랑스에서만 사람들이 제대로 먹는 방법을 알고 있다느니 제발 그런 식으로 얘기하지 맙시다. 나는 오히려 그 반대요. 먹는 방법을 제대로 알지 못하는 것은 오직 프랑스인들뿐이라오!" 루소와 동시대인이며 최대 경쟁자이기도 했던 볼테르는 《에밀》에 대하여 전체적으로 비평적이었다. 그는 그래도 《에밀》이 금서 목록으로 지정되는 결정적인 원인을 제공했던 문제의 '사보이 신

직접 모유를 수유할 것을 주장한
장 자크 루소

부의 신앙고백'만큼은 칭찬하면서, 이런 좋은 글을 그런 악당(루소)이 썼다는 데 대한 유감을 표시했다. 또한, 볼테르는 '어리석은 유모의 잡동사니'에 불과한 《에밀》은 철학자들이나 그리스도에 대항해서 가슴 아픈 비평을 쏟아붓고 있지만, 철학자들이 성직자들보다는 훨씬 관대하다며 꼬집었다.

루소는 '카페'에 대한 18세기 지성인들의 보편적인 열정을 공유했지만, 그는 무엇보다 신선한 음식과 지역의 산물을 선호했다. 물론 카페는 지역 산물은 아니다. 그가 너무도 좋아했던 음식은 '즉석요리(plat improvisé)'와 바로 채식이었다. "나는 시골 밥상보다 더 훌륭한 미식

철학자 루소도 사랑한 도시 문화의 상징인 카페의 내부 정경. 프랑스 화가 루이 레오폴드 부알리
(Louis-Léopold Boilly, 1761~1845)의 팔레루아알에 있던 '랑블랭 카페(Café Lamblin)'에서 도박에
열중하는 사람들을 표현하고 있다. (1808년 작품)

을 알지 못한다.” “신선한 유제품과 달걀, 허브, 치즈와 갈색 빵, 그
리고 보통의 포도주만으로도 충분히 나를 기쁘게 대접하는 것이다.”
1740년대를 풍미했던 '누벨 퀴진'의 유행과 더불어 아동들의 식습관
에 대한 루소의 저서는 엄청난 반향을 불러일으켰지만, 그것은 또한
세간의 조롱 대상이 되었다. 그러나 루소는 개의치 않고 이 문제를 매
우 진지하게 다루었다. 그의 음식에 대한 개성 있는 담론은 오늘날의
것과 매우 유사하거나 일맥상통하는 부분이 많다. 루소는 아이에게
젖을 먹이는 어머니의 음식이 단순해야 한다고 가르쳤다. “음식은 지
나치게 소스를 진하게 해서도 안 되고, 튀겨서도 안 되며, 버터, 소금,

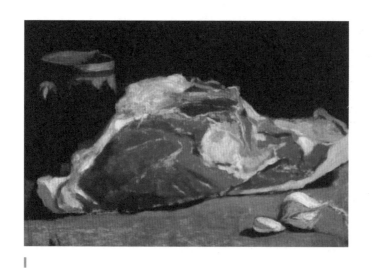

클로드 모네(Claude Monet, 1840~1926)의 고기 정물화

유제품이 불 위에서 가열되어서는 안 된다. 물에 데친 채소는 뜨거운 상태로 식탁에 오를 때까지 간을 해서는 안 된다." 그는 채식을 적극적으로 권장했는데, 그 이유인즉, 채식이야말로 원시인 상태에 있었던 인간의 식생활에 가장 근접하기 때문이다. 루소에게 고기는 결코 '자연의 식품'이 아니었다. 그 증거는 (원시인의 상태에 가장 근접한) 아이들이 고기보다는 유제품, 달콤한 파티스리(제과)와 과일을 훨씬 더 좋아하기 때문이다. 그러니 자라나는 아이들의 식성이나 미각을 잔인한 '육식'으로 변형해서는 안 된다. 보통 육식을 즐기는 대식가들은 다른 사람들보다 훨씬 더 기질이나 성정이 잔인하다. 육식을 즐기는 영국인들의 야만성은 잘 알려져 있지 않은가! 요리와 식사에 대한 루소의 철학 사상을 연구한 학자 장 클로드 보네(Jean-Claude Bonnet, 1946~)

는 채식에 대한 루소의 이론과 사상은 부자가 가난한 사람들을 잡아먹는 프랑스 사회의 '불평등'에 대한 인식에서 기인한다고 평가했다. 물론 루소가 식탁에 둘러앉은 회식자들에게 기존의 질서를 파괴하라고 요구한 것은 아니었다. 그러나 그는 적어도 사회의 인위적인 관습을 좀 더 우월한 자연의 질서로 대체하라고 강력히 호소했다.

"자연으로 돌아가라"는 자연 예찬론자 루소와 젊었을 적에는 시민 자유의 열렬한 옹호자이며 말년에는 자신의 영지에서 유명 인사들을 접대하는 문명화된 시골 귀족 볼테르는 매우 대조적이라고 하지 않을 수 없다. 관대한 호스트가 된 그는 전통적인 귀족과의 '균형'적인 관계에서도 획기적인 변화를 맞이했다. 이제 그를 존경하고 그를 몸소 찾았던 것은 그가 아니라 바로 귀족들이었다. '시대정신'과 귀족의 상징인 '엘레강스(élégance, 우아함, 고상함)'의 기준을 지시(指示)했던 그는 앙시앵레짐 말기의 프랑스에서 일어났던 사회문화적인 변화상, 그리고 19세기 부르주아의 '귀족화' 현상을 몸소 구현했던 성공 신화의 주인공이라고 할 수 있다.

미식과 요리의
혁명가들

"이제는 미식학(science gastronomique)이 대유행하는 시대가 되었다.
누구나 거기에 끼어들려고 한다. 이제 미식학은 요리와 상점에서
살롱과 도서관, 심지어 극장으로 넘어갔다.
우리는 이제 곧 가스트로노미 강좌가 고등학교에 채택되리라는
희망을 버리지 않고 있다."

_ 그리모 드 라 레이니에르(Laurent Grimod de La Reynière, 1758~1837),
식도락의 문인, 《앙피트리옹의 입문서》 중에서

그리모 드 라 레이니에르의 《미식가들의 연감 *Almanach des Gourmands*》의 권두 삽화에 등장
하는 '어느 미식가의 기상'

레스토랑의 비약적인 발전이 19세기 요리의 '근대성'에 지대한 공헌
을 했다면, 우리는 소위 혜성처럼 등장한 '미식 문학'의 중요성도 결코
간과할 수 없다. 전술한 대로 대중들에게 '사교 공간'을 제공하면서 레
스토랑 경영자들은 '요리사와 회식자' 간의 관계를 새로이 정립시켰
다. 왜냐하면, 과거의 회식자들은 이제 레스토랑을 방문하는 손님이
되었기 때문이다. 이제 요리사의 명성은 돈 많은 보호자의 호의에 달
린 것이 아니라, 이른바 '여론'을 형성하는 고객들의 평가에 좌우되게
되었다. 이미 요리 선집, 영양학, 음식 사전이나 시집, 가제트(gazette,
신문), 연감 속에서의 요리에 대한 정보가 사람들의 입과 귀를 통해 널
리 퍼져 나갔다. 18세기에는 '누벨 퀴진(nouvelle cuisine, 새로운 요리)'

그리모 드 라 레이니에르의 《미식가들의 연감
Almanach des Gourmands》의 권두 삽화

을 둘러싼 논쟁이 활발했지만, 19세기에는 음식에 대하여 '가스트로노미(gastronomie)'라는 새로운 명칭을 부여하면서 미식학이라는 근대적인 학문의 토대가 정립되었고, '미식(bonne chère)의 성문화'가 본격적으로 진행되었다.

식도락의 문인이자 최초의 미식 비평가인 그리모 드 라 레이니에르가 《미식가들의 연감》(1803~1812)의 권두 삽화에서 손에 깃털의 펜대를 들고 테이블에 앉아 있는 남성을 보여준 것은 결코 우연의 산물이 아니다. 서재의 선반 위에 빼곡히 들어있는 다양한 음식, 천장 위에 높이 매달려 있는 사냥감 새, 또 요리 직종과 관련된 전문인들이 각자 자신이 만든 요리를 들고 줄지어 대기해 있는 진풍경도 한 '구르망(gourmand, 미식가)과의 접견'을 의미하는 것이다. 프랑스 역사가 파스칼 오리(Pascal Ory, 1948~)는 그리모 드 라 레이니에르를 '프랑스 근대 문화 창시자' 중의 한 사람으로 높이 평가하면서, 가스트로놈(gastronome)은 전문적인 요리사가 아니라 '문인'이라고 정의한다. 그래서 위의 삽화처럼 가스트로놈의 진정한 식탁은 그가 음식을 먹는 진짜 식탁이 아니라, 바

리모 드 라 레이니에르의 《미식가들의 연감 *Almanach des Gourmands*》의 권두 삽화

로 그가 글을 쓰는 서재가 되는 것이다.

자, 지금부터 19세기 이후의 혁명적인 미식가와 요리사들의 흥미진진한 생애를 추적해 보기로 한다. 탄생 연도의 순서대로, 그리모 드 라 레이니에르와 더불어 프랑스 미식 문학의 쌍두마차를 이루는 《미각의 생리학》의 저자 장 앙텔름 브리야사바랭의 족적부터 따라가 보기로 하자. 요즘 근대 가스트로놈들 사이에서 브리야사바랭이 다시 주목받고 있다. 가령, 일본의 요리 경연 TV 프로그램인 〈요리의 철인〉의 진행자이자 음식 애호가인 배우 카가 타케시(かがたけし, 鹿賀丈史)도 수백만 명의 시청자에게 "네가 무엇을 먹는지 말해주면, 네가 누구인지 말해주마!"라는 브리야사바랭의 유명한 경구를 인용한 바 있다.

42

브리야사바랭
(1755~1826)

"식도락의 물질적인 주제는 모두 먹을 수 있는 것들이다."

_ 장 앙텔름 브리야사바랭(Jean Anthelme Brillat-Savarin, 1755~1826),

프랑스의 사법관·문인

장 앙텔름 브리야사바랭(Jean Anthelme Brillat-Savarin, 1755~1826)
은 프랑스의 벨레에서 태어났다. 로마의 기원을 지닌 유서 깊은 도시
벨레는 미식가의 고향으로 더욱 명성을 얻었다. 오늘날도 많은 관광
객이 '제대로 먹을 줄 아는 유일한 미식가'인 그의 발자취를 더듬기 위
해 기꺼이 벨레를 방문한다. 그의 고향에는 브리야사바랭의 동상과
거리, 또 그의 가족이 소유했던 아름다운 귀족 별장이 그대로 남아 있
다. 스코틀랜드의 저널리스트이자 작가인 에니아스 스윗랜드 댈러스

(Eneas Sweetland Dallas, 1828~1879) 역시 브리야사바랭의 저서에 기초해서 자신의 미식 담론을 저술했다. 그에게 최고의 경의를 바치는 의미에서 오늘날 그의 이름을 딴 치즈나 파티스리, 레스토랑도 있다. 브리야사바랭은 비록 요리 전문가는 아니었지만, 진정한 미식가였다.

(가) 생애

벨레의 명망 있는 법률가 집안의 태생이었던 그는 디종에서 법과 화학, 의학 등을 전공했다. 그는 고향으로 돌아와 변호사를 개업했다. 그의 어머니인 클로딘 오로르 레카미에(Claudine-Aurore Récamier)는 훌륭한 요리사였고, 법률가인 부친도 구르메(미식가)였다. 군인이자 법률가인 그의 두 형제 역시 구르메였다. 그의 누이인 피에레트(Pierrette)는 백 세까지 장수를 누렸는데, 침상에서 저녁 식사를 마친 후에 디저트를 큰 소리로 청하다가 그만 임종을 맞이했다. 그는 원래 아버지의 성인 '브리야'를 물려받았는데, 그의 돈 많은 숙모가 자신의 성 '사바랭'을 채택하는 조건으로 전 재산을 상속해 주겠노라고 하는 바람에 그는 '브리야사바랭'이 되었다.

대혁명의 원년인 1789년에 35세의 그는 삼부회 대표로 선발되어 파리로 상경했고, 곧 국민의회 의원이 되었다. 그러나 브리야사바랭은 그다지 혁명적인 인물은 못 되었다. 그는 곧 사형제 유지를 위한 배심제의 도입이나 새로운 행정구역 개편에 관한 반론을 펼쳐서, 로베스피에르를 위시한 그의 혁명가 동료들을 몹시 짜증 나게 했다. 그는 다

그의 고향 벨레에 세워진 브리야사바랭
의 흉상

시 벨레로 돌아와서 일 년간 시장직을 맡았으나 혁명 막바지에 그의 목에는 두둑한 현상금이 걸리게 되었다. 그는 결국 정치적 '망명'의 길을 선택했고, 처음에는 스위스로 도피했다가 그다음에는 네덜란드, 나중에는 신대륙 미국으로 건너갔다. 그는 보스턴이나 뉴욕 등지에서 3년간 머물렀으며, 프랑스어와 바이올린 레슨 수입으로 생계를 유지했다. 그는 한동안 뉴욕 파크극장의 제1 바이올린 주자였다.

그는 1797년 총재정부의 시절에 프랑스로 돌아왔으며, 다시 사법관직을 얻었다. 그는 여생을 판결 파기 법관을 지냈으며, 법과 경제에 관한 책들을 출판했다. 그는 평생 독신으로 지냈으나, 연애의 감정에 결코 문외한은 아니었다. 그는 사교계의 꽃이자 자신의 아름다운 미모의 친척인 쥘리에트 레카미에(Juliette Récamier, 1777~1849)에게 《미각의 생리학》의 제사(題詞)를 헌정했다.[131] 그녀는 총재정부 시대에 나폴레옹의 배우자인 조제핀 드 보아르네(Joséphine de Beauharnais)와 탈

---

131 브리야사바랭은 그녀보다 나이가 거의 30세가량 더 많은 연상의 남편이자 은행가인 자크 로즈 레카미에(Jacques-Rose Récamier, 1751~1830)의 친척이었다.

리앙 부인(Madame Tallien, 1773~1835)과 더불어 일명 '미의 세 여신'으로 통했던 절세의 미녀였고, 수많은 남성 추종자를 거느리고 있었다.

"마담![132] 부디 친절하고 자비롭게 이 노인의 작품을 읽어주기를 바라오. 이 책은 그대의 유년 시절부터 싹튼 나의 우정에 대한 헌사, 그보다 훨씬 더 부드러운 감정에 대한 경의라오, 아니 내가 어떻게 이런 말을 할 수 있을까? 나 같은 연령의 남성은 이제 더 이상 감히 심장을 추궁하지는 않는다오."

---

132 귀부인에 대한 존칭.

"예쁜 여성이 먹는 모습을 보는 것보다 더 즐거운 일은 없다. 그녀의 팔 아래 냅킨이 가지런히 잘 놓여 있고, 그녀의 한 손은 테이블 위에, 또 다른 한 손은 우아하게 마치 조각처럼 잘린 선택된 음식의 한 점을 입속으로 가져간다."

_ 장 앙텔름 브리야사바랭(Jean Anthelme Brillat-Savarin, 1755~1826),

프랑스의 사법관·문인

1826년 1월 18일 그는 생드니 바실리카 성당에서 거행되는 루이 16세의 추모 미사에 초대받았다. 그는 당시 심한 독감을 앓고 있었지만, 부득이 참석했다가 결국은 폐렴에 걸려 사망하고 말았다.

(나) 미각의 생리학

브리야사바랭의 유명한 작품 《미각의 생리학》, 즉 초월적인 식도락에 대한 명상은 1825년 12월에 출판되었다. 책이 출판된 지 두 달 만에 사망했지만, 그는 생전에 단 한 번도 자기 책의 성공을 의심한 적이 없었다. 그의 문체는 장황하고 때로는 과도하며 때로는 경구적이다. 그가 사망한 후 그의 작품은 반복적으로 재해석되고 재분석되었다. 이 《미각의 생리학》은 단순히 요리법을 모아놓은 책이 아니다. 그것은 미식에 대한 과학적이고 철학적인 명상이다. 혹시 제목만 보고 그 위세에 혹시 주눅이 드는 독자가 있을지 모르겠으나, 이 책은 매우 흥미롭고 유쾌한 필체로 식도락에 얽힌 많은 재미있는 일화와 추억, 비망록 등을 수록하고 있으며, 미식가의 혜안으로 당시 제정 시대 프랑스의 사회를 잘 조명하고 있다. 그의 미식적인 쾌락에 대한 진지한 명상

얀 피터르 브뤼헐(Jan Brueghel, 1568~1625)과 페테르 파울 루벤스(Peter Paul Rubens, 1577~1640)의 〈미각의 알레고리〉(1618년). 미각을 의인화한 작품이다.

은 16세기의 현인(賢人) 몽테뉴(Michel de Montaigne, 1533~1592)의 《수상록 Essais》에서 많은 영감을 얻었다. 그의 박학다식함과 호사가다운 문체 역시 몽테뉴의 문체와 상당히 유사하다. 브리야사바랭은 미식을 하나의 '학문'으로 간주했다. 그는 볼테르, 루소, 성직자 문인 프랑수아 페늘롱(François de Salignac de La Mothe Fénelon, 1651~1715), 또 '자연사(自然史)의 아버지' 조르주루이 르클레르 뷔퐁(Georges Louis Leclerc de Buffon, 1707~1788) 백작 같은 앙시앵레짐기의 프랑스 명문장가들의 문체를 모델로 삼았다. 그는 고전 라틴어는 물론이고 근대 5개 국어를 구사할 줄 알았으며, 적당한 기회가 있을 때마다 이를 과시하는 것도 잊지 않았다.

프랑스 소설가 발자크는 16세기 이래 그 어떤 문인도 브리야사바랭

장 앙텔름 브리야사바랭(Jean Anthelme Brillat-Savarin, 1755~1826)

만큼 프랑스 문장에 넘치는 활력과 생명력을 불어넣은 작가는 없었다고 극찬을 아끼지 않았다. 이 책은 나오자마자 커다란 성공을 거두어 발자크처럼 열광하는 이도 있었지만, 대요리사 카렘처럼 그를 시기하는 이도 있었고, 《악의 꽃》의 시인 샤를 보들레르(Charles Baudelaire, 1821~1867)처럼 그를 경멸하는 이도 있었다. 참고로 보들레르는 브리야사바랭이 포도주에 대하여 충분한 주의를 기울이지 않았다는 이유로 그를 비평했다. 자신의 개인적인 선호도를 추구한 그의 동시대인 그리모 드 라 레이니에르와는 달리, 브리야사바랭은 자신이 일반적이고 보편적이라 생각하는 원리를 찾으려고 노력했다. 그의 책 역시 지나치게 프랑스 중심적이거나 프랑스 우위설에 역점을 두고 있지 않다. 그는 오히려 세계의 모든 다양한 음식 재료가 파리의 식탁을 더욱

프랑스 화가 장 밥티스트 샤르팡티에(Jean–Baptiste Charpentier, 1728~1806)의 〈초콜릿 차〉 또는 〈팡티에브르 공의 가족〉(1768년)이란 제목으로 알려진 작품이다. 화가는 왕비 마리 앙투아네트나 루이 14세의 손자인 팡티에브르 공작(duc de Penthièvre) 가문의 초상화를 많이 그렸다.

풍요롭게 해준다고 올바르게 지적했다. 그가 찬미했던 요리는 상류층의 귀족 요리가 아니라 중산층 요리 내지는 지역 요리였다. 그의 책에 등장하는 가장 기억할 만한 요리들도 거의 모두 단순한 요리들이다.

> "어느 날 저녁, 포도주의 영혼이 병 속에서 노래했네. 인간아, 내가 너를 향해 한 곡 뽑으마, 오 사랑스러운 불구자여, 유리로 된 감옥과 주홍빛 봉인 아래 빛과 우정이 가득한 노래를!"
>
> _ 샤를 피에르 보들레르(Charles–Pierre Baudelaire, 1821~1867) 프랑스 시인,
>
> 〈포도주의 영혼〉 중에서

브리야사바랭은 요리 예술을 하나의 진정한 학문으로 승화시키기를 갈구했다. 그는 미각의 역학에 관하여 자세한 분석을 시도했다. 가령, 수척과 비만의 상관관계, 식이요법이 휴식, 단식, 피로, 죽음 등에 미치는 영향력을 진지하게 논의했다. 브리야사바랭은 '저(低)탄수화물 다이어트의 아버지'로도 불린다. 그는 흰 설탕과 흰 밀가루가 비만의 주범이라고 여겨, 탄수화물 대신에 단백질이 풍부한 음식을 권장했다. 가령, 늑대나 자칼 같은 육식동물이나 조류들은 결코 비만해지지 않는다. 초식동물들도 비활동 연령이 되기 전까지는 비만해지지 않으나, 감자나 곡식 등을 사료로 먹이게 되면 금방 살이 찐다. 인간도 이처럼 보편적인 법칙에서 예외일 수는 없다. 그는 자기 주제를 인과관계에 입각한 하나의 중요한 학문처럼 다루었다.

또한, 그는 독자들에게 수많은 일화를 소개했고, 그 나름대로 유머 감각이 넘치는 유려한 문체로 미식을 옹호했다. 이 책의 백미는 포토푀와 삶은 고기, 가금류와 사냥해서 잡은 불치, 송로버섯, 설탕, 커피와 초콜릿에 대한 그의 독특한 성찰이다.

이 미식가의 철학은 책장을 넘길 때마다 후미에 나온다. "가장 단순한 요리라고 해도 예술가적인 기교로 만든 음식이라면 브리야사바랭을 만족시키기에 충분하다. 오, 행복한 초콜릿이여! 전 세계를 주유하다가 드디어 여인들의 해맑은 미소에 이끌린 달콤한 키스에 이어, 그녀들의 입속에서 사르르 녹음으로써 황홀한 죽음을 맞이하노라! 소화불량으로 고생하거나 술고래들은 먹고 마시는 진정한 원리를 모르는

크리미한 브리아 사바랭 치즈

마스카포네 크림치즈

무지한 자들이다. ”

(다) 브리야사바랭 치즈와 파티스리 사바랭

브리야사바랭은 젖소 우유로 만든 부드러운 트리플 크림(triple-crème)치즈이다.[133] 브리야사바랭 역시 티라미수 같은 디저트를 만드는 데 많이 쓰이는 '마스카르포네(mascarpone, 이탈리아 크림치즈)'처

---

[133] 트리플 크림치즈란 수분을 뺀 고형분 중에서 지방 함량이 75퍼센트 이상 되는 발효 치즈이다.

사바랭 케이크

럼 입안 가득히 풍요롭게 퍼지는 연하고 말랑말랑한 크림의 진하고 부드러운 맛이 일품이다. 짧은 숙성 기간 때문에 약간 시큼한 산미와 버터처럼 고소한 맛이 풍기는 이 트리플 크림치즈는 1890년에 뒤빅 (Dubuc) 가문이 최초로 개발했는데, 1930년대에 프랑스 치즈 제조업 자인 앙리 앙드루에(Henri Androuët)가 위대한 미식가 브리야사바랭에 대한 오마주로 그것을 브리야사바랭 치즈라고 개명했다.

사바랭은 1845년에 제2제정기 파리의 제과업자인 쥘리앵(Julien) 형 제가 브리야사바랭에 대한 경의의 표시로 만든 파티스리(케이크)다. 키 르슈(kirsch, 체리주)[134]의 시럽에 적신 왕관 모양의 바바(baba, 바바오 림)[135] 위에 커스터드 크림이나 샹티이 크림, 또는 생과일이나 과일잼 을 넣은 부드럽고 달콤한 케이크이다.

---

134 체리로 담근 브랜디.
135 술이 섞인 시럽에 적신 카스테라의 일종.

프랑스 화가 자크 오트로(Jacques Autreau, 1657~1745)의 〈포도주를 마시는 사람들〉
(1729~1732년)

(라) 브리야사바랭의 주옥같은 명언들

- 새로운 행성의 발견보다 새로운 요리의 발견이 훨씬 더 인간을 행복하게
  해준다.

- 손님을 접대한다는 것은 손님들이 당신의 지붕 아래 있는 동안 그들의 행
  복을 책임지는 것이다.

- 요리는 가장 오래된 예술 중 하나이며, 시민 생활에서 가장 중요한 서비스
  이다.

- 우주는 생명이다. 살아있는 모든 것이 먹는다.

- 동물들은 먹이를 먹고, 인간은 음식을 먹는다. 정신세계를 소유한 인간만
  이 올바르게 먹는 법을 안다.

브리야사바랭의 경구: "자양분이 많은 요리에서 좀 더 가벼운 것으로 넘어가는 것이 음식의 올바른 순서다."

- 국가의 운명은 그 국가가 과연 어떻게 먹느냐 하는 방식에 달려 있다.

- 미식은 판단의 행위다. 우리는 판단을 통해서 우리의 미각에 맞는 음식과 질 낮은 음식의 선호도를 결정한다.

- 요리사에게 가장 중요한 자질은 정확성이다. 식사에 초대된 회식자의 자질 역시 마찬가지다.

- 식사 초대에 지각한 회식자를 나머지 손님들이 너무 오랫동안 기다리게 하는 것은 예의가 아니다.

- 치즈 없는 디저트는 마치 애꾸눈의 미녀와도 같다.

- 조물주는 인간이 살기 위해 먹기를 강요하면서도 식욕으로 인간을 초대하

여 먹는 즐거움으로 보상해준다.

- 소화불량으로 고통을 겪거나 술 취한 사람은 먹고 마시는 진정한 원리를 모르는 무지한 자들이다.

- 포도주를 바꿀 필요가 없다고 주장하는 것은 이단이다. 혀가 곧 질려버리기 때문이다. 아무리 좋은 포도주라고 해도 석 잔째 마실 때는 혀에 둔탁한 감각만 일깨운다.

- 친구들을 접대하는 자가 친구 개개인에게 식사에 대한 세심한 배려를 하지 않는다면 그는 친구를 가질 자격이 없다.

- 호스트(주인)는 항상 손님에게 최상의 술을, 호스티스(안주인)는 최상의 커피를 대접해야 한다.

- 음식을 먹는 순서는 가장 자양분이 많은 요리에서 가벼운 것으로 넘어가는 것이다.

- 음료를 마시는 순서는 가장 부드럽고 온화한 것에서부터 연기처럼 몽롱한 것, 마지막으로 그윽하게 향기 나는 포도주로 옮겨가는 것이다.

43

프랑스 '미식 문학'의 창시자 그리모 드 라 레이니에르 (1758~1837)

"만약 이와 같은 소스라면 나는 내 아버지라도 먹겠다."

_ 그리모 드 라 레이니에르(Laurent Grimod de La Reynière, 1758~1837),

식도락의 문인

새로운 장르인 '미식 문학'을 개척한 아버지는 바로 로랑 그리모 드 라 레이니에르(Laurent Grimod de La Reynière, 1758~1837)이다. 앞서 인용했던 역사학자 파스칼 오리는 그를 공상적 사회주의자 앙리 드 생 시몽(Henri de Saint-Simon, 1760~1825) 백작이나 자유주의 사상가인 토크빌(Alexis-Charles-Henri Maurice Clérel de Tocqueville, 1805~1859) 과 거의 동급의 위대한 '근대 문화의 창시자'로 보고 있다. 동시대의 다른 문인이나 지성인들은 예술이나 문학, 사회에 더욱 초점을 맞추었지만, 그리모 드 라 레이니에르는 《미식가들의 연감 *Almanach des gourmands*》이라는 미식 가이드북의 저술이나 《앙피트리옹들의 입문서》 같은 미식 담론 등을 통해서 음식과 요리 비평의 새로운 지평을 열었다는 평가를 받는다.

"인생은 너무도 짧아서 앞뒤 살펴볼 시간이 별로 없다. 그러니 우리의 행복을 어떻게 우리의 유리잔과 접시에 고정해야 하는지를 연구합시다."

_ 그리모 드 라 레이니에르

(가) 생애

그리모 드 라 레이니에르는 1758년 11월 20일 파리의 부유한 귀족 가문에서 태어났다. 그의 어머니는 상당히 지체 높은 대귀족의 딸이며, (볼테르의 친구였던 그의 할아버지와 마찬가지로) 아버지는 매우 부유한 징세 청부업자였다. 그는 태생적인 불구라는 이유로 어머니에게서 버림을 받았다. 그의 손은 날 때부터 선천적인 기형이었는데, 그가 요람에서 곤히 자고 있을 때 암퇘지가 갑자기 달려들어 그만 손가락을 먹어버렸다는 설도 있다. 그는 손에 의수(義手) 같은 조야한 인공 조형물을 착용하고 글쓰기와 데생을 배웠다. 《미식가들의 연감》의 권두 삽화의 장식 문양을 그린 이도 바로 그였다. 가족들은 불구의 손을 가진 그를 항상 멀리했다. 유년 시절에 그의 양육과 교육은 늘 하인들의 손에 맡겨졌고 성장해서는 곧장 기숙사로 보내졌다. 그는 변호사 자격증을 취득하여 변호사 협회에 등록을 마쳤으나, 청년 변호사 그리모 드 라

프랑스 화가 루이 레오폴드 부알리
(Louis-Léopold Boilly, 1761~1845)가 그
린 그리모 드 라 레이니에르의 초상화

레이니에르가 유명해진 것은 바로 식탁에서였다. 그의 식도락에 대한
비상한 취미와 관심은 이미 혁명 전부터 무럭무럭 자라고 있었다. 그
는 변호사 동료들을 초대하여 갤리선 노예 복장을 한 전과자들에게 그
들의 시중을 들게 했다. 또한, 식탁에 앉아 있는 손님들의 다리 사이로
총을 쏘았는데, 그것은 다름 아닌 네덜란드 치즈로 된 탄환이었다.

  자신의 기형이 순전히 어머니 탓이라고 생각했던 그는 어머니를 집
요하게 증오했으며, 아버지도 자신에게 '괴물 같은' 사회적 위치를 물
려주었다고 마찬가지로 미워했다. 법률 공부를 마친 후 그는 한동안
극(劇)에 상당한 관심을 보였다. 그는 몇 편의 작품도 쓰고 극 비평도
하면서 점차 이름을 날리기 시작했고, 정부를 번갈아 가며 데리고 살
았다. 1783년 2월 유명 인사가 된 그는 기상천외한 수페르(super, 만

찬)로 자기 부모에게 기어이 복수할 계획을 세웠다. 그가 초대한 손님들에게 보낸 검은색 초대장은 십자가가 걸린 장례식용 영구대[136]의 이미지로 장식되어 있었고, 초대장에는 만찬 시간과 회식자들이 애완견이나 하인들을 절대로 대동해서는 안 된다는 지시 사항이 적혀 있었다. 그리모는 부모에게 미국 독립전쟁의 종결을 축하하기 위해 불꽃놀이를 진행해야 하므로, 잠시 샹젤리제에 있는 호화 저택을 비워 달라고 간곡히 부탁했다. 초대된 회식자 수는 16명이었으나, 그중에는 구경꾼들도 있었다. 그리모는 이 진기한 광경을 구경할 수 있게 허락받은 구경꾼들에게 돈을 마구 뿌렸다고 한다. 그는 베르사유 궁에서 여전히 행하고 있는 국왕의 공식 만찬 '그랑 쿠베르(grand couvert)'를 패러디하기 위해 자신의 수페르를 매우 파격적인 연극 공연으로 바꾸었다. 테이블 중앙에는 영구대를 설치했고, 첫 번째 나온 음식 서비스는 오직 돼지고기만으로 차려졌다. "신사 여러분, 이 고기를 어떻게 생각하십니까?" 호스트인 그는 좌중을 둘러보면서 이렇게 물었다. "이 고기는 우리 부모가 내게 주야장천 먹인 음식이라오!" 무려 아홉에서 스무 차례의 서비스가 회식자들에게 제공되었다. 새벽 3시가 되자 넘치게 먹은 손님 중 일부는 슬그머니 자리를 뜨려 했지만, 그들은 문의 빗장이 잠긴 것을 발견했다. 계단을 통해 몰래 출구를 찾던 손님들은 수비대가 떡하니 지키고 있는 것을 보고 경악했다.

---

136 장례식을 하는 동안에 관을 올려놓는 단.

　그러나 얼마 되지 않아서 그는 이 '공격'이라는 저돌적인 콘셉트의 만찬을 마무리 지었고, 회식자들은 그제야 귀가할 수가 있었다. 이 식사로 인해 분노한 그의 가족은 귀양, 투옥 따위를 명하는 왕의 봉인장(lettre de cachet, 체포 영장)을 얻어냈고, 급기야 '괴물' 취급을 하던 아들을 낭시 가까이 있는 수도원으로 2년 동안 귀양을 보냈다. 그는 이 기간에 바로 수도원장의 식탁 위에서 '잘 먹고 잘사는 법' 즉, 식도락의 예술을 발견했다. 그는 가히 정상을 벗어난 특이한 식도락가라고 할 수 있지만, 그의 가문 역시 미식에 대한 남다른 숭배로 이미 정평이 나 있었다. 그러나 그 당시만 해도 그는 정통 미식가는 아니었다. 가족으로부터 거의 재정적인 원조를 받지 못했던 그는 먹고살기 위해서 생산

자에게서 직접 식품을 구매한다는
아이디어에 착안하여 리옹에 식료
품, 일용잡화, 향수 등을 판매하는
도매상을 차렸다.

1792년에 부친이 사망하자 그
는 파리로 귀환했다. 그는 단두대
처형식의 위험에서 자신이 구출해
낸 어머니와의 관계도 다행히 회
복했고 아버지의 유산 일부도 되
찾았다. 그는 아버지의 저택에서
온갖 기이하고 창의적인 만찬들을
열었다. 연극 비평이 금지되자 그

프랑스 화가·판화가 필리베르 루이 드뷔쿠
르(Philibert-Louis Debucourt, 1755~1832)
의 작품 〈가스트로놈의 최후 La fin des
gastronomes〉(1814년)

는 카페, 레스토랑, 상점 등 당대 식도락의 성지들을 순례하는 내용의
정기간행물을 발행할 꿈을 품게 되었다. 그의 독특한 발상의 결실이
바로《미식가들의 연감》이다. 그 덕분에 '미식 비평'이라는 새로운 문
학 장르가 탄생했다.

어머니가 사망하자 그는 막대한 재산의 나머지를 모두 물려받았
다. 여배우와 늦게 혼인했던 그는 말년에 빌리에 쉬르 오르주(Villiers-
sur-Orge)에 있는 시골 저택으로 조용히 물러났다. 그는 시골로 가기
전에 마지막으로 기상천외한 이벤트를 열었다. 그는 자기 친구들에게
자신이 죽었으니, 장례식 만찬에 참가하라는 초대장을 보냈다. 그는
상다리가 휘어지도록 차려진 음식의 향연을 함께 나누기 전에 영구대

위에 앉아 천연덕스럽게 손님들을 맞이했다. 그의 가짜 장례식은 사실상 그의 은퇴 파티였던 셈이다. 그 후에 그는 자신의 성에서 죽음을 맞이할 때까지 25년간 은둔 생활을 했고, 1837년 크리스마스에 80세를 일기로 숨을 거두었다.

(나) 앙피트리옹을 위한 미식가들의 연감

1803년부터 1812년까지 그는 매년 《미식가들의 연감》을 시리즈로 발행했다. 이 책은 손님을 초대한 주인, 즉 앙피트리옹들에게 무한한 기쁨과 행복을 선사했다. 그리모는 레스토랑이 오늘날과 많이 달랐던 시절에 살았던 인물이다. 부유한 이들은 대부분 요리사를 고용했고, 가난한 이들은 그들이 손수 직접 요리를 했다. 혁명 이후 많은 레스토랑이 생겨났지만, 귀족들 사이에서는 별로 그다지 인기가 높지 않았다. 또한, 레스토랑업자들도 그들이 파는 음식의 질이나 전문성에 대하여 그다지 진지하게 고민하지 않았다. 그러나 그리모가 파리로 귀환하면서부터 모든 것이 달라지기 시작했다.

그는 자신의 엘리트 친구들 사이에서 음식에 대한 관심을 불러일으키기 위해, 매일 밤 다른 레스토랑을 찾아다녔고, 어떤 음식이 가장 훌륭한지에 대한 음식 비평을 저널에 실었다. 그러고 나서 그는 저널을 자신의 만찬 파티에 참석한 친구들에게 배포했으며, 결국 세계 최초의 레스토랑 안내서를 출판하게 되었다. 그것은 레스토랑의 유행과 인기에 지대한 공헌을 했으며, 레스토랑에서 사람들이 식사하는 관습이나 매너도 크게 변화시켰다. 진정한 요리의 연대기라고 할 수 있는

구르망의 명상, 《미식가들의
연감》 중에서

이 저서는 독자들에게 최상의 레스토랑, 카페, 제과점, 식료품점, 그
릇 가게 등을 발굴하기 위해 파리의 구석구석을 두루 찾아다니며 영
양가 있는 미식 산책을 할 것을 적극적으로 권유했다. 그러나 총체적
인 요리 평가는 개인이 감당하기에는 너무나 막중한 과제여서 그는 그
이듬해에 음식을 맛보는 전문 평가단을 결성하기 위해 친구들을 불러
모았다. 이 특색 있는 맛의 평가단에는 이미 전술한 대로 제2 집정관
캉바세레스(Jean-Jacques-Régis de Cambacérès, 1753~1824)를 위시하
여, 나폴레옹 1세와 루이 18세의 주방장을 지냈던 퀴시 후작(Marquis

de Cussy, 1766~1837). 또 의사이며 식도락가인 가스탈디(Gastaldy) 등이 있었다. '포도주 라벨(label, 원산지·품질을 표시하는 인증표)'의 선조 격인 가스탈디는 거의 100세까지 살았으며, 그도 식탁에서 행복한 임종을 맞이했다. 그들은 정해진 날짜에 그리모의 저택이나 '오 로셰 드 캉칼(Au Rocher de Cancale)'이란 유명 레스토랑에서 만나서 레스토랑업자들이 보내준 산해진미의 요리들을 시식했다. 그들은 최종적으로 심사 위원단의 인증서를 수여했는데, 이를 '레지티마시옹(légitimation, 준정)'이라고 불렀다. 최종 평가를 마치면 그리모 드 라 레이니에르는 이를 연감으로 발행했는데, 이해당사자 간의 여러 가지 알력과 불협화음으로 인해 1812년에 연감 발행은 그만 종지부를 찍게 되었다.

그리모 드 라 레이니에르는 오늘날 미식 가이드의 원조인《미식가들의 연감》에서 미식가를 지칭하는 단어로 '프리앙(friand, 특정 음식을 좋아하는 사람)' 대신에 '구르망(gourmand)'이란 단어를 의도적으로 선택했다. 그때까지만 해도 구르망은 아직도 7대 죄악 가운데 하나인 '폭음 폭식'의 이미지가 강했지만, 프리앙은 좋은 요리와 포도주를 감정하는 전문가를 의미했기 때문이다. 어쨌든 그의 연감에서 '구르망'과 '구르메(gourmet)'는 최초로 유쾌하고 근대적인 미식가라는 의미를 함축하게 되었다. 1808년에 선을 보인《앙피트리옹들의 입문서 *Manuel des amphitryons*》는 아마추어 미식가들을 위해 정기적으로 간행되었다. 이 입문서는 미식의 쾌락을 위한 예의범절 내지는 일종의 처세술(savoir-vivre)을 소개하고 있다. 즉, 현대인들도 배워야 할 미식의 예의범절에 관한 경전이라고 할 수 있다. 이 저서는 브리야사바랭의《미각의 생리학》과 더불어 미식 문학의 위대한 금자탑이다. 이 저서가 발간되자 문학 비평가인 샤를 생트뵈브(Charles Augustin Sainte-Beuve, 1804~1869)는 그를 가리켜 '식탁의 아버지'라고 칭송했다. 그는 미식 문학과 비평의 선구자라고 할 수 있으며, 식도락에 조예가 매우 깊은 섬세한 미식가였다. 그는 물론 혁명 이후에도 생존했으나 구제도에 속한 사람으로, 기이하고 냉소적이며 영적인 성격의 소유자였다. 그는 앙시앵레짐의 몰락과 부르주아 계급 및 레스토랑 문화의 성장을 통해 프랑스의 근대 요리를 연구한 시대적인 증인이었다.

　이른바 '미식 저널리즘'을 창시한 그리모 드 라 레이니에르의 저서들은 프랑스 요리사(料理史)의 불후의 고전이라고 할 수 있다. 그는 문학과 미식의 이상적인 결합을 통해 진정한 미식 저널의 발명자가 되었다. 그가 후대의 식도락 문인들에게 유일하게 해줄 수 있는 말은 "자, 샹파뉴를 들어라!"이다.

　"프랑스 사람들은 685가지나 되는 다양한 달걀 조리법을 알고 있다."

　_ 그리모 드 라 레이니에르

44

카렘의 라이벌 앙드레 비아르
: 제국 요리사에서
국민 요리사가 되기까지

앙드레 비아르(André Viard, 1759~1834)는 혁명기와 왕정복고기의
요리사다. 그의 요리책《제국 요리사 *Le Cuisinier impérial*》(1806년)
는 950개의 레시피가 담긴 일종의 요리 백과사전인데, 1875년까지 무
려 32회나 재간되었을 정도로 19세기 전문 요리사들의 필수적인 참고
서적으로 인기가 높았다. 이 책이 오랫동안 장수하자 출판업자는 저
작권이 시행되기 이전의 시대였음에도 불구하고, 다른 출판업자들에
게 모든 잠재적인 저작권 '침해'를 기소할 것임을 엄중히 경고했다.

앙드레 비아르는 프랑스 외교관이자 역사가인 루이 필리프 드 세귀
르(Louis Philippe de Ségur, 1753~1830) 백작과 매우 그로테스크한 영
국 제1 프랜시스 에거튼(Francis Egerton, 1756~1829) 백작의 요리사였

다. 그의 요리책 제목은《제국 요리사》에서《왕실 요리사 Le Cuisinier Royal》(1817년)로 개정되었는데, 그것은 제1제정에서 왕정복고에 이르기까지 프랑스 체제의 변화를 잘 반영해주는 것이다. 그리고 22번째 판에서는 책의 제목이 다시《국민 요리사 Le Cuisinier National》(1852년)로 바뀌었다. 프랑스의 주방 세계에서 비아르의 라이벌은 마리 앙투안 카렘(Marie Antonin

Carême, 1784~1833)의《프랑스 요리술 L'Art de la cuisine française》(1833~1847)이다.

비아르는 자신의 주인이었던 외교관 세귀르 백작을 따라서 러시아의 상트페테르부르크의 대사관에서 요리사로 일했다. 1787년에 28세가 된 그는 잠시 러시아제국의 황후이자 여제인 예카테리나 2세(Ekaterina II, 1729~1796)의 시중을 들기도 했다. 프랑스로 귀국한 후에 그는 리쇼(Richaud) 형제처럼 유명한 레스토랑업자나 대셰프들 주변에서 자신의 요리 기술을 완성했다. 비아르는 나폴레옹의 전처 조

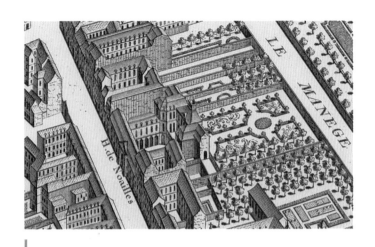

노아유 저택(hôtel de Noailles)

제핀의 소생인 외젠 드 보아르네(Eugène de Beauharnais)의 셰프였던 라슨(Lasne)에게서 대부분의 레시피를 전수받았다. 그는 또한 제2 집정관 캉바세레스의 요리들을 진두지휘하기도 했다. 그는 비엔나, 상트페테르부르크, 런던 등지에서 놀라운 활약상을 보였다. 그는 런던에 있을 때 미래의 영국 국왕 조지 4세(George IV, 1762~1830)가 그의 요리사가 되어 달라는 제안을 정중히 거절한 바 있다. 1817년경에 그는 자신의 요리사 경력을 마칠 생각을 했지만, 프랜시스 에거튼 백작의 끈질긴 요청으로 그의 전속 요리사가 되었다.

돈이 많았던 에거튼 백작은 파리의 우아한 생토노레 거리에 매우 호화로운 노아유 저택(hôtel de Noailles)을 소유하고 있었다. 그는 비아르에게 연봉 1만 2천 프랑과 노아유 저택에서 분리된 주택 시설의 제공과 식사비의 추가 지급 등 매우 파격적인 고용 조건을 제시했다. 비아르는 평소에 파리의 한 허름한 식당에서 밥을 사 먹었다고 한다! 비아르는 그를 따라서 파리와 런던을 번갈아 가며 오갔으며, 변덕스러운 주인의 요리적인 '몽상(fantaisie)'을 실제 요리로 구현하고자 물심양면으로 노력했다. 그리하여 비아르의

페르 라셰즈 묘지(Cimetière du Père-Lachaise)에 잠들어 있는 앙드레 비아르의 묘지. 그는 생전에 자신을 '옴 드 부슈(homme de bouche)'라고 불렀다. 그것은 직역하면 '입의 인간'이지만 프랑스어로 '요리사'를 뜻한다. 그의 묘비명에는 "옴 드 부슈, 앙드레 비아르"라고 적혀 있다.

요리는 노아유 저택을 방문한 회식자들의 눈을 그야말로 휘둥그레지게 만들었다. 1829년에 마침내 에거튼 백작이 사망하자 그 역시 자신의 요리사 경력을 마감했다. 그는 가난한 가정을 위해 이전 요리에서 남은 음식이나 가장 최소한의 요리 수단으로도 '훌륭한 정찬'을 만들 수 있는 새로운 요리책을 집필하려고 했으나, 결국 사망하면서 그 뜻을 이루지는 못했다.

자신의 마지막 주인이었던 에거튼 백작과 마찬가지로 비아르 역시 약간 괴벽한 데가 있었다. 1834년에 사망하기 전에 그는 벌써 페르 라셰즈 묘지(Cimetière du Père-Lachaise)에 자신의 묘를 세우고 매주 그것을 보러 다녔다. 그는 관 속에 1천 리브르의 소금과 톱밥이 들어가

려면 관이 충분히 커야 한다고 주장했다. 비아르는 자신이 지정한 25명의 막역한 지기에게 그의 장례식 날에는 자기 관 앞에 모이지 말고, 대신에 그가 미리 1천 프랑의 거금을 내고 예약한 레스토랑에 가서 다 같이 회식하라고 당부했다. 친구들에게 서글픈 장례식 조문 대신에 마지막으로 즐거운 식사 자리에 초대한 것이다.

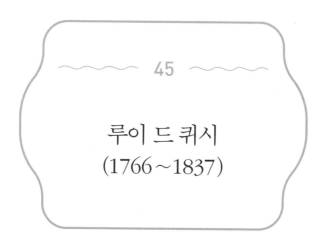

45

루이 드 퀴시
(1766~1837)

"요리는 아담의 시대까지 거슬러 올라갈 정도로 매우 오래된 예술이다."

_ 루이 드 퀴시(Louis de Cussy, 1766~1837), 프랑스의 요리사

루이 드 퀴시(Louis de Cussy, 1766~1837)는 나폴레옹 1세의 제정기와 루이 18세의 왕정복고기에 궁정의 요리 집사를 지낸 인물이다. 나폴레옹은 그에게 귀족의 작위를 수여했다. 그는 여러 가지 요리법을 발명했는데, 그것이 그의 명성을 높여주었다. 퀴시는 나폴레옹이 엘바섬에서 극적으로 탈출했다는 소식을 듣고 나서 나폴레옹의 두 번째 황후인 마리 루이즈(Marie-Louise, 1791~1847)를 오스트리아의 빈(Wien)까지 직접 호위했던 인물이다. 그는 다시 발길을 돌려 튈르리 궁에서 나폴레옹을 만났다. 그러나 백일천하가 허무하게 끝나버리자

루이 드 퀴시(Louis de Cussy)
후작

갑자기 가난뱅이 신세가 되었다. 루이 드 퀴시는 원래 천부적으로 화술에 능했으며, 남의 얘기도 기막히게 잘 들어주는 재주가 있었다. 그는 매력적인 화술과 매너로 다시 왕정복고기 사람들의 마음을 사로잡았다.

초기에 루이 18세(Louis XVIII, 1755~1824)는 나폴레옹에게 진심으로 충성을 바쳤던 요리사를 다시 고용하기를 꺼렸다. 나폴레옹은 퀴시를 무척 총애했으며, 농담 삼아 그를 '나의 유모'라고 불렀다고 한다. 그러나 완고한 루이 18세도 퀴시가 국왕을 위해 설탕과 진한 크림과 샹파뉴를 섞어 개발한 달콤한 딸기 디저트 '프레즈 아 라 퀴시(fraise à la Cussy)'를 바친 후부터는 그를 그대로 물려받았다. 프레즈(fraise)는 프랑스어로 딸기를 의미한다. 이 프레즈 아 라 퀴시는 루이 18세가 가장 좋아하는 디저트가 되었다고 한다.

퀴시는 선천적인 미식가였다. 그는 "누군가 만찬을 베풀 때는 다 그만한 이유가 있다."라는 프랑스 풍자 시인 콜네(Charles Colnet, 1768~1832)의 시구를 그대로 실천에 옮겼다. 그는 콜네의 조언에 따라 매주 한 차례 만찬을 열었는데 초대받은 손님들의 수는 결코 11명을 넘지 않았다. 당대 최고의 요리사들이 그의 주방을 차지하기 위해 모두 앞다투어 싸웠고 그의 곁에 7년간이나 머물렀다. 그가 베푼 정찬 시간은 대략 2시간 정도였다. 퀴시는 오늘날도 가끔 인용되곤 하는

데, 그 이유는 그가 《요리법 *L'Art culinaire*》의 저자이며 동시대 미식가들과 연예인들에 관하여 흥미롭게 기술했기 때문이다. 그의 친구인 그리모 드 라 레이니에르(Grimod de la Reynière)는 퀴시가 일 년 내내 366종의 다

상파뉴와 프레즈 아 라 퀴시(fraise à la Cussy)

른 치킨 레시피를 창조했다고 언급한 적이 있다. 퀴시는 또한, '7월 혁명'이 발생하기 불과 넉 달 전인 1830년 3월 14일에 프랑스 작가 폴 라크루아(Paul Lacroix, 1806~1884)가 창간한 미식 저널 〈가스트로놈 *Le Gastronome*〉의 집필자로도 참여했다. 라크루아나 퀴시 외에도 이 미식 저널에는 프랑스 역사가이자 정치인 앙리 마르탱(Henri Martin, 1810~1883), 의사 클로드 샤를 피르캥 드 장블루(Claude-Charles Pierquin de Gembloux, 1798~1863), 시인 테오필 고티에(Théophile Gautier, 1811~1872)나 제라르 드 네르발(Gérard de Nerval, 1808~1855) 같은 다양한 명사가 그들의 글을 기고했다. 퀴시는 적어도 미식 전문가에게 "가스트로노미'(미식학)란 40세 이전에는 절대 가질 수 없는 정열"이라고 정의한 바 있다.

"우아한 식탁은 노인을 어루만지며 애무하는 마지막 한 줄기 햇살과도 같다."

_ 루이 드 퀴시(Louis de Cussy, 1766~1837)

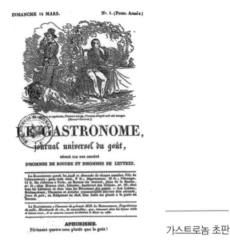

가스트로놈 초판

(가) 퀴시와 아스파라거스

퀴시는 아스파라거스에 대해 남다른 열정이 있었다. 그가 개발한 '아스파라거스 그라탱(gratin d'asperges)'[137]은 금욕 기간인 사순절에 축복받은 고행의 음식이었다. 그런데 이 아스파라거스는 유황 성분을 지닌 것으로도 유명하다. 이미 고대 그리스인들은 남근을 닮은 형태도 그렇고, 그 최음 효과를 충분히 인식하여 아스파라거스를 '욕망'의 식물이라고 불렀다.[138] 고대 로마의 황제들도 아스파라거스의 열렬한 팬이었다. 로마의 초대 황제 아우구스투스(Augustus, BC 63~AD 14)도 아스파라거스를 적당히 씹히는 맛의 '알덴테(al dente)'[139]로 조리하

---

137 그라탱은 가루 치즈와 빵가루를 입힌 다음 노랗게 구운 요리다.
138 고대그리스인들은 아스파라거스가 치통과 심장질환에도 치유효과가 있다고 믿었다.
139 알덴테(al dente)의 뜻을 직역하면 '이빨로'란 뜻이다. 쌀이나 파스타가 씹는 맛이 날 정도로 살짝 덜 익은 상태를 일컬을 때 사용하는 요리 용어이다.

아스파라거스 그라탱

하얀 아스파라거스

는 것을 좋아했으며, "아스파라거스를 요리하는 것보다 더 빨리!"라
는 말을 자주 했다고 한다. 율리우스 카이사르(Gaius Julius Caesar, BC
100~BC 44, 줄리어스 시저)도 버터를 사르르 녹인 아스파라거스를 무척
좋아했다. 즉, 아스파라거스는 황제들에게 어울리는 고급한 야채였
다. 한편, 독일인들 역시 '백금' 또는 '왕들의 채소'라면서 특히 하얀 아
스파라거스에 몹시 열광했다. 프랑스에서는 대략 16세기부터 아스파
라거스를 재배하기 시작했다.[140]

---

140 원래 아스파라거스는 아랍인들이 스페인에 전달해 주었고, 스페인을 통해서 다시 프랑스로 유
   입되었다.

프랑스 화가 빅토르 길베르(Victor Gilbert, 1847~1933)의 작품 〈파리 중앙시장의 청과물 시장, *Le Carreau des Halles*〉(1880년)

　요리에 열정적인 취미가 있었던 퐁파두르 부인(Madame de Pompadour, 1721~1764)도 루이 15세를 위하여 아스파라거스에 관한 레시피를 발명했다고 전해진다. 근대 의사들도 아스파라거스에 함유된 풍부한 비타민 E가 성호르몬을 자극하는 효과가 있다고 진단했다. 그리모 드 라 레이니에르 역시 아스파라거스의 최음 효과에 대하여 언급한 적이 있다. "이 야채는 오직 부유한 사람들에게만 잘 어울린다. 왜냐하면, 자영분이 많은 음식도 아니고 가벼운 최음 효과가 있기 때문이다. 아스파라거스는 매우 우아하고 세련된 음식이다." 후일 프랑스 소설가 마르셀 프루스트(Marcel Proust, 1871~1922)는 아스파라거

18세기 중반의 명망 높은 살롱

스 덕분에 자신의 요강이 향기로운 향수 단지로 바뀌었다고 즐거워
했다.

 퀴시에게는 이 아스파라거스에 얽힌 일화가 있는데, 이 일화는 나폴
레옹 시대의 프랑스 상류사회의 '살롱'에 마치 유행의 불길처럼 퍼져
나갔다. 퀴시에게는 쥘리(Julie)라는 나이 어린 정부가 있었다. 어느 날
아침 그는 쥘리를 파티에 초대했으나 그녀는 가족 행사에 참석해야 한
다는 핑계를 대면서 그의 초대를 정중히 거절했다. 그는 별로 낙담하
지 않고 정찬을 준비하기 위해 파리의 레알(les Halles) 시장에 갔다. 그

아스파라거스를 발견한 퀴시 후작

는 야채상의 진열대 위에서 제비처럼 봄을 알리는 아스파라거스 두 단을 발견했다. 그날 수도에 첫 번째로 도착한 아스파라거스였다. 퀴시는 아스파라거스를 몽땅 사고 싶었지만, 그도 잘 아는 한 남성이 그를 앞질렀다. 그는 무척 화가 났지만, 자신이 운이 없다고 생각하면서 그냥 체념했다.

그날 저녁 매우 늦은 시각에 쥘리가 귀가했다. 그녀는 자신의 하루 일정을 매우 장황하게 떠들었다. 서로 침대에서 포옹하기 전에 어린 애인은 용변을 보고 싶어 했다. 그 당시에는 요강이 침대 밑에 있었는데 갑자기 퀴시 후작이 소리를 버럭 질렀다. "오 쥘리, 네가 오늘 부정한 짓을 저질렀구나!" 그러자 화들짝 놀란 쥘리는 그의 말을 부인했다. "너 오늘 저녁 어디서 식사했지?" 이렇게 다그치자 쥘리는 황급히 도리질하면서 "아까 말씀드린 대로 어머니의 집에서…" 그녀는 더듬거리며 말을 제대로 잇지 못했다. "이 영악한 거짓말쟁이야. 너는 오늘 스페인 대사의 집에서 저녁을 먹었지? 그 증거는 바로 여기에 있어. 오늘 파리에는 단지 두 다발의 아스파라거스가 있었어. 그런데 그 저택의 집사장이 바로 내 눈앞에서 그걸 몽땅 사갔단 말이야. 그런데 방금 너의 소피 냄새가 불과 얼마 전에 네가 그 아스파라거스를 먹었다는 사실을 증명해 준단 말이야!" 이 흥미로운 일화는 후일 프랑스의

마네가 다시 그린 아스파라거스
한 개

에두아르 마네(Edouard Manet,
1832~1883)의 〈아스파라거스
다발, Une botte d'asperges〉
(1880년)

푸드 저널리스트인 로베르 쿠르틴(Robert Courtine, 1910~1998)[141]의
《아스파라거스 집전 *Célébration de l'asperge*》(1965년)에도 수록되었
다.

부유한 유대인 예술사학자이며 미술품 수집상인 샤를 에프뤼시
(Charles Ephrussi, 1849~1905)의 일화로 아스파라거스에 대한 이야
기를 마치기로 한다. 그는 1880년에 에두아르 마네(Édouard Manet,
1832~1883)에게 아스파라거스 한 다발을 그려 달라고 부탁했다. 에프
뤼시는 완성된 그림을 보고 너무도 만족한 나머지 애당초 주기로 했던

---

141 그는 자신의 이름 외에도 '사바랭'이니 '라 레이니에르'니 하는 필명으로 집필하곤 했다.

800프랑 대신에 1,000프랑을 마네에게 송금했다. 그러자 마네는 그에 대한 답례의 표시로 아스파라거스 하나를 더 그려서 보냈다. 아스파라거스 다발에서 하나가 빠졌다면서 그 가격에 합당한 그림을 보냈던 것이다!

46

자신의 운명을 스스로 개척한 위대한 천재 요리사 앙투안 카렘 (1784~1833)

"기회는 중요하다. 그렇지만 노력은 더욱더 필수적이다."

_ 프레더릭 더글러스(Frederick Douglass, 1817~1895),

미국의 노예제 폐지론자, 작가

(가) 생애

카렘은 1784년 6월 8일 파리의 어느 초라한 작업장의 가건물에서 태어났다. 그는 1833년 49세의 나이로 사망하기까지 거의 40년의 인생을 주방에서 오롯이 일했다. 여러 가지 자료에 따르면, 그는 매우 가난한 막노동자의 가정에서 태어났다. 벌써 14명이나 되는 자식들을 두고 있던 무능한 주정뱅이 아버지는 카렘이 8살 되던 해, 즉 프랑스 혁명이 정점으로 치닫던 1794년에 그를 차가운 거리에 내다 버렸다.

야채를 고명으로 곁들인 토끼 요리 '프리카세 드 라팽(Fricassée de Lapin)'

그러나 길 잃은 어린 영혼은 결코 좌절하거나 불우한 환경의 희생물이 되지는 않았다. 그는 10세가 되던 해에 파리의 가장자리에 있는 작은 선술집 '프리카세 드 라팽(Fricassée de Lapin)'에서 6년의 인턴십 계약에 사인을 했다. 여기서 참고로 프리카세란 흰 살코기나 닭고기, 양고기, 생선 살을 소스에 익힌 스튜의 일종이며, 프리카세 드 라팽은 토끼고기 프리카세를 가리킨다. 이 허름한 선술집에서 그는 접시 닦는 일부터 시작했다. 그 당시에 선술집은 대개 여행자들을 위한 여인숙과 술과 음식을 파는 식당을 겸했다.

16세가 된 카렘은 그다음에는 팔레루아얄 근처에 있는 유명한 파티시에 실뱅 바이(Sylvain Bailly)의 상점에 도제로 들어갔다. 혁명 후의 팔레루아얄은 활기찬 번화가이며 언제나 세간의 이목을 끄는 유행의 중심지였다. 별로 격식을 차리지도 않고 주로 여행자나 가난한 노동

플랑드르의 화가 다비드 테니르스 2세(David Teniers, 1610~1690)의 〈선술집 풍경 La taverne par Téniers〉(1658년)

계급을 상대로 하는 선술집과는 달리, 실뱅 바이의 고객들은 모두 부유한 상류층이었다. 그의 천부적인 요리술이 활짝 개화한 곳은 바로 이 파티스리(pâtisserie, 제과점)에서였다. 요리에 대한 미칠 듯한 열정과 끈기, 너무도 쉽게 개화한 그의 요리술은 단기일 내에 그를 주목받는 인재로 부각시켰다. 카렘의 놀라운 재주와 야망을 일찍이 간파했던 바이는 그가 정식 교육을 받을 수 있도록 적극적으로 권장하고 배려해 주었다.

카렘은 이 시기에 읽기와 쓰기를 배웠으며, 특히 건축학에 비상한

로열 파빌리온(Royal Pavilion)의 그레이트
키친에 있는 뚱뚱한 조지 4세에 대한 풍자화

관심을 보였다. 어쨌든 바이의 개화한 사상 덕분에 카렘은 낮에는 팔레루아얄 근처에 있는 국립도서관에서 열심히 건축사 서적들을 탐구하고, 저녁에는 상점으로 돌아와서 책에서 본 탑이나 피라미드, 고대 유적물에서 신비한 영감을 얻어 과자 모형을 디자인했다. 카렘은 설탕이나 마르지판(marzipan)[142] 파트(pâte, 밀가루 반죽) 같은 음식 재료로 거대한 크기의 과자 조형물을 여러 피트의 높이로 쌓아 올렸다. 이러한 대형 데커레이션케이크 시장의 가능성을 일찍이 눈여겨 본 바이는 상점의 쇼윈도에 카렘의 작품을 멋지게 진열했고, 그것들은 상류층 연회의 중앙 장식물들로 비싸게 팔려 나갔다. 회식자들은 상상을 초월하는 어마어마한 케이크를 보고는 모두 탄성과 찬사를 금치 못했다고 한다. 카렘은 21세에 바이 상점의 주 고객이었던 외무상 탈레랑에게 발탁되어 12년간이나 탈레랑의 저택에서 일했지만, 그는 벌써 파리에 자신의 제과점을 소유하고 있었다.

(나) 영국 왕 조지 4세를 위해 일하다

나폴레옹이 완전히 몰락한 후 카렘은 1815년에 영국으로 건너가

---

[142] 아몬드, 설탕, 달걀을 섞은 것으로 과자를 만들거나 케이크 위를 덮는 데 쓰인다.

로열 파빌리온의 전경

서 당시 웨일스 공(Prince of Wales, 영국 황태자)이었던 조지 4세(George IV, 1762~1830)의 요리 시중을 들었다.[143] 조지 4세는 언제나 프랑스 예술과 문화를 찬미해 마지 않았으며, 요리와 정찬에 매우 집착하기로 유명했다. 그는 브라이턴(Brighton)에 지은 자신의 호화판 별궁 로열 파빌리온(Royal Pavilion)의 '그레이트 키친(Great Kitchen)'의 운영을 위해서 가장 뛰어난 프렌치 셰프를 고용하기를 갈망했다. 원래 이 파빌리온은 초라한 농가였는데, 당대의 유명한 건축가 존 내시(John Nash, 1752~1835)가 매우 사치스러운 힌두 스타일의 건축양식으로 1815~22년에 완공했다. 대연회장의 식당은 그 시대에는 매우 희소성의 가치가 있는 이국적인 '중국풍'으로 디자인되었고, 특히 손님들에

---

143 그는 황태자 시절에 실성한 부친 조지 3세를 위해 섭정직을 맡고 있었다.

로열 파빌리온의 그레이트 키친

게 식지 않은 따뜻한 요리를 바로 서빙할 수 있도록 그레이트 키친이 옆에 자리했다. 당시 그레이트 키친은 최신의 증기 열 기술이나 상시 물 공급 등 매우 혁신적이고 근대적인 시설들로만 지어졌다.

전술한 대로 조지 4세는 자신의 근대적인 키친에서 최고로 패셔너 블하고 사치스러우며 과시적인 연회를 조직할 수 있는 가장 유능한 '프렌치 셰프'를 원했다. 그래서 그는 로열 파빌리온뿐만 아니라 런던 의 저택이나 칼튼 하우스에서도 열정적으로 일해 줄 세계 최초의 셀럽 셰프인 카렘을 기용했다. 언제나 노력하는 천재 카렘은 웅장하고 멋 진 요리 작품을 창조해서 조지 4세 손님들의 눈과 입, 그리고 식탁 위 의 대화를 매우 풍성하고 즐겁게 해주었다. 1817년 로열 파빌리온에서 열린 러시아의 니콜라이 대공을 위한 연회에서 카렘은 8개나 되는 거대한 데커레이션케이크를 제작했고, 당시 메뉴에는 36가지의 주요리와 32가지의 곁들임 요리들이 있었다. 물론 평상시에 그는 뚱뚱한 조지 4세를 위해 매우 체계적이고 건강한 식도락을 선보였다. 그는 매일 아침 자신이 바치는 요리의 고유성과 특징을 조리 정

앙투안 카렘(Marie-Antoine Carême)

연하게 설명해주었다. 또한, 카렘은 여기 런던 체류 시절에 자신의 첫 번째 요리책인《왕실 파티시에 *Le pâtissier royal*》를 저술했다. 그 후 카렘은 러시아 황제 알렉산드르 1세(Aleksandr I, 1777~1825)를 위해서 상트페테르부르크에서도 일했지만, 영국이나 러시아에서 그의 체류 기간은 그리 길지는 않았다. 그는 프랑스인이었기 때문에 파리에 돌아왔고, 이번에는 부유한 은행가인 로스차일드의 수석 요리사가 되었다. 그러나 그는 거의 한평생을 요리에 온 열정을 쏟아붓느라고 몸이 많이 쇠약해졌다. 그의 마지막 소원은 자신의 파리의 집에서 그가 자신의 요리 세계의 본질이라고 생각했던 저술 작업을 마무리 짓는 일이었다. 그는 좀 더 많은 저술 작업을 위해 은퇴했지만, 그의 몸은 안타깝게도 더욱 쇠약해졌고 결국에는 병상에 드러눕게 되었다. 그는 임종에 다다랐을 때 딸에게 자신의 메모를 받아쓰게 했다.

미증유의 대혁명, 제정, 왕정복고, 또다시 '7월 혁명'이라는 격동의 시대에 자수성가한 영웅 카렘의 생애는 그야말로 성실과 고귀함의 표본이었다. 그는 돈보다는 오직 요리 예술을 가장 우선시했고, 그의 요리 예술의 개념은 자신의 위대한 품성과도 일치한다. 항상 최상의 요리를 왕가의 식탁 위에 올리는 것을 꿈꾸었던 그는 요리의 혁명가이기보다는 중세 이래 왕정의 비호 아래 발달해 온 프랑스 '오트 퀴진'의 개념을 정립한 오트 퀴진의 위대한 창시자로 기억된다.

(다) 카렘의 업적

카렘의 재능은 그의 요리에 대한 순수한 열정과 창의적인 노력에서 나온 것이지만, 그의 자만심이 강한 '자기 홍보'와도 불가분의 관계가 있다. 그는 요리책 속에 자신의 초상화를 넣어 누구나 자신을 알아볼 수 있도록 배려하는 동시에, 매우 장중한 어투로 그 자신을 '왕들의 요리사'이며 '요리사들의 왕'이라고 버젓이 소개했다. 그의 이름은 마리 앙투안 카렘(Marie-Antoine Carême)이라고도 하지만, 그 자신은 언제나 '앙투안 카렘'이라는 이름에 애정을 갖고 이것만을 사용했다. 이제부터 그의 요리 작품과 저술 세계를 알아보자.

카렘은 페이스트리 백(pastry bag)을 이용해서 머랭(meringue)[144] 만드는 방법을 최초로 개발했다고 알려져 있다. 물론 그가 그것을 최초

---

144 설탕과 계란 흰자위로 만든 크림과자. 달걀 흰자를 휘핑한 것과 설탕의 양을 1:2의 비율로 섞어 만든다.

로 발명하지 않았을 수도 있지만 그 방법을 최초로 자세히 기술했던 이는 바로 그였다. 그는 또한 자신의 요리책에서 "집에서 한번 스스로 해보세요."라는 어구를 최초로 사용한 요리 작가였다.

카렘은 당을 입힌 작은 슈크림을 얹은 장식 케이크 '크로캉부슈 (croquembouche)'의 발명자로도 유명하다. 이 명칭의 기원은 원래 입 안에서 무언가를 오도독 씹는다는 의미의 '크로크 앙 부슈(croque-en-bouche)'에서 유래했다. 여기서 부슈(bouche)는 프랑스어로 '입'을 가리킨다. 크로캉부슈는 속에 바닐라아이스크림을 넣고 겉에는 초콜 릿을 바른 작은 슈크림 '프로피트롤(profiterole)'을 높게 쌓아 올려 녹

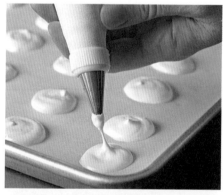

페이스트리 백으로 머랭을 만드는 장면

프로피트롤(profiterole)

인 설탕시럽으로 마무리한 일종의 케이크를 가리킨다.

크로캉부슈는 설탕시럽 외에도 슈가 아몬드나 초콜릿, 식용의 꽃잎 따위로 장식한다. 카렘은 그의 요리책《파리의 왕실 파티시에 *Le Pâtissier royal parisien*》(1815년)에서 이 크로캉부슈를 최초로 소개했지만, 앙드레 비아르의 요리 백과사전《제국의 요리사》(1806년)나 선구적인 레스토랑업자 앙투안 보빌리에(Antoine Beauvilliers, 1754~1817)의《요리사의 예술 *L'Art du Cuisinier*》(1815년)에서도 이 크로캉부슈를 발견할 수 있다.

밀푀유(mille feuille)는 '천 겹의 잎사귀'라는 뜻으로 켜켜이 다양한 필링을 채워 만든 파티스리의 일종이다. 누가 과연 이 밀푀유를 창조했는지 그 기원은 정확히 알 수 없지만, 카렘이 이를 개선해서 근대적인 형태로 만들었다고 알려져 있다. 전통적으로 밀푀유는 세 층의 '파트 푀이테(pâte feuilletée, 퍼프 페이스트리)'[145]로 만들었으며, 맨 위 층에는 컨펙셔너 슈거(confectioner sugar)[146]나 코코아, 아몬드 가루 등을 고명이나 장식으로 뿌리기도 한다.

카렘은 조지 4세의 요리사로 일할 때 사과를 기본 재료로 해서 첫 번째 '샤를로트(charlotte)'[147]를 만들었다. 그는 조지 4세의 유일한 외동딸인 샤를로트(샬럿) 공주(Charlotte Augusta of Wales, 1796~1817)에게 경의

---

145 얇게 반죽한 페이스트리를 여러 장 겹쳐서 파이·케이크 등을 만들 때 쓰는 것.
146 과일에 뿌리거나 케이크나 쿠키의 아이싱(icing)이나 데커레이션에 사용한다. 프랑스어로는 '쉬크르 글라스(sucre glace)'라고 하며, 분당(粉糖) 또는 '슈거 파우더(sugar powder)' 또는 '아이싱 슈거(icing sugar)'라고도 불린다.
147 과일, 비스킷, 크림으로 만든 푸딩을 가리킨다.

밀푀유(mille-feuille)

원통 모양의 크로캉부슈
(croquembouche)

를 바치는 의미에서 이를 '애플 샤를로트(Apple Charlotte)'라고 불렀다.
그는 러시아 황제 알렉산드르 1세를 위해 일할 때 다시 핑거(손가락) 모
양의 카스텔라로 왕관 형태의 케이크를 만들었고 이를 '샤를로트 뤼스
(Charlotte Russe, 러시아 샤를로트)'라고 칭했다. '샤를로트 뤼스'라고 칭한
이유는 그가 황량한 러시아보다는 런던과 영국 궁정의 우아함에 대한
짙은 향수가 있었기 때문이라는 설도 있고, 그 당시에 파리에서 유행하
던 샤를로트 모자와 케이크의 모양이 서로 유사해서라는 말도 있다. 그

샤를로트(샬럿) 공주

렇지만 카렘은 음산한 기후 때문에도 그렇고 영국을 별로 좋아하지는 않았다. 게다가 그레이트 키친에서 함께 일했던 영국 셰프들은 온통 그에게만 집중된 관심과 찬사를 질투해서 그에게 상당히 못되게 굴었다고 한다.

한편, 프랑스에서도 이 샤를로트 뤼스를 발명한 것은 카렘이 아니며, 그가 러시아 황제의 셰프가 되기 전에 이미 파리에 이 달콤한 디저트가 있었다고 주장하는 이들도 있지만, 그에 대한 명확한 증거는 없다. 사람들은 카렘이 러시아 황제 알렉산드르 1세를 위해 러시아에서 전속 요리사로 일했다고 생각하지만, 반드시 그렇지만은 않았다. 나폴레옹이 패배한 후 1815년 프랑스에 모든 전승국이 모였을 때의 일이다. 카렘은 당시 승자인 러시아 황제를 위해 특별히 요리했는데, 알렉산드르 1세는 카렘에게 수차례나 러시아의 양배추 수프인 쉬(Shchi)를 만들라고 명했다. 러시아 궁정에서 그는 대부분 프랑스 요리만 먹었겠지만, 이 중요한 협상 시기만큼은 러시아의 것이 최고라는 것을 대외적으로 강조하기 위해 아마도 그런 지시를 내렸을 것이다.

샤를로트 뤼스(Charlotte Russe)

  카렘은 러시아 궁정의 서비스를 마치고 프랑스에 귀국한 후에 모든 음식을 한꺼번에 차려 놓는 프랑스식 상차림 대신에 음식이 하나씩 차례대로 등장하는 러시아식 상차림을 도입한 것으로 알려져 있다. 그러나 일각에서는 그가 매우 보수적이며 완고한 프랑스식 상차림의 옹호자였다고 주장한다. 그렇지만 그의 넘치는 장난기와 재기발랄함, 또 고정관념을 깨는 창의적인 사고방식은 근대적인 분자 가스트로노미(gastronomie moléculaire, 분자미식학)'에도 적지 않은 영감을 주었으며, 그의 정확성과 화려한 연회의 뛰어난 행사 조직력은 근대 미국의 고급정찬에도 지대한 영향을 미쳤다.

  카렘은 프랑스 음식을 정의하는 여러 요리 책자를 발행해서 미각의 왕국에 질서, 위계화와 수월성을 재정립하였다. 특히, 사망하기 3년 전에 그는 《19세기 프랑스 요리 예술 *L'Art de la cuisine française au*

러시아양배추 수프 요리인 쉬(Shchi)

dix-neuvième siècle》(1833~1847년)이라는 백과사전적인 전집 5권 중에서 3권을 발간했다. 거기에는 수백 가지의 레시피와 메뉴, 풍요로운 테이블 세팅을 위한 계획, 프랑스 요리의 역사, 또 부엌 조직에 관한 지시 사항들이 자세히 수록되어 있다. 앞서 소개한《파리의 왕실 파티시에》에서는 근대과자 제조업에 관한 실용적인 고급 정보가 듬뿍 담겨

있다.《프랑스의 호텔 지배인 *Le Maître d'hôtel français*》(1822년)에서는 고대와 근대 요리를 비교하고 사계의 변화에 따른 다채로운 계절 메뉴를 소개하고 있다. 또한 건축과, 파티스리의 상관관계를 잘 설파한《상트페테르부르크의 미화를 위한 건축안》(1821년)을 저술했다.

"소고기는 요리의 영혼이다."

"왜 퀴시 후작은 수프에 대하여 전쟁을 벌이려 하는가? 나는 수프 없는 정찬을 이해하기 어려우며, 수프야말로 위장의 총아라고 생각한다."

_ 앙투안 카렘

47

음식을 사랑한 소설가 오노레 드 발자크 (1799~1850)

"위대한 연애 사건은 샹파뉴(샴페인)로 시작해서 쓰디쓴 탕약으로 끝나버린 다."

_ 오노레 드 발자크(Honoré de Balzac, 1799~1850), 프랑스 소설가

오노레 드 발자크(Honoré de Balzac, 1799~1850)는 프랑스에서 위대한 소설가로 널리 추앙받고 있다. 그는 1816년에 소르본대학에서 법학을 공부했으나, 1819년에 학사학위를 받은 후에 법학을 포기하고 '문학의 길'을 선택했다. 그는 매우 정력적이고 왕성한 집필 활동을 벌였으나 평생 빚에 쪼들렸다. 귀스타브 플로베르(Gustave Flaubert, 1821~1880)와 더불어 유럽 문학의 사실주의 창시자로 알려진 그의 글쓰는 습관은 가히 전설적이다. 그는 자정에서 그다음 날 정오까지 오

오노레 드 발자크

커피를 마시면서 글을 쓰는 발자크

직 수십 잔의 블랙커피와 달걀, 과일만 먹으면서 글을 쓰기로 유명했다.[148] 온종일 글을 쓰다가 드디어 휴식을 취할 무렵이면 엄청난 양의 음식을 한꺼번에 폭식하곤 했다. 발자크는 오직 중간에 단 한 번 3시간의 휴식을 취한 채 이틀 밤을 꼬박 쉬지 않고 작업한 적도 있다고 고백했다. 세간에는 잘 알려지지 않은 사실이지만, 그는 제과점을 하나 소유하고 있었고, 아몬드·설탕·달걀을 섞은 마르지판(marzipan)[149]에 특히 열광했다고 한다.

"나는 펜과 잉크에 종속된 갤리선의 노예다."

_오노레 드 발자크(Honoré de Balzac, 1799~1850)

---

148 하루에 커피를 20잔에서 60잔까지 마셨다고 한다.
149 마르지판은 으깬 아몬드나 아몬드 반죽, 설탕, 달걀흰자로 만든 말랑말랑한 과자이다. 마르지판은 설탕과 아몬드 가루를 한데 버무린 반죽을 뜻하는데, 설탕과 아몬드의 배합률에 따라 '공예용 마르지판'과 '부재료용 마르지판'으로 구분한다.

(가) 어느 출판업자와의 점심 식사

사업상 점심을 먹을 때는 누가 과연 음식값을 내느냐 하는 문제가 중요했고, 그다음에는 무엇을 먹을지가 그의 가장 심각한 고민거리였다. '비싼 랍스터 요리를 주문하면 상대방이 음식값을 낼 형편이 될까? 혹시라도 비싼 음식을 주문해서 계약을 파기하면 어떻게 하지? 그러나 샐러드 한 접시와 수돗물만 달랑 주문한다면 아마도 소심한 겁쟁이로 보이겠지?'라면서 발자크는 항상 전전긍긍했다. 이러한 그의 고민은 그가 한 출판업자와 파리의 유명 레스토랑 베리(Véry)에서 먹었던 식사에서 잘 나타난다. 당시 최고급 레스토랑이었던 베리의 메뉴에는 12종의 수프, 24종의 생선 요리, 15종의 소고기 요리, 20종의 양고기, 20종의 곁들임 요리 등을 훌륭하게 갖추고 있었다. 그 출판업자는 발자크가 선택한 레스토랑이 좀 과하다고 생각했지만, 작가의 재정을 고갈하고 싶지 않다는 배려심으로 자신의 식욕을 최대한 절제

솔 노르망드(sole normande)

19세기 말 오스텐트 굴은 유럽 전역을 통해서 부유층이나 유명 인사들 사이에서 최고로 인기가 높았다.

하면서 소박한 내용의 수프와 치킨 윙을 주문했다. 그러나 발자크는 상대방의 선례를 따르지 않았다. 영국의 음식사가 자일스 맥도노(Giles MacDonogh)에 따르면, 그날 발자크는 100개의 (벨기에산) 오스텐트(Ostende)[150] 굴, 특선 양고기 커틀릿 12접시, 순무를 곁들인 새끼 오리고기 한 마리, 한 쌍의 구운 자고새 요리, 또 노르망디식의 가자미 요리 '솔 노르망드(sole normande)' 등을 차례대로 먹어 치웠다. 물론 여기에 그가 먹은 오르되브르(hors d'oeuvres, 전채)나 앙트르메(entremets),[151] 과일 등은 포함되지 않았다.

배고픈 출판업자가 군침을 흘리면서 부러운 시선으로 바라보는 사이 발자크는 가장 비싼 포도주와 리쾨르 술(liqueur)을 계속 마셔댔다. 드디어 식사를 마친 발자크는 출판업자를 응시하면서 자신의 수중에 돈이 한 푼도 없다는 사실을 고백했다. "나의 친애하는 동료여. 혹시 돈을 갖고 계신가요?" 그 출판업자는 거의 공포에 질린 듯한 표정을

---

150 오스텐드는 북해에 면한 벨기에의 항구 도시다.
151 예전에는 로스트(군고기)와 디저트 사이에 먹는 가벼운 음식을 가리켰으나 요즘에는 식후 디저트 전에 먹는 단 음식을 가리키며 점차 디저트와의 구별이 사라지고 있다.

독일 화가 게오르그 엠마누엘 오피츠(Georg Emanuel Opiz, 1775~1841)의 〈대식가 *Le Glouton*〉
(1804년)

지었다. 그의 지갑에는 40프랑밖에 없었다. 음식값을 전부 내기에는
모자란 금액이었다. 그래서 발자크는 5프랑은 팁으로 하고, 나머지 음
식값은 불운한 출판업자에게 청구했다. 즉, 다음 날 출판업자가 62.50
프랑의 음식값을 내는 것으로 외상을 달아 놓았다.

발자크는 분명 '글루통(glouton, 대식가, 식충이)'임에는 틀림이 없다.
그러나 평소에 그는 절제적이고 때로는 매우 부주의한 식도락가였
다. 그는 창작에 몰두할 때는 수도승 복장을 하는 버릇이 있었다. 또

연회의 중앙 장식물인 과일 피라미드

한, "소화작용으로 두뇌를 피로하게 하지 않기 위해" 거의 먹지도 자지도 않고 글 쓰는 작업에만 매달렸다. 부득불 식사 시간 때문에 작업이 지연되거나 방해를 받으면 몹시 역정을 내기도 했다. 그는 오직 과일과 – 마치 가솔린 엔진과도 같이 힘을 주는 그러나 빈 속에 위경련을 일으키는 – 커피를 한 냄비 또는 한 양동이 가득 마시면서 버티었다. 그가 소설을 쓸 때 먹는 저녁 메뉴는 맑은 콩소메 수프와 스테이크, 그리고 물 한 컵이 전부였다. 관찰력의 천재성을 갖고 태어난 발자크는 연회에서도 자신이 폭식하기보다는 오히려 남들이 하는 과식을 관찰하기를 즐겼다. 그렇지만 자신이 좋아하는 과일 코스만큼은 예외였다. 그의 전기 작가인 그레이엄 롭(Graham Robb, 1958~)은 발자크가 자신의 넥타이를 제거하고 셔츠도 풀어헤친 채, 배와 복숭아를 잔뜩 쌓아 올린 거대한 피라미드의 산을 마구 허물어뜨렸다고 적고 있다.

"위대한 인물들은 음식에 대하여 항상 절도가 있다."

_ 오노레 드 발자크

(나) 매우 독창적인 구르망(미식가)

발자크의 음식에 대한 관심은 가히 백과사전적이었다. 그의 《인간 희극 *La Comédie humaine*》에서는 벼락부자가 된 점주나 법률가들이 15종의 생선과 16종의 과일, 또한 셀 수 없이 많은 음식을 먹는 장면이 나온다. 발자크의 아버지는 세상사에 잘 적응해 나가는 자수성가형 인물이었다. 그는 성공한 농부이자 부시장을 지냈으며, 오래 장수하기를 바라는 마음에서 매일 나무의 수액을 음용했다고 한다. 아버지보다 30세나 연하인 그의 어머니는 부유한 포목상의 딸이었다. 어머니는 독서를 좋아하고 성격이 예민하고 섬세 유약하며 몽상적인 영혼의 소유자였다. 이러한 집안 배경 덕분에 발자크는 매우 이상하게 뒤섞인 테이블 매너를 갖게 되었다. 그는 음식을 거친 농부처럼 매우 게걸스럽게 먹어 치웠다. 그러나 그의 요리에 대한 감수성은 매우 세련된 것이었다.

그의 디너파티에는 항상 테마가 있었다. 어떤 날에는 양파를 주제로 하여 손님들에게 오직 양파 요리만 내놓았다. 양파 수프, 발자크 자신이 좋아하는 양파 퓌레, 양파 주스, 양파 튀김 그리고 송로버섯을 넣은 양파 요리 등을 접대했다. 이러한 발상은 채소가 설사를 유발하는 효능이 있음을 보여주기 위함이었고, 그의 예상은 적중했다. 그가 초대한 손님들은 불운하게도 모두 병이 들었다.

그의 소설 《외제니 그랑데 *Eugénie Grandet*》(1833년)에서 청순한 여주인공 외제니는 파리에서 온 사촌오빠와 사랑에 빠졌을 때 난생처

으제니 그랑데

음으로 수전노 아버지에게 반항했다. 그녀는 사랑하는 이를 위해 아버지가 숨겨 놓은 '설탕'을 아침 식탁에 갖다 놓은 것이다. 발자크에게 음식은 작중 인물들의 '캐릭터'와 '계급'을 설명하는 중요한 매개물이며, 식사 장면은 극적인 드라마의 구성을 제공해 준다. 이처럼 발자크는 문학 속에서 '식사'를 매우 비중 있고 다양한 방식으로 다룬 최초의 작가였으며, 그는 《파리의 복부 Le Ventre de Paris》(1873년)를 쓴 에밀 졸라(Émile Zola, 1840~1902)나 이른바 '프루스트 신드롬(Syndrome de Proust)'[152]이라는 심리학적 용어를 고안한 마르셀 프루스트(Marcel Proust, 1871~1922) 같은 후대 작가들에게도 그 문을 활짝 열어주었다. 발자크의 소설에 나오는 모든 등장인물은 시골 가정의 식탁에서 또는 파리의 불결한 여인숙이나 화려한 고급 레스토랑에서

---

152 '프루스트 신드롬'은 특정한 냄새나 맛, 소리로 인해 무의식적으로 기억이 되살아나는 현상을 일컫는다. 프루스트의 소설 《잃어버린 시간을 찾아서》에서 주인공이 어느 날 홍차에 적신 마들렌 과자를 먹는 순간 마음이 기쁨으로 넘쳐 오르면서 예전의 기억들이 떠오르는 장면이 나오는데, 바로 여기서 '프루스트 신드롬'이라는 용어가 탄생했다.

프랑스 자연주의 화가 레옹 레르미트(Léon Lhermitte, 1844~1925)의 〈레알 시장 *Les Halles*〉(1895년). 자연주의 소설가 에밀 졸라가 '파리의 복부'라고 칭했던 파리 레알 시장의 부산하고 역동적인 장면을 묘사하고 있다.

음식을 먹는다. 즉, '사회의 자연사'라고도 일컬어지는 그의 《인간희극》은 어찌 보면 인간적인 식도락(gastronomie humaine) 세계의 적나라한 반영이기도 했다.

"모든 인간의 권력은 시간과 인내의 복합체이다."

_ 오노레 드 발자크

48

박학다식한 미식가 알렉상드르 뒤마 (1802~1870)

"포도주는… 식사의 지적인 부분이다."

_ 프랑스 소설가 알렉상드르 뒤마(Alexandre Dumas, 1802~1870)

《몬테크리스토 백작》, 《삼총사》 등으로 우리에게도 잘 알려진 프랑스 소설가 알렉상드르 뒤마(Alexandre Dumas, 1802~1870)는 정평이 난 미식가였으며, 스스로 요리사임을 자처했다. 그는 말년에 요리, 요리 재료, 디저트, 3천 가지 요리법에 관한 전문 용어 사전인 《요리대사전 _Grand Dictionnaire de cuisine_》(1873년)의 집필에 몰두했다.

그는 프랑스 문인 가운데서도 다작하는 작가로 유명했다. 그는 무려 500권이 되는 책을 쓰기 위해 자신을 도와주는 흑인 조수를 여럿 고용했다. 그는 유작이 된 《요리대사전》을 통해서 인생의 대미를 멋지게 장식했다. 뒤마는 음식에 조예가 깊은 미식가로서 또한 아마추어 요리사로서 요리에 무척 열광했다. 그는 단지 요리법을 단선적으로 나열하는 것이 아니라, 요리에 대한 입체적인 철학을 논했다. 가히 신비한 식도락의 성전이라고 할 수 있는 뒤마의 요리 백과사전은 요리에 관한 기이하고 놀랄 만한 역사적인 일화들을 집대성하고 있다. 브리야사

알렉상드르 뒤마(Alexandre Dumas)

바랭의 《미각의 생리학》과 더불어, 미식에 헌정된 가장 위대한 서적으로 간주되는 이 사전은 책이나 요리를 애호하는 애서가와 미식가들이 찾는 희귀본이 되었다. 뒤마 역시 생전에 이 서적을 자신의 바이블로 취급했다. 당대의 가장 유명한 요리사인 드니 조제프 뷔이모(Denis-Joseph Vuillemot)의 친구였던 뒤마는 이 사전을 집필할 때 그에게서 많은 조언을 받았다고 한다. 뒤마는 단순히 화덕의 기술에 대한 개요보다는 그가 꿈꾸는 요리 세계에 대한 가장 화려한 입문서를 쓰고 싶어 했다. 어떤 의미에서 이 요리 사전은 뒤마 자신의 인생에 대한 소설이기도 하다. 그는 독자들에게 "자신을 따르라!"라고 권유한다. 그래서 뒤마는 그와 함께 미식의 여행에 동참한 독자들의 짜릿한 호기심, 미각의 전율과 상상력을 무한정 자극하여 마침내 독자들을 장엄한 식

도락의 성전으로 인도하는 것이다.

(가) 알렉상드르 뒤마 피스가 좋아한 샐러드 프랑시옹

《삼총사》를 집필하던 시절에 뒤마는 글을 쓰지 않을 때는 유명한 파리 레스토랑에 가서 식사하곤 했는데, 그 레스토랑에는 그의 '전용실'이 마련되어 있을 정도였다. 그가 가장 좋아했던 음식은 올리브오일에 단단하게 삶은 달걀노른자를 으깬 후 게르킨(Gerkins)[153] 오이피클, 으깬 안초비(멸치), 다진 흰자위, 처빌(chervil, 허브), 백리향, 소금, 후추, 그리고 식초로 마무리한 샐러드드레싱이었고, 거기에다 푸른 채소와 약간의 파프리카를 가미했다. 그의 사생아인 알렉상드르 뒤마 피스(Alexandre Dumas Fils, 1824~1895)가 좋아했던 음식은 프랑시옹

마치 메인 요리와도 같은 프랑시옹 샐러드의 우아한 위용

---

153 초에 담근 오이.

(francillon) 샐러드였다.

프랑시용 샐러드는 소고기 부용(육수)에 부드럽게 삶은 감자, 다진 셀러리, 버터, 프랑스산 백포도주 샤블리(Chablis), 그리고 1파운드의 생홍합으로 만든 요리이다. 일단 요리를 마치면 차갑게 식혀서 낸다. 알렉상드르 뒤마 피스는《춘희 *La dame aux camélias*》(1848년)의 작

프랑스 화가 에두아르 비에노(Édouard Viénot, 1804~1872)가 그린 마리 뒤플레시스(Marie Duplessis)의 초상화

가로도 유명한데, 그 장편 연애 소설은 자서전적인 내용을 담고 있다. 《춘희》의 여주인공 마르그리트 고티에(Marguerite Gautier)는 실제로 1847년에 결핵으로 죽은 고급 쿠르티잔(courtisane, 화류계 여성)인 마리 뒤플레시스(Marie Duplessis, 1824~1847)를 모델로 하고 있다. 젊은 날의 뒤마 피스 역시 이 요절한 미녀의 많은 정부 중 하나였으며, 이탈리아 작곡가 베르디의 오페라 〈라 트라비아타 *La Traviata*〉도 뒤마 피스의 자전적인 멜로물《춘희》를 원작으로 하고 있다.

뒤마 피스의 또 다른 작품 〈프랑시용 Francillon〉(1887년)이 프랑스의 국립극장 '코메디 프랑세즈(Comédie Française)'에서 초연되었는데

극 중에서 하녀 아네트(Annette)가 앙리라는 청년에게 샐러드의 레시피를 말하는 장면이 나온다. 극을 관람하던 관객들은 그 레시피를 급하게 메모했고, 그다음 날 유명 레스토랑 브레방(Brebant)에서 '프랑시용 샐러드'가 바로 출시되었다. 이 샐러드가 정찬 손님들 사이에서 놀라운 성공을 거두었음은 두말할 필요도 없다.

49

빅토리아 시대의 요리 영웅 알렉시스 소이어

　　알렉시스 브누아 소이어(Alexis Benoît Soyer, 1810~1858), 즉 영어식 발음으로 '알렉시스 소이어'는 빅토리아 시대의 영국에서[154] 가장 유명한 프렌치 셰프이자 음식 작가였다. 그는 붉은 벨벳의 베레모 등 눈에 띄는 현란한 옷차림 덕분에 가끔 조롱과 유희의 대상이 되기도 했다.

　　소이어는 1810년 프랑스의 모(Meaux)에서 오 형제 중 막내로 태어났다. 식료품 잡화상을 운영했던 아버지는 그가 태어나기도 전에 사업이 망해서 가장 가난한 동네로 이사한 후 막노동으로 생계를 유지했다. 막내아들이 성직자가 되기를 원했던 소이어의 어머니는 그가 9세

154　영국 역사에서 '빅토리아 시대'는 1837년 6월 20일부터 1901년 1월 22일까지 빅토리아 여왕 (Queen Victoria, 1819-1901)의 치세를 일컫는다.

알렉시스 브누아 소이어(Alexis Benoît Soyer)

가 되었을 때 성당 근처의 성가대 학교에 보냈다. 어린 소이어는 탁월한 목소리를 지니고 있었다. 그러나 그는 12세가 되는 생일날에 장난으로 성당의 종을 쳤고, 그 때문에 군대까지 출동하는 바람에 학교에서 그만 쫓겨났다고 한다. 그러나 후일 역사가들은 이 일화가 별로 신빙성이 없다고 판단했다. 그것은 어디까지나 소이어가 나중에 자기 비서들에게 직접 들려준 이야기였고, 그들은 소이어의 입장에서 그의 사후 회고록을 집필했기 때문이다.

1821년에 소이어는 베르사유 근처의 레스토랑에서 5년간 요리 수습생을 지냈다. 이미 그곳에서 일하고 있던 그의 맏형 필리프(Philippe)가 막내를 위해 일자리를 알선했던 것이다. 요리 수습생을 마친 후 그의 첫 번째 직장은 이탈리아 대로(Boulevard des Italiens)에 있는 한 레스토랑이었다. 그곳에는 '카페 르 카르디날(Café Le Cardinal)'이나 '카페 앙글레(Café Anglais)' 같은 당시의 유명 레스토랑이 모여 있었다. 1830년까지 그는 여기서 3년간 일했으며, 일등 요리사로도 승진했다.

1830년 6월에 20세가 된 소이어는 직업을 바꾸어 이번에는 쥘

드 폴리냐크(Jules de Polignac), 즉 폴리냐크(Prince de Polignac, 1780~1847) 공작의 수석 요리사 보조로 일하게 되었다. 나폴레옹의 몰락 이후 프랑스에서는 왕정제가 다시 복고되었지만, 정국은 늘 불안했다. "영국 왕과 같은 조건으로 왕 노릇을 하느니 차라리 숲에서 도끼질하는 편이 낫다."라고 푸념했던 샤를 10세(Charles X, 1757~1836년)는 소이어가 폴리냐크 공작을 위해 일을 시작한 지 한 달 만에 그를 수상으로 임명했다. 완고한 샤를 10세와 폴리냐크 공이 언론의 자유를 폐지하고 기어이 의회마저 해산시키자 그다음 날 바로 혁명이 일어났다. 같은 날 소이어가 일하는 주방에서는 다들 샤를 10세의 새로운 칙령을 축하하기 위한 대 연회를 준비하느라 몹시 분주했다. 소이어와 다른 요리사들이 일하는 사이 갑자기 성난 폭도들이 주방으로 사납게 몰아닥쳤으며, 그 자리에서 동료 요리사 두 명을 총으로 쏘아 죽였다. 유년기에 성가대원이었던 소이어는 갑자기 혁명가 '라 마르세예즈(La Marseillaise)'를 목청껏 부름으로써 자신의 목숨을 구했다. 폭도들은 그에게 열렬히 환호하면서 자신들의 어깨 위에 그를 태우고 거리로 나가 행진했다고 한다. 이것이 후일 소이어가 털어놓은 역사적인 그날의 목격담이다. 8월 2일에 폴리냐크는 체포되었고 샤를 10세는 퇴위했으며 그의 종형제인 루이 필리프(Louis Philippe, 1773~1850)가 대신 왕위에 올랐다. 소이어는 당시 프랑스 국민에게 미움과 질시의 대상인 과거 정권과의 연관성 때문에 차라리 프랑스를 떠나는 편이 좋겠다는 판단을 내렸다.

붉은 베레모를 쓴 소이어

(가) 소이어, 섬나라 영국으로 건너가다

영국으로 건너간 소이어는 먼저 와 있던 그의 형 필리프가 전속 요리사로 일하던 케임브리지 공작 아돌퍼스 궬프(Adolphus Guelph)의 저택에서 일하게 되었다. 그는 영국의 당대 유명 인사들의 요리사로 일했으며, 1837년에 초상화로 명성을 날리던 화가 엘리자베스 존스(Elizabeth Jones)라는 여성과 결혼했다. 그녀가 그린 남편 소이어의 초상화는 후일 영국 조각사 헨리 브라이언 홀(Henry Bryan Hall, 1808~1884)이 음각으로 새겨 그의 대대적인 홍보 마케팅에 이용되었다. 1842년에 그녀는 뇌우가 쏟아지던 날 조산으로 그만 사망했다. 몹시 상심했던 소이어는 런던의 켄잘 그린 공원묘지(Kensal Green Cemetery)에 그녀의 기념비를 세웠고, 나중에 그 역시 사랑하는 아내

리폼 클럽의 주방

빅토리아 여왕의 즉위식(1838년)

소이에의 램 커틀릿 리폼

의 옆에 묻혔다.

1837년에 소이어는 런던의 사교 클럽인 '리폼 클럽(Reform Club)'의 총주방장(chef de cuisine)으로 임명되었다. 그는 웨스트민스터 궁(국회의사당)의 재건으로 유명한 영국 건축가 찰스 배리(Charles Barry, 1795~1860) 경과 함께 신축한 리폼 클럽의 주방을 근사하게 디자인했다. 리폼 클럽의 총주방장으로 유명 인사가 된 소이어의 연봉은 매년 1천 파운드 이상이 넘었다. 그는 가스 조리나 찬물로 냉각한 냉장고, 또 온도 조절이 가능한 오븐의 사용 등 여러 가지 혁신적인 주방 도구를 개발했다. 그의 주방이 어찌나 유명했던지 가이드가 딸린 정기적인 키친 투어 프로그램이 아예 운영될 정도였다.

1838년 6월 28일 빅토리아 여왕의 즉위식이 거행된 날 소이어는 리폼 클럽에서 2천 명의 아침 식사를 준비했다. 소이어가 개발한 양고기 '램 커틀릿 리폼(Lamb Cutlets Reform)'이 아직도 런던의 명소인 리폼 클럽의 메뉴에 들어 있다.

소이어는 자신의 요리 제품을 상업적으로 대대적인 마케팅을 했던 최초의 요리사였다. 소이어의 이국적인 '술타나 소스병'은 소이어가 터키산 허브와 양념 등을 넣어 개발한 특제 소스이다. 그는 '크로스 앤

블랙웰(Crosse & Blackwell)[155] 회사를 통해서, 약간 비딱하게 모자를 쓴 자신의 초상화를 박아 디자인한 병 속에 소스를 담아 이를 대량으로 판매했다.

소이어의 이국적인 술타나 소스병

이처럼 기업가형 셰프였던 동시에 소이어는 또한 '사회적 진보주의자'라고도 알려져 있다. 1847년 4월 악명 높은 아일랜드 대기근 당시[156] 그는 '수프 키친(soup kitchen)'이라는 무료 급식시설의 아이디어를 창안해 냈다. 그러자 영국 수상 존 러셀(John Russell, 1792~1878) 경은 유명 셰프 소이어에게 더블린에 가서 무료급식 시설을 직접 시행해 줄 것을 부탁했다.

소이어는 매일 5천 명 이상의 배고픈 사람들에게 자신이 만든 '기근 수프'를 무료로 배식했다. 그런데 정부는 소이어가 추천한 영양가 있는 수프 대신에 매우 저렴한 비용의 수프를 선택했다. 게다가 소문에 따르면, 그는 충격적이게도 그곳을 방문한 부유한 영국인 관광객들에게 그의 유명한 수프를 먹는 빈민들을 구경하는 대가로 4실링의 관람료를 받았다고 한다. 그 근처에 있던 동물원 '피닉스 공원(Phoenix Park)'에서 원숭이가 먹는 모습을 지켜보는 관람료가 5실링이었다.

---

155 1706년에 설립된 영국식품회사
156 아일랜드 기근의 원인은 '감자' 역병이었는데, 이 대기근의 여파로 백만 명이 죽고, 백만 명이 해외로 이주했다. 이로 말미암아 아일랜드 인구는 20~25% 감소했다.

수프 키친(soup kitchen)

그는 아일랜드에 체류하는 동안에《소이어의 자선 요리법 *Soyer's Charitable Cookery*》(1847년)이란 책을 저술했다. 또한, 런던에 아트 갤러리를 열었으며, 빈민 구제를 위해서 그 입장료 수익을 자선단체에 기부했다고 한다. 소이어는 1858년 8월 5일 사망하기 직전까지도 영국 군대를 위해서 음식을 운반하는 이동 캐리지를 열심히 디자인했다고 한다.

50

요리의 경제와 질을 모두 석권한 요리사 위르뱅 뒤부아 (1818~1901)

"모든 훌륭한 요리사의 야망은 가장 적은 재료로 매우 훌륭한 뭔가를 만드는 것이다."

_ 위르뱅 뒤부아(Urbain Dubois, 1818~1901), 프랑스 요리사

위르뱅 뒤부아(Urbain Dubois, 1818~1901)는 프랑스의 고전이 된 여러 요리 책자의 저자로, 또한 '보 오를로프(veau Orloff, 송아지 요리)'의 창시자로도 유명하다. 뒤부아는 프랑스 남동부의 부슈뒤론(Bouches-du-Rhône) 부서의 작은 도시 트레(Trets)에서 방직공의 아들로 태어났다. 그는 삼촌인 장 뒤부아(Jean Dubois)가 운영하는 호텔 주방에서 요리사 훈육을 받았다.[157] 1840년에 뒤부아는 파리로 상경해서 로스차일드 가문에서 요리 견습생으로 일한 후에 '카페 토르토니(Café

위르뱅 뒤부아(Urbain Dubois)

Tortoni)', '카페 앙글레(Café Anglais)', '르 로셰 드 캉칼(Le Rocher de Cancale)' 같은 당시 파리의 최고 3대 레스토랑에서 연이어 일했다. 1845년경에 뒤부아는 좀 더 견문을 넓히기 위해 수도 파리를 떠났다. 그는 러시아 대사인 오를로프 공의 요리사가 되기 전에 중부 유럽의 여러 나라에서 요리사로 일했다. 1860년에 뒤부아는 호헨촐레른가(Hohenzollern)의 섭정 황태자, 즉 미래의 독일 황제 빌헬름 1세(Wilhelm I, 1797~1888)의 요리사로 일했다. 1870년에 프로이센-프랑스전쟁(Franco-Prussian War, 보불전쟁)이 발발하자 뒤부아는 프랑스로 잠시 귀국했다. 1871년 3월에 독일과 프랑스의 강화조약이 체결된 후 그는 다시 부름을 받고 호헨촐레른 왕가를 위해 다시 일을 재개했다. 뒤부아는 나폴레옹 3세의 요리사였던 동료 셰프인 에밀 베르나르(Emile Bernard, 1826~1897)와 함께 매달 교대로 근무했기 때문에 저술할 시간이 있었다. 1880년까지 그는 베를린에 근 20년 동안이나 머물렀다.

"전하의 요리사(뒤부아)는 두서너 개의 메뉴로 빌헬름 1세를 매일 알

---

157 장 뒤부아는 프랑스 장군 베르트랑(Bertrand, 1773~1844)의 수석 요리사를 지낸 인물이다.

오스트리아 예술가 외젠 폰 게라르(Eugene von Guerard, 1811~1901)가 그린 〈카페 토르토니 *Café Tortoni*〉(1856년)

현한다. 그러면 황제는 비스마르크 수상의 보고서를 읽는 것 못지않게 매우 진지한 열정으로 그 메뉴를 탐독한다. 이 요리사는 무모한 사람들이 생각하는 그런 요리사가 아니다. 그는 강력한 제국의 진정한 '내무부 장관'이라고 해도 과언이 아닐 만큼 실로 대단한 인물이다. 왜냐하면, 황제가 특별히 정찬을 잘 먹은 날에는 군인들은 휴가를 얻고, 시종들은 새 퀼로트(culotte, 반바지)를 보너스로 하사받으며, 감옥에 수감된 주교들 역시 렌즈콩 수프라는 특식을 먹을 수 있기 때문이다. 프로이센–프랑스전쟁(Franco-Prussian War, 보불전쟁)이 끝난 후에 자신의 프렌치 셰프와 사이가 틀어진 황제는 그때부터 다시 독일 요리를

받침대를 사용한 뒤부아의 요리
프레젠테이션

먹기로 했다. 그러나 과도한 애국주의의 강행에 그의 위장이 그만 세차게 반발하자 황제는 어쩔 수 없이 거금을 주고 다시 위르뱅 뒤부아를 스카우트해 오지 않을 도리가 없었다. 빌헬름 1세는 구르망(미식가)은 아니었다.”

　스위스의 저술가인 빅토르 티소 (Victor Tissot, 1844~1917)의 저서[158]에 따르면, “위르뱅 뒤부아는 매우 정교하지만 단순한 요리, 즉 ‘고전 요리(cuisine classique)’를 좋아했으며, 또한 너무 비싸지 않은 경제적인 요리를 선호했다. 그러나 창의적이고 재간이 뛰어난 요리사 뒤부아는 항상 고급스러운 질을 유지하면서도 동시에 비용 절감이라는 어려운 문제를 잘 해결했고, 독일은 이러한 그의 공로를 치하하는 의미에서 그에게 동상을 하나 세워주었다.”

　위르뱅 뒤부아는 프랑스에 러시아식 상차림을 유행시킨 장본인이며, 받침대(socle) 위에 요리를 전시하는 것으로도 유명했다. 그는 에밀 베르나르와 함께 빌헬름 1세를 모시기 전에 그와 공저로 《고전 요리 La Cuisine Classique》(1856년)를 출간했는데, 이 책은 가장 커다란 성공을 거두었다.

---

158 Victor Tissot, Voyage au pays des milliards, Paris, E. Dentu, 1876, p. 218.

뒤부아는 1868년 12월 30일 독일 포츠담에서 마리 비르지니 루이즈 보데르(Marie-Virginie-Louise Boder)와 혼인했다. 두 사람은 모두 5명의 자녀를 두었는데, 그중 두 명은 결혼 전에 태어났고, 둘째 아들인 펠릭스 뒤부아(Félix Dubois, 1862~1945)는 유명한 저널리스트이자 탐험가가 되었다. 뒤부아는 82세의 나이로 사망했다.

51

요리사가 된 무정부주의자
조제프 파브르
(1849~1903)

"요리는 문명의 매개체이다."

_ 조제프 파브르(Joseph Favre, 1849~1903), 스위스의 요리사

조제프 파브르(Joseph Favre, 1849~1903)는 프랑스 요리의 이론가이
자 이른바 '민주화' 운동에 몰두했던 것으로도 유명한 반골 기질의 스
위스 태생 요리사이다. 그는 그리모 드 라 레이니에르, 레옹 브리스
(Léon Brisse, 1813~1876) 남작, 그리고 샤를 몽슬레와 더불어 최초의
미식 저널리스트 중 한 사람으로 손꼽힌다.

1874~1875년에 그는 스위스의 무정부주의를 대표하는 '쥐라 연맹'
의 회원이었으며, 사실주의 화가 귀스타브 쿠르베(Gustave Courbet,
1819~1877)의 친구였다. 그는 러시아의 무정부주의자 미하일 바쿠닌

(Mikhaïl Bakounine, 1814~1876)이나 이탈리아의 무정부주의자 에리코 말라테스타(Errico Malatesta, 1853~1932), 또 파리코뮌(Commune de Paris)의 가담자이자 국제 노동 운동가인 브노아 말롱(Benoît Malon, 1841~1893) 같은 급진적인 좌파 사상가들과도 가깝게 어울렸다.

(가) 최고 요리사가 되기 위한 고난의 여정:
정치적 행동주의에서 '위생적인 요리학'으로 귀환하기까지

파브르는 스위스의 벡스(Vex)에서 태어났으며, 시옹(Sion)에서 요리 수습생으로 출발했다. 1865년에 그는 파리, 독일의 비스바덴, 런던 등지를 전전한 다음 파리로 되돌아갔다가 1872년에 스위스로 귀국해서 로잔 등 스위스의 여러 도시에서 요리사 일을 했다. 그는 다시 고국을 떠나 베를린으로 갔다가 1883년에 드디어 파리에 최종적으로 정착했다.

1872년에 그는 제1인터내셔널(국제노동자협회)의 아나키스트(무정부주의) 지부인 '쥐라 연맹'의 회원으로 정치에 투신했다. 그는 거기서 망명객 바쿠닌을 만났고, 연맹의 주요 인사들과 함께한 정찬에서 파브르는 일명 '살바토르(Salvator, 구원자)'라는 바쿠닌 푸딩을 만들어서 인생 말기의 혁명가에게 헌정했다. 방 안은 지독한 터키산 담배 연기로 자욱했기 때문에 파브르는 겨울철임에도 환기를 위해 창문을 열 지경이었다. 그곳에 모인 회식자들은 술을 마시는 사람과 그렇지 않은 사람, 채식주의자와 구르메 등 음식 성향이나 정치적 견해가 모두 각양

각색이었지만, 바쿠닌 푸딩만큼은 훌륭하고 절묘하다는 데 모두 동의했다고 한다. 파브르는 "정치철학은 항상 실천철학과 연관이 있다."라고 주장했다. 그는 두 명의 전사와 함께 〈선동자 *L'Agitatore*〉라는 저널을 창간해서 자신의 정치철학을 행동에 옮겼다. 그러나 파브르의 행동주의는 단명했다. 1876년에 그는 프랑스 친구인 브노아 말롱과 함께 이탈리아 무정부주의자들의 과격한 폭력주의 노선을 거부했다. 그는 반권위주의적인 인터내셔널을 탈퇴함으로써 서서히 정치에서 손을 뗐다.

1878년에 파브르는 첫 번째 전문 요리 저널 〈요리학 *La Science culinaire*〉을 개시했다. 그 후로 이 주간지는 6년간 계속 발행되었다. 파브르는 오랜 시간을 이 저널에 할애했고 집필에도 많은 열정과 노력을 아끼지 않았다. 그는 이 저널을 통해서 요리 예술의 진보적인 사상, 인생의 활력과 장수를 도모하기 위한 건강한 조리법, 즉 '위생적인 요리(cuisine hygiénique)'의 수칙에 관한 자신의 광범위한 철학 노선을 체계적으로 발전시켰다. 그러한 신개념들은 주로 건강한 먹거리와 음식 조리법, 식품 안전 등에 기초하고 있었다. 그는 신선하고 좋은 재료의 사용을 적극적으로 권장하고, 그것이 우리 인체에 미치는 건강상의 효과를 누누이 강조했다. 파브르의 위생적인 요리는 단

살바토르 바쿠닌 푸딩

순히 요리 예술이나 과학을 넘어서, 그가 전 생애를 바친 요리 철학 속
에서 조리법을 건강한 삶에 그대로 직결하는 것이었다.

1879년에 파브르는 자신의 저널에 '요리 예술의 진보를 위한 만국
연합(l'Union universelle pour le progrès de l'art culinaire)'이라는 거창한
명칭하에 요리사들의 국제협회 창설을 요구하는 글을 기고했다. 이는
요리사들의 권익 보호를 위한 노조 결성으로, 1882년에 파리 지부가
설립되었고, 1888년에는 파리의 요리아카데미협회가 창설되었다.

이 학술기관은 요리의 진보, 음식 및 요리와 관련한 모든 과학적
인 지식을 탐구했으며, 파브르는 여기서 서기 직책을 맡았다. 이 기
관의 목적은 공중보건의 향상을 위해 요리를 '과학'으로 바꾸는 것

연구하는 요리사 파브르

이었다. 20세기 중반에 이 협회는 '프랑스 요리 아카데미(Académie culinaire de France)'로 개칭하였으며, 파브르를 공인된 설립자로 추대했다. 파브르의 가장 위대한 업적은 4권의 요리책과 《식품위생대사전 *Dictionnaire universel de cuisine et d'hygiène alimentaire*》 (1889~1895년)을 집필한 것이다. 이 장대한 서적은 2천 페이지에 달하는 정의와 항목, 그리고 6천 개가 넘는 레시피를 자세히 수록하고 있다. 파브르는 식품의 기원과 역사를 정확히 재평가하고, 식품의 영양학적 가치를 논하며 건강한 섭생을 도모했다는 점에서 요리 사전의 신

기원을 이룩했다는 평가를 받고 있다.

　1903년 2월 17일 요리의 완성을 위해 평생을 오롯이 바쳤던 파브르
는 일반 대중의 어떠한 추모나 묵념도 없이 쓸쓸하게 사망했다. 파브
르에게 요리란 항상 '문명의 매개체'였다. 원시성에서 폭식, 그리고 요
리의 정련화 단계에 이르기까지, 이 요리만큼 인류의 발달사를 잘 반
영해주는 것도 없다. 요리사가나 학자들이 이 독창적이고 독립적이
며 박학다식한 요리사 파브르를 제대로 평가하고 그의 정당한 위상을
회복해주는 데는 거의 100년이라는 세월이 걸렸다. 그는 건강한 식생
활 과학의 선구자였으며, 좋은 음식이 주는 건강 효과와 위생 조리법
에 관한 백과사전을 최초로 기술한 창의적인 요리 작가였다. 오늘날

그를 기리는 의미에서 권위 있는 '조제프 파브르 요리대상(Grand Prix Joseph Favre)' 경연이 2년마다 한 번씩 유럽의 최고 심사 위원과 음식 감정가 및 호텔, 음식 공급업체의 전문 종사자들로 이루어진 1천 명의 청중 평가단과 더불어 스위스의 마르티뉘(Martigny)에서 정기적으로 개최된다.

"마늘의 애무는 매우 고무적이다. 그렇지만 과도함은 오히려 최면 작용을 불러일으킨다."

_ 퀴르농스키(Curnonsky, 1872~1956), 프랑스의 작가, 미식가

모리스 에드몽 사이앙(Maurice Edmond Sailland, 1872~1956)은 프랑스의 앙제(Angers)에서 태어났다. 그는 필명인 '퀴르농스키(Curnonsky)'로 더욱더 잘 알려져 있다. 그의 이름 퀴르농스키는 라틴어의 '퀴르농(cur+non, 왜 아니겠어?)'에 러시아어의 어미 '스키(sky)'의 합성어이다. 1895년 프랑스에서는 러시아의 모든 것이 유행했는데, 그는 자신의 필명에 이러한 시대적인 조류를 반영했다. "나 자신은 러시아인도, 폴란드인도 아닌 그저 평범한 프랑스인, 즉 포도주를 좋아

퀴르농스키에 대한 풍자화(1927년)

하는 주정뱅이(sac à vin)"라며 자신을 소개했다. 그는 종종 '미식과 미식가들의 선거후'라고 불렸는데, 1927년에 셰프 3천 명의 투표에서 그가 당당히 '식도락의 왕자'로 선정되었기 때문이다. 한편, 프랑스 극작가 앙드레 드 로르드(André de Lorde, 1869~1942)도 '공포의 왕자'로 불리는 등 그 당시에는 이처럼 왕자 시리즈물이 한창 유행했다.

> "소스는 프랑스 요리의 명예와 영광을 담고 있다. 소스는 그 누구도 반박할 수 없는 프랑스 요리의 탁월한 우수성에 기여해 왔다. 소스는 고급 요리의 편곡이나 반주 역할을 하는 동시에 좋은 셰프가 자신의 재능을 입증할 수 있게 해준다."
>
> _ 퀴르농스키(Curnonsky, 1872~1956), 프랑스의 작가, 미식가

퀴르농스키의 어머니는 출산 중에 사망했고, 그의 아버지는 태어난 아들을 외면한 채 외할머니에게 떠맡겨 버렸다. 이 유년기의 트라우마는 평생 그를 따라다녔다. 외할머니의 집안은 프랑스 대혁명 당시에 순교를 당한 앙제의 성녀 잔 사이앙(Jeanne Sailland, 1769~1794)을 조상으로 둔 덕택에 교회로부터 금육 기간 중 '금육'을 자자손손 면제

퀴르농스키(왼쪽)

받았는데, 이것이 아마도 그의 미식에 관한 '소명' 의식의 형성에 상당
한 영향을 미쳤을 것으로 본다.

18세에 퀴르농스키는 국립고등사범학교(École Normale Supérieure)
입학 준비를 위해 파리로 상경했고 저널리스트가 되었다. 그는 콜레
트(Sidonie−Gabrielle Colette, 1873~1954)의[159] 첫 번째 남편 윌리(Willy)
를 위한 대필 작가 중 한 사람으로도 활약했다. 그의 전기 작가인 아
르벨로(Arbellot)는 1907년에 그가 미슐랭 타이어맨의 명칭인 '비벤덤
(Bibendum)'을 발명했다고 기술했다. 이유인 즉, 미슐랭 타이어가 이

---

159 20세기 초에 센세이션을 일으켰던 프랑스의 유명한 여류 작가.

세상의 모든 것, 심지어 장애물까지도 다 먹어 치우기 때문이라는데, 그 명칭의 기원은 불분명하다.

1919년경에 퀴르농스키는 위대한 '지역 요리의 부활'과 '관광과 미식의 신성동맹'을 주창했다. 그는 미슐랭 가이드에 의해 대중화된 '미식 여행의 발명자'로 간주된다. 그는 모름지기 가스트로놈(gastronome, 미식가)은 견문을 넓히기 위해서 여행자나 문인, 예술가, 학자, 교양 있는 신사들과 마찬가지로 여행을 자주 해야 한다고 생각했다. 그러나 가스트로놈은 반드시 '미식'이라는 특별한 목적의식을 가지고 여행을 해야 한다. 식도락의 왕자로서 퀴르농스키는 자신의 미식 왕국을 시찰하기 위해 매년 3~4개월씩 수도 파리를 떠나 전국을 돌아다녔다. 그는 스스로 자신을 가리켜 매우 열성적이고 단호한 '가스트로노마드(gastronomade, 유랑 식객)'라고 칭했다.

1921년부터 그는 스위스 태생의 작가인 친구 마르셀 루프(Marcel Rouff, 1877~1936)와 함께《미식의 프랑스 *La France gastronomique*》라는 야심 찬 기획 전집을 출판하기 시작했다. 이 책은 전체 28권의 가이드북으로, 요리의 경이와 시골 지역에 있는 맛 좋은 여인숙들을 골고루 소개하고 있다. 그들은 이 방대한 전집의 발행을 위해 프랑스 전 지역의 맛집을 방문했다.

1928년에 퀴르농스키는 몇몇 친구와 함께 '아카데미 프랑세즈(Académie Française, 프랑스 한림원)'와 동등한 자격을 지닌 이른바 '미식가들의 아카데미(Académie des gastronomes)'를 설립했다. 그는 제1차, 제2차 세계대전 사이에 '프랑스 요리의 위대한 사절'로 추대되었으며, 공인된 미식 작가로서 65권의 책과 수많은 신문 칼럼을 집필했다. 그는 마가린이 버터와 등등한 가치가 있다는 것을 보증해 준다면 평생 수입을 보장해 주겠다는 제의를 받았을 때 버럭 화를 내면서 "그 어느 것도 진짜 버터를 대신할 수는 없다!"라고 소리친 것으로도 유명하다.

1947년에 그가 창간한 〈프랑스 요리와 포도주〉라는 저널은 오늘 날까지도 꾸준히 발행되고 있다. 그는 계속 미식과 관련된 책자들을 발행했으며, 1953년에는《프랑스 요리와 포도주 *Cuisine et Vins de France*》라는 요리책을 내기도 했다. 퀴르농스키는 일평생 식도락의 문인이었다. 그는 문학과 가스트로노미(미식)가 서로 불가분의 관계

가 있다고 생각했다. 문학은 미식의 후예이며, 미식은 문학의 후예이다. 퀴르농스키는 "가스트로노미는 위대한 작가들이 그들의 문학적인 재능을 진정으로 식탁에 쏟아부었을 때 비로소 탄생했다. 요리사들의 작품은 구르메(미식가)가 그에 관해 말하고 글을 남길 때만이 비로소 영속적으로 존재할 수 있다."라고 하였다.

그의 80번째 생일을 기념하기 위해 80개의 레스토랑이 일제히 그가 좋아하는 식탁 메뉴를 차리고 동판에 다음과 같이 의미심장한 글을 아로새겼다. "이 귀빈석은 프랑스 요리의 옹호자, 삽화가이며 가스트로놈들의 왕자로 선정된 모리스 에드몽 사이앙, 퀴르농스키의 자리다." 이 80개의 레스토랑은 매일 저녁 그를 위한 테이블을 예약해 두었다고 한다. 그러나 고령의 퀴르농스키는 거의 모습을 드러내지 않았다. 1956년 7월 22일 퀴르농스키는 아파트의 창문에서 떨어져 죽

스코틀랜드 화가 윌리엄 스트랭(William Strang, 1859~1921)의 〈공휴일 *Bank holiday*〉(1912년)

었는데, 자살이 아니라 그가 다이어트 중이었기 때문에 아마도 그가 현기증에 의한 졸도로 추락사하지 않았을까 하고 추측하는 이들도 있다. 그는 보샹(Beauchamp) 묘지에 자신의 애인이었던 제르멘 라르보디에르(Germaine Larbaudière, 1890~1931)의 옆에 나란히 묻혔다. 그녀는 작가 가브리엘 드 로트레크(Gabriel de Lautrec, 1867~1938, 화가 로트

레크의 사촌)의 질녀이자 극단 배우였다. 퀴르농스키는 그녀가 17세 때부터 서로 알고 지냈으며, 두 사람은 그녀가 결핵으로 41세에 사망할 때까지 동거했다. 그는 그녀의 임종 시에 마지막 침상에서 자신도 그녀의 옆에 묻히겠노라고 굳게 맹세했고, 25년이 지난 후에 그 약속을 지켰다. 살아생전에 그녀는 퀴르농스키의 작은 아파트를 할 수 있는 한 최선을 다해 정리 정돈했다. 그러나 그 아파트에는 부엌이 없었다. "나는 식도락의 왕자같이 불쌍한 친구 녀석들을 잘 알고 있지. 그들은 결코 집에서 식사하지 않는단 말이야. 왜냐하면, 집에 식당도, 포도주 지하 저장고도, 요리도, 요리사도 없기 때문이지!"(마르셀 루프). 생전에 퀴르농스키는 복잡한 요리보다는 단순한 요리를 옹호했다. 아무래도 에스코피에의 영향 때문인데, 그는 무엇보다 우선으로 '단순하게!'를 평상시에도 자주 반복했다.

"요리나 예술에서 단순성은 완성의 표식이다."

_ 퀴르농스키

한국의
미식학 제언

· ❖〉· ❖ · ❖ · 〈❖ ·

"20세기에 프랑스인들은 그들이 세계에서 가장 최상의 요리를 만든다는 신화에 매달려 왔다. 지난 25년 동안 가장 인기 있는 음식이 이탈리아 요리였다는 엄연한 사실에도 불구하고 프랑스인들은 이러한 정신력을 꾸준히 유지해 왔다."
_ 클라리사 딕슨 라이트(Clarissa Dickson Wright, 1947~2014), 영국 요리사

중세부터 현대까지 프랑스 미식의 역사를 살펴보았다. 신분적 불평등의 결과로 나타난 중세의 양대 요리, 즉 고전 요리와 지역 요리가 어떻게 크레프(crêpe)나 포토푀(pot-au-feu) 같은 프랑스의 국민적인 요리로 통합되는 지 기나긴 과정을 살펴보았다. 또한, 식탁 예절 면에서 어떻게 '공동체주의'에 입각한 식문화가 개인주의화와 세련되어 가는지, 또 장인 정신에 입각한 전통적인 요리가 어떻게 근대화·산업화되어 가는지를 시대별로 고찰했다. 혁명 전까지 프랑스 미식 문화를 주도했던 귀족의 바통을 이어 프랑스의 고전 요리인 오트 퀴진을 훌륭하게 완성한 근대 부르주아의 식문화, 식사 예절과 요리책의 성문화(codification), 또 과거에는 귀족과 부르주아 같은 특권층의 전유물이었던 미식의 민주화와 대중화 현상을 살펴보았다.

프랑스에서 예술은 유행의 중심 도시인 파리에 거의 모두 집결되어 있지만, 미식만큼은 전국 어디서나 지역색이 강한 꽃을 피우면서 그 찬란한 문화유산의 맥을 이어가고 있다. 그래서일까? 2010년 11월

딸기잼과 휘핑크림을 얹은 달콤한 크레프. 프랑스나 벨기에에서는 그리스도 봉헌 축일 및 성모 취결례(取潔禮, 산모가 출산 후 성전에 나아가 예물을 올리는 의식)를 기리는 축제일인 성촉절(Chandeleur, 2월 2일)에 크레프를 먹는 전통이 있다.

16일 유네스코(UNESCO)는 '프랑스인들의 미식(repas gastronomique des Français)'을 인류의 소중한 무형문화유산으로 등록했다. 프랑스의 미식 문화는 단체나 개인의 일생에서 가장 중요한 순간, 즉 출생·결혼·생일·기념일·성공 등을 축하하기 위한 사회적 관습(pratique sociale)에 속한다.

이런 식사에는 당연히 축제의 분위기가 넘쳐흐르는 '콩비비알리테(convivialité, 공생)'와 미각의 향연이 따른다. 프랑스 미식이 이처럼 유네스코 무형문화유산으로 지정된 지 일 년 후인 2011년에 프랑스 경제·산업·디지털부에서는 이른바 '프랑스 가스트로노미 축제(Fête de la Gastronomie)'를 신설했다. 이 축제는 매년 9월 마지막 주에 열리며, 축

가스트로노미 축제 때 라발의 한 초등학교를 방문한 농림장관 가로(Garot)가 학생들과 함께 과일 꼬치를 만들기 위해 앞치마를 두르고 앉아 있다.

제의 기본 목적은 프랑스 요리의 모든 즐거움을 증진하기 위함이다.

　이 가스트로노미 축제 때는 프랑스와 해외에서 회합, 워크숍, 교육 활동, 맥주 공장이나 포도주 지하 저장고 투어, 지역의 토산품 시식, 시장 방문이나 음식을 테마로 한 각종 야유회 등 많은 이벤트가 동시 다발적으로 열린다. 셰프들은 공중 앞에서 멋진 음식 시연회를 열기 도 하고, 고급 요리를 저렴한 가격(할인가)에 제공한다. 해마다 새로운 축제 테마가 제공되는데, 2015년의 테마는 특별히 '창조성과 대담성' 이었다.

　'투스 오 레스토랑(tous au restaurant, 모두가 레스토랑에)'이라는 민주 적인 슬로건에 따라서 한 끼의 공짜 식사가 제휴된 레스토랑에서 만인 에게 제공되었다. 또한, 이날 프랑스의 일반 가정에서는 문 앞에 정성

가스트로노미 축제 때 주민들이 회식하는 모습

스럽게 차린 음식 테이블을 놓아 행인들에게 가정 요리를 맛볼 기회를 제공했다. 프랑스혁명의 삼대 원리 중 하나인 '우애 정신'이 음식을 통해 제대로 빛을 발하는 순간이다.

　오늘날 프랑스 요리는 그 패권의 일부를 상실했다. 왜냐하면, 현재 오트 퀴진의 국제 무대에는 프렌치 셰프들을 능가하는 신성 셰프가 너무도 넘쳐나기 때문이다. 그런데도 프랑스 요리의 성공은 결코 과소평가할 수가 없다. 그것은 한마디로 축제의 식사다. 회식자들이 모여서 '잘 먹는 법(art de bien manger)', '잘 마시는 법(art de bien boire)'을 실천하는 장이다. 프랑스의 미식은 미식의 쾌락과 인간과 자연의 산물(음식) 간의 조화를 다 함께 공유하는 것을 누누이 강조한다.

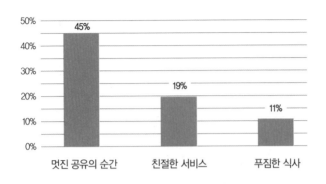

: 레스토랑의 우선순위(2016년) :

프랑스인이 생각하는 맛집조건

위의 도표는 프랑스인이 레스토랑을 선정하는 우선 순위를 조사(2016년)한 것이다. 레스토랑에서 제공하는 음식이나 서비스보다는 '멋진 공유의 순간'(45%)을 레스토랑의 최고 장점으로 꼽았다. 프랑스인들은 친구와 공유하는 순간 하면, 무엇보다 머릿속에서 제일 먼저 떠오르는 것이 바로 '식사'이다. 문화·사교 생활 중에서도 레스토랑의 비중이 44%, 박물관이나 공연 관람이 19%, 영화가 18%, 친구나 가족과 가볍게 한잔하는 것이 12%, 나이트클럽에 가는 것이 4%이다.

레스토랑 문화가 일상생활의 중심이라고 해도 과언이 아니다. 음식과 포도주의 환상적인 궁합, 식탁의 근사한 장식, 그리고 테이블에 올린 음식이나 음료를 시식 또는 시음(dégustation)할 때마다 보이는 특별한 제스처들, 그리고 프랑스의 미식 문화는 매우 확고한 최종적인

'도식(schéma bien arrêté)'이 있다. 그것은 식욕을 자극하는 아페리티프 (apéritif, 식전주)로 시작해서, 식후에 마시는 술 '디제스티프(digestif)'로 마무리된다. 그리고 아페리티프와 디제스티프 사이에는 적어도 두서 너 개의 요리가 나온다. 앙트레, 채소를 고명으로 곁들인 생선 요리나 고기 요리, 치즈와 디저트 순으로 등장한다. 필자가 아는 프랑스 지인 은 레스토랑에 갈 때마다 식전주를 시작으로 해서 전식, 본식, 후식의 고전적인 순서대로 음식을 주문하며 절대로 중간에 순서를 건너뛰는 법이 없다. 만일 그렇게 정형화된 식사 에티켓을 지키지 않을 거라면 집에서 혼자 먹지, 뭐하러 굳이 레스토랑에 오느냐고 반문을 한다.

그리고 둘째가라면 서러울 정도로 일등 미식가로 소문난 대다수의 프랑스 국민은 그들의 미식 전통에 대하여 심오한 지식을 소유하고 있 고, 역사적인 '기억'을 매우 소중히 간직하고 있다. 과거 르네상스기에 이탈리아 요리가 그러했듯이, 프랑스 요리의 약진도 정치적·경제적 이 유가 컸다. 이탈리아의 정치적인 영향력과 경제력이 하락한 것과 달 리, 프랑스는 절대왕정의 시기를 맞으며 정치적·경제적으로 안정을 얻 었다. 여기에 힘입어 왕가와 귀족에게 소속된 프랑스 요리사들은 자신 들의 창의력과 개성을 마음껏 뽐내고 요리의 문법을 체계화할 수 있었 다. 오늘날 프랑스인들은 이처럼 과거에 찬란했던 미식의 전통과 권 위에 대한 살아있는 증인들이며, 매일의 일상에서 구두나 기록을 통해 그들의 매력적인 전통을 젊은 세대에게 끊임없이 전수하고 있다.

21세기의 가스트로노미는 좋은 음식과 관련된 그 모든 것에 대한 체계적인 과학 지식으로 당당히 자리매김했다. 가스트로노미는 음식과 관련된 일종의 사치이고 예술이며, 철학이고 과학이다. 또한, 사회계급, 국가, 지역, 시대와 유행에 따라서 식도락의 규범도 달라진다. 그러나 한 가지 중요한 사실은 이제 가스트로노미가 프랑스뿐만 아니라 전 세계인이 동참하는 글로벌 문화가 되었다는 것이다.

끝으로 중세에서 현대에 이르기까지 유구한 프랑스 미식의 역사를 마치면서, 향후 우리나라 미식학의 발전에 관한 몇 가지 제언을 감히 드린다.

(가) 미식과 정체성, 그리고 미각 교육

우리는 자유·평등·우애의 삼색기(drapeau tricolore)의 나라 프랑스를 예술, 로맨스, 미식의 본고장이라 칭한다. 프랑스는 갈로 로마 시대(Gallo-Roman period)부터 천혜의 '에그자곤(hexagone, 육각형)' 지형에서 자라는[160] 풍부하고 다양한 식재료 덕분에 수천 년 동안 미식 문화가 백화난만(百花爛漫)하게 꽃을 피워 왔다. 프랑스인들이 식탁에서 2시간 이상이나 포크와 나이프를 내려놓지 않는다는 것은 이미 정설로 굳어진 지 오래이다. 비록 글로벌 시대에 급하게 점심을 마치고 일터로 복귀하는 이른바 '아메리칸 스타일'이 일반적인 추세이지만, 그래

---

160 프랑스의 면적은 약 55만km²(2017년 FAO 기준)로, 우리나라의 5배 정도 되는 수치이다.

프랑스 삼색기를 모티브로 하여 만든 삼색 타르트(tarte)

도 '2시간 점심'이란 관행은 프랑스인들에게 여전히 소중하고 신성하다. 우리는 날마다 어떻게, 무엇을 먹을지를 고민한다. 그런데 우리가 매일 먹는 음식이 우리의 민족 내지 국가적 정체성(national identity)의 일부가 될 수 있을까? 만일 '미식'과 '문화'가 서로 불가분의 관계에 있는 나라가 이 지구상에 존재한다면 그것은 단연코 프랑스이다. 프랑스 요리가 '미식 문화'를 테마로 유네스코 세계무형유산에 최초로 등재된 이래, 그것은 프랑스 국가 유산 및 정체성으로 높이 고양되었다. 프랑스의 영광을 상징하는 웅장한 베르사유궁이나 루브르 박물관과 마찬가지로 미식도 역시 프랑스 정체성의 일부이다. 섬나라 영국인들은 살기 위해서 먹는다지만, 프랑스인들은 먹기 위해 산다고 해도 결코 과언이 아니며, 그들은 음식을 매우 천천히 감상하고 음미하면서 먹는다. 세계 최고 권위의 미슐랭 가이드의 본고장인 프랑스에서 미식은 예술이며 문화이고, 또 모든 프랑스 개개인에게 가장 중대한 사안이다.

프랑스의 요리 거장 에스코피에는 "한 국가의 식관습에 관한 이야기를 조사하게 될 때, 우리는 그 국가의 역사 개요를 알 수 있다."라고 이야기한 적이 있다. 원래 미각은 개인적인 동시에 집단적이다. 미각은 자연환경과 문화의 문제이면서 동시에 성장 배경이 결정적인 영향을 미친다. 그러므로 한 개인이 성장한 후에 좋은 미각을 얻기는 그리 쉽지 않다. 일종의 '문화자본' 내지는 더 나아가서 '상징자본'으로서의 고급스럽고 세련된 미각을 얻는 가장 좋은 방법은 부모님에게서 직접 물려받거나, 그렇지 않으면 많은 경험이나 학습을 통해 후천적으로 얻는 차선책이 있다. 우리가 프랑스 미식의 역사를 통해서도 알 수 있듯이, 유럽의 상류층은 중세 이래 식사 문화를 통해서 자신들의 '정체성'을 천명하고, 다른 계급과의 '차별화' 내지 '구분 짓기'를 집요하게 추구해 왔다.[161] "너 자신이 누구인지 잘 모른다면, 네가 무엇을 먹는지를 말해주면 내가 가르쳐주마!"라는 브리야사바랭의 풍자적인 경구에서도 알 수 있듯이, 우리가 마치 중세의 귀족이나 19세기의 부르주아 계급처럼 손님을 집에 초대했을 경우를 상정해 보면 더 많은 것이 확연해진다. 음식은 집주인이 본인의 문화자산을 손님들에게 과시하는 중요한 수단이며, 무엇을 어떻게 요리하여 식탁에 올려놓느냐 하는

---

161 식사 문화는 이처럼 상류층은 '차별화'를 추구하고 나머지 계층은 '동질화'하려고 노력하는 것이다.

아비뇽의 레스토랑

것은 집주인의 모든 미각을 보여주는 일이다. 이렇게 보면 식사 문화만큼 '계급성'을 드러내는 것도 없다고 하겠다.

가령, 식탁에서 나누는 교양 있고 품위 있는 대화는 집주인이나 초대받은 회식자의 문화자산을 드러내는 계기도 된다. 주제에 대한 지식과 그것을 표현하는 언어 능력인 화술도 계급성과 절대 무관하지 않다. 교육과 사회화 과정에서 세련된 언어와 매너가 체득되어야 하기 때문이다. 그래서 최근에 프랑스 유치원이나 초등학교에서는 국가적 차원에서 국보급 유산인 미식 문화를 길이 보전하고, 더 나아가서 '미식의 민주주의' 구현을 위한 방편으로 음식과 미각 형성(formation du goût)에 대한 교육, 즉 '가스트로-시민(gastro-citizen)'을 양성하기 위한 조기 교육을 체계적으로 실시하고 있다.[162] 여기서 가스트로-시민이라는 개념은 '생물학적 시민'의 개념에 기초하고 있으며, 그것은 프랑스 철학자 미셸 푸코(Michel Paul Foucault)(1926~1984)의 생체권력(biopower, bio-pouvoir)과 생명정치학(biopolitics)의 개념에서 유래한 것이다. 푸코에 따르면, 과거에 전통적인 군주의 권력이 사형제도 등 '죽음에 대한 위협'에 근거했던 것과는 달리, 근대 자본주의에 필수적인 생체권력이란 전체 인구를 하나의 집단으로 관리 감독하고, 인간의 몸을 효율적으로 통제하기 위한 일종의 정치 공학이다.[163] 어쨌든 "세 살 적 버릇이 여든 살까지 간다."라고, 어린 시절부터 학생들이 올바른 식습관과 예절을 습득하도록 잘 가르치는 것이다.

프랑스의 학교 식당에서 제공되는 균형 잡힌 식단은 학생들이 좋은 식습관을 습득할 수 있게 도와주며, 영양에 관한 교육 역시 학생들에게 좋은 식습관의 규칙과 음식이 건강에 미치는 영향을 배울 기회를 제공한다. 또 다양한 맛과 풍미를 제대로 음미하고 정확하게 구별해 내는 능력, 그리고 그 비평적인 감각에 관해서 서로 토론하게 한다. 그래서 학교는 미각에 관해 스스로 일깨우기, 요리 자산의 가치를 드높이고 맛있고 영양가 있는 양질의 신선식품을 장려하기 등 학생들의 품위 있고 세련된 미각 형성을 위해 길잡이 역할을 한다. 프랑스에서 식사는 가정 또는 학교(직장)에서 국가적 자산인 음식 문화를 공유하고

---

162 여기서 접두어 가스트로(gastro)는 인간의 '위(胃)'를 의미한다.
163 가령, 비만 방지 프로그램에 대한 비평적 분석 등 생물학적 대상으로서의 인간을 권력 관계를 통해서 연구하는 것이다.

스테이크, 당근, 깍지콩, 치즈, 신선한 과일로 이루어진 프랑스 학교의 균형 잡힌 점심 식단

학교 정원에서 자라는 채소로 조리한 수프를 먹는 식탁에서 모두 활짝 웃는 교사와 학생들. 프랑스에서 식사란 가정, 직장, 그리고 학교에서 음식과 식사 예절, 사회화를 공유하는 특권적인 순간 (moment privilégié)이다.

유럽연합(EU) 시장에서 각국의 원산지가 표기된 식품들. 프랑스나 이탈리아 등 전통적인 농업 강국을 중심으로 추진되는 '원산지 표기의 의무화' 시행 등 EU 내에서 지나친 가스트로 내셔널리즘의 표방을 경고하는 우려의 목소리도 크다.

학습하는 특권적인 순간이라고 할 수 있다.

　우리나라에서도 자동차 문화가 발달하면서부터 내 집 근방에서 멀리는 국토 남단까지 아우르는 장거리 '맛집 순례'가 소시민의 일상으로 자리 잡게 되었고, '맛집'이 문화 키워드가 된 지 오래이다. 음식과 식당 이야기가 곳곳에서 넘쳐난다. 지역별 맛집 정보 사이트는 물론이고, 주기적으로 맛집 정보를 업데이트하는 파워 블로거들의 블로그 조회 수가 하루 1만 회를 웃돈다는 얘기가 들린다. 그렇지만 한국 요리의 영원한 상징이며 국민적 정체성을 대표하는 소울 푸드인 '김치'가 초등학생들이 가장 싫어하는 음식 1위가 되었다고 하지 않는가? 초등학생들의 입맛이 '서구화'되어 패스트푸드(햄버거, 피자, 닭튀김)를 가장 좋아하고 김치 등 우리의 전통 음식은 갈수록 꺼리는 것으로 나타났다고 한다. 그러나 그것을 진정한 미각의 서구화로 보기도 어려우며, 특히 성장기 아동·청소년들이 고혈압, 고혈당(당뇨), 고지혈증 등 혈관성 및 심장병 관련의 대사성 질환을 일으키는 인스턴트식품에 너무도 쉽사리 노출된 현실은 심히 우려할 만한 상황이다.

프랑스와 마찬가지로 가까운 이웃 나라 일본도 국가적 차원에서 학교 식단을 통한 가스트로–시민의 양성과 일본의 지역 요리와 지역 식품 생산을 다년간 대대적으로 장려, 증진해 왔다. 2013년 12월에 일본의 전통적인 식문화인 화식(和食, 와쇼쿠, わしょく)이 유네스코 세계무형유산에 등재된 것은 결코 우연의 산물이 아니다. 그러니 이제는 우리나라에서도 전통적인 한식 문화의 보전과 국민 보건의 증진과 '미각의 불평등' 해소를 위해서도 가정, 학교, 국가적인 차원에서 우리 국민의 생명과 건강, 행복한 삶의 질적 향상과 직결된 올바른 '미각 교육'을 조기에 실천하는 것이 매우 바람직하다고 본다. 2020년부터 초중고(고3) 및 특수학교 등에만 지원됐던 친환경 무상급식이 확대 시행된다고 하는데, 이 '급식'이라는 용어에서 왠지 '미식'은 거세된 느낌이다.

(나) 가스트로–내셔널리즘과 세계화

요즘 영미 학계에서는 음식이 가장 관심이 큰 학문의 연구 대상이다. 공과 사적인 공간의 교차로에서 음식과 의미론적인 연결이라든지, 음식과 식관습이 어떻게 토속적이거나 종교적인 정체성, 국민적 정체성이나 이민자들의 정체성을 형성하는지에 대한 학제 간 연구도 활발하다. 과연 한 나라의 음식이나 식관습은 과거를 평가하고 현재와 협상하며, 미래를 상상하는 연장이나 무기가 될 수 있는가? 그리고 우리가 매일 섭취하는 음식이나 식재료가 특정한 이데올로기와 동일시될 수가 있는가? 음식이 '좌파·우파', '진보·보수', 또는 '이민 배척주의자(원주민 문화 보호주의자)·세계주의자' 등 첨예한 대립 양상으로 나뉠 수 있는 것일까? 음식을 조리하고 먹는 특별한 방식이 직접적인 정치적 표현이나 행동 수단으로 인식될 수 있는가?

상기한 주제들은 이탈리아 볼로냐대학과 그람시재단이 주최한 학회에서 중점적으로 논의되었던 사안들이다. 현재 우리나라에서도 대중적인 쿡방, 먹방의 열풍에 이어 2021년 새로운 푸드 트렌드인 '집밥 2.0' 시대에 이르기까지 '음식'에 관한 주제가 단연 시대적인 화두이다. 이처럼 우리의 생명과 사회 정체성에 핵심이 되는 음식은 정치 영역에서도 중심적 역할을 한다.

인도계 미국 인류학자인 아르준 아파두라이(Arjun Appadurai, 1949~)가 '가스트로-정치학(gastro-politics, 음식의 정치학)'이란 용어를 주조해낸 이후로 이 용어는 음식과 관련된 정치적 갈등이나 음식의 정치화 현상 등을 해명하는 데 시의적절하게 사용되어 왔다. 가령, 영국, 독일, 프랑스, 이탈리아의 극우나 외국인 혐오 집단은 '음식'을 금융 엘리트, 이민자, 동성애나 상대주의 또는 '정치적 공정성(political correctness)' 같은 외부 세력으로부터 공격받았다고 생각하는 그들의 전통이나 문화적 정체성을 옹호하는 방패의 수단으로 삼는다. 그들은 자신들이 거주하는 영토와 지역 공동체를 수호할 필요성 때문에, 어떠한 개방성의 시도도 '위협'으로 간주하는 맹렬한 민족주의의 형태를 취한다. 이를 우리는 '가스트로 내셔널리즘(gastro-nationalism, 음식 민족주의)'이라 칭한다. 이 가스트로 내셔널리즘은 음식의 사회·문화적인 속성을 정치학에 연계한 것이다. 그러나 세계주의에 반하는 지역주의(regionalism)나 국민적 전통·영토·정체성이 언제나 보수의 영역만은 아니다.

1980년대 말부터 유럽의 좌파 진영에서도 자본주의 경제의 억압적인 리듬에 저항하여 이른바 '인간적인 시간'과 연계된 '슬로푸드' 운동이나 진보적인 푸드 미디어를 통해서 요리의 전통을 좌파적인 담론에 본격적으로 진입시켰다. 이를 '요리의 러다이즘(Culinary Luddism)'이라고 칭한다. 즉, 자본주의 태동기에 기술 혁신(기계화·자동화)을 무작정 반대하는, 과거 200년 전의 급진적 러다이트 운동에 '요리'를 접목한 것이다. 《탐식의 시대》(원제 Cuisine and Empire)의 저자이며, '요리의 러다이즘'이란 신조어를 주조해낸 영국의 재야 음식사가 레이철 로던(Rachel Laudan)에 따르면, 이 요리 러다이즘의 궁극적인 목표는 '제1세계'에서의 공업화한 식품을 가능한 한 자연의 것으로 되돌리는 것이며, 이런 공업화한 가공식품이 전 세계의 전통적인 민속 음식을 에워싸거나 잠식하는 것을 방지하는 것이다. 이러한 진보적 프레임에서는 사람의 노동이나 손재주, 음식의 '사용가치'에 대한 개념, 농부들의 전통적인 노하우, 그리고 역사적으로 결정된 물질문화와 인간적인 유대나 끈끈한 연대감이 극구 강조된다. 물론 그렇다고 해서 음식에 대한 노동이 '교환가치'와 완전히 격리될 수는 없다. 원래 지역 식품이라는 것도 따지고 보면, 그것이 자신의 영역(원산지)을 떠나서 다른 장소로 이동할 때, 즉 시장에 나올 때만 존재하기 때문이다. 그래서 음식의 정체성이라는 것도 결코 고정불변의 것이 아니며 최종적인 것도 아니다. 똑같은 음식일지라도 진보적인 콘텍스트에 따르면, '다문화주의'나 '차이'에 대한 개방성에 기여할 수 있는 반면에, 보수주의적인 프로젝트에서 음식은 하나의 상표(trade mark)가 될 수 있다.

필자는 고단했던 프랑스 유학 시절에 유일한 세 가지의 즐거움이 산책, 레스토랑에 가는 것, 그리고 레스토랑에서 친구들과 대화를 나누는 것이었다. 학위를 마치고 귀국했다가 프랑스 남부의 유서 깊은 도시 아비뇽의 여름 학회에 참석했을 때의 일이다. 비록 음식학회는 아니었지만, 학회를 주최한 아비뇽대학 측에서 모든 참가자에게 세 번의 단체 식사에 와이너리 방문 기회를 무료로 제공해주었다. 식사 도중에 유난히 비만했던 한 미국인 교수가 배부른 포만감의 절정에서 저절로 짓던 그 행복한 미소를 아직도 잊을 수가 없다. 맛있는 음식은 고래도 춤추게 한다! 포도원이 끝없이 펼쳐진 아비뇽 교외의 한 지하 저장고(cave)에서는 '데귀스타시옹(dégustation, 시음)'의 용도로 종류도 헷갈리는 수많은 포도주병과 치즈, 잘게 썬 바게트로 만든 오픈 샌드위치 카나페(canapé)가 줄지어 선을 보였다. 모두가 미식 관광에 포함된 정해진 순서이기는 하지만, 단순한 시식용이 아니라 마치 정식 요리 코스 같은 풍부한 먹거리 인심에 다들 '건배'를 외치며 흥겨운 축제 분위기 속으로 빠져들었다. 프랑스 관광청에 따르면, 외국 관광객들의 프랑스 방문 목적에는 루브르 박물관 같은 유명 관광지 방문 외에

프랑스 전통 음식(바게트, 치즈, 포도주)

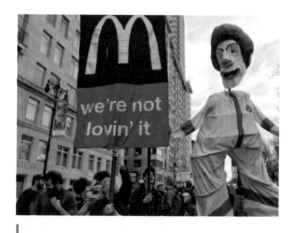

맥도날드에 대한 시위

도 '프랑스 음식'이 꼭 빠지지 않는다고 한다.

미식 하면 프랑스이고, 프랑스인 하면 누구나 미식가라는 우리의 달콤한 환상 내지 착각은 프랑스의 그 '예외적인 가스트로 내셔널리즘

(exceptional gastro-nationalism)'에서 기인한 바가 크다. 프랑스는 과거 수 세기 동안 국가적 차원(왕정·공화정)에서 그 민족적인 신화를 탄생시키기 위해 사회정치적 이데올로기적인 역량을 총동원시켜 왔다. 그래서 프랑스의 음식 민족주의는 서구의 '요리적 양심(culinary consciousness)'으로까지 간주되고 있다. 이른바 '프랑스성(francité, Frenchness)'을 대표한다는 포토푀(고기·야채스튜)나 푸아그라(거위 간 요리) 같은 세습적인 요리 자산(patrimoine culinaire)이 없는 프랑스는 결코 '프랑스적'이라고 말할 수 없다. 다른 요리들과 확연히 구분되는 프랑스 요리의 우월적 신분은 ① 향락적인 미학주의, ② 전통 유산의 매개체로서의 요리의 지존적 역할, ③ 요리의 세련화(refinement)라는 세 가지 노력으로 굳건히 유지되어 왔다. 사실상 19세기까지만 해도, 사회계급이나 지역적 특수성과 연관된 요리의 다양성 때문에 단일화된 '프랑스 요리'의 존재를 언급하기는 어려웠다. 오늘날 프랑스의 국민적 요리는 다양한 지역 요리라는 하위문화의 조합(combination)이며, 프랑스 요리의 정체성의 핵심은 '세련화'라고 할 수 있다. 그런데 요리의 '프랑스성'이라는 것이 접시 속에 숨겨져 있고, 오직 프랑스어를 구사하는 자에게만 접근할 수 있는 까닭으로, 프랑스성을 우아하게 해독하려면 프랑스 언어와 내러티브(narrative)를 요구한다. 프랑스 요리를 훌륭하게 만들어주는 것은 요리 과정의 특수성, 식재료의 기원 및 특수한 떼루아(terroir, 토양)나 조상의 노하우에 대한 주시, 포도주와의 페어링 등 오묘하고 비범한 음식 궁합의 추구 등을 들 수 있다. 그래서 프랑스어의 구사는 프랑스 요리나 요리 담론을 이해하는 데 필수적이

라고 한다.

  다시 아비뇽의 여름 학회로 유쾌했던 기억을 되돌려보자. 학회가 끝난 후에 일정이 남아서 아비뇽의 중세풍 골목길을 산책하다가 우연히 길모퉁이의 레스토랑에 들어갔다. 젊은 남성 요리사가 반갑게 맞아주는데, 아마도 내가 그의 첫 번째 저녁 손님이었던 것 같다. 그는 이 작은 레스토랑의 주인 겸 요리사, 그리고 음식을 서빙하는 일까지 모두 혼자서 감당했다. 프랑스의 유수한 요리 학교를 졸업한 지 겨우 한 달도 되지 않았다고 한다. 한 가지 요리만 달랑 주문할 수 없어서 앙트레·본식·디저트에 이르기까지 예의상 골고루 시켰는데, 음식을 먹고 나면 항상 그 요리가 어땠는지에 대한 개인적인 감상평을 그에게 헌정해야만 했다. 과거 프랑스 식민지 국가의 한 지도자의 한숨 어린 전언에 따르면, 프랑스인들은 항상 만인을 위한 빵과 만인을 위한 자유, 또 만인을 위한 사랑을 설파하는 기묘한 버릇이 있다. 그런데 이 만인을 위한 빵도, 자유도, 사랑도 반드시 '프랑스적'이지 않으면 안 된다고 한다. 왜냐하면, 프랑스적인 것은 '보편적'이기 때문이다. 그런데 과연 그럴까? 솔직히 그 요리사가 자신의 요리 작품에 좋은 재료와 지극한 정성을 아낌없이 쏟아부은 것은 알겠는데, 요리 자체가 너무 푸짐하고 기름졌기 때문에 당장에 입안에서 흥건한 버터기름이 배제된 칼칼하고 담백한 한국 요리가 그리웠던 것이 사실이다. 어린 시절의 향수를 일깨우는 어머니의 손맛은 누구에게나 보편적이라고 한다. 그런데 어린 시절에 어머니가 손수 해주시던 요리가 푸아그라나 마카롱이라면 얘기가 달라진다. 한국인에게 그것은 큰맘 먹고 찾아가서 먹는 '별식'

베르사유궁의 '거울의 방'에서의 호화 만찬

에 속하기 때문이다. 전혀 보편적이지 않은 것이다.

일례로, 2008년에 프랑스의 전 우파 대통령 니콜라 사르코지
(Nicolas Sarkozy)는 프랑스 미식을 유네스코 무형문화재에 등재하려고
노력했지만 실패했다. 그런데 재미있는 사실은 프랑스 요리로는 등재
에 실패했지만, 나중에 프랑스 '미식 문화'로는 성공을 거두었다는 점
이다. 그것은 아무리 프랑스 요리가 국제적인 미식의 위계질서에서
최상위 톱을 차지한다고 해도, 요리의 우월성을 객관적으로 평가하는
지표가 없다는 것을 의미한다. 마치 제 눈의 안경이랄까? 나는 우리나
라의 정체성을 고스란히 담고 있는 한국 요리에도 그에 걸맞은 국제적
인 위상과 품격을 찾아주기 위해서 프랑스의 '가스트로 내셔널리즘'을

어느 정도 벤치마킹할 필요가 있다고 생각한다.

프랑스의 미식은 프랑스라는 국가의 영토 안팎에서 '국민적 정체성'을 영속시켜 왔다. 프랑스에서 국민적 요리는 '세속적인 민족주의(secular nationalism)'를 대표하며, 국외에서 프랑스 미각은 지배적인 상징적 위치를 점하는 동시에 미국화로 대표되는 '세계화'에 대한 프랑스적 반동 현상을 잘 예시해주고 있다. 앞서 프랑스 미식을 미학주의, 전통 유산의 매개체, 요리의 세련화로 압축 요약했지만, 나는 자연과 건강을 담은 우리나라 요리와 요리 문화가 프랑스식 세련화·문명화의 길을 걸었으면 한다. 미각, 양질, 건강, 프랑스식 삶의 예술(art de vivre), 마을, 전원, 떼루아(terroir, 토양) 같은 공간적 차원을 포함하는 상징적 가치의 총체로서의 프랑스 미식은 매우 긍정적인 평가를 받는다. 그러나 한편 프랑스 요리가 사양길에 접어들었다고 우려하는 목소리도 적지 않다. 그것은 단순히 미식의 '불명예' 현상이 아니라, 프랑스 국가 그 자체의 쇠락의 전조이기에 더욱 심각하다는 것이다. 세계의 요리 연단에서 미끄러지는 것은 프랑스 국가의 사회문화적인 몰락과 유사하기 때문이다. 사실상 프랑스에서 이러한 비난이나 지적은 1980~1990년대 패스트푸드의 침공에 집중되어 있다. 국민적 요리의 복잡성과 지역적 다양성과는 달리, 패스트푸드는 '동질화' 현상, 또 세계화가 초래한 프리 사이즈식 접근 방식을 상징화한다. 그래서 프랑스에서 패스트푸드 하면 정크 푸드(malbouffe, junk food)나 불량 식품, 프랑스 사회의 달갑지 않은 미국화 현상으로 취급받지만, 여기에는 프랑스 미식의 딜레마와 모순점이 담겨 있다. 프랑스인들은 패스트푸드를 맹렬히 비방하면서도 패스트푸드를 유행시킨 장본인이며, 특히 프랑스 젊은 층은 맥도날드 같은 패스트푸드점을 새롭고 자율적이며 해방적인 사회 공간을 경험하는 기회로 여긴다. 전통적인 '블랑주리(boulangerie, 빵집)'뿐만 아니라 맥도날드나 퀵(Quick) 같은 패스트푸드점 앞에서도 길게 줄 서 있는 사람들의 행렬을 고려하면, 패스트푸드의 소비가 어느덧 프랑스의 일상생활에 통합되었다는 현실을 완전히 부인하기는 어렵다.

"우리는 영양학적으로 말해서, 패스트푸드를 포르노그래피라고 생각한다."

_스티븐 앨버트(Steve Elbert), 영화감독

이러한 세계화의 위협으로부터 프랑스 미식을 보호하는 차원에서 프랑스 정부는 공식적으로 프랑스 요리의 국제적 위상을 사수하려는 노력을 멈추지 않고 있다. 1986년에 이탈리아인들은 로마의 스페인 계단 근처의 맥도날드 개점을 반대하여 지금은 국제적으로도 잘 알려진 '슬로푸드'라는 '풀뿌리 운동'을 벌였지만, 프랑스는 국가적 차원에서 좀 더 관료주의적인 접근 방식을 취했다. 1990년에 프랑스 문화부 장관은 전통적인 프랑스 레스토랑과 요리의 전통을 보존하기 위해 '국민요리협회(Conseil National des Arts Culinaires)'라는 기관을 창설했다. 과거 르네상스기에 프랑스 요리는 이탈리아 요리에서 많은 유산을 물려받았지만, 프랑스 요리가 독보적인 국민적 요리, 세계적인 요리로 부상할 수 있었던 것은 국가(절대왕정, 공화정)가 프랑스의 문예 못지않게 백화난만한 요리와 요리 문화를 범국가적인 차원에서 장려하고 보호했기 때문이다. 1755년에 브리야사바랭이 "국가의 운명은 어떻게 먹느냐 하는 방식에 전적으로 달렸다."라고 했던 것처럼, 프랑스 정부는 프랑스 요리가 '위기'에 빠졌다고 생각하면, 이른바 '가스트로 외교술(gastro-diplomacy)'을 적극적으로 행사한다. 최근에 중국 최대 포털 사이트 바이두가 "김치는 중국의 유구한 문화유산 중 하나"라고 주장했다는 얘기가 들린다. 흔히 원조나 기원 논쟁은 무의미한 소모전이라고 하지만, 음식의 정치나 외교는 단순히 민간이 할 차원은 아니라고 생각한다. 인류가 보호해야 할 품격 높은 미식 문화 중 하나인 우리의 김치도 정부가 국가적 차원에서 이웃 나라의 문화 제국주의의 횡포로부터 보호하고, 우리의 건전한 '음식 주권(food sovereignty)'을 지키기 위해서도 장기적인 안목으로 다루어야 할 문제이다.[164] 물론 국가간 분쟁이나 마찰을 가능한 한 일으키지 않는 범위 내에서 말이다.

(다) 음식 평론

음식 평론은 흔히 '접시 속의 혁명'이라고 일컬어지는 레스토랑의 역사와 궤를 같이한다. 그러나 수 세기에 걸쳐 이루어진 프랑스 레스토랑 문화에 비하면, 한국의 미식 문화는 역사가 그리 깊지 않다. 본문에서도 살펴보았듯이 프랑스 레스토랑의 기원은 1765년에 '블랑제'라는

---

164 음식 주권은 2007년의 닐레니(Nyeleni) 선언에서 나왔으며, 그것은 환경적으로 건전하고 지속할 수 있는 방법을 통해 생산된, 건강하고 문화적으로 적정한 식품에 대한 사람들의 권리, 그들 자신의 식품과 농업 제도에 대한 권리를 의미한다.

별명의 요리사가 원기 회복용 고기 수프를 팔면서부터이다. 1789년까지 음식은 '귀족의 영역'이었다. 모든 셰프가 거리로 뛰쳐나오기 전까지 그들은 귀족을 위해서 일했다. 그런데 프랑스 혁명기에 실직한 그들은 자구책으로 레스토랑을 개업했고, 파리와 프랑스, 그리고 요리 세계의 풍경을 바꾸었다. 또한, 산업혁명 덕분에 19세기 이후로 레스토랑이 '민주화'되면서부터 초창기 미식 가이드들이 쏟아져 나왔다. 천재 요리사 카렘, 미식 평론가인 브리야사바랭과 그리모 드 라 레이니에르는 근대 요리를 형성시킨 미식 문학의 거장들이다.

레스토랑의 발명. 프랑스 혁명기에 거리로 나온 셰프들이 생계 자구책으로 레스토랑을 개업했지만, 레스토랑은 요리 세계의 풍경을 바꾸게 된다.

이 세 사람은 음식에 대한 기술과 요리의 노하우뿐만 아니라, 음식을 우아하게 먹는 미학의 거장들이며, 헌신적인 저술을 통해서 그들의 전문적인 요리 지식을 대중에게 널리 알리고자 노력했던 박애주의자(?)들이다. 1803년에 그리모 드 라 레이니에르가 《미식가들의 연감》에서 파리의 식탁을 평가함으로써 최초의 음식 평론이 탄생했다. 그리고 음식의 영혼까지도 사랑한 남자 브리야사바랭이 자신의 역작 《미각의 생리학》(1848년)을 통해 미식을 '인간의 영양, 음식과 관련된 모든 질서와 훈련을 아우르는 학문'으로 명명하면서 미식에 대한 담론이 활발해졌으며, 프랑스 언론들도 역시 미식 연대기 작성에 적극적으로 동참했다. 1850년에 파리 레스토랑의 주소가 적힌 《레 프티 파리 Les Petits-Paris》라는 미식 가이드가 나왔고, 1900년에 자동차 운전자들을 위한 세계적 권위의 레스토랑 평가서 미슐랭 가이드가 최초로 선을 보였다.

프랑스의 요리 담론의 가히 철학적인 수준을 가늠하기 위해, 이제 요리의 고전이 된 《미각의 생리학》을 한번 예로 들어보자. 19세기에 쓰였음에도 불구하고 요리에 관한 한 가장 많이 인용되는 서적 중 하나인 그의 책이 오늘날 독자들에게 주는 매력은 무엇보다 서정미가 넘치는 수려한 문체이다. 출판하기까지 무려 25년이나 걸린 이 책에서 브리야사바랭은 자신이 즐겼던 음식뿐만 아니라, 그동안 자신이 살아온 인생 이야기를 진솔하게 토로한다. 그의 책은 사회학적 가치도 있다. 혁명으로 부자가 된 새로운 고객층은 여성과 미식 등 물질적인 향락에 과연 어떻게 돈을 써야 하는지에 관하여 지대한 관심을 갖게 되었는데, 그는 이 부르주아 계층에게 '글'로써 미식을 제공했고 미식의 전설이 되었다.

우리나라의 경우는 1970년대 산업화를 통해 미식 문화가 대중화되었지만, 본격적인 레스토랑 평가서가 나오는 데는 100년의 세월이 걸렸다. 비록 일제강점기에 중식과 일식이 도입됐다고는 하나, 근대적인 외식 문화의 혜택은 소수의 부유층만이 누렸으며, 현대적 의미의 미식 문화는 1980년대 중반에야 비로소 시작되었다고 볼 수 있다. 그리고 2000년대 들어 해외 유수의 요리 학교에서 요리를 배운 요리사들과 교육받은 전문 경영인들이 식당을 열면서 지금과 같은 다양한 미식 문화가 가능해졌다.[165] 인터넷과 디지털카메라의 보급으로 전 국민이 맛 감별사, 음식 평론가를 자처하는 '대중 평가'의 시대가 됐지만, 음식에 관한 본격적 담론은 없다.

이처럼 한국 미식 문화의 저변이 넓어지고 있으나, 체계적인 음식 평론은 부재하다는 것이 중론이다. 원래 미식이란 그 사회의 문화와 정치 수준과도 밀접하게 연계되어 있다. 고급 식당과 좋은 재료의 소비는 미식의 조건에 해당하지만, 사회적·정치적 성숙이 동반되지 않은 까닭에 담론 형성이 뒤따르지 않는다는 것이다. 그래서 전문가들은 향후 우리나라의 음식 문화의 발전을 위해서도 전문적인 훈련을 받

---

165 우리의 외식 사업은 크게 태동기(1976년), 도입기(1977~1982년), 성장기(1983~1988년), 고도성장기(1989~1996년), IMF 침체기(1997~2001년), 성숙기(2002~2007년), 글로벌 금융위기 침체기(2008~2010년), 저성장기(2011~현재)로 구분한다.

먹고, 요리하고 소비하라! 한국은 미식 문화의 저변이 넓어지고 있지만, 체계적인 음식평론의 성문화는 아직 미흡하다는 것이 대체적인 의견이다. 올리버TV, JTBC, tvN에서 캡쳐.

은 미식 평론가를 육성해야 한다고 입을 모은다. 아닌 게 아니라 쿡방, 먹방의 유행으로 유명 스타 셰프까지 등장했지만, 진정한 요리 철학을 지닌 요리 전문가는 별로 없다. 반면 근대화, 산업화 시대에 식품공학을 전공한 노봉수(1953~), 최낙언(1965~) 등의 과학자들은 식품과학의 연구성과를 대중화하기 위한 성문화 작업을 세계적 수준으로 끌어 올렸다는 평가를 받고 있다. 미식 문화보다 식품 과학이 앞서 있는게 우리나라의 현실이다. 19세기에 특히, 외국에서 일했던 재능 있는 프랑스 셰프들은 국제적인 '오트 퀴진'을 세계만방에 알리고 이를 '성문화'하고자 밤낮없이 노력했다. 또한, 프랑스 미식은 지역 요리를 '국민화'함으로써 지역 요리를 재창조했으며, 외국에서 기원한 많은 식재료와 조리 과정 등을 프랑스 요리에 동화시키고 통합시키지 않았던가. 장차 한국 요리의 밝은 미래를 위해서도, 이처럼 위대한 요리 미션을 능동적으로 수행해 줄 창의적이고 재능 있는 젊은 한국 요리사들의 황금시대를 조심스럽게 꿈꾸어 본다.

한편, 다양한 음식 문화를 꿈꾸며 새롭게 진화하는 한국 음식의 현주소를 제대로 평가해 줄 수 있는 학문적 깊이도 있고 열정적인 식도락의 문인을 만나기도 쉽지 않은 것이 현실이다. 가령, 김치와 장류 등 한식은 기본적으로 손이 많이 가고 시간이 오래 걸리는 음식이다. 그런데 일반 한식당의 소박한 '백반' 한 상 가격이 스타벅스의 커피 한 잔 가격과 맞먹는 경우도 적지 않다. 손이 많이 가는 전통 음식에 대한 노고를 너무도 당연한 것으로 받아들이고, 제대로 된 가치 평가가 이뤄지지 않고 있다는 얘기이다. 그래서 우리나라에서도 노력을 들여 제대로 맛을 낸 음식이 제대로 평가와 존중받을 수 있는 풍토가 조성되고, 한식이 꼭 자신에게 어울리고 합당한 웅변적이고 전문화된 대변자들을 가졌으면 한다. 한류(K콘텐츠)처럼 한식의 세계화가 꼭 성공했으면 좋겠다.

참고문헌

- 김복래 (1998), 《프랑스가 들려주는 이야기》, 대한교과서.

- 김복래 (2007), 《속속들이 이해하는 서양 생활사》, 안티쿠스.

- 김복래 (2013), 《프랑스 식도락과 문화정체성》, 북코리아

- Abad, R. (2002), *Le grand marché. L'approvisionnement alimentaire de Paris sous l'Ancien Régime*, Fayard.

- Albala, K. (2003), *Food in Early Modern Europe*, Greenwood Press.

- Albert, J–M. (2009), *Aux tables du pouvoir. Des banquets grecs à l'Élysée*, Armand Colin.

- Aron, J–P. (1967), *Essai sur la sensibilité alimentaire à Paris au xixe siècle*, Armand Colin.

- Aron, J–P. (1989), *Le mangeur du xixe siècle*, Payot.

- Bouneau, C. & Figeac, M. (dir.) (2007), *Le verre et le vin de la cave à la table du xviie siècle à nos jours*, Pessac, MSHA.

- Braudel, F. (1961), "Alimentation et catégories de l'histoire," Annales ESC, 16(4).

- Braudel, F. (1979), *Civilisation matérielle, économie et capitalisme xve-xviiie siècles, T. I, Les structures du quotidien*, Armand Colin.

- Brillat–Savarin, J–A. (1993), *Physiologie du goût*, Flammarion.

- Bruegel, M. (dir.) (2009), *Profusion et Pénurie. Les Hommes face à leurs besoins alimentaires*, Collection 《Tables des Hommes》, Presses univ. de Rennes—Presses univ. François Rabelais.

- Brunet, P. (dir.) (1987), *Histoire et géographie des fromages*.
- Butel, P. (1989), *Histoire du thé*, Desjonquères.
- Camporesi, P. (1992), *Le goût du chocolat. L'art de vivre au siècle des Lumières*, Grasset.
- Capatti, A. & Montanari, M. (2003), *La cuisine italienne. Histoire d'une culture*, Seuil.
- Castelot, A. (2015), *L'histoire à table*, Perrin.
- Child, J. & Prud'homme, A. (2006), *My Life in France*, Knopf Publishing Group.
- Clarkson, L. A. (2001), *Feast and Famine. À History of food and nutrition in Ireland 1500-1920*, Oxford University Press.
- Curnonsky & Saint—Georges, A. (1950), *La Table et l'amour : Nouveau traité des excitants modernes*, Broché.
- De Mailly, L. (1702), *Entretien des caffées de Paris*.
- Dion, R. (2010), *Histoire de la vigne et du vin en France. Des origines au XIXè siècle*, CNRS edition; Histoire edition.
- Drouard, A. (2004), *Histoire des cuisiniers en France xixe-xxe siècles*, CNRS.
- Elias, N. (1973), *La civilisation des mœurs*, Flammarion.
- Ferrières, M. (2002), *Histoire des peurs alimentaires du Moyen Âge à l'aube du xxe siècle*, Seuil.
- Ferrières, M. (2007), *Nourritures canailles*, Seuil.

- Fischler, C. (1988), "Food, Self and Identity," *Social Science Information*, 27(2).

- Flandrin, J–L. (1983), "La diversité des goûts et des pratiques alimentaires en Europe du xvie au xviiie siècle," *Revue d'Histoire Moderne et Contemporaine*, t. XXX.

- Flandrin, J–L. (1983), "Le goût et la nécessité : sur l'usage des graisses dans les cuisines d'Europe occidentale (xive–xviiie siècles)," *Annales ESC*, 38–2, mars–avril.

- Flandrin, J–L. (1986), "La distinction par le goût," in Ariès, P. & Duby, G. (dir.), *Histoire de la vie privée de la Renaissance aux Lumières*, Seuil.

- Flandrin, J–L. & Montanari, M. (1996), *Histoire de l'alimentation*, Fayard.

- Flandrin, J–L. & Cobbi, J. (1999), *Tables d'hier, tables d'ailleurs. Histoire et ethnologie du repas*, Odile Jacob.

- Fumey, G. & Etcheverria, O. (2009), *Atlas mondial des cuisines et gastronomies*, Autrement.

- Gillet, P. (1987), *Le goût et les mots. Littérature et gastronomie (xive-xxe siècles)*, Payot.

- Girard, A. (1977) "Le triomphe de la cuisinière bourgeoise. Livres culinaires, cuisine et société en France aux xviie et xviiie siècles," *RHMC*, 24–4, octobre–décembre.

- Gourarier, Z. (1994), *Arts et manières de table en Occident des origines à nos jours*, Thionville, Gérard Klopp éditeur.

- Harwich, N. (1992), *Histoire du chocolat*, Desjonquères.

- Hemardinquer, J.-J. (1970), "Pour une histoire de l'alimentation," *Cahiers des Annales*, 28.

- Kaplan, S. L. (1984), *Les ventres de Paris : pouvoir et approvisionnement dans la France d'Ancien Régime*, Fayard.

- Lachiver, M. (1988), *Vins, vignes et vignerons : histoire du vignoble français*, Fayard.

- Laurioux, B. (2005), *Une histoire culinaire du Moyen Âge*, H. Champion.

- Lebault, A. (1910), *La table et le repas à travers les siècles*, Lucien Laveur.

- Matta, R & Garcia, M. E. (2019), "The Gastro-Political Turn in Peru", *Anthropology*, Open Edition Journals.

- Mauro, F. (1991), *Histoire du café*, Desjonquères.

- Mennel, S. (1987), *Français et Anglais à table du Moyen Âge à nos jours*, Flammarion.

- Meyer, J. (1989), *Histoire du sucre*, Desjonquères.

- Meyzie, P. (2007), *La table du Sud-Ouest et l'émergence des cuisines régionales (1700-1850)*, Presses univ. de Rennes.

- Montanari, M. (1995), *La faim et l'abondance. Histoire de l'alimentation en Europe*, Seuil.

- Montanari, M. (2006), *Food Is Culture (Arts and Traditions of the Table: Perspectives on Culinary History)*, Kindle Edition.

- Nourrisson, D. (1990), *Le buveur du xixe siècle*, Albin Michel.

- Oberlé, G. (1989), *Les fastes de Bacchus et de Comus ou histoire du boire et du manger en Europe de l'Antiquité à nos jours à travers les livres*, Belfond.

- Ory, P. (1998), *Le discours gastronomique français des origines à nos jours*, Gallimard.

- Ory, P. (2013), *L'identité passe à table*, Editions Puf / Fondation Nestlé France.

- Pinkard, S. (2009), *A Revolution in Taste. The Rise of French Cuisine*, New York, Cambridge University Press.

- Pitte, J−R. (1989), *Les restaurants dans le monde et à travers les âges*, Glénat.

- Pitte, J−R. (1991), *Gastronomie française. Histoire et géographie d'une passion*, Fayard.

- Quellier, F. (2007), *La Table des Français. Une histoire culturelle (xve-début xixe siècle)*, Presses univ. de Rennes.

- Revel, J−F. (1995), *Un festin en paroles. Histoire littéraire de la sensibilité gastronomique de l'Antiquité à nos jours*, Flammarion.

- Rowley, A. (dir.) (1997), *Les Français à table. Atlas historique de la gastronomie française*, Hachette.

- Rowley, A. (1999), *Le livre de la cuisine. Une pièce à vivre*, Flammarion.

- Rowley, A. (dir.) (2009), *Une histoire mondiale de la table. Stratégies de bouche*, Odile Jacob.

- Scholliers, P. (ed.) (2001), *Food, Drinking and Identity. Cooking, Eating and Drinking in Europe since the Middle Ages*, Oxford, Berg.

- Serventi, S. & Sabban, F. (2001), *Les pâtes. Histoire d'une culture universelle*, Actes Sud.

- Spang, R. L. (2001), *The invention of the Restaurant. Paris and Modern*

Gastronomic Culture, Harvard University Press.

- Thirsk, J. (2007), *Food in Early Modern England. Phases, Fads, Fashions 1500-1760*, London, Hambledon Continuum.

- Unger, R. W. (2004), *Beer in the Middle Ages and the Renaissance*, Philadelphia, University of Pennsylvania Press.

- Vitaux, J. (2007), *La gastronomie, Que sais-je?*, Presses Universitaires de France

- Wheaton, B. K. (1983), *Savoring the Past: The French Kitchen and Table from 1300 to 1789*, University of Pennsylvania Press.

- Wheaton, B. K. (1984), *L'office et la bouche*, Calmann-Lévy.

찾아보기

미식인문학
_프랑스 가스트로노미의 역사

초판 1쇄 인쇄 2022년 1월 19일
초판 1쇄 발행 2022년 1월 26일

지은이 | 김복래
펴낸이 | 황윤억

주간 | 김순미   편집 | 황인재
디자인 | 엔드디자인
경영지원 | 박진주
발행처 | 헬스레터 (주)에이치링크
등록 | 2012년 9월 14일(제2015-225호)
주소 | 서울시 서초구 남부순환로 333길 36(해원빌딩 4층) 우편번호 06725
문의 | 02-6120-0258(편집), 02-6120-0259(마케팅), 팩스 02-6120-0257
한국전통발효아카데미 | cafe.naver.com/enzymeschool, www.ktfa.kr
전자우편 | gold4271@naver.com

이 도서는 한국출판문화산업진흥원의 '2021년 출판콘텐츠 창작 지원 사업'의 일환으로
국민체육진흥기금을 지원받아 제작되었습니다.

값 34,800원
ISBN 979-11-91813-04-3 03000